U0909065

上海大学社会学文库　　主编 / 张文宏

# 基层权力运作的逻辑

## —— 上海社区实地研究

金 桥◎著

中国社会科学出版社

**图书在版编目(CIP)数据**

基层权力运作的逻辑：上海社区实地研究 / 金桥著．—北京：中国社会科学出版社，2016.3

ISBN 978-7-5161-7378-7

Ⅰ.①基… Ⅱ.①金… Ⅲ.①社区—城市建设—研究—上海市 Ⅳ.①D669.3

中国版本图书馆 CIP 数据核字(2015)第 313154 号

出 版 人 赵剑英
责任编辑 冯春凤
责任校对 张爱华
责任印制 张雪娇

出　　版 中国社会科学出版社
社　　址 北京鼓楼西大街甲 158 号
邮　　编 100720
网　　址 http：//www.csspw.cn
发 行 部 010-84083685
门 市 部 010-84029450
经　　销 新华书店及其他书店

印　　刷 北京君升印刷有限公司
装　　订 廊坊市广阳区广增装订厂
版　　次 2016 年 3 月第 1 版
印　　次 2016 年 3 月第 1 次印刷

开　　本 710×1000　1/16
印　　张 25.25
插　　页 2
字　　数 412 千字
定　　价 95.00 元

# 目　　录

# 序

上海大学当年新建社会学博士点时，邀请我兼任博士生导师。我在那里指导的博士生金桥，毕业后留校任教。他的博士论文最近要出版，邀我作序，我责无旁贷。作为导师，我是乐见学生的论文有机会出版的，这不仅是对其数年寒窗成绩的肯定，也是对其今后学术发展的激励。

金桥的博士论文《基层权力运作的逻辑：上海社区实地研究》，是作者基于对上海浦东陆家嘴一个商品房小区数月的调查写成的。中国社会的基层权力结构，一直是社会学研究者关注的热点问题。费孝通先生当年曾提出“皇权止于县”的著名论断，成为理解中国传统乡土社会权力运作的重要视角。近几十年来，有大量的研究和文献在“国家与社会”二元理论框架下解释基层政权的结构。中国现在正在发生巨变，城市基层社区是这种巨变的一个窗口。其权力关系格局发生了什么变化？权力运作又展现出怎样的逻辑？本书正是基于在当今中国最发达地区之一的城市社区的实地研究，尝试对以上问题提出自己的解答。

20 世纪三四十年代，受美国芝加哥学派与英国功能主义人类学的影响，中国的社区研究在理论与方法上形成了鲜明的本土特点，以吴文藻、费孝通为代表的社区研究学派成为中国社会学发展史上影响最为深远的学派。近十几年来，社会学研究中的定量研究发展迅速，特别是在统计技术日新月异、大数据趋势叱咤风云的今天，包括社区研究在内的定性研究，似乎显现出一种式微的趋势。定量和定性的方法之争由来已久，大多数人的共识是二者各有所长，理应美美与共，相得益彰。目前这种定量强而定性弱的现象，一方面是国内学界与国际快速接轨的结果；另一方面也是学界浮躁风气的一种表现，好的社区研究是需要付出更多心力的。经典的社区研究大都是农村社区的研究，而较少涉及城市社区。几年前，我曾在广州的城中村开展调查，那是一种快速城市化进程中兼具城乡特征的特殊社区，而本书的着眼点是城市中的高档商品房社区，是住房商品化改革之后出现、同时又带有全球化特征的另一类特殊社区。相比人类学研究，本书对社区生活的描述或许仍不够细致全面，但对于了解全球化浪潮下高档商品房社区的生活形态和居民的交往方式，自有其参考价值。

从政策研究的角度来看，本书也具有一定的借鉴意义。“社区”概念之所以从学术概念变为公众话语并写入政府文件，始于20世纪80年代民政部门着力推动的城市社区服务工作。之后的社区建设事业更是大大强化了城市社区的行政内涵，主要的社区组织居民委员会的性质定位也争论至今。本书重点关注了居委会的组织关系结构以及居委会工作者与不同居民的互动过程，提炼出依附逻辑、协商合作逻辑、精英主导逻辑、人情逻辑、服务交换逻辑等五种权力运作的逻辑，研究结论涉及有关社区未来发展的许多重要问题。党的十八届三中全会提出要创新社会治理，“实现政府治理和社会自我调节、居民自治良性互动”，为如何更好地理顺政府与社会之间的关系提供了新的思路。本书为深入了解当前政府与城市社区的关系，为深刻理解社会自组织与居民自治的制度，提供了一个典型案例。

是为序。

李培林

2015年1月1日

# 第一章　导论

如果把权力运作看作互动，权力运作的逻辑就存在于行动者之间的互动过程之中。作为社区的居民区是社会的基层，对居委会工作者与各类居民互动关系的考察有助于了解社区的真正含义、社会的发育情况和基层治理的行动基础。

## 第一节　研究的缘起

今天，“社区”已经成为一个日常生活中极其普通的词语，但它最早在中文里亮相却是一个不折不扣的学术概念。1887 年，德国社会学家滕尼斯出版了 *Gemeinschaft und Gesellschaft*。这本著作先是被译成英文，名为 *Community and Society*，20 世纪 30 年代又被译成中文《社区与社会》。译者妙手偶得，新造出来“社区”一词，用以表示有地域范围的、人们在地缘基础上结成的互助合作的群体，却未曾想到此后会在中国掀起一次次社区研究的浪潮，并在半个世纪后，在政府的推动下走向街头巷尾、千家万户，“社区”正是 20 世纪 80 年代开始的社区服务、社区建设、社区发展等政府决策的实践空间。毫不夸张地说，社区建设是当前构建和谐社会的重要基础①。

社区是社会的基础，这已成为一种共识。社会学的研究对象中诸如社会行为、互动、关系、组织、制度、文化、结构等内容都能在社区范围内找到各自的对应物。社区既能折射出个人与社会以及制度之间的关系，也

---

①　李培林：《社区建设是构建和谐社会的基础》，载《和谐社会十讲》，社会科学文献出版社 2007 年版。

能展现出一个空间单位、一个社会实体如何运行[①]。考察具体的社区有助于最终了解社会，而对特定现象进行分析也离不了社区的背景。20 世纪三四十年代，受美国芝加哥学派和英国结构功能主义的影响，中国的社会学一度形成“社区研究”的传统。这一研究传统在社会学重获新生之后再次得以发扬，曾经的领军人物费孝通先生就把自己大半生的研究经历归结为从农村社区到小城镇再到城市社区的过程。

社区可分为城市与农村两大类，这两类社区在中国近现代的变迁轨迹不可等同。但总体而言，城市与农村都经历过重新组织的过程，而组织的程度也大致是由松散到紧密。这种变迁的轨迹与政党力图改造社会的努力是分不开的。尤其在新中国成立以后，中国共产党的基层组织深入到城乡的每个角落，大大增强了社会管理与控制的力量。改革开放以来，社区所担负的职责发生了一些变化。在农村，随着人民公社的解体和集体经济的没落，乡镇与行政村的控制力一度急剧削弱，一定程度上影响了农村的秩序甚至家庭联产承包之后的发展；在城市，随着单位制的缓慢解体，街道和居民区承担起了更多的社会管理的职能，社区逐渐成为社会管理的基础。此外，20 世纪 80 年代末对城乡居民自治组织的立法推进以及 90 年代的民主选举实践，又使城乡社区担负起社会发育的重任，村民委员会和居民委员会这样的“草根组织”也成为社会发育的先锋力量。一方面是社会管理的基础；一方面是社会发育的基础，这正是现阶段关注社区的理由。

社区成员之间的互动及在此基础上形成的社会关系是“社区”概念的内在含义。滕尼斯最早用“社区”概念来指称传统的“礼俗社会”，这种社会以地缘关系为基础，依靠共同的道德、信仰、文化和传统来维系自身秩序。在他看来，成员间的密切互动和情感关系在社区中是自然而然的。可以说，社会交往和社会关系，是作为一种社会生活共同体的社区必不可少的基础[②]。美国社会学家桑德斯甚至把社区视为特定地域范围内比较持久的社会互动系统[③]，更突出了互动关系在社区中的基础地位。

① 沈关宝：《社区研究的地位与领域》，《社会》2001 年第 3 期。

② 孙立平：《社区、社会资本与社区发育》，《学海》2001 年第 4 期。

③ 程玉申、周敏：《国外有关城市社区的研究述评》，《社会学研究》1998 年第 4 期。

一般认为，社会互动与社会关系是相辅相成、难以割裂的。互动在一定的关系基础上进行，既遵循着不同关系所设定的互动规则，又可能改变着旧的关系、建构起新的关系；关系可能是互动的一种结果，同时也可能是互动进行的前提。互动和关系分别提供了有关人际交往的动态故事与静态图景。对互动过程加以考察，可以帮助我们看到社区中“活生生的人”[①]。费孝通先生反思自己的社区研究历程，认为自己更多看到的是冰冷的结构，是各类宏大的制约因素，却忽略了社区中微观个体的能动性。相对来说，农村社区研究中对于精英人物的关注较城市社区研究为多。但总体而言，当今中国的社区研究中对于个体行动者层面上的互动过程仍然关注不多。

如果在广义上使用“权力”概念，那么，个体行动者之间的互动过程就可以被看作是“权力运作”的过程[②]。马克斯·韦伯给出的经典“权力”定义是“在一种社会关系里哪怕是遇到反对也能贯彻自己意志的任何机会”[③]。这种权力的界定简单明了，但仔细分析，权力的作用发挥要复杂得多。这种权力是来自于组织中的地位，还是行动者的某类资源？是行动者的策略选择，还是其对“自由余地”的占领[④]？如果我们把“运作”看作是为了达到个人或组织的某种目标而采取的主动性的谋划和操作，那么“权力运作的逻辑”所要分析的就是互动过程中行动者如何利用资源、选择策略及占领自由余地这样的内容。

本研究限于“城市社区[⑤]”，即街道范围内的居民区。考察居民区里的互动过程，存在一个如何选择切入点的问题。如果说农村的村干部可以被看作唯一的“权力精英”，城市里与村干部相对应的居民区书记和居委

---

① 费孝通：《个人·群体·社会——一生学术历程的自我思考》，《北京大学学报（哲学社会科学版）》1994年第1期。

② 部分学者把个人以权力影响他人的过程基本等同于“社会交换”的过程，可为佐证。参见 Cook，K. S. ，and Emerson，R. M. ，1978，*Power，Equity，and Commitment in Exchange Networks*，American Sociological Review，43：721－739。

③ ［德］马克斯·韦伯：《经济与社会》（上），林荣远译，商务印书馆1997年版，第81页。

④ 李友梅：《组织社会学及其决策分析》，上海大学出版社2001年版，第151页。

⑤ 有关“城市社区”的范围，存在某些争议：民政部的“社区”标准是经规模调整后的居民委员会的辖区，上海市则把街道辖区看作“社区”。

会主任就很难再这样讲；如果说村干部与村民的权力关系很大程度上可以作为农村社区权力运作的基础的话，城市社区中的情况则要复杂得多，而且正日趋复杂。党组织、居委会、业委会、物业管理处、社会工作站以及其他群众组织①，在同一小区中出现并不奇怪。若要同时从行动者的角度对这些组织彼此之间以及它们各自与居民之间的权力关系和互动过程给予同等程度的关注，这是很难做到的。

因此，本研究只想选择一个切入点，即居民委员会。居委会自诞生之日起，就被定性为居民自治组织，但在几十年的实际发展过程中，却承载了大量的行政工作，一度被看作是国家政权机构中处于最底层的行政末梢。社区服务、社区建设、社区发展的大量工作任务是由居委会来承担的，居委会主任也因而被称为“小区总理”。在有的小区，业委会的成立也要由居委会来进行筹备。居委会与党组织密不可分，办公地点往往在一处，甚至居委会主任也由书记兼任。党组织在居民区的职责是统揽全局、领导协调，这就更加强了居委会的权力地位。居委会完成各种工作任务、组织各类小区活动的过程正是与居民互动的过程。以居委会作为分析的出发点，通过考察居委书记②、居委委员、居委干事与其他组织的成员、居民区积极分子、普通居民彼此之间的互动过程，能够得到对城市社区权力运作图景的基本认识。

## 第二节　研究的问题

正如题目所示，本研究的问题是：城市社区权力运作的逻辑是怎样的。但对这一问题需要设定许多限定条件，自然不是纯粹的理论研究。这

---

① 不同类型的小区情况不同。拥有几十年历史的老的居民区中，党组织和居委会的作用非常明显；可能存在房改过程中成立的业委会，但作用并不突出。商品房小区中，物业公司总是最早出现的，党组织、居委会和业委会很可能依次成立，容易形成所谓“三驾马车”并驾齐驱的局面。

② 居委会和党组织名义上是不同性质的组织，但实际上却很难截然分开。党组织以居委会作为自身的工作依托；有的党组织书记会兼任居委会主任，即使不兼任，但因为与居委会在一处办公，也是居委会自然而然的领导。出于这些考虑，本研究所分析的居委会工作者中包括了党组织书记。有时为完成居委会的某些工作，书记会直接披挂上阵；而居民也往往把书记看作是“居委会书记”，看作是居委会的一把手。

一貌似理论研究的问题经历了这样两次转换：城市社区中，居委会完成上级任务、开展各类活动、维持自身运行的过程是与社区居民进行互动的过程；居委会工作者与居民之间的互动过程也是双方权力运作的过程。权力运作的逻辑是就个体行动者而言的，居委会工作者与居民都可以被看作是个体行动者。那么，个体行动者权力运作的逻辑问题就可以置换为：居委会工作者与各类居民之间是如何展开互动的？而个体行动者之间互动的逻辑问题还可以进一步置换为两个问题：居委会是如何开展工作的；社区的成员之间是如何进行互动的①。

在这些问题之先，隐含了这样的前提假设：城市社区具有自身独特的权力运作逻辑。费孝通先生的“皇权止于县”，揭示了县之上下不同的权力运作逻辑：皇权规则与士绅权力规则②。这是传统中国社会结构的一个特征。而具体到当代中国的城市社会，不同层级的权力运作逻辑也有差别。仅就上海而言，市、区作为两级政府，既接受上级的指令，又依靠向下的指令实现自身的行政目标，是典型的行政科层制的权力运作逻辑。街道办事处是政府的执行机构，经过1995年以来的改革③，其权力也得到强化，同样具有明显的行政科层制特征。居民委员会在法律上是居民自治组织，在街道的指导下开展工作，并在实践中执行街道下达的各项具体任务。这是一种中国式的城市社区管理的体制④。在当前的城市社区，居委会既面临着行政惯性与民主诉求的矛盾，又面临着业委会等新兴的群众自治组织的挑战。在这样的情况下，居委会如何开展工作，而城市社区的权力运作逻辑又因而具有怎样的特征，这是本书所力图解答的问题。

权力是一种影响力，是一种在别人身上贯彻自己意图的能力。不仅如

① 这里似乎出现了一个由个人经由互动关系上升到组织、社区的层次划分问题。但实际上，组织和社区都是由个体所组成，组织的活动与社区内的互动都要由个体所承担。不可否认，组织和社区确实有其高于个体的结构特征，并对个体的行动产生影响，但在社会互动这一点上，个人、组织、社区实现了某种结合。

② 费孝通：《中国绅士》，中国社会科学出版社2006年版，第49、52页。

③ 1995年5月，上海市在10个区的10个街道进行“两级政府、三级管理、四级落实（后改为四级网络）”的改革，其基本内容是向街道放权，强化街道功能和进行社区共建。

④ 费孝通：《中国现代化：对城市社区建设的再思考》，《江苏社会科学》2001年第1期。

此，权力还是被行使的①，并在行使的过程中不断发生变化②。主动发挥自身影响力去影响别人，使别人能按照自己的意愿去展开行动，可以称为“权力运作”。本研究所用的权力是一种微观权力，即个体行动者之间的权力。但不容忽视的是，个体行动者是身处社会环境之中，并在一定的情境下展开互动的。社会环境中包括个体的组织背景，个体所具有的权力就有可能来自于组织，而权力的行使可能就受到科层规则的制约。除了组织背景，个体行动者身上所承载的文化、地域等方面的背景因素也要关注。特殊的情境也是考察互动过程必须要注意到的内容。权力的行使有赖于个人资源的运用，也有赖于个人对自由余地的掌握，还可能与个体的行为策略有关。对这些资源、策略及自由余地的分析，就是对权力运作逻辑的考察。

本研究并不是对一般行动理论的探讨，而是集中于居委会工作者这样一类特殊行动者身上。居委会工作者中，精英人物和普通工作者、议事层和事务层工作者、中老年工作者和青年工作者的资源特征、行动策略是有差异的。本书正是要分析这些不同类别的行动者与社区内的其他精英和普通居民之间的互动过程，探查这些互动过程中双方的互动逻辑：资源的运用、策略的行使、自由余地的占领等。居委会是一类特殊的基层社区组织。居委会的未来是充分发挥自治性，身上承担着基层民主发展的重任；居委会还是社区建设的主体，承担着促进社区发育的重任。居委会工作者的权力运作方式、与居民的互动逻辑，是居委会能否发挥更大作用的行动基础。

因此，本研究的主体内容就是对权力运作或互动的过程及其背后的逻辑进行分析。这种背后的逻辑就体现在居委会工作者与居民的日常交往当中，体现在居委会工作者努力完成大量琐碎任务的过程当中。借助一些普通的日常交往的小事件，我们力图发现不同行动者的独特的权力运作逻

---

① ［法］米歇尔·福柯，《规训与惩罚》，刘北成、杨远婴译，生活·读书·新知三联书店1999年版，第28页。

② 权力的行使过程也是一种互动过程。在互动过程中，双方所拥有的资源、所选择的策略、所掌控的不确定性领域都可能使权力的程度发生变化，甚至使旧的权力地位发生颠倒。所以，权力的变化导致权力关系总是处在一种不稳定的状态中，所形成的局部秩序也是权变的。参见［法］埃哈尔·费埃德伯格著《权力与规则》（张月等译，上海人民出版社2005年版）等。

辑。日常互动的双方可以分为这样几类行动者：（1）居委会书记和主任。书记是最高领导，可能兼任主任；主任又可能分为民选主任和事务主任。按照地位权力的观点，他们也是所谓的“权力精英”[①]。（2）居委会干事。他们由街道聘用，在居委会书记的领导下完成街道的任务。年轻干事和中老年干事的行动逻辑有所差别。（3）居委会委员。名义上最能代表民意的居委会成员。（4）其他组织中的精英人物。如业委会和物业管理处的领导层。（5）少数活跃分子。包括楼组长、群众性团体的负责人、党员骨干、活动积极分子等。他们往往是任务完成、活动开展的主要依靠力量。（6）多数普通居民。在居委会眼里，大多数居民很可能在平时是沉默的。（7）特殊群体。如高档租客、外来打工者等[②]。本研究希望解读出隐藏于各类行动者的日常互动过程之后的逻辑，得到对城市社区中权力运作逻辑的认识。

## 第三节　以往的研究

对居委会工作者与社区居民之间的互动过程进行考察，涉及社区研究、组织研究中的一些领域，尤其是近些年关于社区建设、社区发展的研究非常繁杂。下面主要从四个方面来梳理相关文献，并力求理清这些研究与本研究的关系。

### 一　对居民委员会的一般考察

居民委员会是一类值得关注的城市基层社区组织。这不仅是因为它是目前城市社会中历史最悠久、影响最广泛的基层组织，更是由于它在今天

① 受马克思影响的一些学者（如赖特·米尔斯）往往把权力看作是结构性的，由较高的地位而导致个人的权力，这种人就是“权力精英”。可参见 C. Wright Mills, 1956, *The Power Elite*, New York: Oxford University Press, Inc.

② 严格说来，很多在小区中工作的行动者如物业人员、租客、打工者，都不属于居民；而居委书记、干事也很可能不住在工作的小区内。但我们仅从社区概念以互动为基础的含义出发，仍然可以把他们视为社区里的一员。毕竟，他们在工作时间内的互动对象几乎都是社区居民。在国外社区研究中，韦尔曼、雷顿、费舍尔等人所提倡的“社区解放”鼓励社区居民突破传统的地域界限，建立起更多的初级群体关系。他们正是在互动关系的意义上理解“社区”的。参见夏建中《现代西方城市社区研究的主要理论与方法》，《燕山大学学报》2000 年第 2 期。

事实上已成为社区管理与建设的主体力量并肩负着未来基层民主发展的重任。居委会的历史、现状与性质限定了其组织结构与运行方式方面的特征，而这些特征又构成了居委会人员工作于其中的组织背景，并体现在居委会工作者的内在权力结构和外在互动方式上。

居民委员会的性质是居民自治组织，这一点有法律保障①，无可置疑。诸多学者把居委会看作是城市社区中的基层群众自治组织，甚至是最主要的居民自治组织②。但名义上的规定与现实却有脱节，存在争议的正是居委会当前的定位问题。居委会带有强烈的行政色彩，因此也被看作是“半行政半自治性组织”③。而这种行政色彩很大程度上是被历史涂抹上的。

居委会的变迁过程，是与新中国成立后的历史息息相关的。张琢、朱健刚、华伟、夏建中等人详略不同地介绍过居委会的产生发展过程④。居委会同20世纪80年代初方才出现的村委会一样，最早都是群众的创造。当群众这种自发的维护秩序的需要与国家组织、控制基层社会的意志不谋而合的时候，居委会迅速在国家的推动下扩展到每个城市，并迎来了1954—1958年所谓的“黄金时期”。居委会繁荣发展的标志之一是居民的积极参与，但这种参与的热情却在逐渐冷却。居委会大量履行着政府的职能，与单位制一起构成国家控制城市社会的体制基础，并在各种政治运动中不断扭曲变形，更多地体现了国家的意志。“文革”结束后，居委会的作用重新得到重视，各类法规条文不断出台，使居委会的运行变得相对稳定。虽然居委会的自治性有了法律保障，但体制惯性的作用依然强大。

---

① 全国人大常委会第十一次会议于1989年12月26日通过并颁布了《中华人民共和国城市居民委员会组织法》，其中第三条规定：“居民委员会是居民自我管理、自我教育、自我服务的基层群众性自治组织。”2004年11月推出的《中华人民共和国城市居民委员会组织法（修订稿）》又补充了“实行民主选举、民主决策、民主管理和民主监督”的内容。

② 可参见徐勇、陈伟东等《中国城市社区自治》，武汉出版社2002年版，第41页。

③ 如朱健刚《城市街区的权力变迁：强国家和强社会模式——对一个街区权力结构的分析》，《战略与管理》1997年第4期。

④ 可分别参见张琢《中国基层社区组织的变迁》，《社会学研究》1997年第4期；朱健刚《城市街区的权力变迁：强国家和强社会模式——对一个街区权力结构的分析》，《战略与管理》1997年第4期；华伟《单位制向社区制的回归——中国城市基层管理体制50年变迁》，《战略与管理》2000年第1期；夏建中《城市社区基层社会管理组织的变革及其主要原因——建造新的城市社会管理和控制的模式》，《江苏社会科学》2002年第1期。

历史经验显示，居委会自治性的真正实现是其生命活力的源泉。只有居民真正把居委会当作自己的利益代表，其积极性才能被调动起来。但现状却是，浓重的行政色彩使居委会不堪重负，阻碍了其自治性的发展。王邦佐等人认为，居委会的运行受到传统体制惯性的影响，其行政职能严重泛化，即使勉强称为自治组织，也是一种“全能型的自治组织”[①]。林尚立等学者看到，居委会由于承担了大量的政府下放职能而成为政府不愿放手的重要“帮手”，这已经成为自治发展的一个重要阻碍。居委会只有将不该承担的职能卸下，才可能发展自治功能[②]。项飚、宋秀卿把包括居委会在内的街居体系看作一种被动的经纪模式，作为政府的“脚”，其最大特征和基本定位就是简单地执行任务[③]。石发勇也看到正是由于行政权力在微型社区权力结构中仍然占据着主导地位，使得居委会难以顺利成长为真正的居民自治组织。他根据制度变迁的报酬递增性，提出了进一步的解释：基层政府机构成了居委会“行政化”的受益群体，由此不断强化居委会的“行政性”[④]。根据夏建中对中国几个城市商品房小区居民的抽样调查资料，有69.1%的业主认为居委会是政府组织，只有30.9%的人认为是居民自治组织[⑤]。居委会的自治本质已经被外在的行政色彩搅得面目全非。

但是，居委会的行政色彩却没有为它带来相应的制度性的行政权力。如果暂且把居委会看作是国家行政体系中的最低层级，那么居委会的上级——街道办事处，也不过是政府的执行机构而已，遑论居委会的行政权力？按照费孝通先生的看法，居委会的自治性决定了它所拥有的权力只能

---

① 参见王邦佐等《居委会与社区治理：城市社区居民委员会组织研究》，上海人民出版社2003年版。

② 林尚立、马伊里等：《社区组织与居委会建设——上海浦东新区研究报告》，上海大学出版社2000年版，第23页。

③ 项飚、宋秀卿：《社区建设和我国城市社会的重构》，《战略与管理》1997年第6期。

④ 石发勇：《城市社区民主建设与制度性约束——上海市居委会改革个案研究》，《社会》2005年第2期。

⑤ 夏建中：《城市新型社区居民自治组织的实证研究》，《学海》2005年第3期。但需要注意的是，作者的调查范围局限于建有业委会的商品房小区，调查对象限于业主，这都将影响到对居委会的看法，其结论还不能推至全体居民区。

是一种“同意权力”①。这种“同意权力”主要是从决策参与中产生的，因为只有主动的同意才是真正的同意。它不具有强制性，但有约束力，约束力不是来自于外部压力，而是来自于因为自愿参与和自主选择所形成的内在动力。建立在这样的同意基础上的权力，才能得到广泛的认可和服从。话虽如此，但“同意权力”的形成近期内仍不容乐观。所以，一个基本的问题就是：在既缺少行政权力，又尚未形成“同意权力”的情况下，居委会是如何开展自己的工作的？居委会工作者如何展开与居民的互动，并在这种互动中完成各种各样的任务呢？

上述研究告诉我们，居委会的现实定位并不清晰。那么这种模糊性如何反映在居委会工作者的互动逻辑之中？可以想象，工作者很可能会借助街道的某些资源，这也类似于对执行街道指令的一种交换；工作者也可能会以居民全体的名义开展一些活动，仅仅这一名义或许就是很好的符号资本。现实肯定还要复杂得多。居委会的行政色彩是否产生了某些科层表征？工作者中的精英是否与普通工作者又有不同的行为逻辑？居委会工作者与其他社区组织之间如何展开互动？党组织书记与居委会又是何种关系？

## 二　社区权力结构研究

台湾学者文崇一把“社区权力”界定为一种混合体。“在社区内，凡是影响或指挥他人行动的力量，均可称之为社区权力。社区权力的大小实际上就是在社区中影响力或是指导力的大小；或者从另外一个角度上去看，是控制这种有价值资源的多少。”② 按照这一定义，居委会工作者与社区居民之间相互影响的互动过程，也是社区权力的一种表现。本书不是要描画社区权力的全景，但作为行动者的居委会工作者和居民之间的互动还是与社区权力尤其是社区权力结构方面的研究有密切的联系。

根据文崇一的解释，社区权力结构就是社区权力分配的状况，它必然包含了社区中的重要群体、社团和重要权力人物。他的解释显然与国外学

① 费孝通《对上海社区建设的一点思考——在“组织与体制：上海社区发展理论研讨会”上的讲话》，《社会学研究》2002 年第 4 期。

② 文崇一：《台湾的社区权力结构》，东大图书公司 1989 年版，第 289 页。

界的研究一脉相承，美国社会学界有关社区权力结构的研究正是依照关注精英或社团的不同分出两个传统。米尔斯的《权力精英》开创了“精英论”的传统，他认为在其位即有其权，并通过针对决策、出身、教育，以及社会影响力的研究，认为美国社会是由少数人所共治的，即所谓“权力精英”①。亨特更是将这一思路运用到实地调查之中。与此相对，以达尔为主要代表的“多元论”者则区分出“潜在的权力”与“实际的权力”，强调社会机构和领导职位的分散状况，认为各机构的精英人物的权力争夺形成了一种互相制约的均势②。这些研究提醒后来者要对社区精英人物、社区群体或社团给予关注，尤其需要关注精英之间、组织之间的关系。

在对中国农村社会的研究中，不少学者比较关注精英人物。远至费孝通、张仲礼、杜赞奇对绅士或经纪的分析③，近至当前村民自治研究中大量的对“村庄治理精英”的考察④，都属此类。但在城市社会的研究中，对社区精英的关注要更少一些。华尔德曾对中国城市社会中存在于党的领导人与普通成员之间的“庇护关系”作过一番考察，认为这种关系无法脱离正式组织而存在，依然是制度的产物⑤。这一洞见对于认识居委会中党组织书记与普通工作者之间的关系倒有启发。费孝通先生曾提及“社区精英”的培养。按照他的意思，这些社区精英主要就是党组织书记、委员及部分优秀党员⑥。也有学者给出了更为广泛的“社区精英”的范围，既包括掌握各种政治行政权力的政治精英，又包括拥有其他优势社会

---

① C. Wright Mills, 1956, *The Power Elite*, New York: Oxford University Press, Inc., p. 11.

② ［美］托马斯·戴伊：《谁掌管美国——里根年代》，张维、吴继淦、刘觉俦译，世界知识出版社 1982 年版，第 339 页。

③ 参见费孝通《中国绅士》，中国社会科学出版社 2006 年版；张仲礼：《中国绅士——关于其在十九世纪中国社会中作用的研究》，李荣昌译，上海社会科学院出版社 1991 年版；杜赞奇：《文化、权力与国家——1900—1942 年的华北农村》，王福明译，江苏人民出版社 1994 年版。

④ 例如吴毅《一个村庄村委会换届选举的解读》，载吴重庆、贺雪峰《直选与自治——当代中国农村政治生活》，羊城晚报出版社 2003 年版，第 97 页。

⑤ Walder, Andrew G., 1986, *Communist Neo-traditionalism: Work and Authority in Chinese Industry*. Berkeley: University of California Press.

⑥ 费孝通：《社会自理开篇》，《社会》2000 年第 10 期。

资源、与社区公共权力关系密切的社会精英[①]。但这些看法或者较为零散或者比较粗糙，还缺乏更为细致和生动的研究。

对于城市社区中组织间关系的研究明显多于对“精英”的关注。朱健刚对一个上海街区的权力结构作了一番历史考察，认为20世纪90年代以来，街区内的权力组织网络从一叠走向了三叠：进一步完善的党组织网络、逐渐强化的行政管理网络及以城区管理委员会为龙头的社区内各种非政府组织构成的行政支持网络[②]。李友梅、石发勇从促进社区民主建设构建“市民社区”的预设出发，提出对居民区内各种组织之间的关系进行重构，以恢复居委会的自治性[③]。需要进行重构的组织关系包括居委会与街道、居委会与党组织的关系等。商品房小区中的组织至少还要包括业委会和物业管理处，李友梅对居委会与业委会、物业公司之间的关系进行了梳理。在她看来，居委会、业委会、物业公司分别与国家基层政权、房产所有权以及市场经济的自治权相联系，而居民区党支部则与上述“三驾马车”构成了一个形式上的科层关系，但各类组织现实中的关系要更为复杂，实际上表现出竞争、合作、冲突等权力关系[④]。

这里涉及了居民区党组织与居委会的关系。现有的看法多是把党组织置于居委会之上，或者认为“强大的政党参与，是基层社会实现有效自治的重要力量”[⑤]，或者强调“基层党组织是居民区工作的领导核心”[⑥]，而形式上的科层关系也是指一种协调与被协调的关系。这样看来，党组织书记就更具有一种精英的意味，这或能带给他（她）更有效的权力。虽

---

① 刘晔：《公共参与、社区自治与协商民主——对一个城市社区公共交往行为的分析》，《复旦学报（社会科学版）》2003年第5期。文中的“社区”概念明显是指街道的辖区，故“社区精英”的外延较为宽泛。

② 朱健刚：《城市街区的权力变迁：强国家和强社会模式——对一个街区权力结构的分析》，《战略与管理》1997年第4期。

③ 李友梅、石发勇：《浅论城市社区组织关系重构》，载费孝通主编《社会变迁与现代化国际学术研讨会论文集》，上海大学出版社2002年版。

④ 李友梅：《基层社区组织的实际生活方式——对上海康健社区实地调查的初步认识》，《社会学研究》2002年第4期；李友梅：《城市基层社会的深层权力秩序》，《江苏社会科学》2003年第6期。

⑤ 林尚立：《社区自治中的政党：对党、国家与社会关系的微观考察——以上海社区发展为考察对象》，《中国研究》2002年第8期。

⑥ 王邦佐等：《居委会与社区治理：城市社区居民委员会组织研究》，上海人民出版社2003年版，第49页。

然居民区党组织实际上往往被局限在“街—居制”的空间范围之内[①]，但在居委会影响所及之处，书记的地位当无可怀疑。

社区权力结构的研究关注社区中的精英人物，本研究同样关注。居委会工作者作为互动的一方，可以区分出精英与非精英；社区居民作为互动的另一方，同样可以区分出精英与非精英。居民中的精英人物往往就是各类群体、组织的负责人。本研究所要考察的互动过程正是发生在这些精英与精英、精英与非精英、非精英与非精英之间。他们之间的关系是彼此展开互动的基础。

社区权力结构的研究还关注社区中的重要群体、社团组织，这为个体行动者之间的互动提供了组织背景，这正是互动的环境或“情境”的一部分。行动者是组织中的个人，是环境中的个人。要分析互动的逻辑，即行动者的资源利用、策略选择等内容，其背景因素不可不察。

需要注意的是，社区权力结构的研究仍是一种静态的分析。我们能从中看到清晰的结构和突出的人物，却不能品味出流动的质感。对居委会工作者与社区居民之间互动过程的考察，或能对此加以补充。事实上，动态的互动过程也正是权力关系、权力结构形成的基础。接下来的问题是：这种互动关系是什么样的？

## 三　社区互动关系研究

居委会工作者与居民之间的互动，如果分别以一方为主体，看到的图景并不相同。对居委会工作者来说，“互动”更大程度上是一种动员；对居民而言，“互动”则是一种参与。无论是社会动员还是社区参与，学界都曾有过一些专门的研究。

在一般的意义上，动员有强制式动员和关联式动员之分[②]。强制式动员是靠外在压力强行让人们按照某种计划行动的动员方式。在一段时期内我国的许多政治动员就是如此。关联式动员是将动员人们参加的活动同参加者的真实利益联系起来的动员方式，它用相关利益去激励人们参与活

① 李友梅：《城市基层社会的深层权力秩序》，《江苏社会科学》2003 年第 6 期。

② 王思斌：《论民本主义的社区发展观》，《社会科学》2001 年第 1 期。

动。而在国外学者眼中，“强制式动员”的说法不如“参与式动员”[①] 确切。这种参与式动员看似调动起了普通民众的参与自主性，实质上是运用各种权力技术，或者是唤起了普通民众与其真实意愿或利益相违的积极性，或者是将其意愿或利益从日常生活世界中抽离出来，与更宏大的政治话语和世界历史联系在一起。所有这些情况都强化了国家对社会的控制，巩固了普通民众对精英或政府的依附。

“参与式动员”的主体是国家，且带有强烈的时代色彩，居委会或党组织对居民的动员在多大程度上符合这一方式还是问题。但无论是“参与式”、“强制式”还是“行政式”，可以肯定，进行动员的一方是主动的一方，居民则是被动的一方。党组织和居委会在贯彻上级意图的过程中，就像一台发动机一样，带动了部分小区居民参与活动的积极性，搅动了原本沉静的小区生活。

在当前，这种动员的效果却不容乐观。王邦佐等人发现，小区内大致形成了居委干部—居民小组组长—小区宣传品—居民的传播链，而绝大多数处于传播链末端的居民，尤其是在职职工、社会地位和经济地位较高的居民，多游离于居委会事务之外。与此相应，居民对社区事务的参与和对居委会的支持也相当微弱[②]。

居委会有限的动员能力与微弱的“社区参与”关系密切，但这或许只是一方面的解释。过度行政化的居委会与居民之间的距离越拉越大，这也导致居民参与的积极性下降。马西恒强调不同社区治理模式与居民参与情况之间的关联[③]，陈万灵则从经济学角度分析当前“社区参与”意识不高的原因，认为社区居民参与程度是由居民的分利能力所决定的[④]。博弈的结果就是，分利能力较强的居民能够积极参与社区活动和建设，分利能力弱的居民对“社区参与”比较消极。从这一角度进行的解释恰好为“关联式动员”替代“强制式动员”提供了一个理由。

---

① Thomas Bernstein, 1984, *Stalinism, Famine, and Chinese Peasants: Grain Procurements During the Great Leap Forward.* Theory and Society 13, no. 3 (May), 1 - 38.

② 王邦佐等：《居委会与社区治理：城市社区居民委员会组织研究》，上海人民出版社 2003 年版，第 49 页。

③ 马西恒：《社区治理框架中的居民参与问题：一项反思性的考察》，《上海行政学院院报》2004 年第 2 期。

④ 陈万灵：《“社区参与”的微观机制研究》，《学术研究》2004 年第 4 期。

动员与参与的研究描绘了一幅城市社区中居委会与居民之间互动关系的现状图景。尽管从中能看到居委会的主动性和利益的因素，但这仍然不够。在有限动员与微弱参与的情况下，居委会的工作者又如何针对各类居民采取行动？实际上，这才是最切合本书研究主题的问题：居委会工作者与居民之间的互动过程是如何展开的？

## 四　权力运作过程研究

居委会工作者在互动过程中采取什么样的行动逻辑要受到居委会组织特征的影响，工作者与其他组织的精英或非精英开展互动也会受到组织间关系的影响。在居委会强烈的行政色彩、行政权力的缺失、动员能力的不足等条件的限制下，居委会工作者如何运用各种资源、选择各种策略而对居民发挥自身的影响力？居民又如何在互动过程中进行应对并同样发挥影响力？这是本研究所关注的权力运作逻辑的问题。

从居委会开展工作的方式中可以解读出某些运作逻辑，一些社区研究对此有过零星的关注。费孝通先生听到过居委会要创建熟人社会的言论，这种熟人社会不是建立在血缘基础上，而是建立在邻里基础之上①。这样的熟人社会可以促进居民之间互相帮助，共同为社区生活负起责任，因为人熟了就会讲面子。李友梅看到利用关系来处理日常事务在基层社区组织的现实生活中成为一个越来越受到重视的能力②。关系的建立离不开社会行动者的参与，关系建立的过程往往是参与者为支配某种局面而进行“协商”或“交易”的过程。张虎祥在实地调查中同样发现作为行动者的居委书记通过非正式的人情、关系等因素为自己创造有利的环境，同时也试图改变这种关系，通过改变来创造对自己更加有利的地位，从而主导整个关系过程③。关系运作的基础是关系网络的存在，李泽才考察了小城镇中存在的不同类型的隐性权力网络，这是一种基于个体间的社会关系并以

---

① 费孝通：《中国现代化：对城市社区建设的再思考》，《江苏社会科学》2001 年第 1 期。

② 李友梅：《基层社区组织的实际生活方式——对上海康健社区实地调查的初步认识》，《社会学研究》2002 年第 4 期。

③ 张虎祥：《社区治理与权力秩序的重构——对上海市 KJ 社区的研究》，《社会》2005 年第 6 期。

权力、利益为目标的特殊网络[①]。熟人关系、人情面子这类因素，不由让人想起所谓“中国人的行为逻辑”问题。

黄光国较早分析了“人情”“面子”对中国人的行为取向所具有的意义[②]。关系可以进行经营，关系决定了互动中的行动者以什么样的法则采取行动。在兼具工具性与情感性的混合性关系中，人情法则是主要的行为策略。杨国枢认为中国人的社会取向有四类主要的特征或内涵，即家族取向、关系取向、权威取向及他人取向。这几种取向主要是指个体融入或配合其家族、其他个体、权威及非特定他人所展现的社会互动的风格与形态，其表现在日常生活的不同方面或层次，就展示出不同的互动特征或内涵[③]。翟学伟提出“个人地位”的概念，以更清晰地分析“关系、面子、人情”等的内涵及其建立与维护。在中国日常社会中，个人地位的建构基础是个人权威、道德品质、礼尚往来、连带关系，从而表现出交往的个别化倾向[④]。居委会工作者与居民之间的日常互动，在老街区或国际化的住宅小区，在多大程度上还能体现出关系、人情、面子的操作，这也是考察权力运作逻辑需要注意的问题。

孙立平等学者致力于借助“过程—事件分析”的研究策略去揭示所谓的社会隐秘[⑤]。他们对华北农村定购粮收购的过程进行考察，发现乡镇干部将社会中的非正式因素大量运用于正式权力的行使过程之中[⑥]。在这样的事件中，正式的国家权力因素与本土性的文化因素相遇。乡镇干部可以通过使用一种本土性资源，使得不愿意交纳定购粮的农民处于一种相当不利的地位。这其中存在着一种“情境建构”的过程，情境中的行动者

---

① 李泽才：《一个基层社区的隐性权力网络与社会结构》，《南京社会科学》2004 年第 1 期。但小城镇中的情况与城市基层社区或有差别。

② 黄光国：《人情与面子：中国人的权力游戏》，见《面子——中国人的权力游戏》，中国人民大学出版社 2004 年版。

③ 杨国枢：《中国人的心理与行为：本土化研究》，中国人民大学出版社 2004 年版，第 92 页。

④ 翟学伟：《个人地位：一个概念及其分析框架——中国日常社会的真实建构》，《中国社会科学》1999 年第 4 期。

⑤ 孙立平：《“过程—事件分析”与当代中国国家—农民关系的实践形态》，载清华大学社会学系主编《清华社会学评论特辑》第 1 辑，鹭江出版社 2002 年版。

⑥ 孙立平、郭于华：《“软硬兼施”：正式权力的非正式运作的过程分析——华北 B 镇定购粮收购的个案研究》，载清华大学社会学系主编《清华社会学评论特辑》第 1 辑，鹭江出版社 2002 年版。

努力改变和重构情境，以此来争夺情境中的主动权。马明洁则通过一个“逼民致富”的案例，探讨农村基层政府和村庄还有多大的能力对农民进行社会动员，这种动员使用了何种资源和方式，其动员能力又在何种程度和范围上受到限制①。他看到了一个“经营式动员”的过程，乡党委书记在组织结构性条件不充分的条件下，驾驭了自己所开创的一个过程，营建了一个行政—利益共同体，形成了经营性社会动员的基础。这些过程背后的非正式因素、本土性资源、行动者个体的建构努力、权力的经营等，正是权力运作逻辑的内容。这种对互动过程的关注，也对本研究很有启发。但他们在国家与社会的理论框架下，借助一些特殊事件，对农村的情况进行分析所看到的内容，是否在城市社区、在还不能代表国家的居委会工作者与居民之间的日常互动过程中同样可以看到，还需要用事实说话。

作为个体行动者的居委会工作者和社区居民之间的互动过程是本研究的分析对象，目的是要看到互动背后的逻辑。互动的过程也是权力运作的过程，互动的结果是一种权变性的权力关系。居委会工作者的权力运作在这样的背景中展开：居委会带有强烈的行政色彩却不具有行政权力；居委会可以借助街道的资源以完成上级的任务，居委会工作者因此是寻求主动与居民打交道的一方；居委会要协调好与其他社区组织之间的关系，而组织之间的关系往往会还原为精英之间的关系；行政色彩拉大了与居民的距离，居委会动员能力下降。不仅如此，工作者与居民一样，还身处更广阔的背景之中：浦东的开发开放、社会的分化、对利益的追求、单位制的弱化与集体观念的淡漠、人情面子的文化基础等。这些都可能对个体行动者的行为产生影响，构成其策略选择的条件。具体到某个日常互动的过程之中，行动者正是在这样的条件下，有选择地运用手里的资源、占领于己有利的“自由余地”、利用各种非正式手段、借助个人的关系网络，以发挥出针对他人的影响力，基本达到自己的目的。

上述研究都多少与本书的分析对象有关，也有学者开始运用组织决策分析学派的概念工具对城市基层社会的权力秩序及其重构展开调查，借助具体小区的实证研究资料，对居委会、业委会、物业公司这样三种组织之

---

① 马明洁：《权力经营与经营式动员：一个“逼民致富”的案例分析》，载清华大学社会学系主编《清华社会学评论特辑》第1辑，鹭江出版社2002年版。

间的权力关系做了较好的描述分析①。但是，总体而言，多数研究不同程度地表现出“宏大有余，细微不足”的特点，或重历史陈述，或重现状描述，或重理论阐释，或重应然判断。实地研究较少，且基本上止于组织层面。具体到最为微观的个体行动者及其互动层面的研究非常少见，有的研究有所涉及，但也不以此为重。同时，多数研究也表现出对动态的互动过程缺乏关注的特点。个体行动者之间动态的互动过程，将是本研究力图重点考察的内容。

## 第四节 研究的意义

本研究的关注重点是作为行动者的居委会工作者与居民之间的互动过程，以及其中隐含的互动式权力的运作逻辑。这方面的研究尚不太多，故可以在一定程度上增加人们对这一领域的认识。把权力看作动态的、只存在于互动关系之中，并分析权力行使过程背后的资源的利用、策略的选择、对不确定性的把握，有助于充分关注社区中积极主动、活生生的个人，也有助于加深对权力概念的理解。从根本上说，权力的运作逻辑也是行动者的行为逻辑，而任何行动者都是在文化等结构性因素的制约下进行“有限理性”的选择。行动者如何在各种环境条件、情境特征的限制之下，借助某些资源、机遇、策略或能力，掌控互动过程中的不确定性领域、拓展自身的自由余地，以发挥出自身的影响力，在他人身上贯彻自己的意图，这是本研究所关心的问题。这就牵涉到体现在互动过程中的个人与社会的关系这一社会学核心问题，本书的分析或也因此具有一定的理论意义。

居委会工作者不可避免地带有居委会组织特征的印痕，他们与居民的互动基本上是居委会开展工作的过程，他们与居民的互动逻辑事实上就构成了居委会开展工作的行动基础。帕特南把“普通公民在公民社会中充

① 李友梅：《基层社区组织的实际生活方式——对上海康健社区实地调查的初步认识》，《社会学研究》2002 年第 4 期；张虎祥：《社区治理与权力秩序的重构——对上海市 KJ 社区的研究》，《社会》2005 年第 6 期。

满活力的群众性基层活动”看作是民主体现的至关重要的因素[①]，而根据居委会的性质，其工作者与居民之间的互动正是这样的群众性基层活动。那么，这是一种什么样的互动逻辑，而基于这种互动逻辑的居委会又在多大程度上担负起了居民自治、社区建设和社会发育[②]的职责？也就是说，考察居委会工作者与居民之间日常互动的背后逻辑，亦即社区的权力运作逻辑，对于了解居委会的职能发挥、了解城市基层民主建设和社会发育的前景，是具有一定的现实意义的。

① ［美］罗伯特·D. 帕特南：《使民主运转起来》，王列、赖海榕译，江西人民出版社2001年版，第13页。

② 这里的“社会”指的是国家、市场之外的其他领域。

# 第二章　理论与方法

对于任何研究来说，理论与方法都是不可或缺的。在某种意义上，权力运作意味着行动者之间的互动，这就涉及两个基本的理论概念："权力"与"行动者"。现实中的权力和行动者都要更加复杂多变，要理解权力运作的逻辑离不了持续而细致的实地考察。

## 第一节　研究视角

对居委会工作者与居民之间的互动或权力运作的过程进行分析，将主要借助法国组织决策分析学派的理论视角展开。

法国的组织决策分析学派出现于20世纪60年代，米歇尔·克罗齐埃是其最主要的奠基者。克罗齐埃在对以前的组织社会学理论进行梳理的过程中，发现有些问题是前人的理论无法解释的，遂转而提出自己独到的思考。因此，决策分析的理论是对以前的组织理论的继承和发展。克罗齐埃和他的重要合作伙伴费埃德伯格一起提供了这一理论视角的经典研究和详尽阐释①。

许多社会学理论的建构往往都是以对个人和社会的基本判断为基础，决策分析学派也不例外。在《权力与规则》一书的序言里，费埃德伯格简略指出了对"行动者"和"结构"、"秩序"的设想。"行动者"是超越了"有限理性"的自由行动者。尽管他会受到结构性因素的制约，结

---

① 米歇尔·克罗齐埃的《科层现象》（1963）、克罗齐埃与埃哈尔·费埃德伯格合作的《行动者与体系》（1977）以及费埃德伯格的《权力与规则》（1993）堪称决策分析学派的"三部曲"。《科层现象》是这一学派的经典实证研究并提供了基本的思想；后两部著作则是对这一研究视角的系统总结。

构性因素的影响可以内化为某种惯例，但他更具有主体作用，拥有“自由余地”，随时进行决策，在各种环境条件中进行投机性的选择。他还与其他行动者之间展开利益冲突，不断构建着一种权力关系，寻求必要的秩序。“行动者”的行为后果具有不确定性。“秩序”正是由行动者之间的互动而导致的，而且因为互动关系的不确定性，所以也是临时的、偶然的、变动不居的。从这个意义上说，秩序只能是局部秩序。“结构”是秩序的产物，也是秩序的再造，同样具有不确定性[①]。

决策分析的一个重要判断就是不确定性。行动者的行为是不确定的，所导致的后果也是不确定的，由行动者之间的互动而产生的局部秩序也具有不确定性，最终，更高层面上的结构也是不确定的。诸多的不确定不仅增加了行为的复杂性，也增加了社会的风险性。对于这些不确定性，决策分析选择的研究策略是：从最微小的对象入手。要理解一个系统，要考察结构的制约性与权变性必须从行动者入手。因为，结构性因素发挥作用的载体是行动者，而正是行动者行为的权变性带来了结构的不稳定性。研究对象是个人，分析的对象则是行动，而且这种行动类似于韦伯所说的指向他人的“社会行为”[②]。不同行动者的交互性的行动，或者说互动过程，是决策分析学派所强调的最值得关注的内容。这种互动过程，也是一种集体行动的过程，而集体行动过程又是动态的组织过程[③]。

韦伯把“社会行为”看作社会学研究的基本内容，由此，他提出的研究方法是“理解”。要去努力把握行动者做出一种行为的目的、手段，还要努力体验行为背后的感情、价值观念以及传统的习以为常的规则[④]。决策分析也要尽力去把握行动者的行为逻辑，这种行为逻辑已经超越了韦伯所提醒注意的感情、传统因素、价值理性、工具理性等几项内容，而且更为复杂。理性是有限理性，结构、文化因素的制约，行动者之间的策略

---

① ［法］埃哈尔·费埃德伯格：《权力与规则》，张月等译，上海人民出版社2005年版，第8、9、11页。

② ［德］马克斯·韦伯：《经济与社会》，约翰内斯·温克尔曼整理，林荣远译，商务印书馆1997年版，第54页。

③ ［法］埃哈尔·费埃德伯格：《权力与规则》，张月等译，上海人民出版社2005年版，第3页。

④ ［德］马克斯·韦伯：《经济与社会》，约翰内斯·温克尔曼整理，林荣远译，商务印书馆1997年版，第66页。

运用或者博弈，都成为决策分析需要仔细考察的东西。

决策分析创造了一系列独特的概念工具以有助于这种分析的开展。这些概念包括决策、自由领域、游戏、局部秩序的权变性、行动领域的结构化等。决策分析还对一些早就存在的概念进行了重新阐释，给出了不同的含义。如“权力”，这是一个几乎每个社会理论家都要涉及的概念，决策分析给出的界定是：一种带有协商性、策略性的对所谓“自由余地”的掌握能力，这种只存在于关系之中的权力取决于个人行为的不可预见性，取决于对不确定因素之根源的控制①。这种权力观承认资源作为权力基础的重要性，但更为强调权力关系的策略性与不确定性。换言之，如果说布迪厄强调的是权力关系背后的资本分配，那么决策分析学派会认为资本占优的人不见得总是会在互动关系中处于支配地位②。决策分析关注互动过程，关注由互动所导致的局部秩序，关注互动背后社会“统治”结构的制约，也更关注秩序背后的权力争夺。费埃德伯格这样描述所要重点加以探讨的所谓“政治过程”：

“我们要透过行动的表面秩序，探索背后的社会流动、理性与利益之间的冲突对抗、竞争与联合，以及权力过程、协商过程和渐进的结构化的过程，所有这些构成了理解集体行动的一般基础。而造成这种显在无序状态的正是其背后的秩序要素的力量，是相关行动者的策略变化。”③

组织决策分析对互动过程、行动者策略运用以及权力关系建构性的关注，使这一视角具有了自己独特的魅力。这一视角适合于研究微观层面的行动者，适合于分析动态的过程，适合于揭示互动过程背后的逻辑。这一分析视角最初运用于正式组织内部，但在“组织”的含义超越了旧有的带有边界的静态结构而进入到动态的组织过程之后，决策分析的方法就有了更大的用武之地，可以用于分析社区范围内更广泛的互动过程。如前所述，居委会并不具有强制性的正式权力，而“同意权

---

① 可参见［法］米歇尔·克罗齐埃《科层现象》，刘汉全译，上海人民出版社 2002 年版，第 7 页；李友梅《组织社会学及其决策分析》，上海大学出版社 2001 年版，第 151 页。对“权力”概念的考察详见后文。

② ［法］拉法耶：《组织社会学》，安延译，社会科学文献出版社 2000 年版，第 92 页。

③ ［法］埃哈尔·费埃德伯格：《权力与规则》，张月等译，上海人民出版社 2005 年版，第 7 页。

力”的建立又在目前遥不可期。居委会在完成大量上级任务的过程中，其权力更多地体现为一种与居民之间互动性的影响或依赖关系。在这种互动式权力运作的背后，隐含着大量的非正式的行为逻辑与策略。本研究正是试图运用组织决策分析的理论视角，对居委会工作者与不同类型的居民之间在日常生活中展开的互动过程进行考察，以探究互动背后的权力运作逻辑。

## 第二节　概念工具

如果把居委会工作者与社区居民看作“行动者”，把工作者与居民之间的互动看作一种“权力”的运作，则本研究需要澄清的两个核心概念就是“权力”与“行动者”。

### 一　权力

对于“权力”的概念而言，首先有集体的权力与个人的权力之分。马克思主义者的权力观与阶级统治相联系，多属于集体权力。如尼科斯·波朗查斯就认为“权力的概念是由阶级实践的领域所构成的”，它“表示结构对处于‘斗争’中的各个阶级的实践之间的冲突关系的影响”，“标志着一个社会阶级实现其特殊的客观利益的能力”①。这是从社会集体（阶级）的立场出发而对权力概念进行界定的方式。帕森斯不是马克思主义者，但他的权力定义是整合进自己的社会系统论之中的，权力实施的对象是系统中的各单位。他认为权力就是一种“保证集体组织系统中各单位履行有约束力的义务的普遍的能力”②。汉娜·阿伦特同样认为权力“属于一个集团，而且只有在该集团保持一致时才能继续存在”③。

---

① ［希腊］尼科斯·波朗查斯：《政治权力与社会阶级》，叶林、王宏周、马清文译，中国社会科学出版社1982年版，第108—109页。

② 参见［英］罗德里克·马丁《权力社会学》，丰子义、张宁译，生活·读书·新知三联书店1992年版，第33、86页。

③ Hannah Arendt, 1970, *On Violence*, New York: Harcourt, Brace and World, p. 44.

除了达伦多夫等少数学者明确认为“权力”是个人性的之外[①]，许多学者使自己的权力定义兼具集体性和个人性。例如韦伯就“很一般地把‘权力’理解为一个人或很多人在某一种共同体行动中哪怕遇到其他参加者的反抗也能贯彻自己意志的机会”[②]，认为这种机会可能建立在任何基础之上，因而是无定形的[③]。受韦伯的影响，彼得·布劳把权力定义为“个人或群体将其意志强加于其他人的能力，尽管有反抗，这些个人或群体也可以通过威慑这样做”[④]。这种更具包容性的界定显然影响更大。

个人的权力就其来源而言，又可以分为地位权力与资源权力。持“地位权力”观的学者未曾忽略权力的集体性，他们往往强调：权力来自社会结构，某种特定的权力来自社会结构中的某个特定的位置；个人占据了某一职位，就自然拥有了来自于职位的权力，而不管他是否行使，也不管他是否拥有某种天赋[⑤]。赖特·米尔斯是这派学者的一个代表，他认为“想要成名、致富、拥有权力都需要跻身主体社会制度之中，因为人们所占据的制度地位在很大程度上决定他们拥有和掌握这些珍贵阅历的机会”[⑥]。持“资源权力”观的学者不认为权力的基础只是社会地位或职位，权力的来源范围很广，甚至可能无所不包；权力的有无、大小正在于对资源的占有和掌握。韦伯在定义权力概念时，已经意识到“一个人的各种各样可以设想的素质和形形色色可以设想的情况，都可能使某个人有可能在特定的情况下，贯彻自己的意志”[⑦]。罗伯特·达尔甚至详细开列了一

---

① 他将权力和权威做了区分，他认为“权力实质上与个人的个性相联，而权威则总是同社会地位或角色相联”，所以他把个人性的权力排除的理由是权威关系“本身就是社会结构的组成部分，从而可以有条有理地从总体社会的组织以及社会内部的各种联系中推衍出各种集团冲突来”。参见［英］罗德里克·马丁《权力社会学》，丰子义、张宁译，生活·读书·新知三联书店 1992 年版，第 82、83 页。

② ［德］马克斯·韦伯：《经济与社会》（下），约翰内斯·温克尔曼整理，林荣远译，商务印书馆 1997 年版，第 246 页。

③ ［德］马克斯·韦伯：《经济与社会》（上），林荣远译，商务印书馆 1997 年版，第 81 页。

④ ［美］彼得·布劳：《社会生活中的交换和权力》，孙非等译，华夏出版社 1988 年版，第 137 页。

⑤ ［美］托马斯·戴伊：《谁掌管美国——里根年代》，张维、吴继淦、刘觉俦译，世界知识出版社 1985 年版，第 12—13 页。

⑥ C. Wright Mills, 1956, *The Power Elite* , New York: Oxford University Press Inc. , p. 11.

⑦ ［德］马克斯·韦伯：《经济与社会》（上），约翰内斯·温克尔曼整理，林荣远译，商务印书馆 1997 年版，第 81 页。

张这样的个人资源的清单[①]。这样看来，几乎所有的个人先赋性的或自致性的属性，包括作为一名社会成员而带来的一些社会属性或集体属性都可以成为权力获得的可能性来源。

地位权力与资源权力提供给我们的都是一种对权力的静态分析，我们可以据此考察某种权力背后的基础因素。但是，权力既然存在于社会关系之中，其作用的发挥就必然与关系双方之间的互动相联系。那么，权力的动态性又如何展现呢？

实际上，早有学者关注到了权力的动态性。在他们眼中，权力是无法被个人所拥有的，尽管背后可能有资源因素，但权力只能体现在互动过程之中。此类观点的典型莫过于米歇尔·福柯。福柯认为，"施加在肉体的权力不应被看成是一种所有权，而应被视为一种战略；它的支配效应不应被归因于'占有'，而应归因于调度、计谋、策略、技术、运作；人们应该从中破译出一个永远处于紧张状态和活动之中的关系网络，而不是读解出人们可能拥有的特权；它的模式应该是永恒的战斗，而不是进行某种交易的契约或对一块领土的征服。总之，这是一种被行使的而不被占有的权力"[②]。福柯描绘了一幅生动的"战斗"图景：互动的过程就是权力发挥作用或权力运作的过程，关系网络中的行动者几乎永不停息地发展自身的权力，权力因而也永远是变动不居的。

福柯的权力观可以归纳为一种"互动权力"：权力只存在于互动过程中，权力只能行使而无法占有，权力很大程度上来自于互动之中的策略、计谋、技术、运作，权力总是变动不居。应该说，法国的组织决策分析学派很大程度上继承了这种独到的权力分析视角。克罗齐埃和费埃德伯格认为，"权力是一种关系，而不是行动者的某种属性"，"权力只能通过在某

① 这些资源包括"个人自己的时间；金钱、信用和财富的享用权；对信息的控制；尊敬或社会地位；拥有的魅力、声望、合法性、守法性；适合担任官职的权利；……团结，即作为社会一部分的成员从他人获得支持的能力；……选举权、智力、教育，或者还有个人能力水平方面的相似性……"。参见［美］丹尼斯·朗《权力论》，陆震纶、郑明哲译，中国社会科学出版社2001年版，第148—149页。这样看来，"资源"的概念已经把"地位"包括进去了，地位只是众多资源之一。

② ［法］米歇尔·福柯：《规训与惩罚》，刘北成、杨远婴译，生活·读书·新知三联书店1999年版，第28页。

个给定的关系里的行动者的交流中表现出来"[①]。权力是不可能被占有的，权力只能依存于某种关系中。这种关系是协商性的，因此权力包含了"交互作用"（互动）的成分。不存在没有关系的权力，不存在没有交换的关系；不存在没有交换的关系，也不存在没有协商的交换。关系无处不在，权力也是无处不在的，它是我们日常生活的一个组成部分。[②] 可以说，权力与关系、与互动是不可分割的。这与福柯的看法非常相近。

决策分析学派的权力观并不排斥"地位权力"和"资源权力"，而是把它们融合了进来，把地位和资源都看成是权力的来源或基础。克罗齐埃曾区分过组织内部的两种权力：专家权力和职务级别权力。前者基于个人的本领，后者则基于个人在组织中所处的职位[③]。个人的本领、能力自然是一种资源，职位则明显是地位的象征。权力的来源是"行动者各自的王牌、资源、力量或势力"，简言之，即他们各自得以左右权力关系结果的力量[④]。所有的力量、势力、财富、声望、权威等，都是个人权力行使中所可能依赖的基础。

但决策分析的权力观的特色还不在于对地位权力和资源权力的融合，而是在于对行动者的"自由余地"、"不可预见性"和"不确定性"的强调。克罗齐埃这样说，"在与他人的关系中，每个个人的权力都取决于他的行为的不可预见性，取决于他对关系到目标实现与否的那些不确定因素的根源所能进行的控制"[⑤]。如果乙的行为能被甲所预见，而甲的行为对乙来说是不确定的，则甲对乙就具有权力[⑥]。这种"不确定性"是决策分析的理论框架内必不可少的内容。"不可预见性"与"不确定性"其实都是一种行动的可能性，费埃德伯格因而把"权力"定义为：任何一个行

① Crozier, M. & E. Friedberg, 1980, *Actor and System*. Translated by A. Goldhammer. Chicago: the University of Chicago Press, pp. 30 - 31.

② ［法］埃哈尔·费埃德伯格：《权力与规则》，张月等译，上海人民出版社 2005 年版，第 109—111 页。

③ ［法］米歇尔·克罗齐埃：《科层现象》，刘汉全译，上海人民出版社 2002 年版，第 198 页。

④ Crozier, M. & E. Friedberg, 1980, *Actor and System*. Translated by A. Goldhammer. Chicago: the University of Chicago Press, p. 32.

⑤ ［法］米歇尔·克罗齐埃：《科层现象》，刘汉全译，上海人民出版社 2002 年版，第 7 页。

⑥ 同上书，第 191—192 页。

动领域中，行动的诸种可能性的不均衡交换①。而“自由余地”意味着行动者与他人进行交易的某种自主领域，自由余地决定着相互行为的可预期性②。行动者的自由余地越大，其行为的不可预见性就越大。互动双方所拥有的各种资源，通过提供给行动者更大的自由余地③，而赋予行动者更大的权力。也就是说，在一种权力关系中，行动者所能利用的资源给他提供了大小不同的自由余地，这种自由余地与行为的不可预见性和不确定性紧密相关，并决定了行动者拒绝对方要求自己做某事的可能性，也就决定了行动者权力的大小。

决策分析的权力观可以这样概括：权力是行动者用于建构于己有利的协商性行为交换的能力④，这为分析行动者之间的互动提供了一个很好的概念工具。本研究首先把“权力”理解为韦伯意义上的在别人身上贯彻自身意图的能力，这种能力体现在互动过程中，就是决策分析的权力定义。正是从“互动中的权力”这一认识出发，本研究把互动看作是一种权力的运作，而探讨权力运作背后的逻辑就是要分析行动者如何利用资源，如何拓展自己的自由余地，如何应对、控制不确定性领域以达到自身目标。

需要注意的是，这里所使用的权力概念虽是行动者个人的权力，但承认这种权力会受到结构性因素的影响。结构性因素势必作用于个人，尽管不一定是决定性的。对权力的运作而言，这种影响作用通过行动者所掌握的资源而展现出来。一方面，诸多的资源可能正是由个人所处的结构性的社会地位所带来的；另一方面，结构、文化等因素可能通过影响行动者的行为方式进而影响到个人对资源的运用方式。

## 二　行动者

与“权力”一样，“行动者”也是社会科学中最普遍的概念之一。一

① ［法］埃哈尔·费埃德伯格：《权力与规则》，张月等译，上海人民出版社2005年版，第109页。

② 同上书，第115页。

③ Crozier, M. & E. Friedberg, 1980, *Actor and System*. Translated by A. Goldhammer. Chicago: the University of Chicago Press, p. 32.

④ ［法］埃哈尔·费埃德伯格：《权力与规则》，张月等译，上海人民出版社2005年版，第112页。

般认为，经济学对行动者的假设是“理性人”，社会学则是“社会人”。但这二者并非决然对立，可以说只是关注重点的不同。

“理性人”的假设听起来简直是最简单的：行动者在各种行动策略中进行选择，目的是使自己的利益最大化。这种简单明了的出发点有利于发展出一套逻辑严密、推理精细的理论。所以，科尔曼考虑再三，还是以之作为自己理论的基础。在科尔曼看来，行动者为实现自身的目标而展开行动，而行动者的目标或行动原则正是最大限度地获取效益或提高满意程度。行动者与他人之间是一种注重实利的关系；这种关系仅仅表现为行动者的利益寓于他人控制的资源和事件之中，以及他所控制的资源和事件蕴含着其他行动者的利益①。这样，行动者的社会行动便基本上只有两类：争取控制能使自己获利最多的资源；把对资源的控制进行单方转让②。不管是怎样的行动，目的都是获取更多的利益。

理性意味着行动者的自主性，这种自主性的存在也都是社会学家们承认的事实。但社会学家势必要看到影响行动的更多因素，并因为对不同因素的强调而发展出更加复杂多样的理论③。韦伯强调行动的目的性，认为社会学就是要去“理解”行动的目的，而“理性化”则是社会发展的重要趋势。但他把社会行动区分为四种类型：工具理性的、价值理性的、情绪性的和传统性的④。可以看出他并不排除价值观、情感和习惯这类因素。马克思认为个人在任何情况下总是“从自己出发的”⑤，猛烈批评“异化”现象对个人自由的扼杀，并把满足个人的需要看作是社会关系产生的原因。但他同样认为，社会关系才是人的本质，个人的自由在集体中才能彻底实现⑥，最终他对社会的分析框架中只剩下了结构、阶级这类宏大的因素。米德重视人的自主性，他所谓的“自我”是开放的、有

---

① ［美］詹姆斯·S. 科尔曼：《社会理论的基础》，邓方译，社会科学文献出版社1999年版，第584页。

② 同上书，第39页。

③ 即使是科尔曼也不否认社会规范的存在，同时承认人们服从规范以及承认人们经常为了他人或集体的利益行事，参见［美］詹姆斯·S. 科尔曼《社会理论的基础》，邓方译，社会科学文献出版社，第38页。

④ ［德］马克斯·韦伯：《社会科学方法论》，杨富斌译，华夏出版社1999年版，第59—60页。

⑤ ［德］马克思、恩格斯：《德意志意识形态》，《马克思恩格斯全集》第3卷，第515页。

⑥ ［德］马克思：《关于费尔巴哈的提纲》，《马克思恩格斯全集》第3卷，第5、61页。

意识的。但自主性一定形成于与他人的反馈联系中，而“自我”成熟的标志之一就是共同体的经验控制了个体的行动[①]。涂尔干也承认人具有双重人格，一方面是拥有身体、宏愿、欲望的人，一方面是社会化的人。但他强调，社会化之后的人才是真正的人[②]。因而，人的无限需求必须要受外界即社会的控制，他也由此更加注重整体和结构的特征。帕森斯抱着整合理论分歧的志愿构建了他的一般行动理论，可惜的是，他虽然把包容了目的、手段选择、价值规范等因素的“单位行动”作为出发点，却最终走向了宏大的社会体系论。加芬克尔对帕森斯进行批判，却又走向了另外一个极端。行动者的建构性是绝对的，即使有“社会”现实感，也是行动者意识的幻象[③]。如果在绝对自由、总是进行理性选择的个人和完全受制约、总是遵照规范行事的个人之间存在一个连续统，可以说经济学家一直占据着理性的一端，并通过发现信息、制度等制约因素而谨慎地向制约的一端靠拢，而社会学家则分散在这一连续统中，但都不会刻意忽略影响个体行动的社会因素，只是所强调的内容和程度有所不同。

诚如科尔曼的批评，“以人们一致服从规范为理论前提，将导致一种决定论。这种决定论将理论扭曲为仅仅描述在规范指导下进行活动的机器人，这种理论将日常生活中按自己意志行动的众人排除在研究之外”[④]。但是，忽视价值、情感等内在因素，忽视结构、文化等宏大因素，忽视社区、组织等背景因素对行动的可能影响，同样是不尊重日常生活现实的表现。也有学者尝试着兼顾行动者的能动性和外在因素对行动者的制约，试图为二者建立一种有机的联系，其中影响较大的是吉登斯和布迪厄。

在吉登斯的“结构化”理论中，行动者是具有能动作用的，这种

---

① ［美］刘易斯·A. 科瑟：《社会学思想名家》，石人译，中国社会科学出版社1990年版，第372页。

② 同上书，第147页。

③ ［美］乔纳森·特纳，《社会学理论的结构》（下），华夏出版社2001年版，第86页。

④ ［美］詹姆斯·S. 科尔曼，《社会理论的基础》，邓方译，社会科学文献出版社1999年版，第38页。

能动性体现在实践意识、反思性监控及理性化特征①上。定位在时空之中的行动的情境性特征、活动的例行化、日常生活的重复性，以及互动中的行动者通过反思性监控而形成的共识，构成了行动得以发生的前提条件②。"结构二重性"是其理论中的关键，结构内在于行动者及日常生活的具体情境之中，并同时具有制约性和使动性。行动者在再生产结构性特征的同时，也再生产出促成这种行动的条件；社会系统的结构特征经反复的行动创造出来，又构成了行动的条件③。这样，吉登斯立足于对行动的分析，通过改造"结构"的概念，通过强调持续的再生产过程，使"行动"与"结构"体现出一种彼此融合的态势。

布迪厄的社会实践理论认为社会行动者具有一种理解的生成能力和创造能力，可以看作被赋予了某种结构形塑潜力的一种"能动的知识"形式的载体。社会行动者与世界之间的关系，是"社会建构的知觉与评判原则（惯习）与决定惯习的世界之间的相互占有"④。行动者的"实践"具有这样三个特点：在社会时空中发生，并不断再生产和修改社会时空制度；虽有目的性，但活动者不可能完全"组织"和"操纵"活动，而是在活动中不断习得、复制、创造游戏规则，久而久之这些规则就变成内化和观念化了的客观结构；实践不是必然的社会现实和规则的复制，而是可以"即兴发挥"的⑤。对布迪厄来说，行动者对利润和权力的追求由一系列先于意识的天性——在阶级结构的早期社会化中被灌输的"惯

① 实践意识意味着行动者的认知能力；反思性则是指持续发生的社会生活流受到监控的特征；理性化是反思性监控的基础，它是指行动者对自身活动的根据始终能够做出解释，这也是根据日常行为评判一个人是否具备资格能力的主要标准。参见［英］安东尼·吉登斯《社会的构成》，李康、李猛译，生活·读书·新知三联书店 1998 年版，第 42、62、65 页。

② ［英］安东尼·吉登斯：《社会的构成》，李康、李猛译，生活·读书·新知三联书店 1998 年版，第 43、62 页。

③ 同上书，第 89—90 页。

④ ［法］布迪厄、［美］华康德：《实践与反思：反思社会学引论》，李猛、李康译，中央编译出版社 1998 年版，第 22 页。

⑤ 王铭铭：《皮埃尔·布迪厄：制度、实践与社会再生产的理论》，《国外社会学》1997 年第 2 期。

习”——所支配，而惯习对行动的影响又总是受特殊“斗争场域”的调和[①]。惯习和场域的概念[②]使布迪厄摒弃了诸如个人的自发性与社会约束、自由选择和责任价值、个人和结构之间的二元对立。

我们很少看到吉登斯和布迪厄彼此间的相互影响，但他们各自的理论概念体系试图贯通行动者的自主性与结构的制约，这一点是相同的。与布迪厄同在法国的组织决策分析学派少不了关注布迪厄的成就，他们所看到的行为的不确定性与“实践”的随意性就比较相似。

决策分析的出发点是“自由行动者”。行动者最重要的是拥有能思考的头脑，他是一个拥有自主权的行动主体，能够进行计算和操作，能够让自己适应环境，并且根据不同情境和他人的行动策略，做出种种回应[③]。行动者支配着一定的自由余地，并在既定情境里发展一种理性。行动者的行为始终是自由的表现和自由的产物，尽管自由的程度可能很低。

但所有的行动者只拥有受限制的自由，相应地也只能拥有有限的理性。也就是说，行动者——他们的自由和理性、他们的目标和需求、抑或他们的情感特性——是社会构建的。行动者无法脱离体系而存在，正是体系设定了行动者的自由度及其行动的合理性。行动者在建构的领域内开展行动，他们也不可能完全摆脱结构化领域的限制[④]。行动者的选择在各种制约框架内进行，包括先在的文化结构以及行动领域中物质条件、社会条件的制约。

这样，行动者的形象便是：在受限的情况下，依然积极实践各自的自由意志。行动者把统一性的结构、策略性机遇都当作材料获取的源泉，在材料的基础上“加工”出个人的行为[⑤]。每个行动者都制定着个人的决

---

① David Swartz, 1998, *Culture and Power: The Sociology of Pierre Bourdieu*. Chicago: University of Chicago Press.

② 场域是由附着于某种权力（或资本）形式的各种位置间的一系列客观历史关系所构成，而惯习则由“积淀”于个人身体内的一系列历史的关系所构成，其形式是知觉、评判和行动的各种身心图式。参见［法］布迪厄、［美］华康德《实践与反思：反思社会学引论》，李猛、李康译，中央编译出版社 1998 年版，第 17 页。

③ Crozier, M. & E. Friedberg, 1980, *Actor and System*. Translated by A. Goldhammer. Chicago: the University of Chicago Press, p. 19.

④ Ibid. , Introduction.

⑤ ［法］埃哈尔·费埃德伯格：《权力与规则》，张月等译，上海人民出版社 2005 年版，第 8 页。

策，目的在于增加他的影响力，而其思想方式取决于他的价值标准、他对形势的领悟和他掌握的权力资源[①]。行动者的行为仍是理性的。只是这种行为理性，不是相对于模糊的目标、计划，而是相对于机遇、背景以及其他行动者的行为而言的[②]。行为因而不可能完全预见，而是始终根据环境条件发生变化。由此产生的不确定性就成为交易之中一种基本的权力资源，那些能够通过自己地位、资源或能力掌控不确定性因素的人，就可以利用他们的权力将自己的意愿强加于人[③]。

无论学者们采用什么概念，他们都必须面对行动者的自主性与外在的制约这样两个方面。吉登斯使“结构”内化于行动之中，强调结构的二重性；布迪厄采取的分析策略是先考察客观结构即资源的分配情况，再引入行动者的直接体验，以揭示各种性情倾向[④]；决策分析既要关注结构性的背景和各种机遇，也要考察行动者的地位、资源、能力、策略及价值标准，进而讨论行动者的自由余地和对不确定性的掌控。各自的概念体系虽有不同，但某些思想仍不时给人似曾相识的感觉。相对而言，决策分析总是针对某个行动体系或互动过程展开的，这对本研究而言较为合适。

本书并不奢望给出最好的“权力”和“行动者”的概念，只是把行动者之间的互动看作是权力运作的过程，并特意强调权力的动态性以及行动者在受制约情况下的自由发挥。权力运作，正是行动者之间的权力相互发挥作用的过程。分析权力运作，正是要分析行动者对各种资源的运用、对自由余地的占领与争夺、所受的结构性因素和文化因素的制约等内容。可以把互动中的居委会工作者与社区居民分为不同类型的行动者。他们带着各自不同的背景、资源，彼此之间展开行动，以发挥各自的影响力，达到各自的目的。同时有必要注意到：中国的行动者是不是具有某些特殊的行动逻辑？

① 李友梅：《“组织田野”的社会学探索》，载清华大学社会学系主编《清华社会学评论特辑》第2辑，鹭江出版社2001年版。

② Crozier, M. & E. Friedberg, 1980, *Actor and System*. Translated by A. Goldhammer. Chicago: the University of Chicago Press, p. 25.

③ Ibid., Introduction.

④ ［法］布迪厄、［美］华康德：《实践与反思：反思社会学引论》，李猛、李康译，中央编译出版社1998年版，第11页。

## 第三节　分析框架

“权力”与“行动者”既可以说是两个概念，又可以说是两种理论。概念总是存在于理论之中，特定的概念也总是无法脱离某种理论而独立存在。围绕着这两个概念，很多学者发展出了一套自己的理论。尽管概念的外形相同，但勉强把这些源出有自的概念体系拼装在一起可能并非善策。当然，这不是说理论的综合没有可能。如果在真实把握不同理论的根本假设和基本思想的基础上，求大同存小异，重原则轻细节，是可以得到具有更大解释力的理论体系的。以上对“权力”与“行动者”概念的粗略梳理正是本着这一看法去做的。

简要概括，可以得到这样几点认识：（1）互动是一种权力运作，互动过程中必包含权力的行使；（2）行动者是互动或权力运作的主体，行动者彼此针对对方进行的权力运作构成了互动；（3）行动者带有不同的背景特征、拥有不同的资源，这些特征与资源中蕴含着结构文化因素的制约，但行动者就是在这样的制约框架内，依然是自由的；（4）行动者的自由意味着权力运作的可能性；（5）权力是立基于资源地位并依存于互动过程的一种针对他人贯彻自身意图的权变性的能力，这种能力有赖于对行为的可预见性或不确定性领域的把握，而权力作用的发挥即权力运作；（6）行动者进行权力运作的目的是尽力拓展自由余地以使自己持续立于不败之地，权力运作的内容则包括资源作用的发挥、某种策略的选择、对不确定性领域的掌控等。这在一定程度上也可以算作本研究基本的理论框架。

本研究的主体思路是借用一种微观的动态的权力概念，去分析几类特殊行动者的互动过程，文章的基本内容按照上述思路展开。首先勾勒出特定的城市区域的大致图景，重点描述作为调查地点的特定的城市社区的特点，包括其空间结构、居民结构以及组织结构，这是居委会工作者和居民进行互动的主要背景，同时也是制约互动的因素之一。然后需要详加考察居委会的组织特征，包括居委会的性质定位、特定居委会的空间布局、工作者之间的关系等，这些内容对于居委会工作者的行为方式有一定的影响。所有这些互动开展的背景因素都可能为行动者提供可资利用的资源，也可能限定了行动者策略的选择框架。继而是通过一些日常互动的普通事件对各类行动者彼此间的权力运作逻辑进行考察，这将构成文章的主体。各类行动者因为所拥有的资源、所面临的机遇、可选择的策略范围都有不同，他们开展互动或权力运作的逻辑也将有所不同。不同的事件对应了行动者不同的目的，行动者也会根据事件的情境特征选择合适的行为方式，从而体现出不同的行为逻辑。文章的最后将对研究的发现进行总结，并讨论：以这样的逻辑为行动基础的居委会，将何以担当基层民主发展与社区发育的重任。

## 第四节 研究方法

本研究属于定性研究。定性研究虽然调查的广度不够，但往往比定量研究更为深入。“定性研究的目的不是期望通过对样本的研究找到一种可以推广的普遍规律，而是对社会现象进行深入细致的研究，再现其本质。”[①] 决策分析的学者对研究的结果就抱有一种审慎的态度，认为决策分析研究得到的知识是具体的、相对的，它不可能是普遍法则。对于决策分析，不存在那种如公式一般明晰的决定图式，对具体领域的认识不能还原为总体结构的决定性影响[②]。但这并非说定性研究的结果绝对不具有推广性，其可以通过获得对结果或理论的“认同”而得到推广。

具体来说，本研究应是个案研究。这一方法如同解剖麻雀，以此了解其“社会结构里各方面的内联系”及“产生这个结构的条件”[③]。选取居民小区作为研究的个案，其内部结构及结构条件是对互动过程进行分析的基础。个案或许具有一定的代表性，但这并不是研究者选择个案的主要目

---

① 定性研究方法是指“在自然环境下，使用实地体验、开放型访谈、参与型与非参与型观察、文献分析、个案调查等方法对社会现象进行深入细致和长期的研究；其分析方式以归纳法为主，研究者在当时当地收集第一手资料，从当事人的视角理解他们行为的意义和他们对事物的看法，然后在此基础上建立假设和理论，通过证伪法和相关检验等方法对研究结果进行检验；研究者本人是主要的研究工具，其个人背景及其与被研究者之间的关系对研究过程和结果的影响必须加以考虑；研究过程是研究结果中一个不可或缺的部分，必须详细加以记载和报道”。参见陈向明《社会科学中的定性研究方法》，《中国社会科学》1996 年第 6 期。

② ［法］埃哈尔·费埃德伯格：《权力与规则》，张月等译，上海人民出版社 2005 年版，第 12 页。

③ 费孝通、张之毅：《云南三村》，天津人民出版社 1990 年版，第 7 页。

的。有学者认为，个案不是统计样本，所以它不一定要具有代表性，而个案研究的逻辑基础是进行“分析性的扩大化推理”，即直接从个案上升到一般结论的归纳推理形式[①]。

由于重视每个行动者的行为细节，并不把行动者看作完全由宏大的结构因素制约的“社会人”，所以本研究也是一种微观研究。对行动者指向他人的行为目的可以进行韦伯式的“理解”，但这对于考察权力运作的逻辑还是不够。行动者具有自己的行为理性，但身上也定然留下了结构的印记；可以去探究行动者的行为目的，但目的也往往是含糊而多变的，而行动者对资源的利用、对策略的选择、对不确定性的把握都只能在动态的过程中进行分析。按照某一标准，各类行动者也是存在分层的。但如果考察上层精英与下层非精英之间的互动，还要尽量兼顾互动的双方，尽量结合自上而下、自下而上的两种视角。

本研究主要采取实地调查的方法展开。笔者在上海市浦东新区陆家嘴街道（原名梅园街道）选择了一个特点明显的高档住宅小区作为调查地点，取化名为梅园小区，主要依托于这一小区内的梅园居委会开展针对其工作人员、小区居民以及双方之间日常互动的细致考察。确定梅园小区作为调查地点是笔者与陆家嘴街道的相关领导协商的结果。原本设想在街道的三种不同类型的小区中各选择一个进行比较研究，在街道办事处的建议下，总共调查了一个老工房社区与两个高档住宅小区。由于资料繁多，同时限于论文篇幅，所以最终只使用了梅园一个小区的调查资料。调查时间集中于 2006 年 2 月 26 日至 3 月 22 日，4 月至 8 月又做了一些补充调查。在街道的帮助下，笔者得以居住在小区附近，极大地方便了调查的开展。

能够顺利进入调查地点离不了街道办事处的支持。街道办事处先是打电话通知梅园小区支部书记，后又派人陪同笔者前往居委会，表明了街道办事处的态度。很大程度上，街道办事处的支持态度使笔者的调查更为顺利，所提出的要求也基本上可以得到满足。在此后与居委会书记、委员及工作者长期交往的过程中，笔者与他们日渐熟悉，所收集的资料内容更加丰富，范围也更加广泛。调查者与调查对象所结成的熟悉关系可能会影响

---

① 王宁：《代表性还是典型性？——个案的属性与个案研究方法的逻辑基础》，《社会学研究》2002 年第 5 期。

到“价值中立”的科学研究原则，但笔者一直在有意识地避免这一问题，分析资料时尽量全面地对比不同形式的资料，努力使每一句结论式的概括都建立在调查资料的基础之上。

具体的资料收集方法包括参与式观察、结构式或无结构式访谈，同时大量收集相关文献及统计资料。居委会的上班时间一般是上午8点半到下午5点。在居委会工作者的工作时间内，笔者或者观察工作者如何与来到居委会的居民进行交涉，或者跟随不同的工作者参与到各类活动之中，观察他们与居民之间的互动方式，并有针对性地与互动双方进行深度访谈。居委会工作者是互动过程中的主体，也是最基本的调查对象。笔者几乎与每位工作者都进行过多次访谈，时间从十几分钟到一个小时不等，因为这取决于他们是否有空闲时间。对居委会委员、物业经理、业委会副主任以及部分小区居民的访谈则需要提前预约，时间在一二小时之间。大多数的访谈对象都是刻意选择的，选择原则主要是其特殊地位和典型性，还要考虑其是否有时间和是否乐意配合。部分访谈由于是在观察互动过程的同时进行，可能带有一定的偶然性。当然，这种偶然性并不意味着随机性。

调查过程中每天晚上整理的观察笔记、所收集的文档资料以及大量的访谈录音是本研究的主要资料来源。其中，观察笔记与访谈资料共有十几万字，文档资料也包括上百个文件，对这些定性资料的整理与分析是一项繁重的工作。此外，笔者于2006年11月至12月主持了针对陆家嘴街道30个居委会工作情况的问卷调查，共计问卷672份，包括26份专门针对物业公司总经理的特殊问卷。街道把所有的居委会分成老工房小区、中档住宅小区和高档住宅小区三类，问卷也相应分为三类。调查对象的选择结合了定额抽样与随机抽样两种方法。每个居委会的样本中，包括8户居委会自己选取的居民家庭，分别对应了总支或支部委员、不坐班居委委员、楼组长、残疾人、特困对象、老年人、优抚对象等。其余家庭按照楼组数和每栋楼的户数由调查员根据等距原则随机选择。但由于种种原因，问卷的代表性仍未能做到尽如人意。问卷的统计数据，特别是高档住宅小区的数据（总问卷数74份），也将作为补充资料，用于适当的地方。问卷内容可参见附录。

出于隐讳的考虑，行文中所涉及的调查对象均使用化名，把《百家姓》里的姓氏依次分派给各位主要访谈对象，所引用的访谈资料也做了适当的处理。分派情况如下。

赵书记，女，近 50 岁，梅园小区党支部书记兼居委会主任；

小钱，女，30 岁左右，梅园居委会书记助理，赵书记的得力助手；

孙老师，男，近 60 岁，梅园居委会负责党务和家政服务的工作人员；

李老师，女，近 50 岁，梅园居委会负责计生和卫生条线的工作人员；

周老师，男，50 多岁，梅园居委会负责治保及民政事务的工作人员；

小吴，女，30 岁左右，梅园居委会负责文教和妇代条线的工作人员；

小郑，女，不到 30 岁，梅园居委会负责文教和老龄条线的工作人员；

王总经理，男，不到 40 岁，梅园物业管理中心总经理；

冯副主任，男，50 多岁，梅园业委会副主任，大学教师；

陈阿姨，女，50 多岁，梅园居委会委员，活动积极分子；

褚阿姨，女，不到 50 岁，梅园居委会委员，活动积极分子；

魏老人，男，80 多岁，日籍华裔，梅园小区拳操队队长，活动积极分子。

文中所涉及的居委委员、骨干分子、普通居民还有更多，将在行文中加以必要的说明。

## 第五节　作为调查地点的小区

梅园小区坐落于上海市浦东新区陆家嘴街道。浦东区开发开放以来，新区和街道经济总量急剧增加，社会面貌日新月异，正处于快速的社会转型[①]之中。发展与转型的背景影响到了小区的特征，而梅园居委会开展工作，既要考虑到小区的这些特征，又要与新区、陆家嘴功能区和街道的整体发展思路相适应。

### 一　浦东新区与陆家嘴街道

浦东新区位于上海市东部，全区面积 569 平方千米。浦东新区是中国改革开放的标志之一，自 1990 年开发开放以来，人口急剧增长，人才大

① 社会转型的具体内容包括结构转换、机制转轨、利益调整、观念转变等，参见李培林《另一只看不见的手——社会结构转型》，社会科学文献出版社 2005 年版，第 7 页。

量汇集，社会流动加快，新区人口由1990年占上海市总人口的10.14 %上升到2000年的14.16 %，十年增长100余万人；经济总量与财政收入均增长迅速，产业结构不断调整，2005年第一、第二、第三产业比重分别是0.29%、50.78%、48.92%。产业结构的调整、人才的集聚与高速流动同时意味着职业的多样化，职业地位①的分层现象愈益明显。经济精英、白领群体的数量②急剧上升，农业人口与传统制造业从业人员比重迅速下降。职业分层方面的变化也带来了生活方式与消费方式的分化，这已经体现在了地域分布上，不仅居住区的高低等级明显，商业服务区也呈现出明显的地域差异。贫富差距逐渐拉大，2003年浦东社会发展报告显示，浦东新区全社会的基尼系数已经超过了国际上通行警戒线0.45，在2002年达到了0.452③。

2005年，新区户籍人口184.81万人，人口自然增长率为-0.58‰；农业人口占总人口的比重，由2004年的11.5%下降到7.9%；新区60岁及以上人口占总人口的13.5%，比2000年上升0.2个百分点；在学历结构方面，新区常住人口每百人拥有大学本科及以上学历9.52人④。这些指标与约11.36万元的人均国民生产总值、产业结构等方面的指标共同显示出浦东新区高度的现代化发展水平。可以说，这里已经成为中国现代化程度最高的地区之一。

在浦东新区开发开放的过程中，一方面是市场化程度不断加深，一方面是全球化的影响愈益强大。国家与市场的界限越来越清晰，浦东、上海乃至中国也越来越多地融入世界经济体系。此外，社会领域的分化现象也已经出现，并呈现出不断加强的趋势。根据民政部门的统计，2005年年底，新区共有社会团体146个，民办非企业单位350个；2005年共有2800多个群众团队、6万多人次参加了各种类型的群众活动⑤。在国家与

① 仇立平：《职业地位：社会分层的指示器》，《社会学研究》2001年第3期。

② 李友梅：《社会结构中的白领及其社会功能：以20世纪90年代以来的上海白领为例》，《社会学研究》2005年第6期。据估计，仅在陆家嘴中心区的60多家外资银行里，就有近3万"金融白领"。

③ 浦东新区社会发展局、浦东——复旦社会发展研究会：《浦东新区社会发展报告（2003）》，上海人民出版社2003年版，第42页。

④ 参见上海市浦东新区史志编纂委员会《浦东年鉴（2006）》，第340页。

⑤ 同上书，第237页。

市场分化的主流趋势之下，社会领域已开始缓慢发育。但需要注意的是，国家刻意推动的力量仍在其中发挥着重要作用，甚至可能是决定性的。

陆家嘴功能区更集中地体现了国际化的色彩，陆家嘴街道①就位于其中。陆家嘴街道是一个商住混合型社区。街道辖区东起源深路，南至张杨路，西、北临黄浦江，总面积约6.89平方千米，其中土地面积5.5平方千米。街道范围内共有38个居民小区，对应了31个居委会②。截至2005年7月，街道内实有人口约16万人，其中户籍人口约11.64万人；外来人口4万多人，其中登记流动人口约2万人。辖区内共有商务楼宇72幢，其中48幢投入使用。街道以"税收经济"和"楼宇经济"为"双轮驱动"，税收由1998年的0.38亿元增长到2004年的6.2亿元。2006年，完成税收10.86亿元，比上年增长了46.2%③。至2006年12月，街道财政总收入2.49亿元，比去年同期增加5900多万元。依托超强的经济实力，街道在发展社会事业、进行社会救助、开展社区建设方面都表现积极，赢得了大量荣誉。一方面，财政收入大大强化了街道的行政能力；另一方面，以经济资源和行政能力为基础，街道在社会发展方面所取得的成绩又增强了自身的声望与地位。行政能力的强化，极大地影响到了居民小区中的居委会工作。

如果把浦东新区看作改革开放的先头阵地之一，陆家嘴街道可以说是处在先头阵地的最前沿。国家、市场、全球化、社会结构转型的力量所带来的急剧变迁使梅园街道呈现出一种繁复掺杂的状态。一方面是人口、人才的高度流动，地域、学历、收入、地位等各个层面都存在较大的差异，这导致需求的多样化和众多的不稳定性。一方面是群体、组织的繁荣生长，截至2005年上半年，共有6500多个经济组织和社会团体，此中体现了政府之外的市场与社会领域的发育。街道不仅认识到了民间组织的独特作用，也开始了对社会领域加以"控制"的努力。另一方面是社会阶层的分化。高收入、高学历、高社会地位的企业管理人员和各类专业技术人

① 原名梅园新村街道。2006年下半年，根据沪府〔2006〕74号、浦委发〔2006〕88号文件，梅园新村街道正式更名为陆家嘴街道。

② 有的高档住宅区由于种种原因，还没有成立居委会。因此，有的居民区党支部实际上要同时兼顾其他相邻小区的工作，形成"一拖二"（一个支部，两个居委会）的独特工作模式。

③ 参见陆家嘴街道年末相关统计。

员的数量不断增加，外地务工人员的数量也在增加。分层现象已经体现在了居民区的分布上，三十多个居民小区可以分为高档住宅小区、中档住宅小区和老工房小区三类。根据2006年年底的数据，老工房小区总户籍户数两万多户，实际户数21000多户；中档住宅小区总户籍户数17000多户，实际户数超过了两万户；高档住宅小区总户籍户数一千多户，实际户数五六千户。高档、中档住宅区虽然都是所谓的“新型房地产开发型社区”，但高档住宅区的开发时间更晚、小区环境更好、房价也更高，而入住的居民中，相当一部分是外国人。而老工房小区的居民中，困难人员很多，包括下岗失业人员、支疆返沪人员、低保协保人员、老年人、残疾人等，他们是街道民政部门的主要工作对象。

## 二 梅园小区概况

本研究所调查的梅园小区就位于陆家嘴街道的辖区范围内，是典型的高档住宅区。

梅园小区四围封闭，总面积约35万平方米。按照居委会周老师的说法，围着小区兜一圈，正好3千米。小区的住房分为一期、二期、三期，总占地面积13.8万平方米，绿化覆盖率61.78%。小区内绿树成荫，环境幽雅，草坪、花木、小桥、流水，都经过了精心设计。小区内到处有干净的桌椅，可以供散步者坐下休息。小区规划设施齐全，建有室外游泳池（两个）、网球场（两个）、篮球场、洞推杆式Golf场、乒乓球房等体育活动场所，所拥有的两块广场、两个烧烤厅、3处儿童乐园则较多开展公众活动。小区建有会所，会所两层，里面有咖啡厅、阅览室、桑拿室、健身房等。小型超市、邮局、航空售票处、美发美容厅、图书室，以及三期建成的幼儿园、中西餐厅等均可提供日常生活服务。居委会成立后，诊所、洗衣房、家政服务、流动菜场等更多服务内容也被引入，是一个生活比较方便的居民小区。

梅园小区共有45幢住宅楼。其中，一期住房包括21幢小高层，二期住房包括9幢高层和4幢别墅，三期住房则是11幢高层。所有的楼幢号码都不带数字“4”，以示吉祥。小高层楼房每层是两套住房，高层住宅三十多层，每层可能有两户，也可能是三四户。住房面积不等，最小的100多平方米，最大的则有300多平方米。根据2005年年底的数据，小区居民总户数是1944户[①]，居民人数4860人。根据2002年8月的数据[②]，梅园小区一期1—19号（没有4号、14号）17幢楼房中，总户数应是340户，实际上入住165户（或有居委会调查期间房主不在及不配合的情况），比例为48.5%。165户家庭中，共有居民410人。其中男性208人，比例为54.0%；女性177人，比例为46.0%；未知25人。年龄情况：20岁以下，76人，占20.4%；20岁到30岁，25人，占6.7%；30岁到40岁，119人，占32.0%；40岁到50岁，80人，占21.5%；50岁到60岁，41人，占11.0%；60岁及以上，31人，占8.3%；未知38人。20岁以下的少年儿童比例较大，30岁到50岁的中青年人所占比例最大（53.5%），正是忙碌于事业之时。

梅园小区由房产公司开发建设，一期、二期、三期住房在2003年之前先后建成投入使用。住房建成后最早由物业公司负责基本管理，而房产公司与物业公司属于同一家企业。2002年5月，小区党支部赵书记带领人马进入小区，经过几个月的辛苦筹备，居民委员会于2002年12月正式选举产生。两年后的2004年11月，又选举产生了梅园小区的业主委员会，从此形成了居委会（党支部）、物业公司和业委会一起协调合作开展活动的工作格局。

物业、居委会、业委会的办公地点以及会所、幼儿园、广场等适宜开展活动的场所都集中在了小区中心，彼此之间离得很近。居委会与党支部的办公室在二期一幢高层住宅的一楼，其门前是中西餐厅，物业管理中心就在餐厅的楼下。餐厅中包含了一个多功能厅，市里、区里的领导如果来检查工作，往往就在这里面谈。餐厅旁边紧挨着一个小广场，广场旁边就是幼儿园和露天泳池。从居委会出来，左手边一幢高层的一楼就是业委会的办公室，其旁边则是诊所所在地。居委会后面就是会所。穿过会所大厅，会看到一个面积更大的广场，广场的尽头离健身房、网球场不远。

梅园小区很受政府和上级管理机构的青睐。2003年至2005年梅园小区共获得上海市、浦东新区和街道的各类荣誉33项，其中小区评比类12项。现在，梅园小区所拥有的荣誉称号包括：市级文明小区、市级安全小

① 小区另有两幢4户别墅。如果加上这4户，总户数应为1948户，但没有总人口的数据。

② 参见附件文件“1—19居民情况表”。

区、区级文明小区、区级文明示范小区和区级科普小区。街道所颁发的“无毒小区”、“无刑案小区”、“无火灾小区”称号则更多。

## 三 全球化的色彩

梅园小区优越的硬件设施是服务于浦东新区及陆家嘴街道的开发开放大势的。随着诸多外企入驻浦东，随着诸多建设项目在浦东上马，来自世界上各个国家和地区的经济界人士及其家属也要在浦东寻找或短暂或长久的安身之地，他们中的很多人看中了梅园小区。

据 2002 年 8 月的统计①，梅园小区一期 1—19 号（没有 4 号、14 号）17 幢小高层楼房中，实际上入住 165 户，居民 410 人。其中外籍居民 184 人，比例是 49.5%；大陆居民 160 人，比例为 43.0%；台湾地区居民 16 人，比例为 4.3%；港澳地区居民 12 人，比例是 3.2%；未知 38 人。外籍居民所占比重最大，如果加上港澳台地区居民，其比例高达 58.0%。而根据 2005 年 12 月的资料，梅园小区内的境外人口数已有 1435 人，占居民总数的 39.7%。

2002 年 4 月的文件②显示了当时所能了解到的 113 户 182 位外籍居民（包括港澳台地区）的情况。性别方面，男性 99 位，女性 83 位。年龄方面，16 岁以下的未成年人 30 人，比例 16.5%；16 岁至 35 岁的年轻人 51 人，比例 28.0%；36 岁至 55 岁的中年人 74 人，比例 40.7%；56 岁以上的老年人 27 人，比例 14.8%。与户主的关系方面，租赁者 123 位，比例 72.4%；本人即户主的 20 位，比例 11.8%；与户主具有亲缘（夫妻或直系亲属）或朋友关系的 22 位，比例 12.9%（缺省值 12）。可见，外籍居民在当时的特征是：男性略多，年富力强的中年人所占比重最大，近 3/4 的外籍人士只是租住在小区。

家庭结构及国别的情况可参考 2003 年的一份文件③。当时共统计得 229 户外籍居民家庭，家庭人数从 1 人到 8 人不等。其中 1 口人的家庭共 100 个，比例为 43.7%；2 口人的家庭 70 个，比例为 30.6%；3 口人的家

① 参见附件文件“1—19 居民情况表”。

② 参见 2002 年 4 月文件“Book1”。

③ 参见 2003 年 4 月的“外籍”文件。

庭32个，比例为14.0%；4口人的家庭13个，比例是5.7%；5口人的家庭7个，比例是3.1%；5口人以上的家庭9个，比例是3.9%。2口人以上家庭的成员属于同一国籍的数量是86户，占所有2口人以上家庭数的比例是72.3%。外籍居民总人数465名，其中男性272人，比例为64.0%；女性153人，比例为36.0%（缺省值40）。根据国籍资料进行划分，欧洲籍居民179名，比例为39.2%；亚洲籍居民157名，比例是34.4%；美洲籍居民94名，比例为20.6%；澳洲籍居民27名，占5.9%（缺省值8）。在家庭结构方面，一人或二人的家庭比例高达74.3%，这与其租住的特点或有相关。

另有一份资料（2002年8月）显示了66户112位港台居民的部分情况。66户家庭中，明确是业主的13户，明确租赁的12户，其他41户未知。112位居民中，香港居民36人，台湾居民76人，比例是67.9%。男性66人，女性43人，未知3人。年龄情况：20岁以下，15人；20岁到30岁，6人；30岁到40岁，30人；40岁到50岁，25人；50岁到60岁，18人；60岁以上，11人；未知7人。平均年龄是40.5岁；而30岁到50岁的比例最大，为52.4%。

以上资料虽不能说代表全体，但已属难得①。没有找到有关外籍居民职业方面的专门资料，但根据2002年8月一期部分居民（不分中外）的一份统计，在登记了职业情况的87人中，绝大多数（83人）都是在公司里面工作。初期居委会工作者经常打交道的一些外籍居民中，德籍居民多是当初参与上海磁悬浮工程建设的职工家庭，包括一位外籍居委委员的丈夫，而另一位男性居委委员也是在公司里工作。

## 四　经济精英的身份

市场化本就是全球化概念的应有之义。对于中国而言，市场化的改革是日渐开放并融入世界的前提。与这些相伴随的，是一批“先富”起来

① 这些资料包括后面所用的源自“一户一表”的资料，有的是筹备居委会过程中工作人员第一次摸底时所了解的，有的是借助物业公司所了解的，更有居委会成立以后平时工作的点滴积累。在梅园小区内，获得这些资料尤为不易。需要注意的是，这些数字可能无法代表总体的情况。“一户一表”的登记人数既不是全体居民，也非随机抽样，而登记的居民中提供较详细信息的人数更少。

的经济精英的出现。他们来自全国各地，他们也要寻找与自己的经济地位相适应的安身之所。如前所述，浦东新区的经济发展极为迅速，陆家嘴街道的财政收入鲜有匹敌，浦东陆家嘴成为中国经济发展的一块热土。一方面是陆家嘴街道得天独厚的经济发展环境；一方面是梅园小区优越的居住条件，相当一部分经济精英们把家安在了这里。

上面已经引用过 2002 年 8 月一期部分居民的一份统计①，在登记了职业情况的 87 人中，绝大多数（83 人）都是在公司工作，其余 4 人的职业情况则是：海关 1，学校 1，律师事务所 2。又根据居委会“一户一表”的资料，一期 2 号到 8 号、二期 20 号、21 号共 8 幢居民楼内，提供了职业资料的居民共 90 位，其中在公司工作的人数是 80 人，比例达 88.9%。80 人中，包括 6 位董事长、1 位董事、9 位总经理或副总经理、3 位总裁或副总裁、10 位经理或副经理、2 位法律顾问、2 位高级经济师、3 位财务或财务总监、4 位会计或会计师。其余 10 人的职业包括：2 位工程师、2 位律师、2 位教师、1 位国家机关、1 位自由职业及 2 位退休。相当多的人在公司里职位较高，其余则多为专业技术人员。

2003 年 7 月有关梅园小区在职党员的一份资料②可作补充。小区在职党员共有 44 位，在 40 位填写了职业情况的人里面，除 4 位工程师、1 位行政领导、1 位医院院长、1 位学校教师以外，其余全部是在公司工作。公司职务方面的情况是：10 位总经理或副总经理、1 位董事长、1 位总裁、2 位经理或副经理、6 位公司行政干部。对绝大多数人而言，其经济精英的身份不言自明。

与此相对照的是小区居民的高学历。上述在职党员资料（2003 年 7 月）中，有教育情况信息的 39 人，包括 4 位博士、13 位硕士、10 位本科、11 位大专和 1 位高中。又根据“一户一表”的资料，一期的 1—8 号楼和二期的 20 号、21 号楼居民中，提供了“文化程度”信息的居民总户数是 80 户，占登记户的比例是 46.2%，占总户数的比例是 34.2%。在 80 户 120 人中，博士学历 8 人、硕士学历 24 人、大学本科学历 49 人、大专学历 14 人、中专 6 人、高中 13 人、初中 5 人。占总人数的比例分别是

① 参见文件“1—19 居民情况表”。

② 参见文件“在职党员名册”。

6.7%、20.2%、41.2%、11.8%、5.0%、10.9%、4.2%。大学及以上学历的比例高达68.1%，这是其他小区不可能达到的。虽然学历和职业的相关性数据由于资料的原因无从计算，但可以肯定二者存在一定的相关。从高学历的意义上说，大多数小区居民是不折不扣的“经济精英”。

2001年以前，梅园小区一期住房开盘，居委委员陈阿姨以每平方米一万一千多元的价格买下自己今天的住房。另一位居委委员褚阿姨说，陈阿姨的房子价格至少已经翻番了。调查期间，梅园小区的住房销售价格约在2万元/平方米以上，租房价格也在9000元/月左右，非高收入人群无法入住。居委会李老师谈到了小区住房的租金及物业管理的费用：

> （问：这里租房的也是比较有钱的?）有钱的哦，这里一千多美金、两千美金还有三四千美金一个月的。不说那个租金啊，就物业管理费也很贵的，每天的水电煤也很厉害的，中央空调、热水炉，一般四五千开销。所以那天我还跟周老师开玩笑了，就算送一套房子给我，我也住不起。

财大气粗的居民不屑于买100多平方米的“小户型”，甚至可能同时买下两套或更多住房。居委会周老师曾言及某户居民的住房情况：

> 他这个房子，是388（平方米）。380不算大的，他们这个房子四房两厅，三个卫生间。……（买了两户）也有的，……今天就碰到一户人家，一个楼面全部拿下来，两户人家。他一户是不住人的，有空来住住。还有人，三个楼面全部都是他自己的。……他们感觉还没有富，刚刚得到温饱。

梅园小区成为高收入、高消费、高社会地位的“经济精英”的乐土。对这批中国经济发展的受益者而言，包括来自世界各地的外籍“淘金者”，个人在外忙于事业、太太居家照料孩子、孩子选择高级学校成为其生活的日常图景。周老师曾粗略描述：

> 我们这个涉外小区呢，年纪轻的，你看上去不是很多，都忙自己

的事业比较多。包括盛大，我最近打听下来，都是企业家，百分之九十五以上，都是忙着自己的事业。他家里又不管的，老婆在家嘛，好了，小孩该上学的上学。上学的，如果在英文学校、美国学校，那就包个车子去接小孩好了。我们这里都是早上车子送出去，晚上再送到会所来的，送进来。是这样的呀。

## 五 不同寻常的社会流动

现代社会区别于传统社会的一个突出特点，即其流动性。市场化的浪潮带来资金、商品、劳动力或人才的快速流动，日益紧密的交易、交流使市场共同体的边界不断膨胀，而全球化，正是其最终可能达成的目标。浦东新区陆家嘴街道，作为中国现代化水平最高的地区之一，流动的速度和规模都在加剧。首当其冲的，便是社会学家更关注的人的流动，亦即社会流动。

梅园小区同样如此。对于许多居民来说，环境幽雅、设施齐全的小区只是他们工作、生活的一个中转站而已。如前所述，接近 3/4 的外籍居民只是租住在小区内①。根据对一期、二期部分住宅楼的统计，国外或外地租住房子的人多数是由于公司的业务需要，而租期以一年为多，少的只有两三个月。工程的完结、公司的调动都可能轻易结束他们的中国之行。如果不计外籍居民，就其他居民而言，租住比例也在总居民数的四成以上。根据梅园小区 2004—2005 年度创建安全小区的资料，小区常住人口人数仅为 368 人；人户分离人数（指户口在这边，但住在别处，这里的房子租给了别人）1568 人；暂住人口登记数（有暂住证的人口，有的或未登记）为 246 人；境外人口数 1435 人。四数相加为总人口，共 3617 人。各类人口的比例分别为 10.2%、43.4%、6.8%、39.7%。

对于这种不同于其他小区的快速社会流动，居委会工作者以及居委委员已经达成了共识。周老师承认小区内租住的情况很多，居委委员陈阿姨则现身说法：

① 2002 年 4 月文件，在当时所能了解到的 113 户 182 位外籍及港澳台居民中，租赁者 123 位，比例 72.4%。

> 因为我们这个小区特点是什么呢？流动性很大的。你就说我那个号里面……固定住在里面的，就这么两家人，两三家人。其他的嘛，要么就房子卖掉，要么就借掉，经常在换这个住户的。固定的住户，从我住进去到现在，就三家。从我自己住进去就三家。（问：您那个号总共有多少层，多少个住户？）我们是，大概有多少，十八户吧。

流动不仅体现在租住方面。即使是买房以后准备安顿下来的居民，也可能由于业务的需要而四方奔走。居委委员褚阿姨的丈夫就是如此。他们家不止拥有梅园这一处房产，在其他城市还有住房。所以，即使褚阿姨不像丈夫那样忙于事业，也可以选择一年内在几个城市之间轮流居住。他们不同寻常的财富，使自己拥有了不同寻常的自由空间，因此也更加强化了梅园小区的这一特点：不同寻常的社会流动。

### 六　独立意识

城市社区区别于农村社区的一大特征就是居民的独立意识更强，往往有楼上楼下“老死不相往来”、邻居“相逢对面不相识”的情况存在。这在商品房小区内尤为明显。改变这种陌生感、增强社区意识也正是民政部推行“社区建设”的初衷之一。梅园小区是“新型房地产开发型社区”，一般商品房小区存在的问题，这里同样存在。不仅如此，全球化的色彩、经济精英的身份地位以及快速的社会流动，这些迥异于一般小区的特点自然而然地带来另一个特点：居民更为强烈的独立意识。

如前所述，2005 年年底，小区的外籍居民占居民总数的 39.7%，来自世界上 40 多个国家。另有约 30% 来自全国各地和港澳台地区。不同国家和地区的人聚集在一起，说着不同的语言，带着不同的文化背景，生活习惯和方式各异，这为彼此间的交流沟通增加了许多阻碍因素。不同文化之间的交流，虽则可能带来文化的繁荣，但前提是沟通的充分与顺畅。如果沟通的前提条件无法满足，更可能形成的局面是区隔，而非融合。

小区居民属于当今社会的经济精英，能力更强，可以使用的资源更多，许多个人与家庭的问题和需要可以自行解决，故独立性比较强。同时由于文化层次较高，现代法律观念、公民意识也比较强，往往更加注重保护个人的隐私、追求独立的生活空间和对陌生人加以防范。在一次居委会组织召开的讨论会上，一位居民针对存在于小区内的某些不文明现象，这样说："不能因为自己的爱好和自由而影响了别人的自由。"[①]

无论是外籍还是中国国籍，无论是租住还是购房入住，居民的流动性都是比较大的，这同样给彼此间的交流增大了难度。交流机会的存在是充分沟通、增进了解以至熟悉的基本条件，而这是需要交流双方在时间、空间上的重合做保证的。居委委员陈阿姨在介绍完自己所居住楼组的居民流动情况之后，接着说："固定住下来的我们经常接触，就认识了，对不对？你流动的，就很难去了解他们，去认识他们。"

此外，小区住房结构的设计由于更多考虑进安全的因素，进出居民楼需要通过层层关卡，这也强化了这种独立性。没有磁卡，不但楼门难进，电梯也难乘。即使有磁卡，还可能面对每个楼道都有一位保安的盘问。一旦居民关上房门，就基本上与外界隔绝。

居委会工作者自然是对此深有感触。笔者曾随同他们一起上门做一项调查，虽然能比较顺利地到达居民房门前，但依然难得与居民见一面。一些人明明在房内却不作声，装出一副无人在家的样子。一些人只打开里门，隔着防盗门与我们对话，一脸冷漠。一些人虽然配合调查，仍只是在门口进行交涉，几乎不会邀请已经亮明身份的居委会工作者进房小坐。居委会周老师曾谈及梅园小区与老城区小区的不同：

> 但是老城区又和我们不一样。这个呢，他们大门一关，你就不知道是谁。老城区呢，他在门口一看，噢，这个是他儿媳妇，这个是他儿子，他儿子星期几上班的，清楚得不得了。这里，他不要你知道事情。他们的李家长、张家长呀，他不要你知道，他不希望你知道。

一般而言，居民对社区的归属感是与个人的独立意识、彼此间的沟通交流相关的。独立意识越强、沟通交流越少，则社区归属感越弱。但梅园小区的居民却对小区本身有较高的归属意识。不仅国内居民，就是许多外籍居民，也以居住在这里为荣。在居委会进驻小区之前，这种归属感主要是基于小区优美的环境、便捷的交通、良好的物业服务以及街道的知名度

① 摘自居委会文件"我爱梅园、文明大讨论"。

等因素的。每个家庭几乎都认可小区，彼此间却没有更多的联系，如同一张“社区”大幕遮掩下的许多“原子化”的“马铃薯”①。高于个体层面的社区，虽然与每个家庭息息相关，却没有更坚实的基础可以依赖：缺少家庭彼此间的交往与互动。梅园小区与居民家庭的关系大略如图1所示。

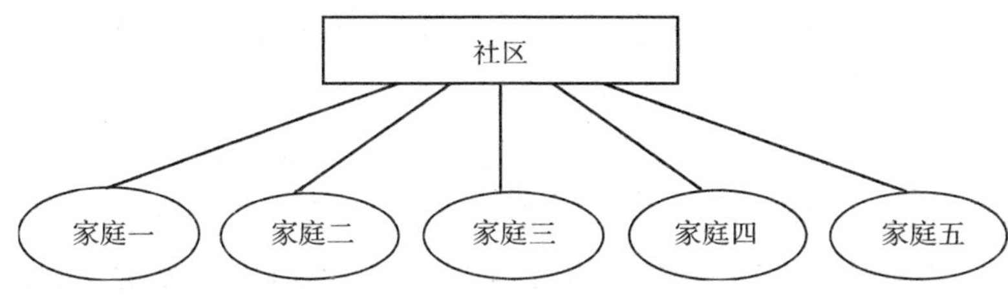


**图1　梅园小区与居民家庭的关系**

小区的特殊性同时带来了梅园党支部和居委会的特殊性，这赋予了它们某些特殊的权力，使它们在纵向等级体系中可以拥有更多的“自由余地”。

## 七　小区的类型意义

即使是在现代化、国际化水平已经达到一定高度的浦东新区陆家嘴街道，类似梅园小区这样的国际化高档住宅区也不是很多，但这并不影响其类型学方面的意义。

梅园小区首先是由房地产公司开发的商品房小区。总体上，这是20世纪90年代住房制度改革启动之后住房商品化的产物，体现了市场的作用。这类小区的住房多为中高层楼房，买房入住的居民来自四面八方，彼此间没有熟悉的人际关系基础。物理空间的隔绝阻碍了居民之间的交流互动，邻居间甚至不相往来。物业公司的职责往往限于做好自身的物业管理工作，很少考虑如何促进社区互动的问题。业委会可能产生，也可能一直难以产生。在这类商品房小区，淡漠的人际关系、稀疏的社会互动以及与此密切相关的居民家庭的独立意识是普遍存在的。相对而言，居委会在贯彻政府“社区建设”意图的过程中对于改变这种情况总是在努力追求有所作为。一般来说，居委会都存在一个进驻小区、立足和发展的过程，其

① 马克思用马铃薯比喻革命前的德国农民，他们是分散的、独立的，尽管外形极其相似，却没有形成阶级意识，彼此间的联系很少。

作用发挥在不同小区存在很大的差异。细致考察梅园居委会在这一过程中的行动基础对于回答如何在商品房小区中开展社区建设、促进社区发展具有一定的参考价值。

不过，梅园小区也具有不同于一般商品房小区的特殊之处。上文概括了小区居民四个方面的特征：全球化的色彩、经济精英的身份、高度的社会流动和较强的独立意识，都是普通的商品房小区很难同时具有的。如果说每个商品房小区都存在如何促进“社区意识”形成的问题，那么在梅园小区，全球化的色彩、经济精英的身份及高度的社会流动使这一问题更加突出，也更难解决。不仅在上海，中国的其他特大城市如北京、广州等地也出现了这种具有国际色彩的高档住宅区。可以想见，随着中国融入世界程度的不断加深，这种国际化社区也会越来越多。这在一定程度上增加了对本研究进行地区比较的价值。

# 第三章　权力运作的组织基础

居委会作为一个组织，不是孤立存在于社区背景中的。在纵向上，居委会上有街道，下有楼组和附属委员会；在横向上，居委会周围有物业公司、业委会和其他团队组织。工作者权力运作的过程，就在居委会所处的组织关系中展开。此外，了解居委会的历史和内部权力结构对于考察居委会的性质与权力也有帮助。

## 第一节　居委会的历史、性质与权力

居委会从筹备到成立、从立足到发展的过程组成了工作者权力运作的时间维度。在这一过程中，居委会表现出多种面相，而多种面相又对应了居委会的多种权力。

### 一　居委会的创业史

梅园小区同许多商品房小区一样，先是由房地产公司开发建设，建成后由物业公司负责前期管理，居民委员会随后进驻，最终在居委会的工作基础上成立业主委员会。梅园小区居民委员会的成立筹备过程不可谓不艰辛。经过几个月的努力，2002 年 12 月梅园居委会正式选举产生。

2002 年 5 月，当时的梅园新村街道调派赵书记到梅园小区筹建居委会，随同赵书记的还有两位年轻的大学生。按照物业管理中心王经理的说法，在开发商卖房之前，就已经与街道签有协议，答允为居委会留出专门的办公场所，甚至办公室和老年活动室的面积这些细节问题都有规定。由于有这样的强制性规定，赵书记他们可以顺顺当当地进驻小区。

但进门容易，并不意味着工作的开展也一样容易。事实上，赵书记一行所遇到的阻力来自方方面面。四十多岁的赵书记之前在老城区居委会，她所熟悉的工作方法是传统的“串百家门，知百家情”，但这在居民独立意识非常强的梅园小区，明显是行不通了。两位大学生刚毕业不久，一切只能唯书记马首是瞻，提不出更多的意见建议。物业一方则对居委会筹备组有些冷漠，也谈不上支持。

赵书记只好借助上级的力量，请街道警署帮忙，设计了“一户一表”的登记表格，内容包括居民家庭的基本资料及对居委会的看法和要求。在警署的协助下，她带着两个大学生挨家挨户上门登记。大部分住户白天家里没人，他们只好晚上登门。这一工作一直持续了几个月，加班成了家常便饭。后来证明，这次“地毯式”的登门拜访对居委会日后的立足至关重要。

2002 年 5 月 30 日，梅园小区居委会挂牌成立，但这还只是一个空壳。基础资料既缺乏，许多居民也不理解。赵书记先是联系物业公司主办的《家园报》①，登出居委会的宣传材料，又发出“义工登记表”，招募热心小区管理的志愿者。但效果并不十分理想。

2002 年 6 月，赵书记又负责筹建梅园小区党支部，但居委会自身只有 3 名党员，力量薄弱。赵书记随即向街道上级党组织建议，把物业公司的全部党员、社区民警党员和部分居民党员一起纳入党支部，得到了上级的支持。最终成立的党支部，其控制范围大大超过了社区居民的界限，形成了以党支部为核心，居委、警署、物业共同参与的所谓“四位一体”的工作机制。以支部为纽带，居委会同物业的关系有所改善。

同时，挨家挨户的上门还在进行，逐渐认识了越来越多为人热情的居民，他们成为居委会日后开展活动的积极参与者。楼组长的人选渐渐有了眉目，居委会选举所必需的居民代表甚至居委委员就是从他们之中产生的，其中包括一些热心社区公益的外籍居民。但更重要的是，通过走访，居委会收集了有关居民需求的大量信息，共总结出 39 项需求，包括洗衣房、医务室、超市、地下车库洗车等。更多的需求集中在了家政服务方面，居委会也由此找到了自己最主要的立足点，即家政服务。同样借助于街道某专业家政服务组织，居委会可以为居民提供更方便、可靠的服务。

---

① 对原刊名略有修改。

在许多外籍居民眼里，居委会成为一个类似“家政服务中心”的机构。

居委会寻找到了立足之处，而这又是物业公司所无法替代的，其与物业公司就有了平等对话的资本。物业公司的态度逐渐发生了根本的转变：由冷眼到笑脸，由排斥到合作。居委会活动的开展更为便当，居委会选举的筹备工作也顺利完成。2002 年 12 月，梅园小区第一届居委会投票选举产生。委员共 7 人，6 位女性 1 位男性，包括两位外籍委员，而赵书记则众望所归地当选为主任。

这次选举中的争议颇多，不过并未影响此后居委会工作走上正轨。“服务为先、文化为媒”的工作方针确定了下来，一方面坚持家政介绍等服务；另一方面组织各类特色活动吸引居民的参与。渐渐地，居委会组织活动由最初的孤军奋战到与物业、会所并肩作战，在许多活动中一起出资出力。现在物业有什么活动，会派人来请赵书记一起商量。大型活动基本上都是物业、居委会以及后来成立的业委会共同举办。

业主委员会成立于 2004 年 11 月，居委会在这一过程中做了大量工作，起了关键作用。赵书记担任筹备组组长，居委会工作者与其他筹备组成员在几个月内数次逐户上门，依次选出了业主代表和业委会委员候选人。最终的选举结果令各方满意，主任是赵书记早已熟悉的一位在职党员。业委会的诞生并没有对党支部在小区内的领导地位产生不好的影响。在党支部的协调下，业委会同居委会乃至物业长期保持着一种平衡状态，“三驾马车”相安无事。

从以上居委会成立、发展的简略介绍中，可以看到居委会与上级街道的关系、社区范围内不同组织之间的关系、精英的作用、资源的运用、权力的消长以及权力关系背后的策略等问题。对这些问题的分析将在后文适当的地方出现，彼时的相关介绍将更加详尽。

## 二　居委会的多种面相

今天，城市社区中的居委会往往被看作是政府触角的延伸。在所谓“街居制”体系中，居委会事实上沦为街道的下属机构，需要完成大量的行政任务，承担着保障社区安全、稳定、文明的职责。但在梅园小区，在不同主体看来，居委会却具有多种面相。

梅园党支部与居委会是很难截然分开的。二者同在一个办公室，办公室门口则并列挂着两块牌子。赵书记兼任居委会主任，居委会工作者孙老师则担负着党务和家政服务两个方面的工作。在党的组织系统中，下级对上级的服从几乎是铁一样的规则，赵书记和她的党支部自然是要听命于街道书记和党工委的。书记、主任集于一身，党的等级规则大大强化了居委会对街道办事处的下级地位。赵书记能来到梅园小区，是上级的调派；她开展工作遇到困难，首先想到的是求助于上级；居委会委员要有外籍居民，也是上级领导的授意。在赵书记看来，居委会是在党支部领导下完成街道各项任务的机构，这是第一位的。至于如何完成，采取怎样的方法策略，则是另一个层面的问题。

在梅园居委会，实际的工作人员除赵书记外，还有 6 位①。他们有的是党员，属于梅园党支部。不过，即使与赵书记没有正式的从属关系，大家也都承认书记的绝对领导。小钱对居委会的定位有所认识，她这样说：

> 居委会应该是自治组织，是居民他们自己的。而我们呢，其实是事务协调委员会，或者叫社工，可能是工作人员……在国外呢，就是他们自己，他们居民组成的一个自发性的组织，讨论我今年要做什么事情，我的财政预算什么什么，然后，还叫你社工一起配合、一起做。而社工呢，从我这个专业的角度，给你提点意见、建议。……应该这样。

梅园居委会自然还远远达不到其“应然”状态，小钱也很清楚类似计划生育这样的工作是一定要居委会来做的。与书记一起完成街道及各科室分派的各种任务是几位“社工②”义不容辞的责任。保证这一点的还有一个更为坚实的基础条件：包括书记在内，居委会 7 位工作人员都是被街道公开招聘进来，工资也都是由街道发放的。因此，他们对目前居委会的看法与赵书记并无二致。

然而在字面上，居委会是一个基层的居民自治机构③。居民是居委会

① 这是调查期间的情况。另有一位街道新招的实习人员，后来并没有留下。

② 居委会的“社工”是“社区工作者”的简称，与专业的“社会工作者”有很大的区别。

③ 《中华人民共和国城市居民委员会组织法》（1989 年 12 月 26 日）第三条。

的真正主人，居委委员则是其代理。梅园小区第一届居委会委员7人，除兼任主任的赵书记，另有6位居民，包括两位外籍居民。委员们多为居家妇女，虽然也忙忙碌碌，但只有外籍委员杰克（化名）在公司里有正式职业，而他也是委员中唯一的男性。杰克是一个以雷锋为榜样的热心公益事业的年轻人，他愿意参加居委会正是由于认为居委会是为全体居民服务的公益组织。但在其他委员看来，居委会却没有这么简单。陈阿姨很清楚居委会的大部分工作是要完成上面派下来的任务，而褚阿姨则直言不讳，承认“居委是我们最基层的领导”：

> 像一旦有什么急用的时候，你找到居委，我们居委是，在中国，是最基层的一个领导，是一个最基层的领导部门。如果说有什么事情来找的话，完全可以帮忙。

毫无疑问，在街道党工委、办事处以及各科室的领导们看来，居委会是不可或缺的。街道几乎各个条线的任务都需要居委会的配合和支持，离开了居委会，街道的手脚至少被斩断了大半，也就失去了行动能力。所以，街道要以强硬的姿态在一个个新建的商品房小区内挤出如梅园居委会的一方空间，并支持居委会的活动开展，还把对居委会工作者的招聘和调配权力牢牢地握在手中。从某种意义上说，街道的主动性是居委会主动性的来源，二者可谓休戚相关。从居高临下的街道视角来看，居委会只是一个下级工作机构或事务机构。

物业公司对梅园居委会的看法发生过一百八十度的转变。居委会进驻小区之初，物业更多的是不理解、冷漠、排斥。但居委会的不懈努力最终赢得了其尊重，按照赵书记的说法，物业公司看到了居委会确实实心实意地在为居民服务，才换成支持、合作的态度。这一过程自然离不开赵书记个人的特殊作用。这时在物业公司眼中，居委会已不仅是听命于上级的准行政机构，更是一个服务机构。正是在“服务”这一点上，双方的目的是相同的，合作可以换来“共赢”。现任物管中心王总经理这样说：

> 居委会的工作做得好，实际对我们也是一种支持。比如我们跟业主发生一些分歧的时候，居委会可以站在它的立场，去打打圆场，去

协调或者解决一下。……因为我们的目标是一致的，这是非常重要的。我们的目标就是要把这个小区搞好。……所以我感觉像哪些活动，只要是在我们能力范围里面的话，也不是什么很大的，这一块的话，大家都是相互配合的。

业主委员会成立较晚，无论是资历还是影响力，都不能与居委会相比。业委会委员 11 名，4 男 7 女，包括两位外籍委员，都有自己的正式工作和事业，业委会的事务只能兼职来做。业委会的筹备由居委会赵书记牵头负责，这一筹备过程已经很大程度上决定了日后业委会同居委会的关系。业委会冯副主任很是认可书记的认真与积极，认为业委会需要跟居委会、物业公司协同合作，配合它们开展活动。他所看到的居委会也不是一个纯粹的群众自治组织：

那现在我们（业委会）成立以后，我们是不同性质的两个组织。我们是纯正的群众组织，他们呢，虽然不是一个正式的公务员机构，他们也是外围吧，等于算是外围群众组织，半公半民的吧。他们里面的成员构成，除了书记大概是公务员，其他的都是雇员……所以，我们之间的关系就是相互，大家互相协力，把这个小区的工作做好，是吧。

普通居民看待居委会的方式也并不统一[①]。许多中国国籍的居民是理解居委会的中国特色的，他们的看法与居委委员褚阿姨较为相似。80 多岁的魏老人尽管在日本待过很多年，仍把居委会看作需要承担小区安定责任的政府的基层组织：

因为我知道，居委会呀，它也是代表中国政府的基层组织。它不是商业单位，不是哪个个人经营的，它不是营利的，对吧。所以它是

---

① 根据 2006 年年底的问卷调查，有 96.3% 的高档住宅区调查对象同意“居委会是为居民服务的机构”，同时承认“居委会是完成上级任务的机构”的比例也高达 85.2%。需要注意的是，由于调查对象多为熟悉居民，以上数据仍未能反映出更多普通居民的看法。

……代表了中国政府的基层组织，代表了国家、政府。

居委会如此，那么赵书记也就成了最基层的领导。但这个领导却很不同于其他领导，组织并亲自参与了很多活动，既可以让魏老人这样的老年人参与进来，又能引起许多外国人的兴趣。在对居委会有所接触的外籍居民眼里，居委会主要就是做了两件事：一个就是组织多姿多彩的活动，包括江南旅游、中文培训、文艺娱乐等，都能令自己这些“老外”们感兴趣；另一个则是提供家政服务及其他生活服务，不管遇到什么困难，都可以找居委会帮忙，一般都能得到答复。对他们来说，居委会就是一个服务机构。至于党支部、街道领导以及这个机构如何运转等，不是他们要关心的问题。

以上的多重面相可以说明，梅园居委会目前的性质很难用一句话说清。毫无疑问，梅园居委会并没有因为身处一个国际化的小区而彻底摆脱其与政府行政体系的关系。没有这种关系，居委会甚至不会在梅园出现，而在日常工作中，居委会也一直承担着大量的行政性事务。但居委会能在小区中扎根，却实在是由于其“去行政化”的努力：更积极地突出“服务”，甚或借用行政体系的力量为“服务”服务。居委会由一个“准行政机构”逐渐演化为冯副主任眼里的“半公半民”机构，演化为王总经理和许多外籍居民眼里的服务机构，这是其最终获得承认的基础。尽管有这样的变化，同样无疑的是，居委会并不是一个真正意义上的居民自治组织。

### 三　居委会的主动性

梅园居委会开展工作，自然少不了与小区居民打交道。召开什么会议，需要居民参加；举行某个讲座，需要居民参加；组织大大小小的活动，更是离不开居民的参与。但居民不会无缘无故地来配合居委会完成工作，这就需要居委会工作者发挥主动性，或者动员、或者吸引居民走出家门。动员是需要满足一定的条件的，至少动员对象要与居委会工作者相识。吸引的范围自然可以更广，但这却对工作者的创新、组织等能力提出了更高的要求。不管是何种方式，在居委会与居民的互动关系中，居委会往往是主动的一方。

这种主动性并不适用于居委会委员。事实上，居委委员只是比普通居民更多地进出居委会办公室、与居委会的工作者更熟悉一些而已。除了陈阿姨和杰克，“委员”对其他人来说几乎就是一个虚名。褚阿姨在聊天中坦言：“我们真的没有做什么。”

居委委员们很清楚，居委会的事情基本上都是包括赵书记在内的工作人员做的。与其称他们为“社工”或“居委干部”，还不如称为“干事”更恰如其分，街道各科室往往就是这样称呼他们的。小钱、孙老师他们忙于各类事务，或者到街道开会，或者去拜访居民，或者组织活动，或者撰写材料，还有许多突发的情况需要处理。如果任务比较急，加班就成了家常便饭。

赵书记和所有的居委会工作者都曾多次强调主动性的重要。作为领导，赵书记对自己的下属有督促的责任和义务。她说不能老让居委干部待在房子里，必须要有事情做，要会自己找事情做。高档小区并没有很多的居民来找，自己再不主动，这工作就没法开展了。她希望各条线的工作人员能更主动一些。与其在办公室里晃来晃去，不如把“一户一表”输入电脑，了解自己这块的居民情况。像小吴主要负责的中文班、小郑主要负责的健身班，都是在赵书记的鼓励、催促甚至“逼迫”下最终由空想落到实处的。

如果说年轻的小吴、小郑还需要在必要的时候催促一下，年纪更大的李老师和孙老师就已经把主动性当作了默认的行为规则。孙老师曾说，居委干部按道理是不坐办公室的，需要整天在小区里面转，去发现问题，而不是坐在房间里面，除非上面的材料一定要处理。负责计生工作的李老师则这样说：

> （问：是您主动找她还是她自己来找你?）我找她（指工作对象）的，我不找她，她怎么会来找我。（问：名单是谁提供的?）没人提供给我名单的。（问：那您怎么知道有她这个人在这里?）那你就要去搜呀，计生工作就要你去跑啊，不让你坐办公室，你必须去跑，挨家挨户跑最好，我们尽力去做，就这么一回事呀。

这种主动性的来源是多方面的。首先是街道的压力。党支部要对街道党工委负责，居委会工作者则要向所对应条线的街道各科室负责。街道每年都要分派任务，除了每月的常规性任务之外，还有一些突发性的任务需要完成。街道组织科每年年底要对居委会的所有工作人员进行考核，并据此进行奖惩。赵书记说，街道的任务必须要完成。她之所以催促年轻人，一是为了对街道有所交代；二也有利于他们的成长。事情只要做出来，工作成绩也就有了。其次是环境的压力。居委会初进小区，立足未稳，面对物业公司的冷漠和居民的不解，需要做出一些实实在在的事情证明自己。当然，希望看到这一证明的还不止物业公司，街道办事处也是其中之一。所以赵书记率领工作人员想尽千方百计以寻找工作思路，不辞劳苦加班加点以加快工作进度。最后是创新的压力。高档住宅小区对赵书记他们来说，是一个全新的环境。他们要不断创新，才可能顺利地推进工作。仅仅是每次组织有新意的活动，就要耗费他们不少的脑筋。同样，创新的效果是双方面的，既可以吸引居民的目光，又可以吸引街道办事处领导的目光。可见，深究的话，环境、创新的压力与街道办事处仍有联系，街道办事处的压力是最主要的。

做一个不太恰当的比喻，居委会就像一个陀螺，不停地旋转着，带动起周围的空气（社区居民）一起旋转，形成一个气场（社区）。一些气泡（部分熟悉居民）附着在陀螺上，几乎成为陀螺的一部分，而气场的边缘则是极开放的，也并不稳定，新旧交替、进进出出的现象很普遍，但这没有影响到陀螺的运转。陀螺的动力主要来自于外部，即上级组织（街道）的鞭子。陀螺的作用就是求得一种稳定和秩序。确实，陀螺也只有不断地旋转，才可能保持稳定。

## 四 居委会的权力

这里所要介绍的“权力”，是居委会作为一种组织所拥有的针对居委会之外的居民和组织的影响力。这是一种组织性的权力，虽然它仍与组织内的个人权力密切相连。与前文给出的“权力”概念相似，这种权力既有其资源基础，也是存在于互动关系之中的。

在街道看来，梅园党支部、居委会是与自己属于同一组织体系的下属机构。上级可以发布指令，可以分派任务，可以考核工作，可以分发工资，下级则需要经常地请示、汇报、接待、总结。不过实际上，二者的关系并非这样直观。由于梅园小区的特殊地位，由于梅园居委会的特色工作，街道对之也是青眼有加、特别优待的。活动经费可以更多拨付、各项任务可以从轻分派，各种荣誉、奖励更是毫不吝惜。2003 年至 2005 年，梅园小区、居委会、党支部共获得街道办事处颁发的 24 项荣誉称号，是不折不扣的“亮点”。赵书记甚至拥有优先挑选街道办事处招聘的居委工作者的权力。一定程度上，街道办事处与梅园居委会已经构成互相依赖、休戚与共的利益关系。由于小区超出街道办事处辖区的声望①，居委会拥有了更多的资本可以更多地借助街道办事处的力量开展工作。在与街道办事处的纵向关系中，居委会首先拥有的是一种科层组织体制内的权力，而它又为超常的声望资源所强化。

在小区范围内，居委会最先处理的是与物业公司的关系。刚刚进入一个陌生的社会空间，居委会亟须找到自己赖以安身的无可替代的立足之地，它要寻求自身的“自由余地”。几个月的时间内，居委会幸运地找到了家政服务这一空白点，而在街道行政体制的支持下，其家政服务的水平一时间无人能及。居委会因而有了与物业公司讨价还价的资本，双方的关系进入协同合作的新局面。不仅如此，居委会组织的许多特色活动同样提升了小区的品牌，这是地产商和物业公司（二者属同一公司）所希望看到的。基于利益共赢的合作，居委会拥有了更大的权力，可以借助物业公司的人力、财力开展活动以圆满完成街道办事处的任务。这种合作的发展甚至越来越有利于居委会。由于居委会与党支部紧密地捆绑在一起，王总经理甚至暗示：在某些方面认可居委会的领导地位。

> 那我觉得，像居委会的话呢，可能是，怎么说呢？可能更有点像这种老娘舅这样的一个角色，就是在当中起到一个，更多的起到一个协调和指导。还有一个很重要的，可能就是把握一个大方向。（问：把握大方向，可能就是党支部这一块?）对，对。党支部。还有一些比如说，对整个小区的发展方向和发展思路的把握。

---

① 梅园小区和居委会均名声在外，经常会有上海市、新区以及外地省市的单位来参观视察，所以接待任务也比一般小区更重。

可以说，在与物业的横向关系中，居委会的权力是一种互利合作性的权力，而它首先是源自居委会无可替代的“自由余地”。自由余地的扩大，使居委会的权力地位也不断提升。

但居委会与业委会的权力关系却有些特殊。尽管冯副主任多次强调业委会与居委会的良好合作关系，二者之间可资交换的条件却并不像物业公司与居委会的合作那样明确。原则上说，业委会对物业公司是拥有生杀予夺的大权的。为了避免这种极端形势的出现，物业公司有时不得不求助于居委会的居中调和，这也是与居委会合作甚至承认其领导地位的一个缘由。然而，业委会为何也能如冯副主任所言“主要以居委会为主”呢？更关键的影响因素只怕并非合作，也不仅仅是兼职的工作状态，而是组织精英之间的关系。业委会主任不仅是一名在职党员，还是居委委员陈阿姨的丈夫，这使赵书记的党支部、居委会俨然具有了一种凌驾于业委会之上的地位。这是一种名为合作、实则基于社会关系的权力。

其实，居委会的权力原本更应该是面向社区居民的，这方面的权力绝不能一概而论。对于居委委员，居委会工作者多少怀有某种不安的感觉。因为他们明白，居委会的真正主人本应是居民选举出来的委员们，而作为“议事层”的委员对于“执行层”的干事是拥有指导、监督的权力的。还好赵书记同时担任居委会主任，兼职的委员们也乐得清闲，工作人员所需要做的只是与各位居委委员维持好一种亲密、和谐的关系。开展活动、完成任务需要告知他们，却不必也不能依赖他们。尽管褚阿姨口口声声把赵书记称为“领导”，仍然只会挑选自己感兴趣的活动参加，而是否支持居委会完成街道的工作任务，她并不真的在乎。可以认为，对于大部分居委会委员，包括赵书记在内的工作者很少拥有制约性的权力。

居委会完成工作真正可以依赖的力量是工作人员口中的“骨干分子”。他们包括支部党员、部分在职党员、楼组长、部分居民代表、志愿者以及各类团队的负责人和积极参与者。自然，上面所列的各类居民可能是高度重合的，而各个条线的工作者所能拉出的“队伍”又可能有所不同。这些居民中的一部分是由于组织体制的制约而必须参与居委活动，如党员；一部分是由于本身就热衷于集体活动并受到活动内容、形式的吸引，如团队活动的积极分子；一部分是由于居委会工作者的热情邀请而感觉受到尊重并能发挥余热，如一些老年人；大部分则是由于在与居委会工作者的长期交往过程中所结成的朋友关系而要履行互帮互助的义务。其中可能蕴含的权力类型包括制度性的权力、互利交换的权力、人情交往的权力等。

对于熟悉居民以外更大数量的普通居民，居委会工作者的影响力要弱了许多。借助一些正式的通知、公告或宣传材料，很难达到面对面交流的沟通效果。工作者只能抓住平时点点滴滴的机会，力图在有限的交流中与陌生居民相识、相知，如果能够化陌生为熟悉，则更是意外之喜。实际上，“化陌生为熟悉”正是工作人员的一个理想目标。大量的陌生人同样是居委会的工作对象，与他们的交往更具有许多的“不确定性”，这也是工作者发挥主动性的最好空间。在与普通居民互动的过程中，居委会工作者所拥有的权力较弱，其基础主要是服务内容的不可替代性和活动的独特性，以及赵书记、小钱他们的特殊个人魅力。

需要强调，以上简略介绍了居委会的组织性权力，但这并不意味着对组织中个体权力的忽略。从上文的介绍已经可以隐约看出，组织权力与个体权力是很难断然分开的，在现实世界，二者本就是一个统一体。所以，在后文有关权力及其运作的更详尽分析中，行动者个人的权力亦将尽力展现出来。

## 第二节　居委会的纵向组织关系

街道办事处对于居委会来说，意义重大。居委会的筹备成立由街道办事处推动，居委会的工作开展，也离不开街道的支持。街道与居委会之间形成了一种“类科层体系”的纵向组织关系，街道的压力成为居委会主动性的最主要来源。

### 一　街道办事处与居委会

街道党工委与各居民区党支部之间是有正式组织规则保证的上下级关系，党工委可以理直气壮、顺理成章地把党建方面的任务派给各党支部去完成，例如 2003 年 9—10 月，陆家嘴街道组织了一次对 72 幢大厦和大楼的摸排，所有的居委书记都参与其中。但街道办事处与居委会的上下级关系[①]却没有《党章》之类组织章程的硬性保障。这种关系多少有些“名不正、言不顺”。

根据2005年8月的正式文件，至少有四条纽带把街道办事处与居委会紧密地联系在了一起。第一是宽带网络，街道办事处与居委借助局域网实现了内网的畅通交流；第二是政务管理，包括十几个条线、几十张表格和专业信息库；第三是门户网站“梅园之窗”的信息发布及服务信息共享；第四是公共服务，包括“东方数字网络电视”、“三助社区服务系统”、“小区安保监控系统”等。这四条纽带又如同四根无形的管道，大量的信息就通过这些管道上传下达。在上传下达的过程中，街道办事处与居委会越来越不可分割。

对于居委会有一个很形象的说法，即所谓“上面千条线，底下一根针”。街道办事处层面会有很多的科室，各个科室往往还有自己的工作载体，比如群文科的文化站，每个部门的东西很轻易地就堆到了下面的社区。与“针线”的比喻相似的另一个说法是：“社区是个筐，一切往里装”，意思是，无论什么杂七杂八的事都可以往社区里面塞。在上下等级分明的组织体系内，居委会不得不承担了太多的行政职能。仅以最低生活保障为例。2006年1—10月，街道办事处共办理最低生活保障37975人次，除去高档住宅小区的居委会，其余27个居委会平均办理1406.5人次，意味着居委会分管社保条线的工作者每月需协助办理117.2人次。其工作繁忙度可见一斑。

## 二　任务的同与异

在完成街道办事处任务方面，梅园居委会也不例外。2004年“五一”期间，突发性的“非典”风波还没有过去，居委会工作人员值班过程中需要做的内容包括：每天下午2点之前“报平安”到陆家嘴街道总值班室；每天上午10点之前报“流动党员信息”到街道党建办或阳光驿站；

① 《中华人民共和国居民委员会组织法》（1989年12月26日）第二条规定：“不设区的市、市辖区的人民政府或者它的派出机关对居民委员会的工作给予指导、支持和帮助。居民委员会协助不设区的市、市辖区的人民政府或者它的派出机关开展工作。”街道与居委会之间的关系是上下之间相互协助的关系。

每天与小区医务室联系，如有发热病人及时与街道市政科联系；值班时间是8：30—21：00；遇到紧急情况还要及时与街道值班室和物业公司联系[①]。居委会作为街道工作基础和支撑点的功能在特殊时期表露无遗。

不仅在“非典”这样的特殊时期，平常的日子里同样有大量的任务。表1显示了2004年梅园居委会所接受的部分街道任务[②]。

实际上，按照条线来划分居委会的工作任务，可以把居委会与街道之间的联系看得更清楚一些。2004年梅园居委会的工作计划中涉及了这样一些条线：治保，巩固安全小区；老龄，创建老干部工作示范点；双拥，开展与某部队官兵的“双拥共建活动”；计生，创建计划生育生殖保健咨询室；妇代，创建中外妇女特色工作示范点；群文，完善舞蹈队、太极拳队和老年合唱队，组织春秋旅游活动、纳凉晚会活动、重阳节活动等。而2006年陆家嘴街道的工作总结中涉及的条线工作则包括：治保、治安、调解等；党建，协助两新组织党建等；老龄，老年学校、送餐上门、呼叫器服务等；双拥，组织居民听取报告、组织优抚对象联谊等；群文，举办大型活动、赛事、文明礼仪教育活动等；社会救助，办理最低生活保障、发放低保救助金、办理廉租住房、慈善基金帮困、组织募捐等；就业援助，控制失业、安置市双困人员、劳动纠纷调解等。虽时隔两年，仍能明显看出街道与居委会各自任务之间的高度一致性。

**表1　2004年梅园居委会所接受的部分街道任务**

| 时　间 | 任　务 | 上级部门 |
| --- | --- | --- |
| 4月1日 | 召开建立业主委员会业主大会 | 街道房产办 |
| 4月8日 | 侨情调查 | 街道侨情办 |
| 5月18日 | 新区首届中外家庭文化节 | 街道宣传科 |
| 5月28日 | 健康情况调查问答表 | 爱卫办 |
| 5月28日 | 社区服务需求调查表 | 社区服务中心 |
| 6月2日 | 涉外小区外籍人士基本情况调查表 | 街道侨情办 |
| 6月17日 | 红色经典歌咏比赛 | 街道党群 |

① 参见文件“‘五一’期间值班注意事项”。

② 整理自文件“2004年居委接受的各项任务”。

续表

| 时　间 | 任　务 | 上级部门 |
| --- | --- | --- |
| 6 月 18 日 | “七一”演讲 | 街道党群 |
| 6 月 23 日 | 歌咏队、演讲者参加“七一”表演 | 街道党建办 |
| 7 月 5 日 | 《科学在我身边》征文两篇 | 街道文化站 |
| 7 月 6 日 | 《双拥计划与总结》 | 街道武装部 |
| 8 月 10 日 | 《个人健康状况》 | 街道市政科 |
| 8 月 23 日 | 上海地区中老年人群用药调查表 | 街道市政科 |
| 8 月 24 日 | 迎国庆合唱 | 街道群文科 |
| 11 月 28 日 | 第五届京剧票友会 | 街道群文科 |

不过梅园小区毕竟是经济精英云集的高档住宅区，像“社会救助”、“就业援助”这样的条线工作并没有存在的必要。甚至治保与计生条线，也与其他小区迥然不同。这一点，负责“治保”和“就业援助”的周老师、负责“计生”和“卫生”的李老师，都心知肚明。街道还是会尽量按照清晰的条线分派任务，如街道民政科所负责的募捐。尽管本小区内并没有捐助对象，梅园居委会同样要举行募捐结对活动。2004 年，共有 14 位居民和一个单位参与募捐或与街道其他小区居民的结对，总捐助金额为 8507.2 元。结对对象的资料由民政科提供，而所有金额也上交给了民政科。

除了街道，浦东新区的一些部门也可能直接把任务派到梅园居委会。周老师有一次谈到了新区文明办：

马上，下个月浦东新区中外文化活动，又要开始了。每年都要搞，不是街道布置给你的任务，区里面，它知道的，区文明办它知道的呀。区里面搞妇代的那个主任，他要派任务下来的呀。（模仿打电话）居委会是吧，我是浦东新区文明办的，你们几月几号，你们出十五个节目，就是老外来参加的多少，中外家庭的是多少。他还规定了，全部都是老外的是多少，来三十户家庭好了。中外家庭的，……这种呢，你来个十五户好了，小孩也带过来好了。

在完成上级任务方面，街道与居委会其实没有质的区别。作为纵向等级体系里的两个层级，街道要向新区政府负责，居委会则向街道负责。周老师这样说：

> 我们新区拿了三等奖，前年拿了二等奖，你都要派出去的呀，你要支持街道里面的工作的呀。……像这种事情，三天里面你必须要把这个交给他本人，他的退休养老，你到底是新办法拿养老金，还是老办法拿养老金。你不能通知他，这三个月你不要拿养老金呀。这三个月人家不要吃饭了？……浦东新区它要盯着你街道的，你街道没完成任务。（问：新区派任务给街道，然后街道再分派给下面。）（语气加重）那当然了，这是肯定的了。（问：这个它规定了期限的话，我们一定会在这个期限内完成？）你一定要把它完成。

街道已经不是一级政府，只是政府派出机构。它还好把上面压下来的任务，经过一番腾挪功夫，再转嫁到居委会头上。居委会顶着居民自治组织的幌子，连政府派出机构的下级派出机构都算不上，这些沉重的任务又如何消解，是一件令人好奇的事情。

## 三　汇报、请示与接待

汇报、请示是与任务不可分割的内容，接待则是梅园居委会的一项特殊任务。

每年每个条线的工作人员都要写好自己的工作计划、工作总结在规定的期限内上交给街道。每次活动结束都要由相关条线的工作者提交活动信息稿，并挂到街道的内网上。街道每个条线都有一系列的表格，在电脑前填表、在网上或亲自去街道交表是居委会工作者最常见的工作状态之一。居民文化教育活动统计表，需每季度填写一次，报街道宣传科。表格的内容异常丰富，几乎可以涵盖所有条线①。而调解工作的表

① 表格内容包括：活动时间、地点、活动内容、参加人数、其中女性人数、活动名称和类型。活动名称分为政治理论教育、外来人口教育、妇女儿童教育、科普知识、普法教育、医疗保健、文化艺术、老年教育、职业技能、外语及其他，活动类型则分为专题讲座、文化教育和岗位培训。活动名称和类型可以多选。

格包括：每月调解纠纷统计表、排摸纠纷苗子统计表、结案书、调解委员会成员名单、调解信息员名单等。周老师曾谈到就业援助方面的报表：

> 你每个月介绍的情况，还要月报，报上去，介绍的劳动力的资源都要报上去。这个你平时都要做的……20号以前要报的，不能等到20号这天我再把工作小结全部写出来，不行的。就是有空，自己想了，有空哪些事情该先做的，就要做了。多了，这个里面的事情是多得不得了。

赵书记作为居委会的领头人，汇报的机会自然更多。不过，她的汇报不必像报表那么刻板，口头向上级领导汇报的比重较大。不论是口头还是书面，她的汇报中总不忘强调"在街道党工委、办事处的指导下"，并以得到高层领导的称赞为荣。小钱作为书记助理，在这方面学得很快，而且除了声明街道科室的指导以外，往往还要再加上"在书记的带领（或教导）下"。

一次次的汇报，强化了上下之间的等级关系，而申请则不啻下级向上级领导提出某些资源的要求，措辞自然要更为谨慎和正式。梅园居委会的申请内容多数是活动经费。既然组织某种活动的安排是上级做出的，拨付一些必要的经费也是理所应当。在2005年年末的一次楼组长活动申请报告中，居委会向街道办事处"特申请慰问经费2900元"，"望领导给予批准"，并以"谢谢"结尾。梅园居委会动辄上千元的活动经费申请几乎都能得到批准，这显示了其不同于其他小区的特殊地位。

接待各级领导参观、视察、访问的任务更是梅园独一无二的荣耀。居委会的特色工作已经成为陆家嘴街道的一个"亮点"，前来考察、学习的来访者隔三岔五就会有一拨。街道一个电话打过来，赵书记他们就要准备接待，经常是没有什么准备的时间。好在赵书记早已轻车熟路，调查期间所看到的几次接待会上，每次她都能侃侃而谈。赵书记在2004年自己的一份总结中说："一年中我接待了从中央到地方、从市委到新区、从各街道到同行居委等各方领导共有368人次，出色完成三次重大外事的接待任务。①”接待任务之重可见一斑。同时，小区在街道领导心里的分量亦可见一斑。

## 四 招聘、调动与考核

陆家嘴街道所有居委会的工作者，从支部书记到年龄最小的干事，几乎都是通过社会公开招聘的方式录取进来的，虽然其中也存在动员与推荐的成分。一旦被录取，他们会与街道签订用人合同，并从此就在街道组织科名下领取每个月的工资。梅园居委会的7位工作人员都是如此。这可能正是所谓“居委干部”或“社工”或“干事”不得不听命于街道、向街道负责的根本原因。

梅园居委会即使在街道“一手遮天”的招聘过程中，也能享受到一些特权。这种优待首先体现为：街道总是尽量把学历高、年纪轻的工作者分派给梅园，小钱、小吴、小郑都是这样过来的。赵书记说：

> 我们这个居委会招的工作人员，街道它很重视的。在社会上招聘大学生、本科生，他的英语基本都能达到四级、六级，像这样沟通起来也方便。我们也有的工作人员，……原来是健身教练。就是说肯定跟其他老居委会不一样。老街区居委会，他们的年纪可能会跟我差不多，可能还要大一些。我们这些，你们看都是很年轻的，都有才干、有特长，也是为了把我们……这个品牌做得更大更响。

有时，赵书记甚至拥有优先挑选下属的权力。周老师这样回忆自己当初被挑进梅园居委会的情景：

> 我是去年二月份到街道，也要考试的，看一看你的情况。当时我们书记看看字写得不错嘛，组织科也对她说，这几个都不错，你挑一个。（书记）就让我到这里。

年轻人都要有一段实习期。如果是在梅园实习，赵书记又很喜欢，街

① 选自文件“当好国际化社区《一肩挑》的支书（2004年个人）”。

道可能会横刀夺爱，这显示出上级组织更强大的权力。只是，上级组织偶尔会用"笑脸"掩饰一下这种权力而已。赵书记曾以诙谐的语气讲起自己在街道的"蛮横"面前所耍的小聪明：

> 每一次我知道，我跟他说，这个人好，我要，保管是不给我。我就吓得，我就不敢，就说还可以还可以。真的呀，每一次来，像有两批大学生，每一批都有一个人，有的人在我这边实习，都有一个我很喜欢的。我觉得，做事很细致，很有思维的。然后我有什么任务安排下去，他就会非常快地帮你，还会坐下来跟你聊，这个事情怎么去做。……你说很好吧，说能力很强的，他们就用了。那我现在我也没办法，现在我要自私一点了。我很喜欢的，（就说）还可以吧。然后就可以让他尽量给我了。

对居委工作者，街道不仅握有聘用与否的大权，还可能定期或在必要的时候进行调动。周老师说，一般每年的三月份左右，街道都要对居委干部进行调整的。

> 这不是大调动，就是，比方说这个人调到那个居委会去，那个人调过来，这样调的。它（街道）有调动的权力，但是呢，力度不是很大的。它要根据工作量的需要。

赵书记对这种调动并不是很感冒。最初进梅园小区，赵书记带了两个大学生，现在她们都走了。她觉得这会影响工作的开展，但却无能为力。她回忆说：

> 然后成员呢，是变动。起初的时候，两个大学生，因为离开了，如果她们在的话可能跟现在的工作方法又不一样。她们很沉下去的，跟居民关系可好了。她们不是经常坐办公室的，很沉下去的。……所以呢，一般来说，我不太主张工作人员经常换的，能够固定，能够长时间做呢，会比较好。

但是握有更大权力的上级领导往往并不需要在使用这种权力的时候考虑得那么周全，而且，街道的权力还不止这些。更令居委会工作者头痛不已的是花样繁多的考核。

每月，居委干事都要面对这样一张由街道设计的考评表[①]，考核内容包括“学习与业务培训”、“本职工作完成情况”、“领导交办和配合工作”3项，每项可分别容纳3条、8条、4条具体的内容。考核分为“优秀”、“合格”、“基本合格”和“不合格”4个等级，由分管领导决定每个人的考核等级。另有单独一部分内容是要把未按计划完成的工作进行说明，是由于“主观因素”、“客观因素”或“计划调整”而未完成工作，还是因为“不努力”。这张表也把赵书记推到了一个比较尴尬的境地，到底是与街道合谋、照章办事还是照顾下属、马虎行事？

每天，包括书记在内的每位工作者还要填写一张“日常工作情况表”，内容包括每周工作计划和一周六天内每天上下午的工作完成情况。这是每年年底街道组织科对居委会工作人员进行考评的主要依据之一。

每个条线年底考评的依据并不完全相同，相同的是居委会工作者的重视与紧张的程度。毕竟这是与每个人的切身利益直接相关的。一件任务，如果逾期不能完成，就要被扣分，哪怕是“就业援助”这样的在梅园小区并没有工作对象的任务。李老师描述得则更为详细：

> 我现在的计划生育工作，一摊是对外来人口的管理，是很重要的。对外来人口管理的手段就是查验婚育证明，有证的就每年对他们查验一次，盖个合格章；如果你不盖合格章，区里不是要来检查吗，检查以后查到这个人没有证就要扣分，有证没查验过也要扣分。这就是扣我们的分了，就是有证的人我要对他查验，没证的人我要叫他去办证，回老家去办。……有户籍地的人必须做一个这个卡，外来人口我也做这个卡，我要输卡的。做好以后，再输入电脑，到时候街道要查也是这样的，从警署拉一个年龄段，到电脑里查，这些育龄妇女有没有卡，没卡就扣分。年底我们都评分的嘛，根据这个分数来考核你

① 此种考评表与后面的“日常工作情况表”的原样都注明“2006年度”，或是从2006年才开始出现。

的。它这是硬指标，不管你中间做了多少工作。

一招聘、二调动、三考核，居委会工作者就这样成了街道“雇佣”的工作人员。居委会的自治本质难以彰显，其行政色彩也就很难褪去。

### 五 经费的拨付

居委会开展各种活动，或多或少，都需要一定的资金支持。梅园居委会不是赢利性的企业组织，称得上是“收入”的只有家政介绍的中介费。文件显示，2005 年 3 月至 12 月的十个月内，居委会的家政收入约有一万多元，平均每月 1000 元左右。

居委会的支出却要大得多。根据 2005 年的经费预算，仅第一季度，居委会在年终茶话会、迎春茶话会、爱心家庭慰问、见义勇为表彰会这 4 次活动中，就要支出 9300 元。2005 年全年共需举办活动 25 次，居委会至少支出 18310 元，其余 46310 元的资金缺口就需要居委会工作者自己想办法去填补了[①]。

梅园居委会另有每月 1000 元的办公经费，这是由街道定期拨付的。但即使加上这全年的 12000 元，仍不足以支撑起各类活动的开展。更何况这办公经费用于办公，都已经捉襟见肘了。周老师曾谈起这些：

每个居委会，街道拨款给你书记，作为小区里的办公经费。一个月一千块钱。不管大小，你的办公经费呀，买纸呀、买笔呀……（问：够用吗?）这比较紧张。因为你要卡一部分下来，要卡一部分下来用于自己的，有些方面的、各方面的都要。你像年底了，要装订这个材料，你一本就是……你好一点的五六十块，差一点的二十块。装订得太差劲也不可能的。……（问：那就是说我们全部的活动经费都是在这一千块钱里了?）全部都在里面。

---

① 预算金额中还缺少元宵灯谜、119 消防演习、欢乐圣诞节三次活动的预算。填补预算缺口的途径包括向物业公司、业委会借力及寻找社会赞助等。参见文件“2005 年梅园居委会经费预算表”。

尽管周老师回答得很明确，但显然全部的活动经费仅靠这每月 1000 元是远远不够的。填补活动经费预算缺口很重要的一个手段，就是向街道伸手要钱，即活动经费的申请。根据相关文件①，居委会曾申请过：老年活动室的创建费用 1800 多元；老年合唱队的设备费用 3000 多元；“帮困助学结对茶话会”慰问经费 2900 元；“中外儿童、家庭踢跳比赛”活动经费 1500 元；“海派秧歌舞”活动经费 2400 元等。对梅园小区，这也算是一种优待。

很明显，能把经费申请下来的活动，基本上都是街道所要求完成的任务，或者是可能给街道增光添彩的特色活动。居委会工作者很清楚，不可能事事都申请的，判断哪些活动可以申请，这也是一门学问。额外经费的拨付，给人一种街道在“施舍”的感觉。周老师提及接待费用时说：

> 像我们这个小区，接待任务比较多一点。像民政，我们书记有时候说，她说有时候会给一点，它知道接待任务偏重。要你买水果、买什么，你买不起的。像有的时候，人来得多的话，四五十人的代表团也是有的。一般的记者来了，五六个记者，你五六杯茶总要泡吧，杯子你要有吧。我们都看的（区别对待）。如果是有关方面人的，去年环保的，用一次性杯子，我给他买的全都是纸杯。按道理说，塑料的，不行的，不是环保型的。……浦东新区文明城区检查的话，一户一户你都要到楼上去的，你都要接待的。四五个街道领导他在这里，他为了你的……（迎接检查），他都要盯着的。……他要是看你蛮可怜的，就像父母亲的女儿上班去了，她工资卡里的钱也不多的，会给她一点的，就是这个道理呀。

周老师很别致地把街道与居委会的关系比喻为家长和子女的关系，但这一温情脉脉的比喻却不能涵盖这一事实：明确的上下等级以及背后的利益关系。街道很照顾梅园居委会，照顾的原因则是小区、居委会乃至赵书记无可替代的独特性。

① 分别参见文件“关于梅园老年活动室创建的费用请示报告”、“资金申请报告”、“踢跳比赛申请报告”和 2005 年 3 月文件“申请报告（元宵节）”等。

### 六　活动的支持

除了拨付经费，街道对于梅园居委会的支持还有更多的形式。

居委会每年都要组织一些文艺活动，其中的许多节目也经常要由街道的相关部门来支持，尤其是在居委会筹备组刚刚进驻小区的时候。如2002年的纳凉晚会节目单中，就有包括舞蹈、京剧、演唱、乐器等5项节目注明“需街道配合”。后来随着居委会工作逐渐打开局面，与物业、业委会的合作越来越多，很多节目由专门请来的专业人士表演，节目质量也上了一个档次。但街道的支持仍在继续，所参与的节目变得少而精。2006年的元宵节活动，开场第一个节目就是街道歌舞队的开门红。在一些居民眼里，街道的节目也就是居委会的节目。周老师说：

> 我们居委会嘛，……这次是开门红。（问：就是舞狮子那个?）不是那个，舞狮子是请来专门舞狮子的。他们开场，开了场第一个节目就是我们梅园街道歌舞队的，在那里跳开门红的舞。（问：是街道的歌舞队，是吧?）对。（问：我们跟街道打招呼，街道派过来的?）他们就是为社区这些方面工作的。那当然，我们那个文化站的站长他自己亲自来的。梅园，他说，没话说（一定要来）。每次搞活动，人家要想超过它，很难超，超不过呀。

除了节目，文艺活动的一些基本设施如音响设备、舞台、照明等也一度需要街道协助。街道领导也可能作为嘉宾亲自参与到居委会的一些活动之中。2003年9月的中秋联欢会，居委会的邀请名单中包括了从街道正副书记、正副主任到党政办、文明办、组织、财务、司法、综治、群文、民政、市政、经济等几乎所有科室的领导几十人。可见小区的特殊性及在街道领导心中的重要地位。

文艺活动只是一个特例。居委会所开展的家政介绍服务，背后有街道专门的家政服务机构的支持；居委会所引进的社区诊所，也离不开街道与医院的协调。从配送纯净水到便民超市，从征订书报到洗衣房①，街道以

① 这些服务内容均引自文件。但根据调查期间的观察，一些服务内容是名实不符的。

各种方式程度不同地参与到了居委会的日常工作之中。居委会“亮点”地位的获得，其中有街道的一份功劳。

## 七　第一位的领导与上下级的默契

以上种种情况，显示出居委会的一大特征：对上负责。梅园居委会的工作者们很清楚自己所处的位置，按时完成任务是最基本的。如果没有领导的支持，很多活动无法开展；活动开展起来以后，更要得到领导的认可。小钱要到另一个新楼盘开拓居委会的新阵地，重复赵书记当年走过的路。书记现身说法，指点她应该如何开展工作，包括借助社区民警开展登记工作，包括居委办公用房的各种条件。她说，各方面的进展还是需要与街道沟通，因为“领导满意是最重要的”。

在上下分明的等级体系中，下层的组织及其行动者处于一种弱势地位。但即使是强弱不对等的关系，也可能出现某种平衡。相比强者，弱势一方往往更积极地寻找其中的平衡点，因为达成这种平衡对弱者更为有利。赵书记在招聘方面已经显示过这方面的努力，她还曾经专门讲到居委会与街道的关系：

> 做事情做了那么多年了嘛，一般都能够放下，大家都能够理解。你就是每年希望街道为社区办点好事，但是呢，你也不能提的要求太多太大，它也有难度的呀。那你提一件事情，那么街道完成，它会觉得它能够去完成一下，在它的规划里面，也是挺好的。渐渐地，像整个梅园社区，现在已经发展得很好了。大家提的问题太多了，它一下子就，提了也是白提。要有针对性。（问：做事情做久了，跟街道的关系大家也……）有一定的默契。……觉得就是，政府也好，关键就是下面的人员，你要理解，不能太着急了。许多项目你一下子提出来，你让政府去解决，政府它也有它的难度。你每年就是恰到好处地提一些，那个也确实是比较重大的影响整个局面的问题。你提出来，让他们去考虑，我觉得是适当的。所以这个，你光做居委会的工作，你周边的，也是要关心的。

下级以一种谨慎和为领导考虑的心态营造出上下之间的默契氛围。这样的默契有利于合作，有利于减少层级磨合的成本，是双方都愿意看到的。

## 八　居委会的自由余地

总体而言，梅园党支部、居委会分别是街道党工委、办事处的下级组织。尽管二者在名分上有些差别，实际上并无二致。居委会与街道之间形成了一种类似于科层体制的纵向组织关系，可以称之为“类科层体系”。一方面，这种组织关系存在着层级分明、各条线分工明确、权责相连、考核奖惩标准化、按劳取酬等科层制的基本特征；另一方面，公与私的界限不清、“变通”的大量存在、正式规则的形式化等现象又决定了这种组织关系不同于科层制。可以看到，梅园居委会在完成任务、人员招聘、经费申请、上级接待以及活动支持等方面，都拥有一些“特权”。在以上领域，居委会似乎总是可以跟自己的上级组织讨价还价。

特权首先是由梅园小区的特殊性所赋予的。全球化色彩、精英式的居民结构等特点都使小区具有无可替代的地位。小区的影响早已超越了街道的辖区界限，扩展到浦东新区、上海市乃至整个中国。即使街道是爱屋及乌，梅园小区的居委会也会同时具有更多的特殊性。其次，居委会成立之后，本身也已经形成了自己的特色，许多举措吸引了外界媒体的目光，“亮点”的地位不断增值。居委会特色的形成与领导的授意、街道各部门的支持是分不开的，但借用周老师的比喻，父母虽然把孩子抚养大，孩子的翅膀也在这一过程中逐渐硬了起来，父母只能逐渐尊重其意见。还有，赵书记个人也是一个不大不小的影响因素。党支部、居委会的成立以及此后的发展，赵书记一直参与其中，她是唯一一位知晓整个过程的亲历者。水涨船高，赵书记的声名也与居委会一荣俱荣。她的能力、业绩有目共睹，街道各科室有时还真要买她的账。

除了上述社区、组织及其精英的因素以外，还有一点也是街道不得不考虑的。2002 年 5 月，梅园小区党支部成立暨居委会揭牌仪式在会所内举行。亲自到场的不仅有街道办事处主任、党工委书记、副书记和物业管理公司总经理，更有浦东新区城工委副书记、城工委社管处处长。城工委社管处、纪工委联合支部与梅园党支部签订结对共建协议书，城工委社管处处长与小区物业管理公司总经理共同为居委会揭牌。

城工委社管处、纪工委联合支部与小区党支部名为结对，实为领导和支持。结对支部成员不仅几次来到居委会考察、慰问，还会有一些物质性的馈赠。2003 年 7 月，城工委结对支部专门给居委会送来了电冰箱、微波炉、电饭煲等电器。在一份座谈会的记录文件①中，居委会工作人员这样写道："各位城工委的领导一直耐心地听取汇报，随后各位领导针对居委工作人员提出的问题，一一认真地做出解答，能解决的问题立刻承诺兑现；不能马上确定的问题，也答应会与有关领导协调后及时回复居委。城工委、纪工委、社管处领导这种深入基层、聆听呼声的工作作风和精神让我们工作人员很受感动，使我们明确了努力的方向，增加了工作的动力。我们有信心在今后的工作中再接再厉、取得更大的成绩。"

对于街道来说，更高级别领导最初的亮相就大大加重了梅园小区的分量，与梅园党支部联系紧密的结对支部同样使街道心存顾忌。尽管社管处等部门的级别不是很高，但它们背后依托的城工委则对街道党工委有一定的制约作用。这样错综复杂的关系使梅园居委会的身份更为特殊，其在"类科层体系"中的行动空间也更为捉摸不定。

## 九　街道对于居委会的意义

街道与居委会构成了一种"类科层体系"的组织关系。街道党工委、办事处的负责人是梅园党支部、居委会的上级领导，街道各科室的负责人则是居委会各条线工作人员的上级领导。领导的话不能不听，领导布置的任务必须要完成。居委会人员的大量工作时间就被用在了完成上级任务上面。在这种意义上，居委会是为上级组织和领导服务的，上级组织成了其工作甚至存在的唯一目的。

进而，上级组织也是居委会工作的主要动力来源。领导的催促、监督、考核、奖惩，是把居委会工作不断向前推进的"鞭子"。居委会是要做出成绩的，而最欣赏其成绩的对象不是居民，而是作为上级的街道。居委会工作者的主动性来自于街道的主动性，而街道的主动性又是来自于上级政府改造社会的主动性。这是一种自上而下的工作启动机制。就主动性而言，居委会和街道都不是政府，却胜似政府。居委会的纵向组织关系如

① 参见文件"城工委支部结对座谈会"。

图 2 所示。

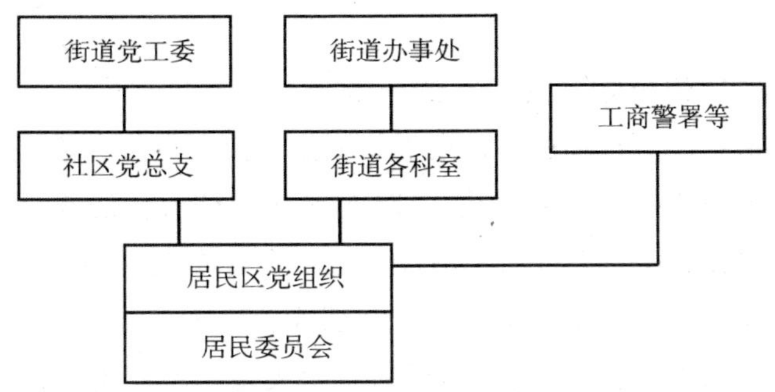


**图 2 居委会的纵向组织关系**

不仅如此，在组织外形上，居委会也与街道，乃至新区政府有着很强的相似性。上级政府的各个部门，往往在下级组织中会有对应的下级部门，这就是所谓的“条”。居委会作为街道的下级组织，实在无法再细分部门①，但各位工作人员却也承担了各自的“条线”，分别对街道的各职能科室负责。上级部门的任何一种工作，都可以在社区找到对应的工作者。这就是居委会主任被称为“小巷总理”的原因。就此而言，居委会的模仿对象不是其他任何自治性组织，而是自己的上级组织。

各种“条线”如同一束束丝线，把街道同居委会紧密地系在了一起。在这种亲密状态下，居委会的工作开展要受到街道大量的制约，但同时也可以更方便地向街道借力。这是一种辩证的逻辑。没有街道的支持，梅园居委会的很多活动或者无法开展，或者称不上精彩；但这些活动的大多数本就是街道安排下来的。在梅园小区内的其他组织和许多居民看来，居委会的背后站着财力强大的街道，这一点不言而喻。

## 第三节 居委会的横向组织关系

在小区范围内，除了党支部居委会，还存在着物业公司、业委会、老年协会等各类组织，居委会开展工作还必须要与它们打交道。居委会与这些组织之间所构成的横向组织关系是工作者进行权力运作的另一类组织

① 梅园居委会本来还下设了宣传教育、社区服务、综合治理、人口环卫共 4 个委员会，但名存实亡，基本上不发挥作用。

基础。

## 一 从“四位一体”到“五位一体”

“四”和“五”的差别，只在于业主委员会。业委会成立之前，梅园小区居委会各类文件中的说法是“以党支部为核心，居委、警署、物业共同参与的‘四位一体’的工作机制”；业委会成立以后，文件中的说法变成了“党支部领导下的物业、警署、居委会、业主委员会‘五位一体’的工作模式”。讨论梅园居委会的横向组织关系，不能不考虑这“四位一体”或“五位一体”。

还是要从当初赵书记一行刚刚进驻小区开始说起。前文已述及，2002年6月，赵书记负责筹建梅园党支部。在她的建议下，街道党工委支持把物业公司的全部党员、社区民警党员和部分居民党员一起纳入党支部。这是一种比较少见的支部结构形式，而一般的居民区党支部一直是以小区退休党员为主体的。

支部中包括梅园小区的物业保安主管，居委会治保条线日后的工作少不了他的支持；包括社区民警，在她的协助下，赵书记他们的上门登记工作顺利了许多；包括居委委员褚阿姨，她热心参加了很多居委会工作；包括后来获得“优秀共产党员”称号的一位女士，她曾多次积极参与募捐活动。这些支部党员，成了赵书记赖以开展工作的第一批基础力量。

党支部的成立一方面确立了赵书记的领导地位，一方面搭建出了“四位一体”工作模式的基本框架。2005年年底的文件中这样说：“事实证明在随后三年内居委会开展的各类工作、文体活动、社区服务、中外文化活动、公益事业、创建工作等都在居民区党支部领导的新型模式下取得了卓越的成效和一致的好评，为今后沿江一带的涉外小区的社区工作打开了崭新良好的局面。”① 赵书记曾谈到某次调解居民纠纷时，各方的合作：

> 这个时候我们调解，还有就是我们的社区民警也到位了，物业也到位了，我们“四位一体”地管理嘛。所以方方面面地我全找来了。(还有一方面是什么?) 就是，一个是居民区党支部、居委会嘛，然

① 参见2005年12月文件“申报依据”。

后就是社区民警，物业管理。支部和居委会应该是放在一起的，对吧。

业主委员会2004年11月成立以后，并没有发起过什么轰轰烈烈的行动。无论是最初决定物业公司的去留，还是此后对维修基金的日常管理，都平平淡淡。兼职的业委会委员们也没有更多的精力去组织活动，在这方面几乎完全把决定权交给了居委会和物业公司，自身安于附属的地位。实际上，由于赵书记与业委会主任一家的特殊关系，业委会已基本认可了党支部的领导地位。这最终成就了现今居委会文件中的“五位一体”管理模式。

这种管理模式并非一纸空话。大型活动往往是物业公司、居委会、业委会联合筹备，一些事务也需要这3家一起处理。调查期间，清理楼道内居民乱放杂物的工作就是由物业人员、居委会工作者和业委会委员一同出面的。除此之外，还有一项制度性的规定，即每月一次的事务协调会议。相关文件中这样介绍：“由支部、居委、物业、警署及社区共建单位共同参与①，讨论小区环境卫生、治安防范、文体活动等与居民息息相关的事务。”当然，正式制度规则虽然如此，实际的操作中仍然存在欠缺。

## 二　党支部的地位

无论是“四位一体”还是“五位一体”，党支部都处于领导地位，至少在正式文件②中是这样。

成为社区的领导核心，其实是党支部最初成立时就设定的目标。2006年6月，党支部成立后召开了第一次组织生活会，内容就包括：“明确党支部对……居民区各类组织的领导职责。”这一目标直接与街道的指示相关，街道之前已经发布过专门的加强梅园小区党建工作的实施意见。此

① 文件的日期在业委会成立之前，故在其中没有提到业委会。

② 2004年11月推出并征求意见的《中华人民共和国城市居民委员会组织法（修订稿）》中增加了如下内容：“中国共产党在社区的党组织，按照中国共产党的章程进行工作，发挥领导核心作用；依照宪法和法律，支持和保障社区居民开展自治活动，充分行使民主权利。”有学者认为，中国的社区应以执政党为核心，党建是社区建设的核心问题，如邓伟志《关于当前中国的社区发展》，《江苏社会科学》1999年第6期。

后，党支部2005年的工作计划中，规定了支部工作的指导思想是“发挥党支部的组织、引导、协调和渗透作用。巩固党支部理顺的各类组织关系，形成以党支部为核心，居民区各类组织为管理主体，居民群众参与的国际化社区党建工作新格局。”同样，2005年10月的有关党支部工作职责的文件规定，“巩固党的领导核心作用，组织党员和各居民组织完成上级党组织布置的各项任务和各类报表，具有特色，把稳定工作作为党的中心工作”①。

2004年，梅园小区党支部共有党员18人。2006年，发展到二十多名。党员中，除了几位居委会工作者党员和社区民警党员，数目最多的是这样两个群体：退休党员和物业公司党员。周老师曾专门谈起这两类党员：

> 有一部分人呢，他是退休了。退休了，作为小区居民，就把关系转到了里委。还有一部分，就是你说的物业的。物业呢，有一部分人呢，是专门有自己的（党支部）。（小区支部党员）都不是它的正式员工。正式员工呢，他们自己有一个党支部。有一部分呢，是属于聘用的，这些人呢，他们原来的关系是在单位的，但他一退休，就不能做了。……不做了，就把关系转到我们这里来。（问：就是说物业公司本身是有一个支部的。）它有个支部。（问：有一些聘用的话，关系就挂在我们这里）现在的员工有两种，就像我们一样的。……有的在原来的单位，他退休了，他有一个退管会。每个单位都有退管委员会，退管会里面也有一个支部的，都是退休党员。它也要利用退休党员发挥余热。一样的呀，你要用人，人家也要用人。

党支部影响所及的物业公司党员只能是保安、保洁这一类非正式员工，退休党员也并非全然能由小区党支部控制。不过，党支部的直接影响力往往还能扩及小区内的在职党员。根据2004年1—9月的9次支部活动的记录，每次组织生活，总有最少2位、最多20位的在职党员一起参与。这种影响范围的变化与活动的性质、规模都有关系。对一些在职党员来

① 参见2005年10月“党支部工作职责”文件。

说，赵书记同样是他们的领导。

2005年党支部的工作计划中，明确规定要建立6个机制：（1）党支部、居委会、业主委员会、物业公司、警署"五位一体"工作机制；（2）党支部、居委会联席会议机制；（3）居民区单位工作共建机制；（4）居民区团队运作活动机制；（5）居民自治居民参与小区管理机制；（6）居民区服务资源的服务协商机制。还要组建巩固5支队伍：（1）稳定在职党员和居民党员队伍，重点扩大发展物业党员队伍，挖掘流动党员队伍；（2）支持通过选举的业主委员会这支居民自治的队伍，逐步做到自我管理，自我教育；（3）巩固现有的物业保安队伍（兼义务消防队），并注意在优秀的年轻保安中培养新党员；（4）发展扩大老年协会队伍，作为小区各种活动的主力军；（5）组建各类群众组织、志愿者服务队，各种文化体育团队。党支部几乎触及了所有方面的工作，可谓运筹帷幄、统揽全局。

### 三　党支部与居委会

在现今所谓"五位一体"的工作模式中，党支部与居委会的关系更为特殊。从上引的2005年支部工作计划中，已能隐约看出这一点，其中更有"全力支持居委各项创建工作，保持原有的市级创建，力争原有的街道级、区级创建升级"这样的内容。而2005年10月的党支部工作职责文件则规定，"组织党员和各居民组织完成上级党组织布置的各项任务和各类报表……"这完成任务和报表的"各居民组织"当中，居委会毫无疑问是主力军。

党支部对居委会领导作用的体现还不仅如此。2005年7月的有关文件中有这样的内容："做好对居委干部的教育管理工作，严格执行居委干事考核制度。"[①] 支部对居委会各条线的工作人员还拥有"教育管理"、"严格考核"的责任和权力。有趣的是，履行以上职责的"党务干事"，又是居委会里负责党务条线的工作人员。党支部和居委会的职责划分已经有些模糊不清了。

事实上，支部党员的组织生活往往也能与居委会的活动结合起来，支

① 参见文件"党务干事工作职责"。

部党员和部分在职党员本身就是居委会开展活动可以依靠的一支重要力量。在2004年1—9月的9次支部活动中，除了1月、5月、8月的活动是纯粹的党员活动之外，其余的活动都是居委会范围内的，而党员在其中要起到带头作用。这些党支部和居委会工作重合的活动包括：帮困结对、志愿者服务、植树、歌咏比赛、演讲比赛、“好班子、好干部”大讨论、摄影比赛、聚餐、双拥共建、中秋—国庆联谊会、中外家庭文化节等。

党支部与居委会的共同办公、支部书记兼任居委会主任都强化了二者的联系。赵书记同样是由街道招聘而来，又与其他居委会工作者朝夕相处，频繁的交往互动使彼此间极为熟悉，大家已结成一个亲密度极高的“首属群体”①。赵书记习惯了把工作者看作下属，其他人也习惯了把赵书记当作领导。在有限的专门的党员活动时间之外，党支部和居委会已经融为一体、很难分开了。

居委会虽然在性质上是居民自治组织，党组织却是严密的科层组织体系中的一环。党组织要完成上级党组织的“各项任务和各类报表”，在其完成工作任务的过程中，居委会被卷入其中，难以脱身。居委会已在事实上成为党支部的主要工作载体。居委会的主动性源自街道，这在很大程度上是通过党的途径得以实现的。党支部对居委会的这种超强的直接领导的压力，使二者紧密地结合在一起，在某种程度上已经成为一个统一体。在小区的其他组织和许多居民看来，党支部和居委会是同一个概念，也没有更细区分的必要。

## 四 居委会与物业公司

如前所述，居委会与物业公司的关系经历过一个由“冷”到“热”的过程。居委会进驻小区之前，物业公司近乎“一统天下”。居委会与物业公司的关系史，涉及的是不同组织部门之间权力领域的划分问题。一个组织要想被别的组织承认，就要让对方看到，自己具有独特的功能，而这种功能是其他组织不可替代的。尤其是在一个社会已经被某一组织近乎全方位占据的情况下，新的组织若想进入这个社会，就势必要更加突出和表

① “首属群体”的概念由美国社会学家库利最先提出，用以指面对面互动较多、关系亲密的小群体。

现自己的不可替代性。

今天的居委会已经确立了自己的独特地位，也寻求到了与物业公司的一种平衡。双方合理划分了各自的“势力范围”，彼此间相安无事，必要的时候还可以互相配合。不仅如此，由于居委会与党支部紧密地捆绑在一起，党支部对大局的协调作用也提升了居委会的地位。物业公司王总经理曾谈到，在某些方面认可居委会的领导地位。

在党支部的作用下，物业公司其实已经部分参与到了居委会的工作之中。王总经理的前任，就曾经同时担任居委会综合治理办公室的委员一职。一些大型活动已经不需要居委会独自拼命奔忙了，物业公司很可能直接出资出力。此外，物业公司还分担了居委会某些传统条线的任务，主要是治安保卫和清洁卫生的工作①。在梅园小区，物业公司的治保和卫生工作已经做得很好，居委会相关条线的工作者自然省了不少的力气。从这个意义上说，党支部、居委会的主动性，已经蔓延到了物业公司。物业公司也在一定程度上成为居委会完成上级任务可以借助的力量或工具。

## 五　居委会与业委会

居委会在赵书记的领导下，一直参与了业委会的整个筹备过程。这使得居委会与业委会的关系不像跟物业公司那样一波三折，而是一开始就打下了良好的基础。业委会筹备组里包含了后来的业委会副主任冯老师，还有其他几位业主代表。不仅赵书记的勤奋和认真被包括冯副主任在内的许多业主看在了眼里，而且，更重要的是，在业委会看来，有极强街道背景的居委会还将在业委会成立以后继续发挥其指导作用。实际上，居委会的前期筹备工作已经给某些业主“灌输”进了这种观念。

居委会对业委会的指导作用是有正式规则做保障的。《物业管理条例》规定：“业主大会、业主委员会应当配合公安机关，与居民委员会相互协作，共同做好维护物业管理区域内的社会治安等相关工作。在物业管理区域内，业主大会、业主委员会应当积极配合相关居民委员会依法履行自治管理职责，支持居民委员会开展工作，并接受其指导和监督。住宅小

① 物业公司最初对居委会的冷漠很可能就是把居委会误解为主要负责治保和卫生的组织。而如果这方面本身已够出色，那么，还要居委会做什么？

区的业主大会、业主委员会作出的决定，应当告知相关的居民委员会，并认真听取居民委员会的建议。”[①] 业委会对于居委会，既要“相互协作”、“积极配合”，又要“接受其指导和监督”，这里面已经暗含了一种居委会优先的逻辑。

在正式的制度规则以外，一些“社会潜网”[②] 的因素也在发挥着作用。作为行动者的每个个体，在互动过程中由于自身所附带的各种身份特征而彼此间产生了不同的关系，每种关系中又伴随着一定的权力。支部书记与在职党员之间半正式的组织制约，居委主任与委员家庭成员之间近似的制约，熟人之间人情化互助的义务，混杂在了一起，构成了目前居委会主任和业委会主任之间的关系。组织精英或代理人之间的关系又进而上升为组织层面的交往关系，最终构成了居委会与业委会当前的关系形式：在某些方面接受居委会的领导，双方相安无事。

## 六 居委会与团队组织

除了居委会、物业公司、业委会这些正式组织[③]，梅园小区中还存在着一些群众性的组织或群体，包括老年协会、合唱队、太极拳队等。如老年协会这样的组织，是可以冠以“民间组织”或“社会团体”[④] 这一类称号的。而合唱队、太极拳队则只能被看作是非正式的群体。相同的是，它们都带有很深的居委会的烙印。

老年协会是在陆家嘴街道的指示下由居委会具体操作成立的，成立以后的老年协会由街道民政科负责管理。2003 年 6 月，街道社区中心老龄办组织召开了一次专门的关于各居委筹建老年协会的会议，民政科领导详细讲解了老年协会的性质、选举方式、例会制度、活动内容等。老年协会

---

① 参见《物业管理条例》第二十条（2003 年 9 月 1 日开始实施）。

② “社会潜网”包括非正规的制度或非制度化的行为规则，其对资源的配置往往通过更广泛的社会交换实现。参见李培林《另一只看不见的手——社会结构转型》，社会科学文献出版社 2005 年版，第 24 页。

③ 警署（或派出所）是小区“五位一体”工作模式中的另一个组织，但警署只存在街道层面，在基层社区只有社区民警，所以此处不做专门介绍。

④ “民间组织”是我国官方所使用的概念，主要包括“社会团体”和“民办非企业单位”两类社会组织。老年协会自然也属于“非营利组织”或“非政府组织”，但后两个概念都更为宽泛。

的会长由居民选举推荐，而名誉会长则要由居委书记担任，秘书长由居委会的老龄干部担任。这样，名义上老年协会是“要让老年人自己管理自己，自己服务自己”[①]，实质上仍是被牢牢控制在街道和居委会手中的。

梅园小区的老年协会成立于这次会议之后，担任老年协会会长的是80岁左右的蒋老人（化名）。蒋老人是赵书记他们最早认识的老年居民之一，是居委会老干部工作的唯一工作对象[②]，是支部党员的结对对象之一，也是各种活动的积极参与者。他是居委会选举委员会委员、调解委员会的业余调解员、法律志愿者、乒乓球队领队、老年合唱队队员，还是创建“敬老小区”领导小组成员。他与居委会的这种不一般的关系，是老年协会服从于居委会的坚实保证。

街道要求每个老年协会都要有自己的品牌项目，如拳操队、歌咏队、插花班、绘画班等。这样说起来，老年合唱队和主要由老年人参加的太极拳队都是老年协会下属的小群体，它们的活动更具随意性，没有正式制度规范的一系列束缚。这里暂时只介绍太极拳队。

根据2004年11月的一份文件[③]，太极拳队最初成立于2002年5月，当时赵书记一行才刚刚走进小区。文件共统计了19位队员，负责人是80多岁的魏老人。不过按照魏老人的说法，打拳的人远不止19位：

> 咱们这里人员流动性大，来了、走了，走了、再来了。平常每天能够坚持来参加的，二十来个人。你要是整个算起来呀，五六十人也有。今天你有事没来，只来过一天的，那也就算了，比如你有事回国了，回台湾，或者回香港了，走了两个月，又来了。这种情况，所以你走了，他来了，他走了，你来了。咱们这里都算上参加的，有五六十个、六七十个左右。五六十个，一起来的时候很少。

太极拳队可以算得上资格最老的兴趣群体。它最初是由居委会组织的，赵书记专门从街道请来了专业老师教拳，魏老人是第一个报名参加的

---

① 参见2003年6月文件“老年协会例会（6月）”。

② 小区内共有两名老干部，其中一位还长期不住在小区，故实质的老干部工作对象只有蒋老人一人。

③ 参见文件“文教—各文体队伍活动安排”。

老年人。学了半年左右，老师走了，老年居民就自己打。一向认真、谦逊、德高望重的魏老人顺理成章地成为负责人。每天早上7点或7点半①，他都会提着录音机准时出现在打拳的固定场地上。参与活动的人可能来自各个国家，其中以老年人和女性居多。

同蒋老人一样，魏老人也是居委会各项活动的积极参与者。他的多重角色包括楼组长、居委会选举的初步候选人之一、老年协会体育分会会长、调解委员会的业余调解员、法律志愿者、老年合唱队队员以及创建“敬老小区”领导小组成员。一重又一重的关系，如一条条丝线把这些老年积极分子与居委会紧紧地联系在了一起。居委会的一些任务，离开了他们，几乎无法完成。

其他的群体和组织，同样是在居委会的支持下成立起来的。事实上，居委会与它们形成了一种领导与被领导的关系。它们的负责人成为居委会最稳固的外围依靠力量，它们的活动也已经内化到居委会所要完成的任务之中。

## 七 小区其他组织对于居委会的意义

在梅园小区，站在居委会的角度上横向看去，与之处于同一层面上的各类组织几乎都不同程度地承认了居委会的中心地位。这种横向组织关系如图3所示。

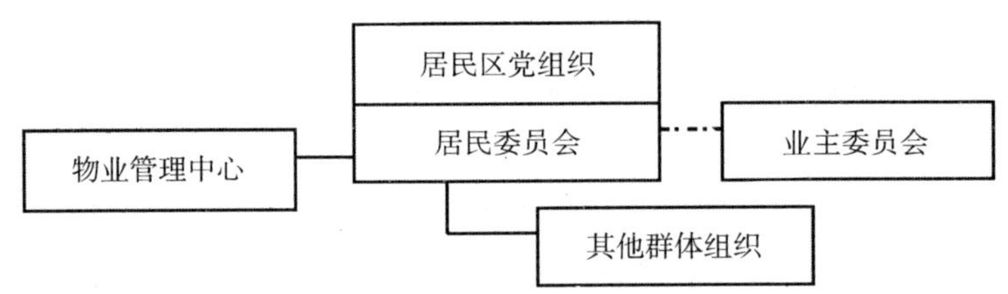


**图3 居委会的横向组织关系**

需要对上图略作解释：（1）居民区党组织与居民委员会由于种种原因，是连为一体的；（2）虽然连为一体，但党组织与居委会实际上存在一种上下等级关系；（3）业主委员会与物业管理中心之间类似一种雇佣关系，故

① 天气暖和的时候，就早一点；天凉了以后，就延迟半小时。

位置要比物业管理中心略高，但其与居委会关系的密切程度却不如物业管理中心，所以用虚线连接居委会；（4）其他群体组织原则上与居委会同属群众自发或自治性的组织，实际上却构成了一种上下级的关系。

党支部给居民委员会戴上了一顶金灿灿的带有政府色彩的帽子。有了这顶帽子，居委会的地位就比梅园小区的其他正式和非正式组织更高出半个台阶。这顶帽子同时也意味着沉甸甸的压力。由于这半个台阶的地位，这种压力一部分被物业公司和业委会所化解，很大一部分则又压给了地位更低的其他群体组织。源于上级政府的压力就这样被分解。从这个意义上说，物业公司、业委会都对居委会起到了一种支撑作用。

当然，在居委会的横向层面上，压力的分解并不彻底。承担这一压力的主要还是居委会内部的工作人员以及他们所团结起来的力量。这是后文分析的内容。

## 第四节　居委会的内部权力结构

居委会的内部权力结构包括组织和个人两个层面。在组织层面上，居委会与楼组、下级委员会构成了一种等级关系；在个人层面上，议事层和执行层之间、工作人员内部也存在着形式上或实质上的等级关系。

### 一　楼组与下级委员会

每个居委会之下，往往还会设有一些机构，比如楼组和下级委员会。但这或者远不能达到正式的标准，或者只是一个空壳。在梅园小区，居委会与它们的关系如图 4 所示。

楼组属于不够正式的一类，却是居委会开展工作的重要依靠力量。构建居委与楼组之间的网络是居委会筹备组甫进小区就开始着手的工作。根据 2002 年 6 月的工作日志，赵书记他们从那时就开始在晚上加班进行居住人员登记的过程中，有意识地“物色楼组长”。在梅园，一期的小高层每个楼道设一位楼组长，二期、三期的高层则每个楼道两到三位。如果完全达到这样的要求，梅园的楼组长至少也要有 60 位。但实际上，一期、二期、三期的楼组长“发掘”的情况并不完全相同。

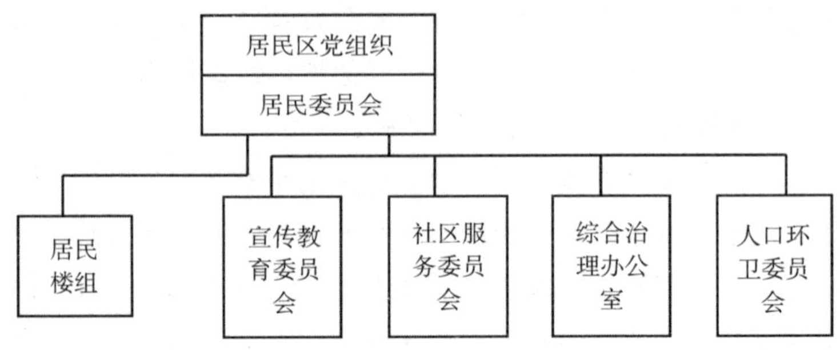


**图 4 居委会的下级组织机构**

2003 年 1 月的文件[①]给出了总共 16 位的楼组长名单，对应了一期的 16 幢小高层楼房。其中，男性 4 位，女性 12 位；平均年龄 52 岁，最小 33 岁，最大 82 岁；党员 3 位，民主党派党员 1 位。有 15 人提供了学历方面的资料：小学学历 1 人，中专高中 6 人，拥有大专大学学历的最多，共有 8 人。职业方面，离退休者 7 人，闲居在家者 5 人，待业者 1 人，自由职业者 1 人，在职者 2 人。尽管资料并不完整，仍可据此推测：楼组长们大都是中老年女性，学历较高，多已退休或闲居在家。

居委—楼组的工作网络对所有类型的居委会来说都是最普通的，几乎已成为居委会的刻板模式之一。但在梅园小区，这一工作网络却并没有非常严格的制度规则加以约束，因而较为松散，随意性也比较大。居委会工作者可以动员居民担任楼组长，也可能有部分居民因热心公益而自愿担任，但每位楼组长并不能保证每次都能随叫随到，自己有事情、身体不舒服，甚至心情不好，可能就不会来参加每月一次的楼组长会议。楼组长的基本职责，包括协助居委会通知、宣传，组织楼道居民参与活动，关心、慰问困难或老年居民等，都很难切实履行。部分是由于小区的多样性、流动性、独立意识等特点，部分是由于缺少制度性约束，居委会工作者李老师说，这里每幢楼的楼组长也是不发挥作用的。

未能很好地发挥作用，是就整体而言。其实，还是有不少楼组长把自己的贡献融入到了居委会的各项工作之中。居委会选举的时候，选举委员会的 5 名成员中有两位楼组长，9 名正式候选人中有 6 位楼组长。有的支

① 参见文件“楼组长”。

部党员是楼组长，老龄工作骨干魏老人也是楼组长。这些楼组长参加募捐和各类会议，参与运动和歌唱比赛，在各个条线几乎都是居委会工作者的左膀右臂。周老师曾讲起他们：

> 像我这边，楼组长的话，他不管你是文教方面的工作也好，妇代方面的工作也好，治保方面的工作也好，原则上都参加。你这里有事情找到他，那是一句话的。……楼组嘛，他就是在家，毕竟熟悉楼上楼下的情况，是吧。他一看就知道这是几零几呀。

对于作出贡献的楼组长，居委会也会有一些表示。不少楼组长是街道甚至新区奖励、荣誉的获得者。一些烧烤、聚餐、茶话会之类的活动，往往要邀请他们参加。每年旅游活动的主角也大都是他们，虽然也要交钱，毕竟比自己出去旅游方便得多。2004 年的春游，居委会向街道申请了部分经费，其中就包括对每位楼组长每人 20 元的补贴。楼组长们支持居委会的工作，居委会则找机会略作补偿，这是一种交换的逻辑。

下级委员会与居民楼组不同，很大程度上只是一个摆设，甚至可以说，只存在于字面上。2002 年 12 月，居委会选举之后，共设立了 4 个委员会，分别是宣传教育委员会、社区服务委员会、综合治理办公室①、人口环境卫生委员会。4 个委员会的负责人就是选举出来的 7 名居委委员中的 6 位，居委会主任赵书记则不在其内。负责人的下属基本上都是居委会的干事，具体的事情往往就是由他们去做。综合治理办公室看起来规模最大，共有 10 人。除了两位委员、1 名干事，还包括物业公司经理、保安主管以及 3 位外籍居民。

而到了 2005 年 4 月，这类委员会变成了 6 个。除了原有的 4 个委员会之外，又增加了议事协调、经费管理两个委员会。按照相关文件的说法，这 6 大专业委员会的主任都是由社区中的居民经过民主选举后担任的，其中有两名外籍居民。那么，6 位主任只能是 6 位居委委员，6 个委员会正是最初 4 个委员会的扩展。

委员会的分类不可谓不详尽，但这与街道安排给各位居委会工作者的

---

① 原文如此。但居委会内部并没有这样一个办公室的牌子，性质当与其他委员会相同。

“条线”并不完全吻合。根据文件，每月会有一次专门的委员会会议，会上“条线干事也就是社工会与他们共同讨论社区中的工作，请专业委员会指导、督促”①。但这也是有名无实。实际工作者往往直接按照自己的条线任务开展工作，即使每月的例会按时举行，主任们也很难就自己不熟悉的繁多的街道任务提出具体的参考意见。

作为居委会的下属机构，楼组和各个委员会还只具有组织的雏形。结构框架不够坚固，也就无法承担起更重的压力。事实上，在居委会之下，承担起大部分压力的是一个个鲜活生动的个人，亦即行动者。

## 二 议事层与执行层

这些行动者中，首先要区分出所谓“议事层”和“执行层”。2002年民政部下发了关于在全国推进城市社区建设工作的意见，提出了社区居委会试行“议行分设”的工作机制，上海市也开始探索这样的管理方式，其基本内容是在居民区党组织领导下，设立议事层和执行层协同开展工作。“议事层”就是居民选举出来的居委会委员，作为决策者，他们要决定居民区里的重要事宜；“执行层”则是居委会的干事，或称社工，或称居委干部，他们的职责主要是执行委员们的决定，把各项事宜落实下去。

其实，在介绍下级委员会的时候，这种区分就已经可以看到。民选的居委委员担任各个委员会的主任，并在每月的委员会会议上发挥其“议事”的职责，而实际的具体的工作则由居委干事去“执行”。除此以外，在梅园居委会2005年4月的有关文件中，还规定了每月一次的居委会委员会议。“会上，先由居委干事汇报工作，听取中外委员们的意见，进行评议，然后制定当月总体工作计划、步骤及实施方案。讨论小区各类情况，充分发挥中外居民的民主自治，以便有针对性地开展工作。”② 就参与的人员和会议的内容而言，居委会委员会议同委员会会议没有区别，或许二者本就是同一样东西？

居委会委员通过居民代表会议选举产生，作为议事层，一律兼职，不坐班、不拿工资津贴，义务为居民服务。梅园小区首届居委会选举，共选

① 参见2005年4月文件“以创建为动力，积极探索国际化社区的民主法治工作”。

② 参见文件“以创建为动力，积极探索国际化社区的民主法治工作”。

出 7 位居委会委员，其中两位是外籍居民。外籍委员包括杰克，他是委员中唯一的一位男性，同时也是最年轻的。委员们需要履行的制度性的义务基本上就只是每月参加会议，以及作为居民代表的部分职责：反映居民的情况。委员们发挥过的作用还包括：参与募捐、旅游等活动，建议举行某些活动，外籍委员教英文和参与调解等。

但是后来，两位外籍委员先后离开了上海，其余的几位委员也无法保证有足够的时间继续支持居委会的工作。有的忙于自己的事业，有的跟随丈夫在几个城市间飞来飞去，只有陈阿姨比较稳定，还能隔三岔五地到居委会办公室里来转转。本就脆弱的制度规则名存实亡。在这种情况下，议事层实际上已经退出了居委会的活动空间，剩下的个别成员也转变成了类似魏老人这样的活动积极分子。

原则上，议事层与执行层之间是一种上下级的关系。一个进行决策，一个实际操作，决策的一方对另一方拥有监督、指导的权力。2004 年，在梅园小区创建“文明示范居委会”的工作计划中，居委委员就担负起了“检查居委年度各项创建目标的实施进度情况及检查各条块干事应完成的工作情况”的责任①。但在现实当中，由于议事层本身的不够强大，由于赵书记的主任地位，由于执行层的街道背景，更由于议事层与执行层已经成为一个亲密的关系共同体，这种权力基本上消亡殆尽。

从制度设计本身上讲，议事层与执行层的分离也容易造成议事层的“闲置”。委员本为兼职，没有更多的时间了解执行者的工作情况，“指导”往往空洞无物，“监督”也可能凭据不足。委员并不关心街道分派下来的各项任务，既不想去了解任务的内容，也不愿为完成任务而浪费自己的时间。久而久之，自然越来越脱离居委会工作的实际，成为飘浮在居委会上层的虚无缥缈的“云雾”。“云雾”为居委会披上了一层“自治”的面纱，却只能飘在空中。如此说来，议事层与执行层的区分只不过是为委员们的“不作为”提供了一个堂皇的借口而已。

后文还会对居委会委员做更详细的介绍。在本节接下来的分析中，居委会内部权力结构的重点就放在了办公室里坐班的人，包括赵书记和作为

---

① 参见文件“塑造梅园品牌 共建文明家园（2004 年梅园创建‘文明示范居委会’工作计划）”。

执行层的其他工作者。

## 三　空间的权力结构

办公室是居委会人员开展工作的基地。电话联系、网络沟通、召开会议、处理资料，都必须要在办公室内完成。尽管周老师曾说，居委会干部不应该坐班，但离了这一坐班之地，许多事情确实也很难处理。物业公司等其他组织、小区居民、家政服务员，有事要找居委会，必定直奔这里。办公室是居委会自己的空间，是工作者走出大门、走进社区、发挥其主动性的"后台"①。要了解工作者之间的权力结构，不得不要首先介绍一下办公室的空间结构。

居委会在二期某大厦的一楼，是一套三室一厅的房间。门口挂两块牌子，表明居委会和党组织的双重身份。进门后有一个小厅，厅的左边是接待台。接待的任务本来是有安排的，轮到谁接待，谁就把自己的席卡摆到台上。但大家几乎并不严格遵守固有的安排，所以很多时候无人值班。无人值班的时候，没有办公桌的周老师会经常到这里坐一坐。这里有居委会唯一可以上外网的电脑，所以年轻人用得比较多。李老师每天花几分钟过来看看自己的信箱，书记和孙老师则几乎不用。接待台后面放着小区居民的"一户一表"、街道各部门的联系方式和一部电话分机。居委会的另两部电话分别放在了书记和小钱的办公桌上。如果电话中要找李老师或小吴、小郑，她们就会从办公室里快步过来接听。

小厅后是一个横向的小走廊。走廊的右边是居委会的档案室，每年整理好的资料就存放在里边。穿过走廊冲着居委会门口的房间是小钱和孙老师的办公室。孙老师负责家政服务，这是居委会最繁忙的一个条线，所以他的办公桌上也有一台电脑。小钱的位置与书记离得最近，她要是用电脑就去接待台。从这间房子的右边门进去，就是赵书记自己的办公室。赵书记的房间里摆放着居委会所获得的各类荣誉，还有一个小茶几可以接待一到两位客人。书记自然也要有一台电脑，还安装了居委会里唯一的一台挂

① 戈夫曼区分出"前台"与"后台"，把"后台"看作为表演做准备的地方。当然，居委会的办公场所并不是完全意义上的"后台"，因为居民也是可以走进来与工作者直接进行互动的。这样看来，居委会办公室兼具了"前台"与"后台"的特征。

式空调。

走廊向左几步就是大厅。右边是大半圈的沙发，做会客之用。居委会工作者每周召开例会，往往就在这里举行。左边是一个长桌，做接待之用。上级领导或外地参观人员到居委会访问，大家就在长桌周围“正襟危坐”。平时的时候，大家也可以借用它做些事情，比如写活动的横幅标语。大厅的右边角有一扇门，门后小房间的柜子里既有待客用的茶和茶杯，也有写标语用的纸和笔。小房间后面则是洗手间。办公室里不让吸烟，两位男性工作者如果犯了烟瘾，就躲到小房间里吞云吐雾一番。

顺着走廊方向直走就是一间较大的办公室，里面有4张办公桌，却没有一部电话。靠门边的是小吴，她的对面是李老师。李的左手边是实习生，与实习生相对的则是小郑。门旁放着一台电脑，周老师经常会在这里慢慢地打字。实习生所坐的其实是调查期间刚调走不久的一个工作人员留下来的位子，而她自己也不会待很长时间。这张办公桌上也放着一台电脑，其使用频率或许是最低的。居委会的空间结构大略如图5所示。

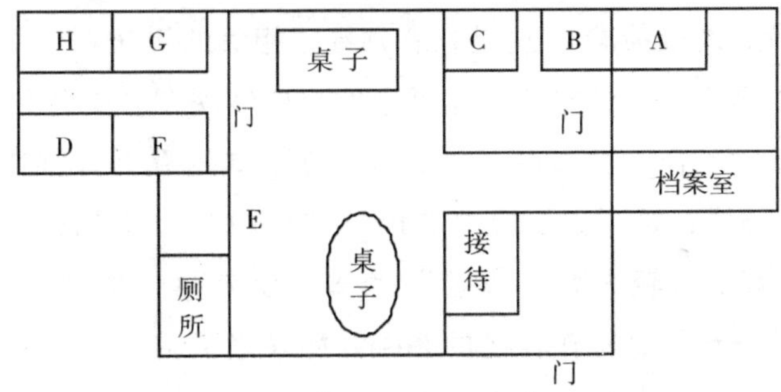


注：A赵书记；B小钱；C孙老师；D李老师；E周老师；F小吴；G小郑；H实习生

**图5　居委会的空间结构**

可以看出，书记作为“一把手”的地位是很明确的，她的房间在位置上也是最好的。既方便与自己的得力助手交流，隔壁就是他们两位；又有利于保持一种独立性，门一关，更平添了几分神秘感。书记助理小钱作为“二把手”几乎也是总揽全局的角色。她的位置直冲着居委会的门口，如果接待台没人，居民首先看到的就是她。孙老师负责的是家政服务以及党务，这也是非常重要的一块内容。家政服务一度是居委会最早的立足点，党务工作更是直接与赵书记打交道。小钱和孙老师堪称赵书记的左膀右臂。李老师显然是她所在办公室里地位最重要的，位置也是最好。她负责计划生育和卫生，而小吴则要辅助李老师开展计生工作，两人办公桌的布局更有助于交流。小郑和实习生都属于小字辈儿，实习生所坐的好位置不过是暂时性地“填补空白”而已。周老师比较特殊。他负责治保及就业援助，但他却连自己的办公桌都没有，或许这与他所负责的条线在高档小区并不重要有关。周老师是最积极主动找事情做的人，偶尔闲了，就在各个空着的凳子上坐一坐。

在办公室上百平方米的空间内，按照字母的顺序，各位工作者的位置与其地位高度一致。居委会的空气中同样弥漫着权力的味道。

## 四 书记的权威[①]

不算实习生，在居委会7个人中，赵书记是无可争议的领导。在2004年的一份个人总结中，赵书记这样说，“作为‘一肩挑’的党支书，我更注重整体工作的把握，分工落实，责任到位。整体工作、重大工作一级抓，个案工作条线抓，充分发挥每一位工作人员的优势，达到最佳工作效率，取得最好的成绩。”[②] 这是只有领导才担负的责任。

领导自然具有自己的权威，赵书记的权威体现在居委会空间的每个角落，体现在日常工作中的每时每刻。孙、李、周这几个人都比她年纪大，直接喊她“书记”，她则称他们“老孙”、“李姐”、“老周”。小钱同样称她“书记”，其他年轻人喊“书记”的多，也有称“领导”的，小吴在中文课上还俏皮地把她称作自己的Boss。如果来了访问团，赵书记陪同客人，其他女性工作人员则会忙碌着烧水、沏茶，再一杯杯地端给客人。一次，某外地代表团要来参观，赵书记一早就去街道开会，电话指示打扫一下卫生。孙老师就开始动手，随后赶来上班的其他人也参与其中。尽管赵书记不在场，大家依然绝对服从她的权威。周老师对书记的手机号码记得很清楚，别人问到的时候可以脱口而出，他说这是应该知道的，有急事书

① 布劳把“权威”看作社会地位的自然产物，韦伯则强调“权威”的合法性特征，与“权力”概念一样，“权威”同样可能有诸多来源。领导者的地位可以带来某种制度性的权威，但财富、能力、道德甚至年龄都可能构成权威的基础。“权威”概念与“权力”密切相关，但“权力”的动态性是“权威”所无法体现的。本研究所使用的“权威”概念是广义的，并在某种程度上把“权威”看成是个体“权力”的资源之一。

② 参见文件“当好国际化社区《一肩挑》的支书（2004年个人）”。

记也好拍板。李老师则承认，条线的各种事情都要跟领导协调好：

> 一般条线有什么事情，要跟书记汇报一下，有时候帮你出面什么的。

周老师和李老师能到现在的梅园居委会工作，其中都有赵书记的作用。每个应聘者都要通过考试、面试，才可能如愿成为社区工作者。周、李二位都是赵书记亲自挑选来的。周老师是由于字写得好，李老师则部分是因为女性的共同话题：

> 我来面试，因为我年龄比书记大两岁嘛，她说你小孩多大？我说，我小孩呀，上一年级。她说，啊，这么小啊。她说搞我们这种工作的，不计时间的，经常要加班的了，你孩子那么小，还要我考虑考虑。……我说，我决定了，家里的事情我肯定会安排好的，这里的工作我也会做好，除非我不做了。那么，这两年以来，这点我还蛮自豪的，确实没有因为家里的原因而影响工作。

同样，书记对需要经过实习的年轻人也有部分的决定权。她可以向街道建议，自己这个小区需要什么样的工作人员，街道派来的年轻工作者如小钱、小吴的英语口语都不错，小郑也有自己的特长，这是充分考虑了赵书记的意见。这种关系使得赵书记从各位下属刚进居委会的那一刻起就确立了自己的领导地位。

赵书记还要担负对各位工作人员考核的职责。党支部的工作职责①中有一条内容，"做好对居委干部的教育管理工作，严格执行居委干事考核制度"。这是赵书记拥有考核权力的一个依据。街道所设计的居委干事考评表，每月需填报一次，其中自"优秀"至"不合格"的4个考核等级，是由分管领导，亦即赵书记决定的。虽然真正执行起来，不可能完全照章办事，但这种权力却是实实在在地摆在那里的。

---

① 这份文件的日期是2005年10月。虽是一份支部的文件，落款却是"梅园居委会"，可见党支部与居委会之间的界线并不清楚。

考核之外，更多的是督促，或者是赵书记所谓的“要求”。这种要求也可能有明确的规定，有时还可能与考核挂钩，但总比硬性的制度考核更容易变通一些。督促的目的一般是发挥每个工作者的主动性，督促的对象往往是不够自觉的年轻人。赵书记这样说：

> 我觉得对年纪轻的，一个工作的要求。我还是比较主张，要有要求，工作上有要求。生活上你可以多关心一点，但是工作上你不能太松松垮垮，不然，人都是有惰性的了。你工作的要求不高，所以他每天就是来上班晃一圈，就这样玩玩，做不出事情。我觉得对街道也好，对我来说也是不负责任的。……对他自己也不好。居民看到他无所事事，影响也不好。……现在我们的规章制度里面呢，可能有些居委它是比较松的，每日的工作要求可能不一样。但总要要求他们，都要记录，每天都有。一个月自觉地写总结，放到我桌子上，做了哪些事情。因为你让他记，他就知道，我今天必须要做点事情，我不做我就是一个空白点，很难看的，对他的考核各方面都是不利的。那么，所以他必须要去做点事情。反正，我觉得也是一种要求吧。现在大家已经，从开始不习惯到习惯了，到时候就自觉的，把东西交过来，让你书记过目。它这个里面呢，我也会看的，你的工作情况是好，还是一般。有的是很主动，自己去创……肯定是会给你一个优秀的。有的就是跟着别人，配合上也有他。这里面就可以对他有一个评比，我觉得对他也是一种触动，就觉得看来我做得不怎么样。

督促已经比考核“软”了许多，赵书记希望自己和下属之间能够维持一种平衡的合作关系，大家都主动配合，不要让对方为难。人情、面子[①]的因素已经在发挥作用，毕竟大家都是在同一个空间内，抬头不见低头见，该为对方考虑的自然还是要考虑。不过，这些因素再强大，也不能大过一个界线：是否影响了整个团队进而影响工作的完成。赵书记说：

---

① “人情”、“面子”两个概念具有浓烈的中国色彩，但其界定却分别近于社会交换论与符号互动论的看法。可参考黄光国《人情与面子：中国人的权力游戏》（《面子——中国人的权力游戏》，中国人民大学出版社2004年版）及《中国社会心理学评论（第二辑）》的系列文章。

> 目前的氛围呢，我觉得大家已经调整到，你在这边工作，你既然接了这个工作，你就要好好做，你不要把你个人的不满，或者失落情绪，带到工作方面。以前有。……我呢，因为做领导的时间也不是很长嘛，也不是很有经验，有的时候就觉得面子上拉不过去，好像你去批评他，就觉得好像不是最好嘛，就有点……有的时候，好像情面上拉不开。那么，往往这样，我觉得，反而会使事情越来越糟糕。大家都觉得，对你书记也没有什么，书记好像也无奈的，对吧。那我就不一样，一旦你这种错误的思想、错误的情绪一旦传递出来，你影响到我整个团队，我就要找你个别谈话了。我就要指出你这个毛病，你这样不对，有什么影响，对团队可能会产生什么后果，就跟他们聊。我说现在就拉下面子，我觉得现在这样效果很好。他就知道什么是错的，什么是对的。你错的你是不可以去影响大家的，要找你谈的，然后你会觉得自己错误的东西表现出来是很难为情的，然后你的言行影响到整个团队的状况的话，他们也会觉得很没有面子的。慢慢地呢，我就觉得他们现在对自己的要求也就更加高一点。那么，适当的情况下呢，他做好了，弄好了，我都加以表扬，或者是什么。

赵书记在寻求一个正式监督与非正式的人情交往之间的平衡点。前者以制度规范为保障，后者则以熟悉关系为基础；前者给领导威严，后者使领导可亲；前者增进效率，后者促进团结。领导者往往就在二者之间摇摆不定、左右为难。赵书记在尽力划分开工作的“公”与生活的“私”，在工作领域，至少要在一定程度上克服人情、面子的因素，否则很可能会影响到整个团队的工作绩效。赵书记努力使自己的权威表现出两面性，工作上的高要求和工作之外的亲和力。只是目前看起来，这种努力似乎还没有完全达到理想的效果，领导与下属之间多少存在一些隔膜。

### 五　书记助理与其他工作者

在梅园居委会，赵书记的行动是很自由的。别人基本上都是在 8 点钟准时上班，赵书记则可能会迟到。有时候出去办事，其他人也可能不知道她去了哪里。作为领导，自然也无须向其他人汇报。除了赵书记，书记助理小钱，她的行动自由度也比别人大得多。

有一次，一个三四十岁中等身材的男性老外上午 8 点钟刚过，就到了居委会。他要找的正是小钱，说两人约好今天上午 8 点在这里见，但小钱却迟到了。老外笑容可掬地跟居委的各个工作人员打招呼，可惜他的中文只有“你好”的水平，别人的外语又有问题。他只好在听了小郑的解释之后孤独地等待。直到几分钟后小钱赶到，才与他交代了有关事宜。

只要赵书记不在，小钱就是居委会当之无愧的当家人。赵书记有什么电话指示，往往就由小钱来传达，传达的方式往往是召集所有人开会。每天，只要她在居委会，她的名字几乎总是被叫得最多的。不仅居委会里的人叫，不少居民走进居委会就喊她的名字，包括一些外籍居民，因为小钱是外语口语最棒的一位。同样，她每次出门也无须告知书记之外的其他工作者。有的居民分不清楚，竟把她也看作书记，说居委会里有两个书记。梅园小区的地产公司又开发了一块新的楼盘，小钱就快要到那里去独当一面了。

孙老师跟小钱一样，也是赵书记的得力助手。但他的工作却不像小钱那样涉及许多方面的事务，仅仅是一项家政服务，就让他几乎要把 8 小时的工作时间都花在上面。他的工作是接待络绎不绝的家政服务员和有家政需求的居民，包括与他们电话联系，他也因此经常要长久地坐在自己的办公室里。孙老师不多说话，只忙自己的本职工作，但他的辛苦其他人都能看到。家政服务是居委会赖以立足的工作之一，其特殊地位也赋予了孙老师一些特殊的权力。像每周的例会，他就可以不参加；如果有空参加例会，他也能坐在沙发上打个盹而不被书记指责。

李老师在梅园居委会的资历与小钱不相上下，两人都比书记晚来半年左右。但她所负责的条线工作却使资历带给她的地位打了折扣。一个是计生，这在高档小区里一直很难开展工作；一个是卫生，物业公司的保洁员早已替她承担了大部分的任务。李老师每天的工作看起来比其他人要清闲一些，她也有更多的时间去为小吴、小郑她们的文体活动出谋划策。不过，赵书记对她还是比较尊重的，而她在 4 人办公室里也是地位最高的一位。

周老师与李老师比较相似。不仅是因为大体相同的下岗经历，还因为各自负责的条线工作在小区的性质。周老师负责的治安保卫工作同样被物业公司的保安人员分担了绝大部分，就业援助工作更是“屠龙术”，根本没有工作对象。更令人尴尬的是，周老师没有自己的办公桌，这严重影响了其地位。周老师“居无定所”，偶尔闲下来只能在接待台、电脑椅或者大厅的会议桌旁坐下。周老师是居委会里最主动找事做的一位，他宁可更忙一些。

小吴和小郑都属后辈，她们到居委会来的时间都不太长，小郑尤其晚。小吴比较聪明，像“洋太太中文班”的点子就是她出的。她的外语也还可以，而且在不断进步。她负责的妇代与文教条线都是活动比较多的工作，也是居委会完成街道任务的大头。小郑同样做文教，赵书记的意思是要她向小吴学习，也开一个健身班。两个年轻人是赵书记的重点督促对象，她们似乎离赵书记眼里的居委干部的标准总还是多少有一些距离。她们的优势是电脑技能和学习能力，但是目前，她们在居委会的地位只能是排在最后。

## 六　前辈与后辈

赵书记和书记助理的自由度意味着两人更大的独立空间；孙老师躲在自己的办公室内，也很少参与到多数人的互动之中；游移不定是周老师的常态；李老师则是四人间办公室里唯一的长辈。总体而言，居委内的工作者，每个人都相对比较独立，均能独当一面。在梅园居委会内部，并没有什么小群体存在。如果勉强去找，那只能找到前辈与后辈之间的密切交往。

赵书记和小钱之间的交流明显更多，两人的关系似乎也更为亲密。共事的时间最长，共事的内容又最广，书记和助理的交往再怎么少，也不能少到哪里去。小钱对书记佩服又尊重，她把书记当成了自己学习的榜样。不论是个人小结，还是正式文件，小钱总不忘写上“在书记的带领下”、“在书记的教导下”或者“学习”书记的某某工作方法之类的语句。有时，小钱同书记开玩笑，竟有孩子般撒娇的表现。赵书记对小钱也是钟爱有加。一方面是小钱精明强干，做事麻利，确实能力比较强；一方面是小钱对自己的尊重和对自己命令的服从与执行；还有就是长期共事中产生的感情了。

李老师和小吴之间也有类似的这样一种关系。小吴除了负责妇代、文教条线，按照书记的要求，还要辅助李老师开展计生条线的工作。这是二人更多交往的一个原因。李老师如果出去到小区中去转转走走，如果小吴也正好有空，就会带着她一块儿。李老师闲下来的时候，也会提携后进，为小吴组织什么活动出谋划策。小吴是外地人，李老师教给她的不仅是如何开展工作，还包括怎样说上海话。她们已经是师徒相称了。小吴介绍说：

> 刚来的时候看我们李老师，表面看。后来发现，李老师非常可爱，有时候就像小孩子一样。我们以师徒相称，我叫她师傅，她叫我徒儿。（上海话）现在基本上能听懂的，李老师经常教我的。上海话呀，我说起来比较害羞，不敢讲。（李老师在一旁插话：她美死了，还害羞呢？）

其实，前辈对后辈的关照不仅体现在以上这两对关系之中，赵书记对小吴、小郑，李老师对小郑，周老师对小郑也都有不同程度的关怀和帮助。小郑是最晚到居委会的，对一些工作不太熟悉，李、周二位有空就指导她一下，甚至偶尔还会越俎代庖。赵书记的关照更不一般，她是从领导的角度去考虑问题的。她说：

> 年纪轻的，那就根据年轻的一些特长，比较能丰富小区文化生活的，创新性的这些活动，你让他们去做，他们的才能也能得到发挥，也蛮高兴的。然后，带年纪轻的，开始我也不知道怎么带，我觉得也蛮难带的，因为小青年他心里想的东西和我想的不一样。……年轻的嘛，一般我是推的多。年长的嘛，一般是推的比较少。……但是年轻的不一样，他们还有一个向上，还有一个接替，就是要尽可能地为大家提供（机会），这是我做领导的思维方式，我是这样想的。

赵书记对年轻人的关心首先是生活上的，平日里嘘寒问暖，小郑感冒了，赵书记几次让她多注意身体。在工作方面，则是为年轻人提供更多表现自己的机会，多加指导，推动她们做出成绩。赵书记曾讲到中文班，也是拖了好久。书记不断催促出点子的小吴，同时也鼓励她，说这事肯定是一个亮点，只要做出来就是自己的工作成绩。最后这事情算是做成了。健美班也是这样。她让小郑先把通知贴出去，有人报了名，就不得不马上筹备这事了。许多事赵书记只是出主意，并尽可能地帮年轻人考虑周全，但事情还是要她们去做。赵书记说，这样才能锻炼她们的能力，这样自己不在的时候她们也就能把事情做好。

某天上午，赵书记到居委会以后，说要开一个碰头会。会议的形式很随意，她把提前安排好的一个楼道分工表格发给每个工作人员，同时挨个讲清楚应该怎样做。对几个年轻人，赵书记很详细地指导着她们：哪位原来的楼组长可能还愿意继续做；哪位居民平时很热心，可能愿做居委委员；这个楼道情况不熟悉，可以与物管员一起开展工作，等等。对于李老师、孙老师他们，她就不多做指导了。

### 七　亲密无间的团队

前辈与后辈的特殊关系大大增强了居委会工作者之间的亲密度。其实，这里的每个人都想要努力维持一种整体和谐的氛围，这种努力包括私人信息的交流、礼物的交换以及人情关系的交往等。这些努力使这个只有7名成员的小团队变得其乐融融。

即使是在工作时间内，私人信息的交流都是要占很大比重的。工作的间隙，大家可以借此调剂一下心情；甚至工作过程中，也不妨碍这种交流。如果安排好了某件任务，却由于种种原因还不能去做，等待的时间需要大家一起消磨。赵书记可能会跟其他女士们讨论各自的穿衣打扮，年轻人的异性朋友或家人都可能成为长辈们关心的话题。赵书记的心态很年轻，口才也不错。她会以很轻松的语气、腔调和幽默的语词把一件任务交代下去，谈论起各种工作以外的话题更是妙趣横生。小吴一家的照片就摆在办公桌上，小郑可能会提起自己最喜欢的小狗，实习生也不得不把男友的照片带来给大家鉴赏，至于其他资格更老的工作者的家庭情况，居委的每个人也早就记在心里了。

礼物交换①的现象也比比皆是。居委会里有谁生病了，别人可能会从家里带来药品，赵书记和小钱都曾经带过。如果需要的话，赵书记甚至还会特意煲好粥从家里带给生病的人。李老师的早饭每天都是带到居委会来

---

① 礼物在人际交往中往往具有特殊的意义，莫斯（M. Mauss）等学者曾专门论及礼物的功能，另可参见阎云翔《礼物的流动：一个中国村庄中的互惠原则与社会网络》，李放春、刘瑜译，上海人民出版社2000年版。

吃，除此之外还要吃一些零食，办公室里的年轻人经常就成为她馈赠小食品的对象。年轻人吃过几次，不能不考虑回报，而回报的对象自然就扩展到了所有的居委工作者。小吴的爱人到外地出差，带回了当地的特产，小吴不忘带到居委会，给每个人都尝尝。就连实习生都受到了“牵连”，某次还专门带来某种食品，分发到了每个工作人员的办公桌上。

私人信息的交流促进了工作者之间的了解和熟悉；礼物的交换更是带有一种脉脉的温情，实质上这是彼此间感情的交换。这些都可以算作人情关系交往①的内在含义。以相互间充分的互动为基础，以不断增长的情感为纽带，梅园居委会的工作者结成了一个“首属群体”。他们的关系超越了一般的同事关系，在正式的工作交往中混合进了大量的非正式的因素，彼此关系的结合点②越来越多，彼此的同质性也越来越多。当团队中的行动者交往互动的范围从公共领域扩展到私人领域的时候，这个工作团队正逐渐演化成为一个利益、情感高度融合的关系共同体。这样的变化，很可能会大大淡化正式权力的威严。

## 八　内部权力结构对于行动者的意义

居委会之下的组织结构大都有名无实，但这却更凸现出结构之中个人的作用。楼组长们分担了上级压给居委会的大量任务，不过，直接承担压力的还是居委会中的实际工作者，而不是名义上居委会的主人——居委会委员。

实际工作者之间的权力关系构成了居委会的内部权力结构。领导的核心地位最为明显，其他人也在争取各自的“自由余地”，并由此保证自己的权力地位。居委会内部形成了某种类似科层性的等级关系，促成这种等级关系的最大动力正是作为领导的书记。从招聘到考核，从纪律到监督，书记为保证工作任务的顺利和出色完成，一直在努力把所有工作者打造成一个等级明显、分工明确、互相合作的团队，这是提高效率的基础条件。

但这个团队还仅仅是具有部分科层特征，因为书记“科层化”的努

① 在人与人进行社会交易时，人情可以作为馈赠对方的一种资源，礼物或帮助是“做人情”的基本方式。参见黄光国《面子——中国人的权力游戏》，中国人民大学出版社 2004 年版。

② 关系的结合点可以看作个体之间形成某种特定关系的核心或中介因素，它是一种特定关系之所以存在或形成的基础。参见金桥《对“关系”概念的若干思考》，未刊稿。

力不断遭遇阻力，而最大的阻力就是团队内部的亲密关系。书记力图做到公私分明，但事实上很难做到。人情交往的规则是包括书记在内的所有人都要遵守的，这使团队变得亲密无间、其乐融融。私人关系不断地侵蚀着正式的工作领域，而只有书记对此有清醒的认识。这是一个介于正式组织与非正式的群体之间的团队，它要超越“共同体”① 的束缚，却还不能完成质变。

书记的制度性权威即使在居委会内部也存在障碍，这使赵书记几乎不能依赖这种权威展开与居委会之外的居民的互动。书记如此，遑论其他工作者。事实上，大家组织活动、开展工作，只能借助其他的非强制性的方式方法。居委会工作者在与居民的互动过程中，所遵循的是另外的一套或几套逻辑。

## 章末小结

梅园居委会经历了一个艰难开拓的过程，如今已步入“正轨”。在赵书记、居委工作者、居委委员、街道、物业、业委会以及不同类型的居民看来，居委会具有不同的面相。这种面相或偏于行政，或偏于服务，居委会的自治性却少有人提起。除了初期要追求在小区立足，居委会主要在街道的压力下发挥主动性，改造着小区生活。在纵向、横向的组织关系中，在与居委委员、骨干分子、普通居民交往的过程中，居委会及其工作者也同样展示出多种权力。

街道党工委、办事处与小区党支部、居委会构成了上下等级关系。街道的任务分配给居委会，居委会开展工作则需要向街道申请、汇报。居委会工作者由街道招聘而来，并接受其调动与考核。街道可以向居委会提供多种形式的支持，包括经费的拨付。对居委会来说，完成上级任务是第一位的，而上级的任务压力也是居委会工作的主要动力来源。街道与居委会之间形成了一种“类科层体系”的纵向组织关系。

在“四位一体”或“五位一体”的工作模式中，党支部成为小区横

① 这里的“共同体”只是借用了滕尼斯所界定的部分含义，包括其成员互动频繁、关系紧密、有大体一致的目标与观念等，并不是指有固定边界的“社区”。

向组织关系中的核心，并在正式文件和部分领域内处于领导地位。党支部直接领导居委会，二者很大程度上已经成为一个统一体。居委会与物业的关系发生过转变，现在的物业公司已经成为居委会开展工作的一个支持力量。业委会也在某些方面承认居委会的领导地位，“三驾马车”相安无事。居委会与老年协会和其他团队组织事实上形成了一种领导与被领导的关系。这样的组织关系使党支部居委会的任务压力得到了分担。

居委会还有一些下级机构，但它们或者不够正式，或者只剩空壳，承担起巨大任务压力的还是个人。议事层飘在空中，执行层最为繁忙，团队组织中的骨干分子成为工作者依靠的基本力量。赵书记是其他工作者的领导，她的权威弥漫在居委会的物理空间和活动空间中。赵书记之下是书记助理小钱，然后是3位“前辈”，最后是两位“后辈”。尽管有地位的差别，所有的工作者已经形成了一个亲密无间的团队，这使他们可能承受更大的压力。

居委会所身处的纵向、横向组织关系为工作者们的权力运作提供了组织背景，在居委会的内部权力结构中则可以发现“精英”与非正式逻辑的力量。在居委会的发展历史过程中，工作者发挥主动性，在资源的限制下，针对不同对象运用不同的权力实现自身的目标，使居委会表现出不同的面相，其性质也更为复杂。

# 第四章　权力运作的主体

居委会的主动性如前所述。这种主动性最主要的体现者是居委会里与街道有直接关联的工作人员。主动性的指向对象是小区居民，主动性的发挥过程就是居委会工作者与居民的互动过程。在某种意义上，互动即为权力运作，而互动过程中主动的一方，就是权力运作的主体。本章的内容就是有关权力运作主体的描述。

## 第一节　作为精英的居委书记

赵书记兼任梅园居委会主任，无论是在党支部，还是在居委会，她都是当之无愧的“精英”①。精英的意义也早已溢出党支部的界限和居委会的门槛，弥漫在小区内每一种有书记参与的关系之中。前文已能看到赵书记作为领导的精英地位，本节主要分析的是她相对于整个小区而言的精英地位及其背后的资源基础。

### 一　经历与能力

2006年，赵书记47岁。她出生在一个多子女的家庭，这在那个时代非常普通。她的父亲是党员，虽然文化不高，却一直是国有企业的先进工作者。母亲在家做家务，但对子女的要求，从小就非常严格。赵书记觉得，母亲的管束在当时限制了子女思维的开放，但很重要的一点是，子女

① 按照帕累托的说法，“精英”是各个行动系列中能力突出的优秀分子。赵书记不仅能力突出，更具有“权力精英”的地位，这是称其为“精英”的两个基本条件。相关概念的界定详见第六章。

的人品被父母调教得非常规范。这是父母最大的骄傲。有了这样的基础，自己在学校里读书也很受老师们的喜爱，一直是班干部甚至年级的负责人。作为学生干部，赵书记觉得当时参与的大量社会工作对自己很有帮助：

> 社会工作呢，我们确实是做了很多。社会工作呢，其实也给了我们很好的一个锻炼的机会。所以我觉得，我现在到这边，到社区来工作，我觉得还来得真的是对了。就是原来有做这种社会工作的基础嘛，到这边来做，我觉得蛮得心应手。

但过多的社会工作也影响了学习成绩，赵书记当年考大学未能成功，最终进了技校。在技校也是做班干部，各方面的评价都不错。赵书记这样评价自己：

> 我这个人就是蛮听话，蛮守纪律。……这样呢，其实养成一个很好的习惯，就是你做一行，你就有一个，爱一行，专一行，你要做就做到最好的。从小就是对自己有这样一个要求。

技校毕业以后，赵书记分到缝纫机零件厂，在车间里面工作。后来又做过保管员、厂办的打字员、接线员，还曾被调到销售科跑业务。在企业里，赵书记与领导和周围同事的关系也都处理得很好，从没有跟别人有什么过不去。最后因为企业效益滑坡，到 1996 年的时候，她就转到社区，做起了专职的居委会干部。到梅园之前，在陆家嘴街道的其他中档住宅区、低档住宅区都待过。

学生时代的实践经历奠定了赵书记工作能力的基础，在企业的各个部门、在各类居委会的工作进一步增强了她的工作能力。她口才很好，向来访者介绍情况，基本上不做准备，就能把一个故事讲得清楚明白，而且重点突出，即使遇到刁钻的问题也能对答如流。这是她与别人良好沟通的基础。不仅讲话逻辑清晰，做事也有条有理。她思维灵活，办法很多，在困境中也能从容应对，能够充分发挥出自身的优势，也能善于借用别人的资源。她对组织各种活动举重若轻，相关的一套程序和方法信手拈来，具有较强的组织能力。这些都有助于她开展工作。

家庭的管束、学校和企业里的经历也带给了赵书记一种根深蒂固的思维：服从上级。这种思维有着特殊的时代背景，在改革之前的单位制[①]内，个人的命运只能依托于单位，服从成为一种常态。一种思维往往具有延续性。虽然赵书记从国有企业又转到基层社区，但对于上级领导权威的服从逻辑仍一脉相承。实际上，就服从逻辑而言，改革之前的国有企业与行政体系内的街—居制没有本质的区别。

## 二　作为资源的"党性"

服从上级，或曰"忠诚"也是中国共产党对党员的一个基本要求，属于"党性"的一部分。按照正统的解读，党性是一个共产党员自身存在的"价值"，"党员由于具有党性而得以名实相符"[②]。党性包括通常所理解的"对党忠实"、"组织观念"的内容，"对党忠实，是党员和干部最起码的应有的品质"[③]。党性还包含大量道德品质方面的内容，例如"最大的革命勇敢（富贵不能淫、贫贱不能移、威武不能屈）"、"最诚恳、坦白和愉快（慎独）"、"最高尚的自尊心、自爱心"等[④]。党性可以粗略分为组织与道德两个维度，党性强绝非仅仅是组织观念强，更要意味着其道德品质方面的先进性。但组织观念的强弱却可能成为从组织中获取一定资源的依据。

赵书记的组织观念是她与街道党工委保持良好关系的基础。在她看来，完成街道的任务是第一位的。街道党工委事实上也扮演了"庇护者"的角色，在很多方面为党支部和居委会保驾护航。在庇护主义网络中，这种组织间的关系很可能只是上下级权力精英个人之间的关系，公与私于是混合在了一起[⑤]。作为党员个人和支部书记，党的上下级关系为居委会借

---

① 人们在单位组织中的权力是由国家赋予的，单位组织实际上是国家的一个部分，因而是由国家来决定由什么人管理和实际处置国家资源，而国家选择的标准首先是与对国家"忠诚"有关的因素。参见李路路、李汉林《单位组织中的资源获得》，《中国社会科学》1999 年第 6 期。

② 杨献珍：《论党性》，河南人民出版社 1982 年版，第 216 页。

③ 同上书，第 31 页。

④ 刘少奇：《论共产党员的修养》，人民出版社 1949 年版，第 39 页。

⑤ Walder, Andrew G., 1986, *Communist Neo-traditionalism: Work and Authority in Chinese Industry*. Berkeley: University of California Press.

助街道的资源开展工作提供了有力的保障。

无论是作为指导思想，还是在实际行动上，“服务”都是赵书记在梅园小区打开局面的重要武器。以家政服务为开端的一系列服务内容，大大削弱了居委会的行政色彩，也拉近了居委会与居民之间的距离。就赵书记本人而言，她在公事上公正严明，调解各种纠纷都尽量做到秉公处理；私下里则和蔼可亲，可以很容易就与许多居民融为一体。在居民口中，她只有一个称呼，“书记”。2004 年的“七一”期间，她被评为“好干部”。事实上，她一直都是“优秀党务工作者”。浓重的“党性”色彩是赵书记“精英”魅力的一个来源。

### 三 领导的艺术

领导能力也可以看作工作能力的一种。不过对赵书记来说，其“精英”的意义最主要是由领导地位所赋予的，所以这里对领导能力作专门分析。甚至可以说，赵书记作为领导的能力、水平已经上升为一种艺术。

识人知人是用人的基础，也是每位领导者的基本素质。对每个人的特点有清晰的认识之后，才好量才用人。赵书记拥有选择居委会工作人员的部分权力，她的用人标准首先是人品。在此基础上，她说：

> 有些工作人员，他是很喜欢把自己的才能体现出来。也有就是说，像有些个，做工作，他就是比较善于实干，做事情踏踏实实地，把握得非常好，他就是非常认真。像这种人，我是最喜欢。但也有的，有些小聪明，他会看有些事情我必须去做的，我去做，我可以不做的，我就不去做。这个我也是知道的。每个人的性格不一样。每个工作人员当中呢，他还有能力的区别。有的能力不是很强，方法也有问题，你要是跟他讲一件事情，可能要足足讲好几次。……但是，从某一个角度来说，人品还是可以的。能力呢，可以让他慢慢培养，关键是他人品要好。

维护班子的团结是有效开展工作的前提条件，赵书记重视人品的一个考虑就在于此。她会时刻关注着一些可能产生不稳定因素的苗头，采取措施消解矛盾。她曾讲道：

人品不好的话，非常有能力，会给我惹是生非，那对不起，我肯定是（不用的）。我这边成员也是换了好几个。……有能力，但是我弄清楚是什么事情，我会找他谈话。我们前一段时间也是，也有点，很乱过一次。这个我也不多讲，反正你们知道，以后不管是谁来，一定要维护好自己班子的团结，大家有共同的目标，把工作任务完成。

领导不必事必躬亲，但要有办法使工作能够顺利完成。赵书记的办法有二：一是设立抓手；一是进行督促。小钱作为书记助理，就是最重要的一个抓手。赵书记对小钱很满意，认为她做事很快捷。下一步小钱要去新楼盘开拓局面，赵书记甚至担心她走了以后，自己一时之间培养不出有力的替代者。关于督促，她这样说：

因为条线它都有惰性的，你领导不督促，它可能就是松也就松过去，滑也就滑过去了。那你领导就是要坐在台上盯着它。像现在就是，我们叫小郑来。……让她自己去做还是很难，必须大家推着。我推小钱，小钱推她，就是这样的。

领导要有自己的统筹安排，要能根据具体的情况变化作出适当的调整。梅园小区有自己的特殊性，工作人员也在不断变动，一些条线工作因而也需要重新安排。赵书记的安排中，同样体现了自己识人用人的能力。她讲到小吴的条线：

小吴年纪比较轻，大学生，要发挥她的作用……就给她做妇代，带上文教。……文教这一块，因为它是要搞活动呀，写文章啊，需要组织能力很强的人。小吴还是有能力的。但是光做妇代呢，她就是说，主动性还不够。妇代它仅仅就是说完成面上的，妇代有很多内容都是跟文教有关的，文教做出来以后呢，它复制过去，那她的优势就体现不出来。现在，她那个中文班，我说她也是一大特点、特色，妇代里面你是做出来了。这种工作呢，属于文教，也可以算妇代，我索性把这两个条线捏起来。这本来就是，你的妇代，你把你的上面的一些要求，学习型家庭啊、五好文明家庭啊，像这种东西，你要去做。包括学习型小区，你让她去……反正就写写稿件而已……作为领导你要看了。但是你的妇代活动跟文教的一些活动要整合在一起，那就是以活动为主。

领导还要有自己的长远考虑和规划，所谓“未雨绸缪”。对于一些常规性的任务，甚至可以在一年的年初就制订好详细的工作计划。2006年，陆家嘴街道的居委会全部要进行改选，赵书记提前几个月就在筹划：

因为人员调动很多嘛，……原来分的块，现在也要变动。所以这两天呢，我就利用那个星期五半天的时间作出调整。梅园小区，像这种物业管理人员和我们居委会干事的块全部分配好了，把这个表格发到每个块的块长手里，他就知道我分管的是哪几栋楼，他们物管员是谁。然后，接下来，我们今年是一个大选，就是居委要改选。居委会改选呢，就让我们的楼组长，居民代表还没有物色好。以前的楼组长有的搬走了，有的回到外地去了，所以现在我们已经没有几个居民代表和楼组长在这边了。那么就是今年要重新把他挖掘出来。我这个就把它写好了，空格，你这个块，你自己去挖，把优秀的居民把他挖掘出来。那么，一到选举的时候，马上（就可以利用），就不那么累。提前做。

识人用人、维护团结、抓握督促、统筹安排、未雨绸缪……赵书记的领导艺术或许还不止这些，但这已足够证明其领导的地位和权威来源有自。

## 四 权威的历史累积

赵书记的权威来源还可以在她来到梅园小区之后的几年内去寻找。作为街道指定的书记，她从一开始带着两位大学生进入小区，就是居委会工作的当家人。街道赋予了她一定的制度性权威，但这种权威能否为小区的其他组织和居民接受从而具有“合法性”，则必须要经过她自身的努力。

从她走进梅园的第一天起，她就拥有了创造个人历史的机会。

2002 年 6 月 3 日至 7 日，居委会的工作刚刚开始没多久。以下是这 5 天内的工作情况记录[①]。

6 月 3 日，周一，上午：党支部刚成立，支部党员名册、物业党员名册登记；支部委员情况登记；设计党员网络图。下午：书记、主任例会。晚上：联系 33 号楼组居民，进行居住人员登记。

6 月 4 日，周二，上午：居委班子会议，传达书记例会精神，要求：1. 关于学习和提高的问题：（1）自觉加强政治学习，尤其是 5·31 江泽民同志的讲话。（2）加强学习业务，增强社区管理的意识，提高为民办事、综合办事的能力。（3）要做一行，爱一行，主动工作，无私奉献，克服随意工作的缺点。2. 强调团结协作的意识：目前社区工作者承受的压力、承担的担子很大，同事之间消耗人力不可取，工作中希望大家以诚相待，团结协作，有所成绩，有所贡献。3. 大局意识，明白每一项工作都影响到大局，请把矛盾化解在居委会，守好自己的家，守好自己的一方土地。4. 工作要规范有序。5. 稳定工作。6. 虚事实做。下午：参加新区涉外小区创建工作会议。

6 月 5 日，周三，上午：召开支部委员会议，明确支部工作职责和任务，学会支部工作法，支部委员进行分工。下午：召开居民座谈会，听取居民对居委会的要求和建议。晚上：联系 32 号居民，进行居住人员登记，物色楼组长。

6 月 6 日，周四，上午：整理一周小区活动照片，存档做资料。下午：访问支部党员，通知 11 日过组织生活。

6 月 7 日，周五，上午：写信息。接待居民登记。下午：解决居民家政需求两户。街道交材料。晚上：做好本块居民户口册记录。

可以明显看到，居委会初期工作的开展，主要依靠支部的力量；无论是支部委员会议，还是居委干事会议，赵书记都在起主导作用；晚上经常加班，走访居民、户口登记、物色积极分子，书记身先士卒；例会中的指

① 参见文件“2002 年梅园居委干事日常工作情况表 6—1—7”。

示内容，足以体现出书记的领导水平。赵书记的领导地位在一次次的会议中、在一次次亲自上阵的活动中不断得到强化，而她的工作能力和努力程度，对别人来说也是有目共睹。

能力和努力的最好回报就是成绩。梅园居委会在随后几年的发展中，不仅出色完成了街道的各种任务，还爆出了不少有一定影响力的工作创新的消息，比如洋委员入选居委会、外籍居民参与调解、洋太太中文班等。居委会成为街道的一个“亮点”，获得了街道、新区乃至上海市的许多荣誉。居委会早已摆脱最初的尴尬地位，与物业和谐相处，还成功筹备组建了业主委员会，而居委会则俨然一副核心的样子。这其中，赵书记居功至伟。

赵书记还只是在梅园小区待了四年多，或许还不足以称为“传统型权威”①。不过，精英的权威是具有历史性的，是可以在一段时期内累积或者缩减的。赵书记通过自己的出色表现，积累起了自己突出的权威，其外在表现包括：较高的声望，如果不能进入小区，只要说找居委会赵书记，物业保安自然放行；较强的以信任为基础的社会资本②，既包括与其他组织精英的关系，又包括与许多小区居民之间的关系。

## 五 居委会自身的资源

居委会自身并没有充足的物质资源。办公场所是地产商给的，面积是大是小、位置是优是劣，全不能由自己决定；办公经费每月只有固定的1000元，打印复印的花费都要精打细算；办公设施不少是别人支援的，支部的结对单位送过电器，沙发、台几则是居民不要了的；活动经费街道拨付，甚至可以额外申请，但这同样不由自己控制。仅有的收入就是家政服务的中介费，平均每月1000块左右，一年的钱加起来，也就是够搞两

① “传统型权威”与“传统性统治”相对应，均建立在一般的相信历来适用的传统的神圣性和由传统授命实施权威的统治者的合法性之上。参见马克斯·韦伯《经济与社会》（上），林荣远译，商务印书馆1997年版，第241页。

② “社会资本”的含义并无定论，林南、伯特、马斯丹、弗兰普和科尔曼在个人层面上使用的“社会资本”指的是涉取和使用镶嵌在网络中的资源，布迪厄、科尔曼和帕特南在群体层面上使用的“社会资本”则指通过在相互承认和赞许中的投资促进团结及群体的再生产，但信任是社会资本能够发挥作用的基本条件之一。参见林南《建构社会资本的网络理论》，张文宏译，《国外社会学》2002年第2期。

三次活动而已。

其实，几位工作者才是居委会最可贵的资源。居委委员也可以对居委会有所帮助，出钱出人支持居委会的活动，但他们只是“议事”，即使赵书记也不能随意地指派他们做事。相反，居委会干事是专职开展居委会工作的人，他们算是赵书记的嫡系部队之一。他们的能力、经验、主动性、创造性都能影响到居委会在小区居民眼里、心中的形象。总体来说，下属们都有自己的特点和长处，赵书记对他们还是满意的。但有一点，在街道的指令下，工作者的流动给赵书记带来了一些麻烦。培养新人不仅分散了书记的时间和精力，还可能由于某些失误影响居委会的声望，进而影响书记的声望。

居委会的地位和声望是发生过变化的。刚进梅园的时候，居委会在物业看来，是可有可无的。许多居民，尤其是外籍居民，更是不理解居委会所做的一切。但是在赵书记和其他工作者的努力下，居委会的“服务”形象逐渐确立，最终获得了物业和居民的认可，居委会的地位不断上升。后来成立的业委会承认了居委会的主导地位，物业公司也与之类似。而在不少居民看来，居委会确实具有一些无可替代的作用。

居委会自身拥有的资源中，赵书记可以借助的几乎就是这些。而且，这些资源还存在着某种不确定性，比如声望，很可能一次失败的活动就会使居委会的形象大打折扣。此外，需要强调的是，居委会作为一个组织，组织的集体面相是与组织中的个人面相融合在一起的。在梅园，有时候就很难分清：是居委会因赵书记而显，还是赵书记因居委会而显。

## 六　组织关系中的资源

前文已述，居委会与街道之间形成了一种“类科层体系”的等级关系。居委会受到街道的大量制约，同时也可以借助街道及其各科室的力量开展工作。这使得居委会能从这种纵向组织关系中寻找到许多可用的资源，包括资金、街道“准政府”的地位和权威以及街道下属机构的组织资源等。活动经费可以申请；街道的歌舞队、家政服务机构可以协助梅园居委会开展工作；一些活动中，街道领导的助阵更是给居委会增加了无数荣耀。从居委会硬性挤进梅园小区的那一天起，街道就赋予了它微弱的

“合理性”①。实际上，街道是居委会和赵书记可以寻找资源帮助的主要来源。

在居委会的横向组织关系中，物业、业委会和其他群体组织都对居委会有不同程度的支持。物业早已默许居委会把物业治保、卫生工作的成绩部分地据为己有，还会在一些大型活动中成为出资、出人的主力。物业的部分工作人员成为居委会和赵书记可以调配的一支队伍。与业委会委员们可能以个人的财力、物力支持居委会的活动相比，会所的支持更为普遍。只要会所没有自己的安排，居委会的会议、歌唱活动、体育比赛都可以在其中举行。其他群体组织类似于居委会的下级组织，它们的活动本身就是居委会工作内容的一部分，这种支持是巨大的，也更具有基础性。

党支部依托于居委会的组织空间内，事实上是居委会的领导机构，其地位要略高于小区横向层面上的其他组织。这种“五位一体”的模式更突出了赵书记的地位，赵书记可以利用组织间的关系去寻求合适的资源。反过来，对这些资源的有效运用，又进一步提升了她的地位。

### 七 关系资源

每年的节假日，尤其是元旦至春节期间，赵书记都要对小区的部分居民进行走访。2002 年的 1 月到 2 月初，走访居民成了她的主要工作。那时她还没有调到梅园，她的走访对象是一个老工房小区的居民，但这些资料同样有一定的价值。根据相关文件②，当时她上门走访的居民共有 22 位，除 5 位在职、1 位待退、1 位协保、3 位无业待业之外，其余 12 位都是退休人员。这些居民中，包括支部党员 6 位，包括 1 位委员、1 位新党员和 2 位家庭困难的党员；居委活动积极分子或居委工作依靠力量 8 位；老干部 1 位；困难老人 2 位；生活困难家庭 2 个；存在不稳定因素的家庭 1 个；存在待解决问题（漏水）的家庭 1 个；可能成为居委会依靠力量的家庭 1 个。书记上门访问的原因：节日慰问 14 人，其中进行困难补助 6 人；支部活动通知两人；了解情况 1 人；解决问题（生活、就业）两人；

① 参见［德］马克斯·韦伯《经济与社会》，林荣远译，商务印书馆 1997 年版，第 241 页。

② 参见“2002 年 X 居委干事联系居民情况表 1—15”等 4 个文件。

鼓励宣传 1 人；意见咨询 1 人；做思想工作 1 人。

在高档小区，自然不能这样方便随意地出入居民家庭，尤其是陌生居民的家庭。赵书记能够走访的对象只能更集中于那些熟悉的居民，他们正是居委会工作的骨干和主要依靠力量。这种节日期间的走访慰问，是赵书记和居民之间沟通交流、增进感情、维持互助合作关系的一种重要方式。赵书记提到居委会开展工作的难处：

> 要有一个契机，也不能硬性地，反正就是让居民觉得，你们居委会老是搞这个东西，不受欢迎。那么，我们做事情，既要把事情做好，又不要让他们反感。这是我们工作的难点。

节假日正是这样的“契机”，一些工作就在更随意的私人领域——家庭中，在更轻松的氛围下完成。没有工作任务的话，这样的走访慰问更像是朋友之间的交往，但这仍然可以为日后的工作开展铺平道路。通过朋友式的交往，通过感情的投资，赵书记可以构建起自己良好的社会关系网络，而网络中可能的资源就成为赵书记可以借用的对象。一定意义上，这是一种个体性的“社会资本”①。这种关系网络成为支持书记“精英”地位的微观基础。

其实，不仅赵书记，其他的居委会工作者也遵循着相似的行为逻辑。后文对此有更详细的描述和分析。

## 八　个人的魅力

在不少人眼里，赵书记似乎有一种独特的魅力。她的心态很年轻，对事情的看法很乐观，在与他人打交道的过程中，经常能表现出她幽默的一面。平日里，赵书记看起来也很慈祥，对人说话总是笑容可掬。居委会组织的活动她也会身体力行，亲自参与到其中。这是魏老人对她敬重的一个原因。

良好的形象谈吐、热情的服务态度、出众的领导才能、优异的工作成

---

① 林南等人在个人层面上使用的“社会资本”指的是涉取和使用镶嵌在网络中的资源。［美］林南：《建构社会资本的网络理论》，张文宏译，《国外社会学》2002 年第 2 期。

绩、繁盛的人脉关系以及领导的器重和对下属的关心，所有这些构成了赵书记的个人魅力。无论是在街道眼里，还是在居民看来，赵书记已经与她的组织、与她的工作融合为一个有机体。作为党支部、居委会的代理人，她是最合适的、几乎无可替代的人选。

在小钱2005年撰写的有关赵书记个人事迹的资料中，赵书记的形象是“满腔热情、充满活力、不知疲倦、无怨无悔地投入社区工作”。她“探索创新之路”、“满腔奉献之情”、“深怀爱民之心”，是一位“心系居民无私奉献”、“勇于探索、与时俱进”的新时代社区党务干部①。赵书记的“精英”地位与权威已经带有了某些“卡利斯玛”② 的色彩。

### 九　与资源相对的权力

赵书记所拥有的资源，有些属于个人的特征，有些来自外部组织和关系。所有这些资源，构成了其权力运作的基础。但这些资源的大部分并不都是如资金、设备那样有具体的形态，而可能是一种无形的助力。资源的类型划分也并非绝对的泾渭分明，比如个人的道德声望与魅力，又如组织关系与人际关系。同时，不同类型的资源之间还往往存在转化的现象，例如能力、经验、成绩向声望的转化。资源类型的转化往往发生在实际的资源运用过程中，对资源的运用是权力运作的主要内容之一。

基于资源的权力在实际的运作过程中还存在着大量的不确定性，资源类型的转化只是这种不确定性的一个来源。每种资源的消长都可能影响到行动者权力的消长，也都可能影响到行动者在互动过程中的策略选择，而另一方的策略选择又很可能使某种资源的作用失效或增效，这就构成了一个循环。这种动态性正是权力运作的实质。

无论是对赵书记，还是对其他权力运作的主体，他们所拥有的资源只具有产生权力的某种可能性。尽管部分资源例如声望，可能具有“挥发性”，会自然而然地发生影响作用，但大部分资源只有在行使的过程中才可能发出自己的能量。而行使的过程，亦即与居民互动的过程，不仅将使

---

① 参见2005年9月文件“优秀党务工作者”。

② 领袖的“魅力”可能来自于开拓者或楷模的地位，或者来自于英雄气概，参见［德］马克斯·韦伯《经济与社会》，林荣远译，商务印书馆1997年版，第241页。

资源的色彩更为绚丽、更为多样，也将使互动双方的权力更加的变化多端。这些都是后文所要分析的内容。

## 第二节　名实不符的居委委员

前文提到，居委会“议事层”的权力一定程度上遭遇了“空置”的尴尬局面。这样说来，除了兼任主任的赵书记，其余居委委员甚至不能称为权力运作的“主体”。不过，这里仍把他们当作“主体”之一进行分析，尽力去解析出他们少有的主动性以及背后的影响因素。这种解析要从居委会选举开始。

### 一　居委会选举

2002 年 12 月 8 日，梅园小区第一届居委会选举产生。这次选举，共选出 7 位居委会委员，其中两位是外籍居民，赵书记则当选为居委会主任。虽然选举过程只有几个小时，但前期的筹备工作却花了几个月的时间。

基础工作从赵书记率领人马走进梅园的第一天就开始了。先是在物业公司的《家园报》上用中、英两种文字介绍有关中国居委会的情况，包括其历史、性质、任务以及居委会选举的意义，并发放到每户居民的信箱里。然后是在每天晚上的走访过程中，物色楼组长及居民代表的人选。这是一个更为艰巨的任务。近半年的时间内，赵书记一行三人对所有居民大概走访了一遍，终于动员出了足够的居民代表。11 月 8 日，第 1 号公告正式贴出，内容是 62 名居民代表的名单。

2002 年 11 月 10 日，第一次居民代表会议在会所召开，赵书记做首届居委会选举动员，选举的大幕正式拉开。按照程序，选举委员会①和选举办法依次获得通过，并确定了正式选举日。按照居委会有关文件②的说法，“选举委员会成员经居民区党支部与居委会筹备组多次听取部分楼组

① 根据《上海市居民委员会选举暂行规定》（上海市民政局制定，自 2000 年 6 月 1 日起参照执行），居民委员会选举期间，要成立选举委员会，选举工作要由选举委员会主持。

② 参见文件“在梅园第一次居民代表会议上的讲话”。

长和代表的意见，并反复商量”，提议请5名代表组成。代表们对此没有其他意见，选举委员会得以鼓掌通过。5名代表包括：2男3女；2高中3大学；2党员3群众，而此后历次选举公告上所盖的章都是居委会代章。

随即召开了第二次居民代表会议，代表们推选出的主持人提请大家推荐具有代表性的居委会成员候选人，如一期居民代表、二期居民代表、外籍居民代表、各党派人士等都要有合适的比例。11月11日的第2号公告宣布了选举的日期；同一天的第3号公告则宣示了15名初步候选人名单。初步候选人名单共15人，5男10女，平均年龄43岁。教育程度方面的情况则是：高中4人、大专4人、大学6人、博士1人。

11月12日起，选举居委会成员分头走访居委会成员的初步候选人，“了解情况、征求意见”①。经过十多天的努力，从15名初步候选人中最终确定了9名正式候选人。11月30日的第4号公告中公布了这9位正式候选人名单。9人的基本情况是：男性2人，女性7人；平均年龄39.7岁；高中3人、大专4人、大学2人；党员3人、民主党派1人、无党派或群众5人。

选举当日，62名代表并没能全部到场，一些人实在是忙于事业无法脱身，不过到场的人已经达到了法定的要求。街道相关部门、物业公司的部分领导人也来到现场。“本着民主、自治的精神”②，按照相关的程序，7位居委会委员正式出笼。赵书记回忆说：

> 当初我们的选举呢，应该说民主化这个程度还是很高的。我们选举的选票呢，都是空白的，代表们呢，可以在空白的选票里面填上，比如说，我们候选人里面谁适合做主任，你就把他填到主任这个票里面；如果候选人里面谁适合做委员，你就把他填到委员的票里面。所以，没有上面指定说谁是主任，你们就去画圈什么的。所以，我觉得这个选举呢，应该说是非常民主，也是非常公正的。

在随即召开的第一次委员会议上，委员们作了大致的分工。选举之后

① 参见文件“梅园居民委员公告4”。

② 参见2005年4月居委会文件“以创建为动力，积极探索国际化社区的民主法治工作”。

的第 5 号公告则通告了主任和委员的具体人选。至此，居委会选举大幕落下。

在程序上，委员们的产生完全合法，他们是由居民正式“赋权”的居委会代表。但仔细追究起来，正式程序的背后还是存在许多可能的漏洞。例如，几乎所有的居民代表都是在赵书记的动员下走出家庭、参与选举的，这是赵书记能够当选为主任的保证；初步候选人、正式候选人以至居民委员，范围一步步缩小，但他们都是来自于居民代表，而居民代表大都是热心公益、愿意参加居委会活动的居民，这类人在高档小区中只是少数，他们能否代表全体居民本身就是一个问题；选举委员会的名单基本上由党支部确定，支部的标准也可能与文件中的标准并不完全一致。如果代表的“代表性”尚且存在疑问，程序再怎么正规，所谓“民主”选举也可能只是一场游戏。

## 二　委员群像

7 位委员中，除了赵书记，其余 6 位都是梅园小区的居民。他们的情况各有不同。

陈阿姨是 6 位委员中年纪最大的一位，当时就已经退休，她担任居委会下属的人口环境卫生委员会主任一职。其次是褚阿姨，她虽然还不到 50 岁，但也是赋闲在家，她是社区服务委员会主任。按照年龄大小，接下来的两位女性委员同年出生，比褚阿姨略小几岁，其中一位还是民主党派，她们的职务分别是综合治理办公室主任和宣传教育委员会副主任。年纪最轻的是两位外籍委员也是同龄人，杰克的职务是宣传教育委员会主任，莉莉（化名）的职务则是综合治理办公室副主任①。

综治主任和宣教副主任的情况很相似，她们都是自由职业者②。其中一位在做小工艺品的生意，她在一个地方采购来原料，然后进行加工，加工以后再拿出去。在陈阿姨眼中，她经常背着一个很大的包跑来跑去，忙忙碌碌。另外一位没有固定的事业，只是可能一时兴起炒炒房子。褚阿姨

---

① 如前所述，后来居委会的 4 个下级委员会变为 6 个，6 位委员正好分别充任 6 个委员会的主任。

② 按照周老师的解释，所谓“自由职业”不过是个幌子，人家只是不想让别人了解自己的真正职业。

介绍说，她看到梅园小区的几户居民在别的小区买了房子，自己也跟风买了一套。她们的共同点是拥有较多的经济财富，可以随意做一些自己想做的事情。但对于居委会，两人似乎没有更多的感觉，参与的活动并不很多。

外籍委员杰克是6个人中唯一的男性，也是唯一一位有正式职业的人。杰克是大学学历，在一家外企上班。杰克的妻子是中国人，他能参加居委会的工作很大程度上是由于赵书记对这个中外家庭的动员。杰克把居委会视作真正的公益组织，利用业余时间为居民上课讲英文，还热心参与了不少居委会组织的活动，甚至一度累病。莉莉是大专学历，自己闲居在家。她的德国丈夫也是外企职工，她正是因为丈夫的工作关系才来到了梅园小区。她也参与过居委会的一些工作，比如调解。但两人的一个共同之处就是不稳定，由于企业的安排，杰克和莉莉都先后离开了上海。

几位委员之间的关系算不上十分熟悉。或许是由于年龄的差距，陈阿姨对其他人的基本情况都讲不了很多。褚阿姨的性格更为活泼，与另两位女性委员是交往比较多的朋友。有时候天气好了，还可能约在一起出去游玩。但她对两位外籍委员的了解也仅限于教过英文课和调解过狗的“官司”。实际上，委员们彼此见面的机会并不多。调查期间一起约见陈、褚二位，她们两人也是好久不见了。褚阿姨很热情地与陈阿姨打着招呼，甚至还提到请她做家教，却不清楚陈阿姨退休前是做数学老师还是英语老师。

## 三　委员陈阿姨

陈阿姨50多岁，大专学历，退休前是中学的数学老师。陈阿姨戴着眼镜，讲起话来语气温和、不紧不慢，一幅文质彬彬的模样。陈阿姨的丈夫是公司老总，家里比较富裕，高档住宅区里一百五十平方米左右的房子在他们看来不算大房子。陈阿姨的家属于小区的一期住房，她和丈夫是最早搬进梅园的老住户。

陈阿姨在搬进梅园之前，住在陆家嘴街道的其他小区。那时她就经常参加居委会组织的捐款活动，对居委会有一定的了解。到了梅园以后，她依然是居委会活动的热心参与者。后来，在赵书记的动员下，陈阿姨同意参加居委会选举：

开始成立的时候，我们也没这个意识要来参加。我想退休以后，没事做嘛，自己（是）这个小区的业主，关心一下，是吧。那么有些什么活动，捐款呀，有些什么，我就直接参与。参与嘛，书记后来就跟我说，你看你是不是可以参加选举。我想也可以呀。我想接下来为社区做点事情，服务，为大家服务一下，也没什么不可以的嘛。反正也有时间，有精力。

被选为居委委员之后，陈阿姨承担过许多职务，退休后的生活一下子变得丰富起来。除了担任人口环境卫生委员会主任，她所扮演的角色还有：楼组长、老年活动室管理机构成员、老干部工作领导小组成员、创建敬老小区小组副组长、老年协会理事、创建模范居委会领导小组成员、义工志愿服务队队员、为老服务志愿者、法律志愿者、调解委员会业余调解员、老年活动室值班人员、合唱队队员、舞蹈队队员以及创建“全国模范城区”居民代表。大大小小十几个职务，其中虽然包括一些虚职，但足够陈阿姨忙活的了。

这些职务意味着陈阿姨要参与到居委会几乎各个条线的工作当中。有文件可查的活动包括：2003 年的文艺活动（表演节目）、2004 年的迎春长跑、2004 年的烧烤活动（专门带来自制食品）、2004 年的募捐（与丈夫合捐 1000 元）、2006 年的帮困结对（捐款 1200 元）以及每年的春游。可以想见，还会有许多活动没有文件记载或文件中没有记录名字。

2003 年“非典”期间，陈阿姨是居委会里最忙碌的人之一。当时的文件记录着：“在居委会里经常能看到她身穿白大褂，别着‘防非监督员’的胸牌认真核对返沪和来沪人员的表格；与小区‘防非’工作小组成员一起讨论如何在‘防非’工作中，做到防患于未然”[①]。当看到居委工作者放弃休假、长期坚守岗位时，陈阿姨甚至还自己掏钱为居委工作人员买来了防护消毒洗手液、水果和果珍以增强抵抗力。这种表现，自然使她成为志愿者的典范。

如此频繁地参与到居委会活动中，使陈阿姨与居委会工作者之间的关

① 参见 2003 年 5 月文件“可敬可爱的志愿者”。

系非同一般。平日里，陈阿姨有空或顺路的时候就到居委会来转一转，与工作者们聊聊天。家里有什么好吃的，她也可能送一些到居委会。帮女儿看孩子是陈阿姨当前的重要任务，每个居委会工作人员的桌子上都摆着一个用小孩子的照片做成的台历，这也是陈阿姨送的。居委会里的年轻人对陈阿姨很敬重，称她为“陈老师”。李老师也曾直言，她人很好的，对居委会的工作很支持，但“这种人就是太少了”。

陈阿姨的丈夫同样是居委会活动的大力支持者。他不仅参加居委会的募捐活动，每年还要捐助给街道两万元。2004 年 11 月，他当选为梅园业主委员会主任。周老师介绍说：

> 他就是爱心捐助，每年捐助你两万。他很忙很忙。但是你有困难，他就说，啊，没问题呀。要搞什么活动，经费不多了，大概差多少，你要差个三千四千的。行，我下个月给你们五千，作为活动经费。

陈阿姨堪称与居委会关系最密切的委员。这一点，褚阿姨一再强调自愧不如。陈阿姨对居委会有自己的一些认识。她觉得一个社区里面，是不能少了居委会的。或许这是她积极参与居委会活动的一个出发点。在她看来，居委会除了要完成上级的任务，还要创新，“你要结合自己社区不同的情况，创造自己的不同的文化。”因为，居委会的活动在很大程度上决定了其在居民心中的形象，比如家政服务和洋太太中文班，就是很好的活动形式。

尽管如此，陈阿姨却自认为并不称职。李老师曾说，这里的居委委员其实并不发挥作用，每幢楼的楼组长也是这样，因为这里的居民几乎是“老死不相往来”。陈阿姨也表达过类似的意思。她说，自己不了解街道与居委会之间的工作方法与程序：

> 了解些（居民的）信息，了解些信息。具体的去做什么，都是他们，都是居委会委员[①]做的。他们因为有一套规范的工作方法嘛，

① 此处当为语误，陈阿姨不可能把居委会工作者也看作居委会委员。

对吧。填表也好，什么也好。（问：对你们来说，可能这一套程序不是很熟悉。）对，工作程序不是很熟悉。

## 四　委员褚阿姨

褚阿姨四十多岁，高中学历，中共党员。她登记在文件上的职业情况，有时是“公司待退休”，有时是“自由职业”。褚阿姨看起来很显年轻，衣服总是穿得很鲜艳，在别人眼里，她是一个很会养生的人。褚阿姨的丈夫也是公司的领导，家里自然不缺用度。他们家属于梅园小区的二期住房，与居委会以前的办公地点在同一个楼道。再过一段时间，褚阿姨一家可能就要搬出小区，搬到新房去了。

褚阿姨的性格很开朗，很喜欢热闹，也很容易就跟别人嘻嘻哈哈地打成一片。她说在到上海之前，自己就跟当地的居委会人员经常在一起“玩”。她说自己是自愿参与居委会活动的：

> 我还是自愿的。……人嘛，融入社会，对自己也有好处。把自己封闭起来，关闭在一个小的环境里，不好。我喜欢融入社会，喜欢跟大家在一块儿。（问：您可能就是这样的性格?）对，我的性格是这样的。

在6位居委委员中，褚阿姨担负着社区服务委员会主任的职务。除此之外，她也是各类活动的积极分子，她的其他角色包括：楼组长、为老服务志愿者、调解委员会业余调解员、法律志愿者、老年活动室管理机构成员、合唱队队员、舞蹈队领队、社区服务领导小组成员。其中有些职务与陈阿姨的相同。不过单从数量上看，她作为积极分子的“积极”程度还是比不上陈阿姨。

褚阿姨所参与的活动中，能够查到的只有两项。一个是2003年6月，参加居民代表与周边工地的协调座谈会；另一个则是2004年春节，报名参加了街道社区学校的两个兴趣班。活动参加得少，与她经常在全国几个城市“飞来飞去”的状态有关。另一个可能的原因是：她要按照自己的兴趣或者其他标准选择某些活动参加。用她自己的话说，就是去“玩”。

虽然居委会的各种活动没有陈阿姨参加得更多，但从表面看起来，褚阿姨似乎与居委会的所有工作者都更加熟悉和亲密。陈阿姨是“老师”，褚阿姨则是“大姐”。褚阿姨爱开玩笑，她自己说：“反正我这人，你说怎么样，没大小的，不拘小节……我们说话，我是很随便的。”褚阿姨很会逗乐，某次自夸：只要是中国人，她都能像主人那样，使气氛活跃起来。赵书记笑着表示赞同，说：“所以，什么地方，我们就少不了你。”小钱更是这样评价她：

> 她是我们这里的开心果，居民都喜欢她。我们组织出去旅游，没有她就没有笑声了，所以一定要拉着她。

褚阿姨总是说自己讲话没有分寸，说出来就忘了，实际上却比较谨慎，像自家的一些信息不会轻易就向别人透露。其实，褚阿姨只是表面上大大咧咧，实际上是很有头脑的一个人。褚阿姨可以跟各色人等搞好关系，即使某个人与大多数人都存在矛盾。这样既对自己丈夫的事业有帮助，对居委会来说也有很大的好处。赵书记说褚阿姨可以算是编外的居委会人员，是居委会跟其他部门协调关系很重要的一个人物。

褚阿姨声称，居委会是基层的领导，领导的命令还是要听的。有一次，褚阿姨同其他几位居民约好到公园看花，定好了时间地点，但还是因为居委的通知改变了计划。她说：

> ……说一点半钟集中，在我们家楼下，约好的。然后呢，完了以后，吃饭、逛街，都可以的。因为三八节嘛，犒劳犒劳自己嘛。后来约好了以后，这里突然打电话。当然，居委是我们最基层的领导呀（笑），对不对？这是领导的安排。好了，那就改吧。……像一旦有什么急用的时候，你找到居委，我们居委是，在中国，是最基层的一个领导，是一个最基层的领导部门。如果说有什么事情来找的话，完全可以帮忙。

原来，居委会是可以寻求帮助的领导，也是可以有选择地支持其活动的领导。2006年居委会要换届选举，褚阿姨坦言不想再参加了。她几次强调自己并没有做什么事：

> 我们没做什么，都是居委的这些（工作者），我们真没有做什么。……（委员）就我们4个了。但是现在吧，主要是陈老师在这里做的事情最多，跑的这里面，帮忙的也多。陈老师在这里跑的事情比较多，做的事情比较多。……然后最少的就是我。有什么事情呢，我是兜一趟就跑掉，兜一趟就跑掉。我基本上没做什么。我是挂着，挂个名，挂名的，其实我没做什么，真的。什么也没做。

## 五　委员与居委会

按照相关规定，居委委员通过居民代表会议选举产生，作为议事层，一律兼职，不坐班、不拿工资津贴，义务为居民服务。在梅园，有关居委委员的制度规定主要是两项，一个是下级委员会制度，一个是委员例会制度。前文已述及，主任以外的每位居委委员分别成为不同下级委员会的负责人，并负责召开每月一次的委员会会议，履行自己听政议政的职责。委员例会则与委员会会议的程序和内容没有什么大的区别。

专门的委员例会记录很难见到。2003年3月，各位居委委员参加了一次居委会会议①。根据会议记录，委员和其他居民提出了环境卫生、会所服务、健身器材、活动组织等方面的一些意见和建议，尤其是“五月樱桃节”活动的提议更具有吸引力。委员和居民所反映的问题有的解决了，有的没有解决，樱桃节的活动计划也因为“非典”的爆发而搁浅。

委员首先是居民代表中的一员。在居委会的文件中，居民代表的权利共有两条规定：1. 对居民委员会的工作提出意见、建议和批评。2. 在居民会议上，有充分发扬民主的权利和表决权。义务也是两条：1. 倾听并及时向居民委员会反映小组居民的意见和要求；2. 在居民小组中宣传居民会议的决定，协助居民委员会在居民中开展工作。由此看来，居委委员的作用至少包括：沟通上下，反映意见；批评建议，执行决定。但实际上，不仅委员与其他居民的沟通限于小区的特征比较有限，而且居民代表会议也很难召开，更谈不上决议。

① 参见文件“梅园居民委员会会议记录2003—3”。

制度性的规定很难落实，梅园居委会的各位委员主要是以个人的力量发挥着自己的作用。各自作用的发挥很不均衡，积极与否几乎完全由委员个人决定，如同捐款的数额那样有高有低。大致而言，委员们只是辅助居委会开展一些早已计划好的活动而已。募捐、旅游、参观、调解、唱歌、锻炼，委员们可能参加的这些活动大都是街道的安排，是街道任务的体现。杰克的英文班算是一个例外，但也仅此而已。

委员的空置现象已经成为从委员自己到工作者普遍认可的一个无奈的事实。小钱说：

> （委员的作用）跟你说实在的吧，不多。但是呢，也觉得比以前好一点。像陈老师啊，褚姐啊，你跟她，硬要她开会开会，那不行，但她们一直在跟我们联系。居民当中有什么什么反映，我们有什么活动，让她们去宣传。这也要一种创新的，我觉得。每天早上叫起来，开会，我给你们读读什么政策，那肯定不愿意的。时间一长，她们烦死了，不来了。但是，实际上，她们能达到实质的效果就可以了，比如说一个上下沟通的桥梁作用。你让她们去发发通知，她们不会的呀。（问：一些实际的事情还是我们做。）对的，她只能是给你提点意见。（问：她提意见，反映一下居民的看法，然后我们一些什么活动宣传一下。）已经很好了，已经不错了。

作为议事层，居委委员们本应负起更多的责任。原则上，议事层与执行层之间是一种上下级的关系。一个进行决策，一个实际操作，决策的一方对另一方拥有监督、指导的权力。然而，在现实当中，这种权力基本上消亡殆尽。部分是委员们自身的原因：身不由己的流动、劳碌繁忙的生活，但更主要的还是背后的正式或非正式的制度性因素。

后来，梅园居委会的两位外籍委员先后离开了上海。其余的几位委员有的忙于事业，有的跟随丈夫飞来飞去。只有陈阿姨比较稳定，还能隔三岔五地到居委会办公室里来转转。在这种情况下，议事层实际上已经退出了居委会的活动空间，陈阿姨则完全转变成了类似魏老人、蒋老人这样的活动积极分子。

## 六　委员、书记与干事

在居委委员们眼中，赵书记是他们的领导，也是“基层领导”居委会的化身。赵书记是居民代表们选举出来的居委会主任，尽管她不是小区居民，是街道赋予了她参选的权利。但仅此还不够，在赵书记长期参与其中的居委会筹备过程中，已经包含了她最终得到居民代表们认可的关键因素：代表们几乎都是在书记的动员下参与选举的。委员们来自代表中间，他们自然也不例外。书记的街道背景、书记作为组织者的地位、书记对委员的器重、书记的苦口婆心、不辞辛苦以及言谈举止间闪耀的光辉，混合在一起，早就在委员们心中埋下了这样的种子：赵书记是居委会的领导者。在居委会的事务范围内，一切以赵书记为主，委员们一直是这样做的。

但赵书记自己却不能真的把委员们当作下属去使唤。一则委员们都是兼职、不拿报酬，二则也要考虑他们的精英身份。包括赵书记在内的所有居委会工作者在家庭收入、职业地位等方面都无法与梅园小区的居民相比，在社会结构的层级中，他们不在同一个层次。尽管陈阿姨参加居委会活动那么积极，尽管褚阿姨一再声称居委会是基层领导，但赵书记还是对她们礼敬有加，对她们的自由选择听之任之，几乎不能提出任何强制性的要求。如小钱所说，他们委员能够发挥一点作用，就很不错了。

赵书记和小钱自然与居委委员们关系很密切，周老师却说，对于居委委员，他“基本上都认识”。周老师到梅园来的时间比小钱和李老师都晚，而且作为男性，他和孙老师也很少参与到女性委员和女性工作者之间热火朝天的聊天过程中，他对各位委员的了解要更少一些。小吴与李老师差不多同时进梅园居委会，但她与陈、褚二位的关系就要亲密许多。小郑来得最晚，更多的时间里，她也只是委员们闲聊时的看客。

陈阿姨与所有居委工作者都能聊上几句，但与褚阿姨一样，她最熟悉的几位工作者也是赵书记、小钱和李老师。她们3位恰是居委会里资格最老的人。小钱打电话给陈、褚两位，态度和语气截然不同。她对“陈老师”态度很尊重，对她的支持和配合表示感谢。陈阿姨不太舒服，小钱问候她的身体，说可以带她的小外孙女一块下来玩。对褚阿姨，她则直称其名，或者再加一个“姐”字。电话中她一直以一种玩笑的口气，对她的推托这样说，“人家就看上你了”，“你就当帮我的忙”。态度虽然不同，熟悉的程度却不相上下。

有这种熟悉的关系作为基础，一些工作方面的事情就在非常轻松随意的气氛中得到讨论。调查期间，小郑的健身班还在筹备，赵书记、李老师与陈、褚二位聊起了这事。自然还是以赵书记为主，她介绍了自己的考虑和筹备情况。褚阿姨更多的是表示自己的肯定意见，陈阿姨则提示说，如果利用会所的地方，那要选那边有空当的时候。七嘴八舌，讨论很快就有了结果。话题也马上转为跳舞减肥一类的话题。

交往密切的委员和工作者结成了朋友关系，本该对居委会工作负一定责任的委员们参与居委会的活动成了给工作者“帮忙”。朋友自然有义务互相帮助，赵书记就帮远走的莉莉照看她在梅园的房子。这样的情况，使原有制度设计的扭曲程度更加剧烈。议事层隐于幕后，执行层独揽大权；议事层乐得清闲，执行层累死累活。委员的身份和职责很少再被提起，主要基于“议事”的“民主”成为镜花水月。

## 七　权力缺失的背后

民选的居委委员是居委会“民主自治”本质的主要体现者，全体居民的赋权本应使委员们拥有更大的权力空间。梅园小区是经济精英云集的高档住宅区，居民自我的权利意识很强，这本是民主自治的有利条件。但现实中的梅园居委会，已经在很大程度上背离了其本意。居民会议有名无实，居委委员搁置一旁，民主的权力几乎完全缺失。

居委会选举的筹备过程，向我们揭示了权力缺失的源泉。居委会筹备组初进小区，是遭遇到不少居民的漠视和曲解的，主动参与到居委会活动中的居民并不是很多。在赵书记等人的努力下，一批热心公益的居民被“动员”出来，成为楼组长、居民代表，或答应参加居委会的选举并成为候选人。动员的过程使赵书记的地位得以确立，也为居委会巨大的街道背景埋下了伏笔。而且，居民代表的“代表性”也存在问题。显然，几十位居民代表并非全体居民选出，也无法代表全体居民。这意味着，居委会的“赋权”过程存在严重的问题，居民赋予居委会委员的权力也大打折扣。

居委会的制度设计中，也有一些可能造成权力流失的漏洞。前文述及，议事层与执行层的分离本身就容易造成议事层的“闲置”，议事层的权力往往无处落实。除此以外，委员“兼职”和“义务”的两个特点也带来了某些弊端，助长了这种“闲置”状态的稳固。忙于事业的委员自然无力分心于居委会事务，即使有时间，“兼职”二字也让委员们的责任感丧失不少。不取报酬，也没有其他回报，完全依靠委员个人的自觉意识和奉献精神，这种开展工作的基础其实很脆弱。

制度设计方面，还有更重要的一个因素，极大地强化了民主权力的缺失现象。这就是街道与居委会之间形成的纵向“类科层组织体系”。居委会的选举由街道发动，由书记贯彻；书记可以参加选举并兼任主任；执行层的工作人员与街道各科室之间密切的条线联系以及相应的工作程序和方法……这个纵向等级体系的作用几乎无处不在。街道的任务①需要社区完成，民选的居委会却没有完成任务的义务，街道随即培植了另一套班子，冠以“执行层”的名号，履行下级组织的职责。鸠占鹊巢、喧宾夺主，民选的委员们只好退避三舍。

这是两种逻辑的碰撞。一种是自下而上、对下负责的逻辑，一种是自上而下、对上负责的逻辑；一种是民主的真谛，一种是集中的本意；一种可以发挥下级的积极性和创造力；一种则是为了稳定和秩序。对于居委委员来说，无须向街道负责，不食其禄，不谋其事，这是很明确的。但另一方面，梅园的居委委员也没有如设计好的那样受到来自下方的考核或监督，他们同样是脱离居民本体的少数人。这样，他们只剩下向自己负责了。

然而，还有一种力量可以部分地限制他们的自由，这就是作为某种非正式制度的人情关系。居委委员毕竟还是热心公益活动的，在参与居委会活动的过程中也并非全无收获，至少可以像褚阿姨那样得到一些乐趣。在多次的交往过程中，居委会委员与居委会工作者日渐熟悉，结成了朋友关系。工作者可以通过这种熟悉的关系向居委委员们提出少量他们可以做到的要求，把委员们拉到向上负责的运作体系中来。在这个过程中，居委会委员与其他积极分子并无二致。久而久之，陈阿姨完全变成了活动积

① 街道的任务同样来自上级，街道培植“执行层”也不是自己的决定，街道本身也处在一个纵向的科层组织体系之中，有时身不由己。

极分子。

## 第三节　忙于事务的工作人员

居委会的工作人员是完成上级任务的主力军。通过他们，街道把更高层级的指令贯彻到社区；通过他们的活动，居委会展示给居民不同的形象。他们依托于组织，在赵书记的“领导”下，忙于居委会的各项事务；在居委会的影响范围内，他们每一个都是居民可能寻求帮助的对象。他们是与居民打交道最多的人，他们是权力运作的绝对主体。

### 一　三位老师

孙、李、周三位年纪较大的工作者都被小钱她们尊称为“老师”。三位老师有一些共同之处，区别也很明显。

孙老师快六十岁了，个子较高，头发花白，穿着虽朴素但也还讲究。他说起话来有些慢条斯理，不像赵书记、周老师那样滔滔不绝，他是一个埋头实干的人。孙老师的老家在外地，他辗转过几个地方，最终来到了妻子的出生地——上海。他是党员，以前在外地就是党务工作者，所以现在负责居委会的党务条线非常合适。

2004 年 6 月，孙老师通过了街道的招聘程序，来到梅园居委会工作。他先是负责老龄和治保工作，2005 年的时候开始专门负责党务，2006 年在党务的基础上又开始负责起了家政服务工作。现在家政服务已经是他最主要的工作内容了。

每天，孙老师的任务就是坐在自己的办公桌前，接待有家政需求的居民和可提供服务的家政服务员，间或接听一些电话。他见得更多的还是家政服务员，有单独过来打听消息的，有经别人介绍到这里登记的，还有约好到居委会来与居民见面的。服务员全部都是中青年女性，既有外地的，也有本地的。孙老师的年纪比她们要大不少，总是和颜悦色地跟她们交谈，向她们解释什么的时候也不厌其烦。孙老师这样介绍自己的接待对象：

来的人主要以家政服务员为主。有少数是来报名的，其余的都是

> 老服务员。为什么老的服务员存在，倾向于居民的流动性比较大，这里真正买房子的住在这里的很少，大部分都是租房子住的，所以住的时间也不会很长，像国外的人一般在这住一两年，最多两年，还有的只有半年。他们在这里住下来以后就需要家政服务员，这样的家政服务员做得很好，但当他搬走以后就不行了，家政服务员就下来了，所以经常到这里来的家政服务员说东家又走了，我现在又有时间了，又有空了。……又要问，最近有没有合适她的事情。所以人来人往，老是人不断。

梅园的家政服务不作宣传，都是在居民或服务员之间口口相传。一次，两个年轻的家政服务员来找孙老师。其中一个是完成服务之后到这里来汇报一下老外的反应，同时介绍她的朋友，也在这里登记做服务员。她朋友说以前在宾馆做过服务员，但孙老师说宾馆服务员跟家政服务员还是有差别的。他和声细语地解释，并一一检查证件。需要的证件很多，包括结婚证、户口本、身份证、暂住证、担保人的户口本和身份证、健康证、居委会介绍信，还有两张照片。年轻服务员需要补办健康证，孙老师建议她到闸北区去办，那边比浦东这边可便宜三十块。孙老师帮她登记上，让她下次带齐了材料再交登记费。并且提醒她，第一次在这边做，可以先熟悉一下，可以找人带一下。

小区居民，也就是东家，打电话找孙老师比较多，有的提出自己的家政需求，有的则反映服务员的情况。如果居民不满意，又协调不好，那就要给他们换一位服务员。某天，一位女性居民向孙老师抱怨说，在她那里做的服务员被宠坏了，自己很多东西都给了她，她把附近几家的孩子也都带熟了，就今天在这家吃，明天在那家吃，搞得很不好。她想换一个，孙老师则在她走了以后嘀咕，好像刚给她换过了呀。但居民的要求有时也是很过分的，孙老师会酌情处理。他讲到有的外籍居民待服务员很不好，寒冬腊月里让人家在阳台上洗衣服。像这种情况，孙老师就要站在服务员一边了。

孙老师对别人问到的家政服务方面的“专业”问题，往往对答如流。但他很少主动去讲什么，哪怕是介绍居民和服务员见面。一天上午，孙老师安排了一场见面会。一位四五十岁年纪的阿姨先来到居委会，她不停地介绍着自己，说以前做过好几次，房东都很满意，有的都跟自己快成了亲戚。孙老师只是点头。房主是一对三十几岁的夫妻，他们到了以后，孙老师请双方到客厅去坐。他手拿登记册，先简单介绍了服务员的情况，然后就请房主太太介绍自己的要求。谈开后双方的直接交流就多了起来，孙老师也几乎不再插话。会面结束，大家起身离开时，孙老师说，“祝你们合作愉快!”他们则都向孙老师表示感谢。

李老师不到 50 岁，个子在女性中算是高的，略显消瘦。李老师的穿着也还朴素，但她的言行举止却能显示出一种特殊的气质：精细、自信和沉稳，或许这正是“正宗”上海人的特点。她似乎对什么事都能应付自如，从来都是不急不躁、不紧不慢，有时这会给别人一种感觉，就是她对很多事情都满不在乎。

李老师年轻的时候，在学校里也很优秀。1976 年，她被分配到了当时最理想的单位，全民所有制企业。李老师说这家厂子在计划经济时代风光得很，全国只有 3 家，是有统购统销权的。但一搞市场经济，就开始走下坡路了。2000 年，李老师成为待退人员，即“等待退休”，她的看法是跟内退没什么差别。后来，她也曾在一家公司里帮忙，再后来就通过招聘进入居委会工作，直到现在。

李老师能够做社区工作，既有偶然性，也有些“动员”的成分。李老师的家原在浦西，因为拆迁来到浦东陆家嘴街道，但孩子还在浦西上幼儿园，所以她辞了公司的工作，专职接送孩子。这样进进出出，就与小区居委会里的人熟悉了。当他们知道李老师的情况后，就向她介绍社区工作，动员她去参加街道的考试。李老师随后到街道组织科，当时的情况是：

> ……就问我，你那个文凭带来了吗？户口本带了吗？身份证带了吗？……反正你还要（考试），他就跟我谈。谈了以后呢，他说我们这个工作报酬不多的，要有奉献精神的。但我是想做了嘛，那我就说，没有报酬也不可能的啊，义务工作，还没到这个境界，报酬不多，多少有一点。至少呢，社区工作离家还是比较近的，小孩子还能够照应一下，我可以试一下。那好吧，你明天来考试。

第二天考试，李老师说考得不好，有的题目只能乱填，但考试成绩却相当高。恰好梅园小区是需要人的，赵书记已经向街道提出了申请。于是，李老师就接到了赵书记打来的电话，通知她去面试。书记担心她会因为孩子的原因影响工作，李老师做了保证，果然在随后的几年内，即使加班再多，她也没有耽误工作。2002 年 11 月，李老师正式到梅园居委会上班，她是除书记和两位大学生以外第 4 个来到梅园的工作人员。

来了之后，她就主要负责计划生育。这是一个陌生的工作领域，李老师的工作就是一个不断学习的过程。她说：

> 搞计生的时候，两眼一抹黑的。一个就是从企业转过来，社区的那套工作方法我不适应，真的不适应。……然后从基础开始做，我又不懂得了。搞计划生育，谁搞计划生育呀？你怎么搞呀？……年龄大有年龄大的好处，不管没搞过这个工作呢，其实以前在企业也做过管理工作，只是工作方法不一样。这里是管人的，那以前是管合同、管物啊，但思路是一样的，对吧。之后呢，我们开会的时候，我会问的，抓住一个就会问一个……就像我们出去上马路不认识路，我总是有一个心眼，鼻子底下就是路，嘴巴多问，不会吃亏，少走弯路。

计生条线的工作很烦琐。不过这几年做下来，李老师已经积累了很多的经验。除了计生，她还负责过卫生、档案、妇代等条线。而平时在居委会里，李老师还经常参与其他的事项，比如登记资料、准备标语等。不管做什么，李老师似乎都能做得既快又好，她也因此拥有了更多吃零食或者指点年轻人的时间。

李老师打交道的对象更多的是育龄妇女，这些女性很可能并非小区的居民，而是保安、保洁或者家政服务员。她给人的最初印象是不太容易接近，真正接近以后就会发现那只是错觉。不过李老师说，她是经历过从企业到居委会的一番角色转换的。以前在单位里，她给人的感觉确实是不好接近，但是现在，她一定要更加积极地去与别人接近。

一天下午，同李老师走在小区里。天气很好，居民出来活动的很多，李老师与每个认识或熟悉的人打着招呼。一对母子在晒太阳，李老师说母亲是外地人，其丈夫是香港人，这是他们的第 3 个孩子。一家中国人，夫妻都是外地，生了两个女儿。这两家人，李老师都是通过计生工作认识的。一位老太太，看起来身体不好，双手撑着东西在广场散步，李老师向她表示问候。两个外国的小姑娘，很淘气地跑来跑去。李老师认识她们，因为她们会说中国话。还遇到了陈阿姨和她的小外孙女。李老师非常热情地过去逗小女孩儿开心，夸她是“小美女”。李老师说，她自己做居委工作以来，是变了很多。她说这里的事情就是杂七杂八的，你必须要俯下身子与所有人热情交往，遇到谁也要打招呼，不可能保持什么清高。

周老师也是五十多岁，学历中专。他个子中等，衣着是居委会里最朴素的一个。走在街头，也许会有人把他误认作农民工。他也是居委会里做事最积极的人，李老师曾把他比作“救火队员”，说他“手很巧的，什么都会干”。周老师是党员，但组织关系还没有转到居委会支部之中。他自诩为比较合格，说如果党员都像他这样的话，“我们党绝对搞得好”。

周老师当过兵，很早就做过支部书记。复原后的经历则与李老师很相似，也是在国企工作多年后最终下岗。他说自己是上海市第1届电子大学的学生，因为国企的领导岗位是需要中专学历的。当时企业有困难，作为党员，也作为领导，他是带头下岗的。1998年，在街道的指派下，他去了派出所外口办，专门管暂住证和户口一类的事情。几年以后，因为年龄的关系，他不得不转岗，于是就去参加了街道招聘社区工作者的考试。2005年3月，赵书记亲自点将，他就来到了梅园居委会上班。

来了以后，周老师曾经负责过一段时间的家政服务工作，不过现在主要是负责治保条线。虽然工作不久，各类证书却拿了不少。比如安全生产监查局颁发的“安全生产协管员检查证”，而这个证书只有培训合格，才可能拿到。周老师说，他有一整套的这种证书：

> 有职称，技术员证书我都有的，上海市安全管理的证书，我都有的，但是你不去验证是没有用的。每个条线有每个条线的要求，讲不清楚。你说你在搞治保，搞治保的话，治安、保卫，这里发生什么命案了，那里发生偷窃了，你要管这些事情，但是安全方面你也要管啊，防火的知识你要懂啊，你也要参加培训呀，你也得要有证书啊，没有证书不行啊，你凭什么管理，你有什么资格去管理？都有要求。证书厚了，那么大一摞，多了。不用的，用不着。

治安保卫方面的任务很大程度上是由物业公司承担掉了，周老师所需要做的主要是配合他们保安人员。隔一段时间，他就会到地下车库或者楼道里面去转一转，检查水、电、煤管道有没有老化，查看存不存在安全隐患。平日里，他也经常跑出居委会，在小区中巡视一番。他是最强烈主张居委会工作者不该坐办公室的一位。

尽管如此，每天还是会有不少时间要待在办公室里，周老师同样闲不住。除了治保，他还要负责就业援助工作，以及宣传、老龄方面的部分事务。每月一块的黑板报几乎都是他来出，不过展板只能放到邻近的其他小区，因为梅园作为高档小区是不允许有黑板报的；每月的养老金发放也是周老师的事，但梅园总共只有一位领取人。因为也做过家政条线，一些家政服务员还认识他，周老师有时也会参与一些这方面的工作，甚至亲自带服务员去居民家中。书记要求记录工作情况，周老师每天下午快下班的时候，就坐在四人办公室的公共电脑前，使用手写汉字识别系统逐字逐句地打出自己的汇报文稿。每完成一件事情，周老师都很开心，尽管不张扬，但脸上还是表露出些许志得意满的感觉。

乍一看，周老师不像孙老师那样和蔼可亲，其实待人也是很热心的。别人向他咨询什么事情，他有问必答，甚至还可能亲自带过去。某天下午，曾与他一起在小区中走了一圈，这是他提议的。他介绍着小区里一切可以介绍的事物和情况，一副兴致勃勃的样子。周老师过一段时间就要同小钱去新的楼盘开拓居委会的新阵地了。在那里，他自然会更忙，也将避免目前在梅园居委会没有办公桌的尴尬境地。

## 二　三位后辈

在三位老师眼中，小钱、小吴、小郑无疑是小字辈儿。对几位后辈，老师们往往直呼其名。不过后辈们也有前辈自愧不如的地方，比如说外语和电脑水平。前文也曾述及，前辈和后辈之间相互补充、相互支持、相得益彰。

小钱看起来年纪不大，但已经是当妈妈的人了。她个子中等，略显瘦弱，戴一副眼镜，衣着简单随意，但让人感觉很符合她自己。小钱讲起话来语速很快，做起事来也是手脚麻利，她是一位精明强干、快人快语的年轻人。静下来的时候坐在办公桌前，或者下班后回家的路上，小钱又显得很悠闲，她是很会控制感情、调剂心情的。

小钱本科学的是国际商务，所以外语很有基础。她 1998 年入党，工作后经常成为先进模范。2002 年 8 月，小钱先后通过街道的笔试和面试，成为一名社区工作者。3 个月实习期间，她在各种类型的小区中都得到了领导们的好评。2002 年年底，继李老师之后，她来到了梅园居委会，成为第 5 个入主梅园的工作者。

到了这里，在赵书记的安排下，小钱先后经历了很多条线工作的磨炼。根据文件记载[①]，从 2003 年开始，小钱从事过的条线包括：治保、调解、老龄、民政、双拥。2003 年 11 月，又接受了新的条线工作——青保和团支部的工作。小钱的工作得到了认可，2004 年成为居委会书记助理，2003、2004 连续两年被评为街道“优秀共产党员”。无论是党支部的事务还是居委会的工作，小钱都成了赵书记最得力的助手。

小钱的外语水平是居委会几个人里面最高的，即使在小吴来了以后也是如此。她听、说、写的能力都很出色，既可以出英文通知，也可以做翻译。于是，只要居委会与外籍居民打交道，小钱几乎都是最不可或缺的一位。如果说居委会其他工作人员的交往对象只能限于中国人和能说汉语的外籍居民的话，小钱的交往范围无疑是最广的。

居委会的很多特色活动，比如中外文化交流一类的活动，小钱往往是其中的主力军。即使一些常规工作，也需要小钱的支持。外籍居民需要家政服务，小钱要做中介人；调解一些涉外纠纷，小钱同样要出面。这其中发生过很多的故事。一次，一位外国女士与她请的保姆阿姨闹起了矛盾，怒气冲冲地跑来找小钱。她以为阿姨挑拨了孩子和自己的关系，竟让孩子不喜欢自己。小钱与保姆一沟通，原来是一场误会。保姆只是曾对顽皮的小孩子讲过，“你要再这样，你妈妈就不喜欢你了”，这种教育孩子的话在中国的家庭是很常见的。小钱为外国女士做了解释，双方冰释前嫌。当外国女士要离开上海的时候，还特地写了推荐信，要小钱帮她发给其他外籍居民，她想帮保姆再找一份工作。

其实，翻译的工作体现在了方方面面，包括洗车、洗衣、孩子上学入

---

① 参见 2004 年 4 月文件“先进团支部工作组织者”。

托等问题，只要外籍居民有需要，小钱就要冲上前去。她讲到外籍居民和家政阿姨之间的沟通：

> 可能她们语言方面交流有点困难吧，一有什么情况吧，就打电话给我们，说我想吃什么了，（阿姨）听不懂，我们就给她翻译。有的时候电话里翻译，有的时候上门给她翻译。或者说我明天要出去旅游了，让她好休息了。就是说做一些很琐碎的翻译的工作。我们也做得很开心，因为我觉得这东西是双赢的。我也可以锻炼我的口语，她们正好也需要我。

小钱的作用体现在了居委会工作的各个角落，这使她成为居委会里最忙碌的人。2003 年 7 月，小钱在文件中总结了她上半年的工作[①]，她所做过的事情包括：参与筹备成立小区人民调解委员会；制作调解工作的各类表格；协助社区民警在每个地下车库调查无证摩托车；为外籍居民提供翻译服务，内容涉及提供相关信息资料、寻找家政服务员、各种生活问题咨询等；参加培训，如每月一次居委会书记的政治思想教育培训、浦东新区司法局举办的“调解新方法——心理咨询与疏导”、街道组织的全国劳模的讲座等；参加街道对物业的行风评议活动；参加工地与居委会的结对共建仪式、工地与居民协调会、爆破会议，做会议记录，同时担任居委会与工地的联络工作；对各种会议进行会议记录，如每月一次的委员会议、楼组长会议、支部会议、居委干部政治学习、班组会议以及各方协调会等，并输入电脑备案；与文教干部合作撰写各种活动的信息稿，并及时送交街道；为小区的月刊《家园报》投稿；组织老年人参加街道的象棋比赛和老年人糖尿病咨询；筹建居委会老年合唱队；对 60 岁以上的老年人进行走访等。

小钱与每位老师的关系都不错，尤其是与赵书记最为亲密。小钱是书记着力培养的青年骨干，事实上她也已经具备了骨干的一切条件：能力出众、沉稳、干练。不过，接下来小钱就要与周老师到新楼盘筹建新居委会去了。她的走，对梅园可能是一个很大的损失。

---

① 参见文件“服务居民是主题 平凡琐事见真情”。

小吴与小钱的年纪差不多，也已经结婚生了孩子。小吴是一个高高大大的外地姑娘，戴副眼镜，却更反衬出几丝泼辣。与居委会其他人相比，小吴算是最新潮的一位，但也够不上真正“新潮”的标准。看起来她做事很有自信，也能把事情做好。能力不错，动作也很麻利，经常是一副风风火火的样子。

小吴 1996 年大学毕业。毕业后先是做了几年教师，随后来到上海，2003 年才出来工作。2005 年年初，她在报纸上看到了陆家嘴街道的招聘启事，就报名参加考试、面试，并被录取。她谈到整个过程，这样说：

> 报纸上打的招牌是招国际化社区的社区工作人员。虽然我以前是在学校里面做老师，但是见识面还是比较窄的，我根本不知道社区工作是干什么的。所以，那时候我也来参加笔试，笔试我也没准备的，就通过了。然后面试的时候他就问问题嘛，就问社区工作的难点重点在哪里？因为我根本就不知道，不知道社区工作就是到居委会里面来，居委会的工作就叫社区工作，……我实话实说了。

小吴觉得自己能被录用可能主要是因为英语口语面试的表现还不错。在其他居委会实习了一个月之后，2005 年 4 月，小吴被分到了梅园居委会，比周老师来得略晚一些。

赵书记分配给小吴的工作先是妇代，并协助李老师开展计生工作。这两个方面，李老师都可以对她进行指导。后来，赵书记把文教和妇代合并成一个条线，小吴的主要任务变成了组织活动。她来的时候，居委会的各项工作已经步入正轨，所以她说自己适应得很快：

> （工作）非常熟悉了。一年下来，基本上一年的套路，然后每年嘛，就这样循环了，是吧？像这个一月份做什么，五月份做什么，六月份是六一儿童节，三八妇女节，九月份嘛，重阳节。活动嘛，就是这样搞。我主要是搞活动。去年主要的一个是妇代，就是搞活动比较多。然后另一个就是跟李老师一起搞，学一些计生方面的工作，她是我计生老师嘛。

小吴搞的一项活动已经成了梅园居委会新的亮点，这就是洋太太中文班。她说，这件事情是自己先提议的，但筹备了很长时间，如果不是书记的一再催促，真正落实可能还要更晚。中文班是面向外籍女性居民的，借用了会所的房间，每节课每人收费 20 元，课后收费，因为每次课的学生都有不同。一天下午，笔者专程去看小吴上课。小吴很热情地跟每个外国人打招呼，站上讲台后，更是显得神采飞扬。课的内容很简单，就是一些日常的词语。她讲得很投入，很有激情，学生们的反响也比较热烈。

刚来的时候，受其他人的影响，小吴曾有过短暂的情绪波动，但她现在已经基本上融入了居委会的这个团队。对于这段工作经历，她自言收获很大：

> 其实，我一开始不知道工作干什么好，但是过来以后就觉得蛮有意思的。平时他们对社区工作讲得比较多的，要求奉献，要求要有奉献的精神。但是我也觉得，工作也给了我很多东西。我获得了很多。……这里环境也好，居民素质也高，然后你在跟他交往的过程当中，你能学到很多东西。……我觉得，工作给了我很多东西。我能有机会锻炼我的英语能力，在这里，是吧，比较好的。然后呢，这个工作还逼迫着我去学习，学汉语拼音，学瑜伽。本来这工作我不会去感兴趣，怎么教人家老外学英语的，学汉语，对吧。可现在，我跟洋太太打交道，我跟她们交朋友。然后我就从她们那里学东西，向她们借资料，看她们怎么学汉语的。也说不定哦，我以后会转行做对外汉语教学（笑）。

小郑是居委会正式员工中年纪最小的一个。她的个子也不矮，跟小吴不相上下，但对于穿着打扮却不是很在意。小郑看起来很朴实的样子，笑起来更让人感觉容易接近。小郑很少主动讲话，不过一旦开口，总带有一些豪气。她做起事来，似乎比小钱、小吴的动作要更慢，或许这与她刚来不久有关系。

小郑毕业于体育学院，所以体格很健壮。毕业以后，她做过很长一段时间的健身教练。2005 年 3 月，跟其他人一样，她经过一道道关口，被街道录取为一名社区工作者。先是在一个老的住宅小区负责治安保卫，11

月，她被调到了梅园居委会，所负责的条线工作变成了老龄和文教。与小吴不同，几乎每位老师都负有指导小郑的一定责任。

老龄条线也是居委会很重要的一块工作内容。在梅园小区，组织老年人参加的各种活动是老龄条线最主要的工作方式。2006 年 3 月，街道《老年法》宣传活动要在梅园举行，这事要由分管老龄的小郑负责。一天下午，在四人办公室，李老师、周老师都在帮着小郑出主意，他们一起商量着如何打印会标、如何召集居民等。随后几个人就开始用那台公共电脑打字。李老师的声音传到了门外，“小郑的事我是一定要做的”。

文教方面的活动同样需要其他人的支援。赵书记是很看重小郑的体育才能的，或许在最初知道她健身教练身份的时候就已经开始筹划，如何利用这一点开展工作。在赵书记的授意下，小郑正筹划着健美班的事情。赵书记充分发挥自己的影响力，先是去催书记助理小钱，小钱再去催实际的操作者小郑。等箭在弦上，就不得不发了。她说：

> 像现在就是，我们叫小郑来。……让她自己去做还是很难，必须大家推着。我推小钱，小钱推她，就是这样的。越是不叫她做，比如你叫她做，她就是不知道怎么样……等以后她就会了。小钱就帮她出好了通知。等以后大家都来报名了，然后你去找她，什么时候定了时间，也要把这个展开。

就这样，小郑一步步地做着准备工作。打印出了中英文的健美班开班通告，一张张地贴到了每幢楼的楼道门口，跟会所协调场地以及时间，平日里有空就复习一些专业性的英语单词……各位老师也继续帮她随时随地做一些外围的工作，包括有机会就向居民宣传，动员熟悉的居民报名参加。此外，小钱帮她出过通知，小吴也曾帮她在中文班上发布这个消息。据说，健美班现在已经开起来了。

赵书记还有更多的新点子。她又在鼓动小郑筹备宠物俱乐部，说小郑那么喜欢狗，自己养狗，对养狗又很了解，这样开展工作正对她的口味。小郑对赵书记是敬重的，每次要出门，都要向书记请示一下。赵书记的新建议或“命令”肯定又要让她继续忙碌下去。在这样的催促、推动下，小郑的主动性正被一点点地培养起来。或许，她的性格也将会像李老师那样发生转变，她的这些经历也将会像小吴所说的那样给她更多的收获。

## 三　干部与干事

不论是在正式文件中，还是在人们的口中，都可以很容易地发现对居委会工作者的两种截然不同的称呼：“居委干部”和“居委干事”。在梅园居委会，两种称呼并行不悖。

周老师更喜欢用“干部”的说法，这让人心里感觉更舒服一些。如果居民认可这个说法，这意味着居委会工作者的“领导”地位得到了承认。在居委会的发展历史上，行政色彩是其主色调。即使在改革开放二十多年以后的今天，在很多居民如魏老人、褚阿姨眼里，居委会仍是政府行政系统中的基层领导机构。领导机构里的工作者自然是“干部”，这种说法渊源有自。

“干部”也并非完全是一个空虚的历史符号，实际上，每位“干部”手下很可能真的有一批居民程度不同地听从指挥。组建起一支队伍，这是每位“干部”努力的目标之一。队伍中可能包括楼组长、居民代表、各团队负责人以及各类积极分子。有了人马，工作就有了保障，“干部”的称呼也更加名副其实了些。

与周老师不同，小钱毫不隐讳自己的“干事”身份。访谈中，她还同时提到了更新的“社区工作者”的说法，似乎暗示出二者之间的某种关联。毫无疑问，“干事”是对居委会工作者现状的一个描述，他们就是要不停地“做事情”，他们就是辛勤“做事”的人。“干事”们要做的事情，大量地来自上级街道。他们要完成街道的任务，就要忙碌于各类事务。在街道看来，他们就是“居委干事”，尽管有时也会称他们为“干部”。

在有了议事层和执行层的制度设计之后，按理说，“干事”们要执行的应该是议事层的决议，他们的本色应是“社区工作者”。然而，在现实中，他们所服务的“社区”还不完全是居民小区，还要包括更大范围的街道辖区。毕竟，他们由街道招聘而来，工资由街道发放，必须要向街道负责。

在梅园居委会，各位工作者兼具“干部”与“干事”的双重身份。前者对于居民来说，有一定的意义；后者对于街道而言，则具有最大的意义。

## 四 职责与待遇

梅园居委会各位工作者所负责的条线工作，都有正式文件明确规定了其工作职责。看起来，各条线工作职责的文件都是居委会自己起草的，同一条线的职责内容在不同时期还存在差异。总的趋势是，随着时间的迁移，文件的形式、文字和内容都越来越正规，制度化的程度越来越高。

2004 年 11 月的文件中，分别规定了群文（群众文化教育）和宣教（宣传教育）条线的工作职责①：

群文：

1. 开展适合国际化社区的群众性文化宣传教育活动，丰富中外居民的文化生活。

2. 开展中外居民健身活动，提高居民总体健康水平。

3. 开展科普宣传，提高居民科学知识。

4. 负责信息收集汇总，出好黑板报，宣传画廊，为信息部门提供各类信息工作动态、典型事例等。

宣教：

1. 开展适合国际化社区的宣传教育活动，丰富中外居民的生活。

2. 开展适合中外居民的各类讲座，提高居民的总体素质水平。

3. 开展科普宣传教育，提高居民科学知识。

4. 负责信息收集汇总，出好黑板报，宣传画廊，为信息部门提供各类信息工作动态、典型事例等。

可以看到，群文条线和宣教条线的工作职责大同小异。工作职责的内容比较实在，文字比较质朴，看起来还不是非常正规。像黑板报、宣传画廊之类的内容，还带有中低档小区居委会工作的印记。

到了 2005 年 5 月，群文和宣教两个条线干脆合并在了一起，成为

① 以下分别参见文件“文化教育工作职责”和“宣传工作职责”。

“文教宣传”条线，由同一位干事负责。文件规定的干事职责如下①：

1. 文教宣传干事对一年的工作要有计划、总结；活动要有策划、照片、资料。

2. 每逢节、庆假日组织开展群众性文化活动，结合小区特色组织丰富多彩的中外文化活动，丰富中外居民的文化生活。

3. 积极组建特色团队，每月开展文体活动和街道布置的各项文体活动。

4. 关心青少年课余生活，掌握青少年基本情况，组织寒暑假青少年活动，发动青少年参与小区建设。

5. 每月开展和参加市民教育活动与讲座。搞好科普教育工作，每季度有科普宣传教育活动。

6. 负责信息收集汇总上报工作，完成街道下达的信息目标，出好黑板报，宣传画廊，为信息部门提供各类信息工作动态，典型事例等。

7. 做好家园报和梅园天地报及其他报纸的收集、收藏。

8. 完成领导临时交办的各项任务，工作台账要求清晰、齐全，各类档案管理有序。

时隔半年，同类条线的工作职责文件明显更为规范。内容更加丰富、规定更为细致，居委干事只需要照章办事即可圆满完成任务。最后一条“完成领导任务”，则点出了居委干事的实质地位。同一时期的“治保干事工作职责”文件②也显示出类似的特点。此外，还增加了“务虚”的第一条“坚持党的基本路线，坚持稳定一切，坚持安全第一”，这是很多政府文件中一般都要有的条款。

尽管有这些“进步”，条线的职责文件中仍然存在问题。首先是有些条线的职责划分仍然不够清楚，像 2005 年 10 月的“综合治理”条线就

① 参见 2005 年 5 月文件“文教宣传干事工作职责”。

② 参见 2005 年 5 月文件“治保干事工作职责”。

与5月治保条线的文件内容几乎完全一致①；其次是文件内容的随意性，像家政干事的工作职责竟大部分拷贝了支部干事的职责内容，一些明显的差别也未做改动；最后还有文件中的语病，比如“坚持稳定一切”的说法当为“坚持稳定高于一切”之误。

梅园居委会的工作内容表面上看起来与街道其他居委并没有大的区别，与上级每一条线对应的都会有一位工作人员。工作人员的条线职责被规定得越来越详细和明确，这有助于对他们进行考核和监督。根据文件的内容，每位工作人员每年需要做的事情是非常繁多复杂的。但实际上，工作量的大小还要看每个小区的特点。甚至可能存在这样的情况：文件规定的部分内容只是纸上谈兵。

与这些明显对上负责的职责相对应，居委会工作者也要从街道那里领取工资。条线工作的完成情况称为考核的依据，并在年底总考核的基础上再进行奖惩。

居委会工作者又可以分为3类：一种是有编制的，比如赵书记就属于事业单位编制；一种是聘用的，像李老师、周老师、小钱、小郑都属于此类；一种是就业援助员，这是一类特殊的工作者，在梅园并没有专门的援助员。周老师曾谈到前两类工作者的区别：

> 现在的员工有两种，就像我们一样的。就像我，也是聘用的。像我们书记呀，她呢是事业编制。事业、企业，就是我们街道的阵地呀，事业编制的。就是说一般你不犯什么错误，他不会叫你回去的。像我们就是聘用的。用了一年，一年后你身体不行了，不能做了，那你就回去了，没有关系的，它又不给你交金了什么的。像我们做协保，我自己原来的单位帮我交金的。它就负责，你在这里工作一个月，我发你一个月的工资。我们是这样的。

这两类工作者的待遇有所不同。2002年年底，李老师刚来到梅园居委会的时候，她每月的工资是五百五十块，她说没有奖金，也没有电话费之类的补贴。不过李老师似乎已经满足了，因为“前途还是很光明的”，

① 既然两个条线内容完全一致，也就没有必要创设出两个名词。

一点点地加过几次，她现在的月薪是950元。书记的待遇要更好一点，但也就是一千多元。

按照周老师的说法，聘用人员是没有养老金、医疗保险金、失业保险金和住房公积金等“四金”的，但这与小吴的说法却有出入。小吴说工作人员的工资与工龄是相关的，与自己同一批到居委工作的年轻人中，工资也有差异，月薪从1600元到2500元不等，这是扣除了“四金”之后的收入。如此说来，小吴的收入要更高于工龄更长的李老师。

## 五　分工不分家

在梅园居委会，尽管各位工作者都有明确的条线分工，但许多事情还是需要一起做的。这不仅是指大家彼此间的互相帮助，就像其他人都帮助初来乍到的小郑开展工作那样。首先，许多居民是分不清每位工作者的分工的，他们如果有问题来到居委会，往往是逮谁问谁的。李老师这样说：

> 有些事情不是你的条线上的，你也不知道应该要知道些什么，但居民会来问你的，比如居民会问小孩上学去哪个学校，……（某学校）在同等条件下优先招我们小区的孩子，同时要付借读费的，我们梅园的居民就少付点。再有居民来问这个问题，我就可以回答了。……有些是我条线的，但有些跟我根本没有关系的，作为有心人我了解一下，以后居民问到我了，我就可以回答他。后来知道多了，他以为这些都是你的事了，就一直来问我，这个事情怎么办那个事情怎么办。我也是摸索来的，有些不是我的本位工作呀。（问：不是局限于自己的方面?）对啊，对啊，然后也从方便居民这个角度出发，居民来问你，必须要回答，不可能问到你了，就说‘喂，周老师这个事情是找你的，你来回答’，这就欠妥了。（问：那你们表面上有分工，其实个个都是通才了?）嗯，还是需要有合作的，居委里团队很要紧的。

其次，有些大型的或临时性的任务需要大家共同努力。每位工作者都是要包“块”的，如果一件任务很难归于哪个条线，又涉及整个小区的居民，就需要所有人的参与。创建“文明小区”自然要各个条线协同配合，即使是“安全小区”、“敬老小区”的创建也并非仅仅依靠治保干事或老龄干事。一次，街道派下台胞登记的工作任务。在赵书记的带动下，除了孙老师，其他人全都参与其中。所有的居民“一户一表”全部摊放在了大厅的会议桌上，大家围成一圈，埋头登记，需要找某一本，就在那堆“一户一表”中乱翻一通。下午开始的上门调查，仍然是孙老师留守，其他人分成3组分头行动。

既有分工，又有合作。只是分工并不十分严格，合作有时也显得杂乱无序。不管怎样，团结协作，还是会使工作事半功倍，就像小吴所说的：

> 虽然活儿很简单，活儿很简单，就是你有的时候，集体，全把劲儿往一处使的话，很简单的，工作不难。……要互相协作，很好做。像小郑，她会经常靠我。这个如果我们协作起来的话，会非常简单。

但是，团结协作的作用也可能会因为“内耗”而大打折扣。所谓“内耗”既是指不够和谐的人际关系，也是指同事之间的负面影响。很明显，梅园居委会各位工作者之间的关系是和谐的，但一些负面影响却也存在过。赵书记有过暗示，小吴坦承曾一度后悔：

> 肯定的，任何一个工作，到新的环境里面，都有一个磨合，包括跟同事，跟同事的相处，都是很那个。……但是环境里面，它有一些好的影响，也有些负面的影响。有一些人会跟你关系非常好，就说你工作非常非常地好，希望你留下来。也有些人就不声响的，有些话不往外讲，不和你讲，然后他就跟你说一些工作方面的负面影响，就说这里经常加班了，……反正就是不好不好的。然后我呢，刚刚从学校里出来，思想也比较单纯，判断力不是很强，然后听多了我就想退了，知道吧。但是后来想想，你只要调整过来了，适应过来了，蛮好的。

分工不分家的工作模式增加了更多的合作机会，更促进了居委会工作者彼此间“其乐融融”的程度。在赵书记的绝对领导下，各位工作者尽管有地位上的高低，却更是一个亲密融合的团队。这种亲密关系大大增强了居委会的承受力，使他们有可能承担繁忙的工作所带来的巨大压力。

## 六　繁忙的工作

作为街道的“干事”，作为居委会的“执行层”，居委会工作者要承担大量的工作任务。上班期间，他们的日常工作状态往往是：接待来访的中外居民、家政服务员、物业人员或参观人员，去街道参加会议或自己召开会议，筹划文娱、体育、讲座、出游、聚会等各类活动，电话或上门与居民联系，处理各种突发性的事件或临时性的上级任务。

这种马不停蹄连轴转的忙碌状态从最初的居委会筹备阶段就开始了。筹建居委会，百废待兴，需要做的事情一大堆，赵书记带着两位大学生四处奔忙，晚上加班成了常态。居委委员陈阿姨谈到当时的情况：

> 她们很辛苦，有的时候为了做件事情啊，或者是上门通知，上门之前预先，或者就是，加班了，经常加班的。晚上，因为有的住户是晚上才有人嘛。经常加班，然后呢，打电话，对吧。我们这个小区跟其他的小区又不一样。因为国际友人比较多，地区比较多，信仰也不一样，生活习惯也不一样，所以说，他们遇到很多困难……

所以赵书记在面试李老师的时候，会特意关照需要加班。即使在李老师和小钱先后加盟了梅园居委会以后，加班的情况仍没有多少改观。居委委员褚阿姨说：

> 有的时候，他们经常加班。现在我就觉得，小钱她们还算喘过气来了。以前她们那个加班呀，确实不定时的。周末加班那是很自然，这是周末加班。如果说平时加班，就说今天上班了，一加班加到（晚上）十点、十二点，那是常事。不用说了，经常的。因为上级经常检查，他们下边要把资料备齐。什么东西呢？现在你看，档案呀，什么资料呀，不是说完完全全的全，基本上都有。他们基本上都做的有的。我跟你说，哪一方面都有。你看这个小区里面，有的来自于国外，有的来自于中国，搞得最基层的计划生育，怎么搞？我真不明白他们是怎么搞，这是最难做的。知道吗？

褚阿姨同时提到了另外两点：一，加班往往来自上级的压力；二，小区的特殊性增加了工作的难度。事实上，梅园居委会在自身的发展过程中，也在不断地根据小区的特点调整自己的工作内容。不过，再怎样调整，街道的任务是要完成的。比如每年都要搞的募捐活动，尽管本小区内并没有捐助对象。又如，调解工作需要上报大量表格，包括不安定因素排摸汇总情况表、调解纠纷结案书、调解纠纷数字统计表及附表、街道各居委调解主任个人履历表、街道各居委调委会三级网络基本情况表、街道各居委调委会上半年度工作情况汇总表、街道一事一奖情况表、人民调解协议书、纠纷笔录和突发事件信息报告书，大部分表格是由街道司法科设计的。

在居委会的相关文件[①]中，梅园小区 2004 年的工作目标包括：

1. 巩固市级文明小区，创建区级文明小区[②]。

2. 巩固市级安全小区。

3. 创建全国物业管理示范住宅小区。

4. 成立梅园首届业主委员会。

5. 创建区级老干部工作示范点。

6. 参与建设健康社区的宣传组织和创建等各项活动。

7. 开放小区活动室，丰富小区中外居民的文化生活，组建英文小组唱、古筝班、时装班。完善舞蹈队、太极拳队和老年合唱队。

8. 创建与某部队汽车连的“双拥共建活动”。

9. 组织一年至少两次的春秋活动、中外居民聚餐活动、纳凉晚会活动、重阳节活动等。

10. 创建计划生育生殖保健咨询室，达到市规范化标准。

11. 结合小区实际，创建中外妇女特色工作示范点。

工作内容非常繁杂，而每一项都涉及规划、准备、沟通、组织、实

① 参见文件“2004 年工作目标”。

② 小区一期、二期住房的创建目标不同。

施、总结、汇报等大量活动。大部分的工作内容可以看作街道的任务，有些则需要与物业公司等组织进行合作。可以看出，基本上每一项内容都对应了一个条线，包括治保、老龄、宣传、群文、双拥、计生、妇代等。

开展活动的任务虽然由街道下达，具体活动的内容则可以由居委会自行安排。因为梅园小区的特殊性，居委会的活动一直在不断追求创新。这也增加了居委会的工作量。2004 年暑期，围绕着中小学生，居委会组织的活动包括："学生暑期欢迎会"，观看童话剧，暑期运动会两场，征文活动，书画比赛，邀请官兵、居民为学生上课，参观各类博物馆 3 次，外出游玩 1 次，科普、健康、安全防范知识讲座各 1 次，捐款捐物活动，食品制作、手工艺品制作各 1 次，为幼儿园小朋友讲故事，探望老人等①。仅仅在 7、8 两个月内，就要举行这么多的活动，其工作繁忙的程度可见一斑。

经过四年多的摸索，赵书记说，各个条线的工作已经理得比较顺了，这意味着居委会的工作已经步入正轨。小吴说自己摸透了每年群文活动的一套"程序"，李老师更是积累了自己做计生工作的一套经验，工作人员们不像以前那样经常晚上加班了。不过，在街道常规性或临时性的任务面前，在不断创新的压力面前，在高度流动的居民面前，居委会工作者，尤其是领导和前辈，都不敢轻易松懈下来。他们还是要发挥自己的主动性和创造力。

## 七　主动与创造

前文已经述及居委会的主动性，这种主动性的主要体现者就是居委会工作者。赵书记、李老师都曾提到过类似的意思，周老师也说：

> 按道理居委干部是不坐办公室的。你整天在小区里面转的，你要发现问题，找问题，不是坐在里面。现在是没办法，因为给上面的资料你必须要做。

在梅园居委会，工作的主动性很大程度上体现在创新上。高档住宅区

① 参见"梅园小区 2004 年暑期工作总结"文件。

对于赵书记和其他工作者来说，都是一个陌生的工作领域，在深浅莫测的迷津中几乎每向前摸索一步，都是一项不大不小的创新。外籍居民做居委会委员、做调解委员会委员、做业委会委员……因为小区的国际特色，这些常规工作都成了亮度不同的“亮点”。

一些创新性的服务项目则成为居委会独特的工作内容，例如家政服务、中文班以及健美操班等。负责家政服务的孙老师几乎天天从早忙到晚，这方面的服务已经成为小区居民与居委会打交道最多的活动之一。中文班完全是居委会工作人员的创造，借助这一平台能与一些洋太太们作更多交流，也可以为其他活动的开展奠定基础。健美操班一直在筹划之中，一旦开办起来，或将起到与中文班不相上下的效果。

创新或创造的说法，在周老师那里变成了“动脑筋”。所要动的“脑筋”不仅是如何创造新的亮点，更是贯穿到居委会工作的方方面面的。比如在开展工作的过程中，就要非常细心，要多问几个问题。周老师说：

> 你自己还要留心，你像这么大的车库，我每个月自己还要下去看的。有的时候和保安队的队长一起去转一转、看一看。这些事情都要自己动脑子。比方今天没有什么事情干，问保安队长，你今天有空吗，我们转一转。好啊。你要看一期，那就是一期的房子里面的消防设施。他有专门的人（检查），比方3个月一次，要检查一下消防管道。……你要去看一看，他们是不是检修过；检修过了，牌子挂了没有；消防上面的封条，他是几月份检查的；东西少了没有。灭火器4个，是不是齐？这里是干粉的，像地下室都是干粉的，是不是这样？二氧化碳的有没有？用二氧化碳的还是用清水泡沫的？

更多的脑筋是用在了如何更顺利、更轻松地完成工作上，这既涉及居委会与物业、业委会等组织间的关系，也涉及居委会与小区居民之间的关系。这就是周老师所说的：

> 你一个人的精力是有限的，你开展各种各样的活动都是有限的呀。可能的话，你就是不睡觉，要做好工作的话（也很难）。你要动脑筋，要招募资源的，帮助你共同完成各方面的任务。

所要招募的“资源”最主要的还是活动经费。如前所述，居委会的办公经费非常有限，即使加上向街道额外申请的经费，也不足以支持如此繁多的活动。根据居委会 2005 年的经费预算表，除秧歌舞、合唱队的服装制作和居委会安装空调之外，2005 年全年需举办活动 25 次，居委会需寻找赞助 46310 元[①]，而全年办公经费只有 12000 元。

赵书记在这方面，算是一位高手。她想了很多办法，动过不少脑筋，她的能力得到了很多人的承认。在小吴那里，这是跟外界借力的统筹协调能力。物业管理中心的王总经理则说：

> 我觉得，我们赵书记也想了很多办法，动脑筋，通过一些赞助商啊，或者通过外界的一些东西。但是我感觉，这一块也是蛮难的，蛮辛苦的。

不仅是活动经费，就是办公经费和一些办公设备，也要动脑筋，能省则省。对别人善意的馈赠，居委会也是来者不拒。周老师曾谈道：

> 自己动脑筋想办法呀。……我这个人工作一年，书记并没有发过一支笔给我。我们这里都没有要求过。反正有的时候吧，出的圆珠笔，什么工商赞助的，拿一点笔来，真的。上面的不好办事，它要定期的表格一大堆，有的甚至表格都不印，印个样板给你去干活，用，你自己动脑筋去。你不要说复印了，外面两毛钱一张，你到外面去印印看。你印个两千张什么价钱？就是一二百块钱去掉了。（问：这些事情都是我们自己想办法？）那当然。我们的好多东西，像书记的电话机呀、传真机，人家这里的人送的。街道又没有什么东西给你的了。我这个饮水机，18 号我去拿下来的，人家不要，就扛下来……我们这个茶几，和它是一家的，我也把它扛下来。……就是外面这个，我们的沙发全部都是人家的，人家不要的。

① 尚且不包括元宵灯谜、119 消防演习和欢乐圣诞节 3 次活动的赞助预算。

居委会资源匮乏的现状反而激发了人们的创造力，但这些更多地只是困境之下的生存技巧而已。如果居委会有朝一日能够完全依靠自身的力量独立生存，这才算是质变性的突破。类似的智慧还表现在其他方面，这就是赵书记他们所谓的“实干加巧干”。

## 八 实干加巧干

面对繁重的工作任务，居委会工作者们也有自己的对策。如果用一句话来概括，可称为“实干加巧干”。赵书记多次提到，各位工作者心领神会，甚至刚来没几天的实习生也记住了这句话。在例会上，她把这理解成态度认真，同时又要有灵活的方式方法。

从其他人宽容的微笑中可以看出，实习生的理解还不够准确。“实干”可以是态度认真，赵书记是很看重上级街道的任务的，她的工作要求也因而比较严格。不过“巧干”的含义，首先是与梅园小区的特点相联系的。

在梅园居委会，一些传统条线其实只是“空壳”，条线工作变成了“屠龙术”。原因有二：或者没有工作对象，或者条线的功能已被替代。前者如社区矫正工作。社区矫正属于综合治理委员会下面的工作，综治委员会副主任小钱和委员孙老师等人专抓社区矫正工作，5位居民组成了社区矫正志愿者队伍。但是，小区里并没有工作对象。就业援助工作与此类似，孙老师曾说：

> 在这个小区不存在就业援助员，你这样说有人好像就是失业在家的。小区也有（失业人员），但实际上他不存在要有就业援助员的。……人家虽然表面上没工作，但他没工作他住这也住不起。我就说像一般的人吧，就像我们吧，你就是送我一套房子，我也不敢住，住不起，一年就光是物业管理费就几万块，给你住你也住不起。所以住在这里的应该是蛮好的，肯定能赚到钱。

后者如卫生和治保工作。保洁和保安是物业公司所发挥的很重要的两个职能，这很大程度上替代了原来由居委会负责的卫生和治保工作。有时候，这方面的部分工作，物业也会与居委会甚至业委会合作开展。但这其中，仍然是以物业工作人员为主。不仅在梅园小区，这是所有新型商品房小区都存在的一个普遍现象。李老师说，“对我们小区来说，这个卫生工作，很轻松的。”

除了“空壳”条线，一些传统条线在梅园小区很难开展，需要进行变通。最典型的是计生工作。虽然任何小区内都有开展这项工作的必要，但在高档住宅小区确实存在不少障碍。一方面小区居民的流动性大、独立意识强，居委会并不能非常及时和全面地掌握居民的基本情况。另一方面，小区居民经济精英的身份地位也使势单力薄的居委会工作者很难引起他们的重视。还有，要把外籍人士和港澳台同胞排除出去，只以大陆居民为工作对象，也更加大了工作的难度。这一条线的情况将随后作专门的分析。

然后就是大量的常规性任务，它们是沉重压力的主要来源。对这些常规性任务，很多人讲到了虚实结合，这更接近“实干加巧干”的真正含义。年轻人对硬性分派下来的工作有些反感，有人曾说：

> 我比较烦的就是说，我们的工作有好多，就是说许多的必须要做的工作。……就像比如说那些推荐、评比。这种东西又不是实质性的评比，没有什么实质性的意义，很难搞的。反正有很多这样的工作，都不是很实的。但我们的工作本身就是虚实相结合的嘛，巧干、实干，就是虚实结合，是吧？

在评比“学习型楼组”和“学习型家庭”的时候，就存在这样的情况。没有具体的材料，也很难对哪些楼组或家庭进行比较，只好参考其他资料凑出一份文件。评比的真正意义被置之一旁，只要完成任务即可。黑板报的情况与此相似。且不说梅园小区内不允许摆放黑板报，就是允许，也很难说能有多少人会仔细地看一看。所以每月一次的黑板报，并不需要多么认真地去筹划、书写和描画。有人说，这个东西，马马虎虎就行了。

居委会一些正式文件中的资料也有不准确的嫌疑。比如有关活动的统计数据，活动是肯定组织过的，但参加的人数就不一定有这么多了。曾有一次元旦活动，居委会专门请到了一些专业演出人员。但来观看演出的居民实在比较少，演员都坐到了台下，凑凑人数。小区的流动性、经济精英们忙于事业等特点是导致这类现象的原因。老年人的人数也不准确，这是根据“一户一表”来的，但“一户一表”本身就存在问题：居民的流动情况很难及时反映进来。一位老师说，这关系不大，“虚虚实实、实实虚虚，反正街道只要求个结果”。

有时，街道分派下来的一些问卷表格只能自行补齐，因为如果晚上上门调查，不但很多人不配合，其中的一些人还可能会以侵犯了其个人自由为理由威胁上诉。一次，梅园居委会被分派参加街道组织的服务活动。本来安排了一位医生，但他太忙没空；本来周老师也可以去提供理发服务，但他又去街道开会。最终，居委会的人马只是拍了几张照片而已。

## 九 老龄条线的工作

与动脑筋筹措经费一样，“实干加巧干”也是居委会工作者重压之下、夹缝之中的一种生存之道。他们依然能找到自己的自由空间，却还不是“自由余地”[①]。这里就以老龄条线的工作为例，更详细地分析工作者身处其中的工作环境和他们的生存智慧。

老龄工作属于民政工作的一部分。在梅园居委会，许多活动都要与老年人打交道，老年人可以称得上是居委会的主要交往对象之一[②]。相比计生，老龄条线工作的开展要容易得多。根据居委会文件[③]，老龄干事的工作职责有这样几项：

> 1. 老龄工作每年要有计划、总结。敬老活动要有策划、记录、资料。
>
> 2. 掌握本小区老年人，特别是孤寡、独居、困难老人的情况，及时为他们提供帮助。……
>
> 3. 协助梅园新村街道社区服务中心抓好对“居家养老”护理人员的管理，积极牵头提供家政服务。

---

① “自由余地”可能成为权力的来源，与一般理解的“自由空间”不尽相同。参见李友梅《组织社会学及其决策分析》，上海大学出版社2001年版，第151页。

② 根据2006年年底的问卷调查，在调查对象看来，高档住宅区居委会与老年人（22.3%）打交道是最多的。

③ 参见2005年5月文件“民政老龄干事工作职责”。

4. 定期对社区中老年人开展法律、健康知识咨询和讲座，提高老年人的综合素质。

5. 老年活动室开放正常，活动内容丰富，居民自治管理有序。

6. 宣传贯彻《中华人民共和国老年人权益保障法》及《上海市老年人保护条例》，依据法律、法规，维护社区中老年人合法权益，妥善、及时处理好涉老纠纷。

不过，一些基础的工作就首先存在问题。同样是由于小区的流动性，老年人的统计数据不断变动，也很难做到精确。2003 年 3 月，60 岁以上的老人共 45 人；2004 年 12 月，这个数字变成 52 人；而根据 2005 年 1 月的文件，共有 60 岁以上老人 99 位；到了 2005 年 11 月，这个数字又有增加。小钱说：

这个，你要确切的数据很难的。飞来飞去的，哎呀，流动性太大了，跟着子女一起过来了，过一阵子又走了。有户口的人并不多，在这里，有户口的不多的。他户口不在这里，他自然要飞回自己的地方去。

根据 2004 年 12 月的统计①，52 位老人中，"人在户不在"的情况占到了 71.2% 的比例。这是流动性的体现。参见表 2。

表 2　　梅园小区 60 岁以上老人的情况

| 户籍情况 | 人数 | 男 | 女 |
| --- | --- | --- | --- |
| 人在户在 | 6 | 2 | 4 |
| 户在人不在 | 1 | 1 | 0 |
| 人在户不在 | 37 | 18 | 19 |
| 香港、澳门、台湾地区及外籍 | 8 | 3 | 5 |
| 合　　计 | 52 | 24 | 28 |

① 参见文件"梅园 60 岁以上老人名册"。

其次，老龄条线中的部分工作内容同治保、卫生一样成了纸上谈兵，比如梅园居委会的老干部工作。2004 年 2 月，居委会准备创立“社区老干部工作示范点”，但在 3 月的文件中，却很尴尬地指出：本小区并没有“人在户也在”的离休老干部①。根据其他文件，小区内的老干部有两人，实际居住的只有 1 人，亦即 80 多岁的蒋老人。

根据街道要求，居委会的老干部工作较为正规，各类报表齐全，计划、总结井井有条。按照 2005 年工作计划②，老干部工作的措施主要有：1. 建立座谈、沟通、走访制度；2. 成立“关爱老人阳光网络小组”；3. 一年三节居委领导登门拜访老干部；4. 每年举行四次大型娱乐活动，丰富老干部的文化生活；5. 小区便利店送货上门服务；6. 寒暑假组织学生志愿者上门服务；7. 根据老干部的爱好，组织旅游等活动；8. 每季度开展一次保健讲座，并经常参加街道举办的各类讲座等。然而，所有这些都是建立在极少数工作对象的基础上。2005 年的老干部总结中提到了仅有一句话的不足之处：“由于离休老干部人数较少，人气不足，系列大型活动不好开展举行。”③

此外，还有一些活动内容也没有落到实处，例如老年活动室的使用情况。根据相关文件，梅园老年活动室的面积有 123 平方米，内设茶室、棋牌室、阅览室、文化娱乐教育室、法律咨询室、休闲谈心室等，“这些活动项目是根据社区老人的普遍需要而设置、建立的”。居委会也安排了十几位老年人每天在活动室值班。但在小钱看来，活动室的环境并不好，“就像配电房一样”，老年人也没什么更多的活动，也就是打打牌、搓搓麻将而已。调查期间，老年活动室也鲜见有人光临，文件中的内容有些言过其实。

实际上，很多老年人在居委会各个条线的工作中发挥着很重要的作用。老年协会及其下属的一些老年人活动团队是小区里比较活跃的一支力量，它们的负责人和活动积极分子是与居委会工作者团结得最为紧密的一批人。对于这些老年人的作用，后文中还将涉及。如上所述，老龄工作中

---

① 参见 2004 年 3 月文件“梅园小区老干部计划”。

② 参见文件“梅园党支部 2005 年老同志计划”。

③ 参见 2005 年“梅园居委会老干部总结”文件。

依然存在着一些不尽如人意之处。不过，这样的成绩对于居委会工作者来说，已经很难得了。

### 十　资源与权力

以上内容描述了梅园居委会6位工作者的大致情况：他们都是由街道招聘而来，每人有自己明确的条线分工，但许多事情还是要共同合作；他们忙于繁重的工作任务，街道发放的工资却并不很多；在上级任务繁重、小区情况特殊和自身资源有限的情况下，他们发挥主动性和创造性，发展出一系列的生存策略。他们是居委会这间房舍的顶梁柱，是居委会这趟列车的滚滚车轮。

工作者自身的身份地位并没有赋予他们很多的资源。他们没有任何正式的权力，不能对任何人发号施令；他们也称不上富有，除工资外几乎没有其他的收入；他们的教育水平参差不齐，年轻人的教育程度更高一些，但在高学历的小区居民面前，仍不足为荣；他们的社会声望也不是很高，甚至一度遭人误解。他们能够利用的更多的还是自己的勤奋和智慧。经过持久的努力，他们可能使各种资源发生有利于自身的变化。

工作者表现出对组织和精英的依赖性特征。通过赵书记，他们可以部分借助街道的资源支持；同样通过赵书记，他们也可以使用其他组织的资源。但这些都还不够稳定，也容易受到制约。他们可能会借助家庭的力量，甚至在有的活动中拉家人出马，不过这种现象很是少见。其实，对他们来说，最有力的支持者还是部分热心居民，即活动积极分子。他们每个人都通过自己的努力团结起规模不等的一批人，而维系他们彼此间亲密关系的主要是一种人情交往的逻辑。

从这个意义上，居委会工作者所拥有的权力，是存在于交往过程中的。这是一种互动性的权力，是一种交换式的权力，却很难说是一种全然由资源决定了的权力。可见，即使资源极其有限，工作者仍有自由发挥的空间。

## 章末小结

在党支部和居委会，赵书记都称得上是“精英”。她经历丰富，能力出众，服从上级的意识强烈，这可以看作她“党性”色彩的一个表现。她拥有一定的领导才能，在居委会的创建发展过程中依靠不断的成绩积累起了自己的权威。居委会自身缺乏物质资源，依靠工作者的努力其地位和声望有所提高，但可以借用纵向与横向组织关系中的部分资源，这是赵书记所面对的组织资源情况。很大程度上，与部分居民构建起的社会关系网络是支持她“精英”地位的微观基础。赵书记的权力运作主要就在这些资源基础上展开。

居委委员是居委会名义上的主人，但他们并不具有很强的工作主动性。几位委员在骨干分子居民中选举产生，有兼职有专职，却大都很忙。退休的陈阿姨和闲居的褚阿姨在赵书记动员下参与居委会选举，但她们也都乐于参加居委会的活动。委员的正式职责很难发挥，作为议事层的监督权力也消失殆尽。委员们以赵书记为领导，但几乎与每位工作者都很熟悉。一方面，民主自治的权力并不纯正；另一方面，居委会身处的纵向组织体系提升了执行层的地位，最终居委委员成为了骨干分子。

6 位工作人员都由街道招聘而来，是居委会工作的主要执行者。孙、李、周 3 位老师的生活经历有些相似，他们富有工作经验；钱、吴、郑 3 位后辈则有外语优势，且进步很快。他们对部分居民而言，是居委干部，对街道来说，则是居委干事。他们都有分工，且相关职责的文件也越来越正式，但很多事情还是要一起去做。他们工作非常繁忙，为完成工作，必须要发挥主动性和创造力，实干和巧干相得益彰。有的条线工作很难开展，如计生；有的条线工作则可能华而不实，如老龄。总体而言，工作者没有更多的资源，他们主要依靠自身的能力、努力和团结在自己身边的部分骨干开展工作。

居委会委员空置一旁，居委会权力运作的主体变成了居委会书记领导下的工作人员。向街道负责是他们主动性的源泉，发挥主动性和创造力的过程则提供了策略运用的空间。他们自身并没有太多的资源，往往要借助其他组织或个人的资源开展工作，可以借助的对象包括纵向的街道、横向的小区组织甚至小区外的组织。不过，对他们来说更重要的是，与部分居民构建起一种熟悉的关系网络，这是完成任务的保障。

# 第五章　权力运作之一：与骨干分子的互动

居委会工作者的权力运作，亦即与居民进行互动的过程是其权力发挥作用的过程。权力所辐射的范围有大有小，距离有远有近，本章正是要分析居委会工作者与周围距离最近的人群之间的互动关系。这个人群经常被称为“骨干分子”。

## 第一节　骨干分子的特征

“挖掘”或培养骨干分子本身就是居委会开展工作很重要的一种策略和方法。一般来说，骨干分子包括支部和在职党员、楼组长、团队负责人和活动积极分子、居民代表以及志愿者群体等。不过，这些群体往往是高度重合的。

### 一　圈子和光环

2004 年的居委会文件中，谈到了支部党建工作的探索方法及思路，其中之一就是：探索挖掘各类骨干的途径和方法。2005 年的党支部工作计划中同样包括类似的文字。其实这些不过是对既有做法的总结。挖掘骨干的行动早在居委会筹备组进驻小区的第一天，就已经开始了。当时，居民代表人选的确定是居委会选举的必要条件，楼组长也就在这一确定过程中顺便解决了。

赵书记曾说，希望每个条线的每个工作人员都能有一批自己的依靠力量，要能通过一些活动与他们交朋友，这样有什么活动的时候就可以抓住他们。这意味着，每个工作人员都建立一个自己工作的小圈子。在另一个场合，她又说“各条线都要团结一批人”，每个人都有一个“光环”，这个光环越大越好。所团结的这批人正是开展活动的基础，而开展活动又是完成任务的基础。

赵书记的深谋远虑在前文已经有所体现。她说，筹划一个活动，并不是随便拍拍脑袋就决定的，也是要有长远打算的。像小郑的健美班的活动，其实就是为四五月份街道的秧歌舞比赛做准备。秧歌总要有人跳的，要找到能跳愿跳的人不得不借助这些活动。其余的中文班，甚至筹备中的宠物俱乐部，都包含类似的意图：通过活动认识、了解和团结居民。

一次，居委委员陈阿姨到居委会来串门，李老师也在聊天过程中谈到，居委会现在能依靠的主要是一个以老年人为主的小圈子。这些老年人自身就是一个趣缘群体，比如一起打打太极拳了。他们可能来自老的小区，依靠子女搬到了这里。他们还是习惯以前的生活方式，愿意经常在一块聚聚，也熟悉居委会的活动，对居委会的活动还是比较支持的。李老师说，他们“被我们使用的频率是很高的”，经常是这些活动找他们，那些活动还是找他们。其余年纪轻些的居民，就比较难发动，更不要说外籍居民了。

“圈子”也好，“光环”也罢，还是更为常见的“队伍”的说法，都是类似的含义：居委会工作者开展工作，很大程度上要依靠身边的骨干分子。工作者要维持“圈子”的一定范围，维持“光环”的一定亮度，维持“队伍”的一定规模。做到了这些，他们的工作有望变得轻松自如、游刃有余；如果做不到，或将步履沉重、举步维艰。

## 二　楼组长与居民代表

前文曾述及，居民楼组是居委会的重要下属机构。尽管组织形式还不够正式，但组织成员，即各位楼组长却是居委会工作的基础力量之一。根据 2003 年 1 月的文件[①]，一期 17 位楼组长的基本情况是：女性比例 75%，平均年龄 52 岁，大专大学学历占 50%，闲居在家或离退休人员所占比例是 75%。

按照小高层每个楼道 1 位、高层 2—3 位的设置原则，梅园小区的楼组长数量在 60 人以上，但这些人不一定全部都跟居委会工作者熟悉。而

① 参见文件“楼组长”。

且，楼组长的名单也在不断地变化。一方面是因为小区居民的流动性；一方面则可能是由于楼组长自身的意愿。这就需要工作者对楼组长队伍及时进行调整。2004 年 12 月的文件①显示，工作者通过上门走访，“重新”建立起了楼组长队伍。这其中既有在职党员，又有离休干部。

居民代表也来自楼道，而且与楼组长有相当程度的重合。2002 年 12 月的梅园居委会首届选举期间，共有居民代表 62 位。赵书记谈到当时这些代表的情况：

> 我们的居民代表，其实是来自于每一个楼道。每一个楼道都有两个居民代表，其中一个是楼组长，就是说我们楼组的联络员，是这样。我们这个涉及的面也是非常广的，每个楼道都有这样两个代表过来，参加这样的选举。这些楼组的联络员也好，代表也好，其实都是平时比较热心于公益事业，然后也比较关注小区的一些管理呀、小区的一个发展的。大家觉得由他们来做代表，更有代表性。也是通过我们当初走访居民、登记的时候，就是把骨干挖掘出来的，是这样。

到了 2006 年年初，梅园居委会的居民代表数目仍是 62 人。根据相关统计，他们的基本情况是：女性人数多于男性；最高年龄 81 岁，最低年龄 32 岁，中青年人较多，平均年龄 47.4 岁，比楼组长的平均年龄更轻；教育程度非常高，大学及以上的比例是 58.1%；在职人员 41 人，比例是 61.1%，其中自由职业者 22 人；共有 3 名外籍居民代表；中共党员 27 人，比例较高。与前述小区居民的基本情况作比较，年龄与教育程度的情况大体一致。可以看出，一方面代表素质较高，对居委会来说，可能加以利用的资源较多；另一方面在职人员较多，这一定程度上决定了他们无法参与居委会更多的实际工作。

党员比例超过 40%，意味着不少梅园党支部党员和一些在职党员担任起了居民代表，这是赵书记权威的体现。不过，总体来说，居民代表与居委会工作者的熟悉程度要差于楼组长。在职人员普遍比较忙碌，不能保证有充足的时间参与居委会的活动。没有充分的交往，也就很难使彼此的

---

① 参见文件“2004 年梅园居委治保工作总结”。

关系上升到熟悉的程度。周老师曾说，许多人所谓的“自由职业”其实是不愿向别人透露自己的职业，“别人”中自然包括居委会工作者。

表 3 居民代表的基本情况（2006）

| 基本资料 | 类　别 | 人　数 | 有效比率（%） |
|---|---|---|---|
| 性别 | 男 | 22 | 41.5 |
| | 女 | 31 | 58.5 |
| 年龄 | 40 岁以下 | 22 | 35.5 |
| | 40—50 岁 | 21 | 33.9 |
| | 50 岁以上 | 19 | 30.6 |
| 教育 | 初中及以下 | 3 | 4.8 |
| | 高中中专 | 14 | 22.6 |
| | 大学大专 | 39 | 62.9 |
| | 研究生 | 6 | 9.7 |
| 职业 | 自由职业 | 22 | 35.5 |
| | 公司 | 19 | 30.6 |
| | 退休 | 18 | 29.0 |
| | 其他 | 3 | 4.8 |
| 国籍 | 中国 | 59 | 95.2 |
| | 外国 | 3 | 4.8 |
| 政治面貌 | 中共党员 | 27 | 43.6 |
| | 群众 | 29 | 46.8 |
| | 其他 | 6 | 9.7 |

## 三　调解员与志愿者

梅园小区的调解委员会于 2003 年 2 月 25 日在居委会正式挂牌成立，当时的参加者除一些领导外，主要是各位楼组长。调解委员会包括 24 名业余调解员，基本上是每栋楼 1 人。根据 2003 年 3 月的文件①，24 人中，男性 7 人，女性 17 人（比例是 70.8%）；外籍居民 3 人，他们本身已经

① 参见文件“业余调解员”。

是调解委员会的正式成员了。对照名单可知，大部分业余调解员本身就是楼组长，或者说部分楼组长直接就转成了调解员。

与调解员相比，志愿者的队伍类型要更加多样。2004 年的一份总结性文件[①]显示，梅园小区中存在的共青团、妇联、老年协会、侨联联络组、“女士俱乐部”等团体组织及活动沙龙中的组成人员，都属于志愿者队伍。

但在周老师看来，楼组长、党员都是顺理成章的志愿者。志愿者不拿报酬，各方面的工作都可能参加。他这样描述志愿者们的主体：

> 比方说是，男的，在外面打工比较忙，他有事业的。女的在家里领领小孩，就是富裕一些的，她也没什么事干。这种人，素质还比较好，喜欢唱唱歌，或者跳跳舞的，热心于居委会工作的，把她们组织起来，参加我们志愿者。交通文明执勤、地铁执勤，我们都做的呀。

小区包括 28 名法律志愿者。根据 2003 年 5 月的文件[②]，28 人中，男性 7 人，女性 21 人（比例恰好是 1∶3）；年纪最小的 24 岁，最大的 82 岁。只有 22 人提供了职业信息，其中“自由职业”者 9 人，比例最高（32.1%）；其次是“退休人员”，共有 7 人，比例是 25.0%；其余包括离休干部 2 人、公司人员 2 人、律师和居家各 1 人。

为老服务也需要志愿者，不同文件的志愿者名单有一定的差别。2003 年 4 月的文件[③]中记录了 13 位志愿者的部分信息，其中只有一位男性，即 80 多岁的魏老人。某种程度上，居委会老年活动室的值班人员也可以看作老年活动的志愿者。在 2003 年的 9 月，这一名单有两个版本[④]，一个包括了 12 位老人，另一个则增加到 20 位，其中的男性分别占到了 1/3、1/4。

志愿者的总人数看似不少，但实际参与每次志愿者活动的人数却并不多。2005 年第一季度，志愿者参与最多的一次不过 15 人。参见表 4。

① 参见文件“精神文明年度总结（2004 年）”。

② 参见文件“法律志愿者统计表”。

③ 参见文件“梅园志愿者名单”。

④ 参见文件“梅园老年活动室简介”和“文教—梅园小区学习讲座安排”。

表 4 **志愿者活动报表（2005 年一季度）**

| 时间 | 活动主题 | 服务项目 | 志愿者人数 | 服务人次 |
| --- | --- | --- | --- | --- |
| 1 月 | 帮困助学签约活动 | 联络学生、打印签约书、接待等 | 9 | 35 |
| | 带外籍居民参加慈善活动 | 组织居民、翻译、维持现场秩序 | 8 | 28 |
| | 中外家庭踢跳比赛 | 组织、通知居民，主持活动节目等 | 15 | 136 |
| 2 月 | 老年人健康讲座 | 宣传老年饮食、起居的健康生活方式 | 5 | 19 |
| | 为离休老干部提供服务 | 家政服务员打扫卫生 | 3 | 2 |
| 3 月 | 植树活动 | 协助物业绿化工人植树 | 5 | 120 |
| | 学雷锋 | 协助物业工作人员参与维修工作 | 10 | 50 |
| | 组织女性居民科技游 | 照顾老年居民 | 3 | 15 |
| | 昆山一日游 | 组织中外居民、翻译、主持文艺节目 | 9 | 98 |

由于没有更详细的信息，志愿者的基本情况只能了解到这些。不过，其他群体的资料也可以起到参考作用，比如合唱队的成员信息。

### 四 合唱队及其他团队

梅园小区的老年合唱队成立于 2003 年 8 月，一般是每周二的下午进行活动。在不同的时期，其人数也有变化。2003 年 9 月，合唱队参加了街道组织的比赛，参赛名单共有 17 人①，8 位男性、9 位女性，性别方面的差别不大。合唱队的总人数还要比参赛人数更多。而根据 2004 年 3 月的统计，合唱队的人数减少到 16 名，其中男性 5 人，女性 11 人。又到了同年 11 月份，合唱队的队员数目又增加到 35 人。人数的增减变化与街道是否组织比赛有很大的关系，在比赛的压力下，居委会工作者也会增大动员的力度。

① 参见文件“老年合唱队服装名册”。

除了合唱队，梅园小区还有舞蹈队、拳操队等群众团队。根据2004年的相关文件①，这些团队的基本情况如表5所示。

表5　**梅园小区的团队情况**

| 团队名 | 人数 | 女性比例（%） | 成立时间 |
|---|---|---|---|
| 太极拳操队 | 19 | 52.6 | 2002年5月 |
| 英文学习班 | 6 | 50.0 | 2003年1月 |
| 英文歌曲班 | 15 | 46.7 | 2003年3月 |
| 秧歌舞 | 10 | 100 | 2003年5月 |
| 暑期书画班 | 14 | 57.1 | 2003年7月 |
| 小报制作班 | 13 | 61.5 | 2003年7月 |
| 老年合唱队 | 27 | 55.6 | 2003年8月 |
| 扇子舞 | 12 | 100 | 2003年8月 |
| 功夫扇 | 15 | 100 | 2003年11月 |

与合唱队相似，舞蹈队、拳操队的人数也不断地发生变化。2004年3月、11月，舞蹈队的人数分别是17人、20人；2004年11月，拳操队的人数则达到了46人。按照魏老人的解释，人数的变化同小区居民的高流动性关联密切。

上表并没有反映出所有团队的情况，一些新的团队随后被不断地创造出来。例如每周一下午活动的古筝班，2004年3月时共有成员9人，全部是女性。又如每周四上午活动的时装队，成员6人，也全部是女性。还有乒乓球队，每天下午都有活动，2004年11月的时候，人数有22人。

团队及其成员的情况变化都与居委会工作者有关。团队的成立是工作者们推动的结果，团队成员人数的盛衰则部分受制于街道任务压力的轻重。居委会工作者以女性居多，团队成员也以女性为多，动员同性居民参与活动或许会更容易一些，而较多退休或闲居在家的女性则为工作者提供了充足的工作对象。

① 参见2004年11月文件“文教—各文体队伍活动安排”。

## 五 身兼多职

无论是前文曾述及的魏老人、蒋老人的大量职务身份，还是楼组长和居民代表之间的重合现象，都透露出一个信息，即党员、楼组长、居民代表、志愿者以及各种团队成员可能是高度重合的。他们往往一身兼数职：今天参加唱歌，明天去打乒乓，后天又来参加会议。同样的一批人，摇身一变，就生发出多种多样的群体或组织。

2002 年年底选举期间，楼组长肯定是居民代表；支部党员只要是小区居民，往往也是居民代表；在职党员几乎也都顺理成章地成为居民代表。62 名居民代表中选出了 9 名正式候选人，其中有 6 位小区楼组长，均为女性；有 3 位小区党员，女性 2 位、男性 1 位。

调解委员会的业余调解员全部是居民代表，24 人的名字与 16 人的楼组长名单重合了 14 位，绝大多数也都是楼组长。法律志愿者的情况与此相似。总数 28 人，除去 6 名非小区居民，其余 22 人的名字与楼组长名单重合了 11 位，与业余调解员的名单则重合了 18 位，重合率为 81.8%。其他志愿者与团队成员的身份重合情况可参见表 6。其中，活动室值班者与合唱队队员的身份重合率达到 78.3%。

**表 6　骨干分子的多重身份**

| 序号 | 名字 | 楼组长（03.1） | 调解员（03.3） | 法律志愿者（03.5） | 其他志愿者 | 活动室值班者 | 合唱队 | 舞蹈队（04.3） | 时装队（04.3） |
|---|---|---|---|---|---|---|---|---|---|
| 1 | HG | √ | √ | √ | | | | | |
| 2 | HJ | √ | √ | √ | | | | | |
| 3 | 魏 | √ | √ | √ | √ | √ | √ | | |
| 4 | FL | √ | √ | √ | | | | | |
| 5 | YW | √ | √ | √ | √ | | | | |
| 6 | DZ | √ | √ | √ | √ | | | | |
| 7 | 陈 | √ | √ | √ | √ | √ | √ | √ | |
| 8 | QC | √ | √ | | | | | | |
| 9 | ZZ | √ | √ | √ | √ | √ | √ | | |

**续表**

| 序号 | 名字 | 楼组长（03.1） | 调解员（03.3） | 法律志愿者（03.5） | 其他志愿者 | 活动室值班者 | 合唱队 | 舞蹈队（04.3） | 时装队（04.3） |
|---|---|---|---|---|---|---|---|---|---|
| 10 | YL | √ |  | √ | √ |  |  |  |  |
| 11 | XS | √ | √ | √ |  |  |  |  |  |
| 12 | BJ | √ | √ |  | √ |  |  | √ |  |
| 13 | XH | √ | √ | √ |  |  |  |  |  |
| 14 | XL | √ | √ |  |  |  |  |  |  |
| 15 | PL | √ | √ |  |  |  |  |  |  |
| 16 | EV |  | √ | √ |  |  |  |  |  |
| 17 | 杰克 |  | √ | √ |  |  |  |  |  |
| 18 | YG |  | √ | √ | √ | √ | √ | √ |  |
| 19 | 褚 |  | √ | √ | √ |  |  | √ |  |
| 20 | 蒋 |  | √ | √ | √ | √ | √ |  |  |
| 21 | SL |  | √ | √ |  |  |  |  |  |
| 22 | JZ |  | √ | √ |  |  |  |  |  |
| 23 | JD |  | √ | √ | √ | √ | √ |  |  |
| 24 | QY |  |  | √ | √ | √ | √ |  |  |
| 25 | YY |  |  |  | √ | √ | √ |  | √ |
| 26 | WL |  |  |  | √ | √ | √ |  |  |
| 27 | ZB |  |  |  | √ | √ | √ |  |  |
| 28 | LG |  |  |  | √ | √ |  |  |  |
| 29 | ZM |  |  |  | √ | √ | √ |  | √ |
| 30 | FS |  |  |  | √ | √ | √ | √ |  |
| 31 | RY |  |  |  |  | √ | √ |  | √ |
| 32 | FF |  |  |  |  | √ | √ |  | √ |
| 33 | XQ |  |  |  |  | √ | √ |  |  |
| 34 | RF |  |  |  |  | √ | √ |  |  |
| 35 | QS |  |  |  |  | √ | √ |  |  |

续表

| 序号 | 名字 | 楼组长（03.1） | 调解员（03.3） | 法律志愿者（03.5） | 其他志愿者 | 活动室值班者 | 合唱队 | 舞蹈队（04.3） | 时装队（04.3） |
|---|---|---|---|---|---|---|---|---|---|
| 36 | HL | | | | | √ | √ | | |
| 37 | ZM | | | | | | √ | √ | |
| 38 | LX | | | | | | | √ | √ |

注：“其他志愿者”中包括2003年3月的“义工”、2003年4月的“志愿者”、2003年9月的“老年志愿者”及“为老服务志愿者”；“活动室值班者”中包括2003年9月和2005年2月的值班人员；“合唱队”则包括2003年9月和2004年3月的合唱队队员。

可以看到，38人中的14人具有双重身份（比例36.8%），11人具有3种身份（比例28.9%），拥有4种身份及以上的骨干分子也有11人，包括居委委员陈阿姨、褚阿姨以及蒋、魏两位老人。他们就是居委会工作者团结起来的赖以开展工作的基本力量。

由于资料的缺乏，表6并没有显示出所有的情况。在表中所列的8种身份中，另有33人只具有其中一种身份，他们的情况没有收入表格。不过，他们中部分人的名字也可能出现在其他一些居委会组织的活动之中。

## 六 一个典型：魏老人

2006年，魏老人85岁。他个子不高，身体消瘦，却很壮实；头发已经全白，眉毛长长的，一副长寿的模样。他待人彬彬有礼，与人讲话气定神闲、温文尔雅，是一位谦谦老者。各位居委会工作者只要一谈起他，“德高望重”四个字几乎是必不可少的。

魏老人的老家在东北，他曾经受过许多磨难，包括在工厂里做学徒和“文革”中受批斗。他在北京工作几年以后，到了新疆。在新疆工作到60岁，又去了日本，因为日本老伴儿想回国看看。在日本又是二十几年，2001年的时候回到中国，入住梅园小区。他说自己没有任何证书，包括学历、职业甚至结婚证书，但却精通许多技术和才艺。在任何单位，他的技术都是最好的，工资也是最高的。他懂日语、识简谱，能打球、会唱歌，而且样样都不比别人差。他说这是由于自己要强的心理：

我是不管干什么，都是自己下功夫，我绝不落在人家后头。这举个例子啊，我在日本退休以后，……到一个老人活动中心。……在那边唱歌也是这样的，人家头一天发给影带了，我拿回去就练，晚上我都半夜不睡觉了，在那里唱。……我先，不打无准备之仗，我准备好，把那一个个练熟了，去了以后我能唱对它，老师也高兴，所有的那些一块唱歌的学员都非常尊敬我。就是因为你事事都做在人家前边，自然受尊敬。这是什么情况，就是这个要强心理支配着，无论我怎么下功夫，都不落在人家后头，叫什么笨鸟先飞嘛。

虽然要强，为了把事情做好可以暗地里下功夫，但与人打交道却绝不强硬。魏老人总结自己的交往原则说：

我自己总结了一个，什么事情都是“满招损、谦受益”。……人就是这样，你敬我一尺，我敬你一丈；你尊重我，我也就尊重你；你瞧不起我，我也就不理你，是不是这样的情况？所以说，互相尊重，这样大家才能互相挺好。……我这老伴儿，那真是叫体已待人，任何事情都替别人着想，从来没有争先恐后过，我们要去沾别人便宜，这个一点也没有。

认真做事，随和交往，使他很容易地与居委会工作者打起了交道。他这样说：

2001 年 2 月来的，现在六年都多了。第一个原因呢，我到这里来比较早。第二个原因吧，我的年龄也比较大，参加任何活动，都没有比我岁数大的。再加上我本人吧，可以说是，经过了苦难的生活，性格也磨炼得吧，比较绵软，不愿意和别人争高低、论短长，待人处世尽量，谈不上屈已待人吧，总是对人要谦虚一些，多体谅着别人。所以这里居委会成立了以后呢，居委会有些什么活动，我都积极参加。

魏老人兴趣广泛，喜欢参加各类文艺、体育活动，这是他积极参加居委会活动的一个原因。除此之外，还与他对居委会的看法有关。在他看来，居委会“是代表中国政府的基层组织”，他对居委会是非常拥护的。他说：

> 因为我能积极参加，能起带头作用，它居委会对我的印象是很好的。我也就是本照着，一个是个人爱好，响应居委会的号召，响应政府的号召吧，所以就积极参加这些活动。

有这样的积极性，居委会工作者自然是求之不得。魏老人认真负责的态度，更是固化了这种合作关系。从楼组长到志愿者，从歌唱比赛到居民会议，他担负起了大大小小一二十种职务，参加过的活动更是难以计数。他幽默地把自己比作穆桂英，“阵阵少不下”。

魏老人最主要的身份有两个，一个是太极拳操队的队长；一个是日本友人亲睦会的会长。每天早晨，他都准时出现在广场，组织大家一起打太极拳，这已经持续了几年的时间。他认真负责的态度得到了很多人的称赞。这方面的情况前文曾有介绍。日本友人亲睦会又叫中日朋友会，也是2002年成立的。魏老人夫妇先是成功地帮一对“中日合作”的国际家庭解决了婚姻危机，居委会赵书记以此为契机，倡议成立亲睦会，由魏老人担任会长。他说：

> 小区里外国人很多的，它（居委会）就想到了这一点。你说，外国人，日本人嘛，你到中国来了，语言不通，地理不熟，生活环境不一样，习惯不一样，大家都有困难，是吧。想到了这一点。能够让这个小区安定团结，不出什么问题，首先要让大家过得很幸福，没什么纠葛呀，没什么不和，不出什么事情，这样才能尽到政府的责任吧，对大家都好。

魏老人入住小区的时间最早，更加熟悉情况，可以为随后搬来的日籍居民提供生活方面的建议。此外，亲睦会组织过几次聚会活动，也参与解决了一些矛盾纠纷。亲睦会解决矛盾纠纷的效果要更好一些。在魏老人看来，居委会出面调解一些国际通婚家庭的矛盾，“好像是政府就参与了”，而亲睦会出面，则是通过私人关系、朋友关系，这更容易让那些家庭接受。亲睦会为小区的稳定作出了贡献，但魏老人却对居委会的领导作用更为推崇：

所以这样呢，咱们这个小区，没有什么重大事故，都很安定，都很好。这就是跟我们居委会的领导作用，组织得好，做得到位，是有关系的。

参与组织太极拳和朋友会的一些活动，魏老人自言收获很大，这主要表现在两个方面。一个是精神上受益，“精神舒畅”，身体自然更加健康。他自费刻录了太极拳的光盘送给新队员，这为他赢得了无数赞誉。他并不看重物质上的回报，认为精神愉快更重要。另一个是促进了交流，交了很多朋友。他说：

一个是交流感情，互相都成了朋友。另外丰富了知识，解除了精神上的苦闷。收获是无限的。……你说不然的话，（大家怎么交流?）你住在5楼，他住在3楼，没有机会见面，没时间在一起交谈的。通过这个，大家互相都交上了朋友，很好的。

魏老人所参与的活动自然不止这些。募捐活动、合唱比赛他积极参与，居委会组织的各种会议他也几乎有呼必应。魏老人谈到参加党员会议的情况：

它不管有什么活动，我都积极参加。居委会经常开会、选举了，或者什么党员开会呀、党员学习或者什么，也要我参加。因为我是个普通老百姓，就是等于群众监督，就是看他们是不是认真学习，学党的政策，是不是真正地做到了这些，起到个监督作用吧。这样的，都要我参加。因为我参加一些先进性学习（即先进性教育活动），上级领导来检查工作，就是看他们学习怎么样，会用得着我谈谈话。因为我是正面的，只能替居委会说好话，不能说坏话。本来也没什么坏话好说。……我都参加，有什么会议我都参加。

频繁地参与居委会活动，魏老人与居委会工作者之间已经非常熟悉。他了解居委会成立以来走过的每一步路，赵书记她们的辛苦和成绩他都看在眼里。这种亲密的关系，再加上他对居委会“基层领导”地位的认可，使他“只能替居委会说好话”。他这样介绍说：

就像我们的，尤其是赵书记，小钱书记，她们确实工作很负责，对待群众的态度非常好。书记是，对待老人啊，特别尊重。另外一个就是，最早我认识赵书记……她不但是组织一些群众呀，这么一些活动，她都积极参加，而且带头参加。……你说，一般的作为领导，你就是发号施令就行，可她硬是亲自带头。对我来说，我是非常尊敬，像这样的党的支部书记，确实是够个模范。所以说，像上面来调查啊，他们一问，我们就实事求是地讲吧，本来就是很好嘛，我本身就是很崇拜的。你想想，我给她，要调查我对她们的情况的反映，我自然不能说坏，那除非灭了天良，是不是？本来就好嘛。

赵书记的人格魅力竟使魏老人“尊敬”以至于“崇拜”，而在赵书记她们看来，魏老人同样非常值得尊敬。双方在交往的过程中互相尊重，增进了解，不断熟悉，最终成为关系亲密的朋友。魏老人总结道：

论公，她们是居委会的书记呀、主任，我是这里的居民，是这么个关系。但由于交往密切，互相非常信任，互相尊重，就成了朋友，是不是？就是这样。

顺理成章地，魏老人获得了大量的奖励和荣誉。一辈子和和美美的老夫妻被推荐为“和睦家庭、恩爱夫妻”，既有奖状，又有奖杯。八十多岁还骑自行车上街，家里只用节能灯，所以又被选为“绿色环保家庭”。2004 年，魏老人被评为街道“精神文明十佳好市民”。

## 第二节　团队活动与比赛

骨干分子大多是中老年女性，他们往往退休或闲居在家，而老年人与中年女性的需求又有区别；骨干分子的人数大概有六七十名，核心骨干约有二三十人，且可能不断变动，工作者们努力的目标之一就是扩充并稳定骨干分子的人数；骨干分子往往身兼多职，同时在几个方面参与居委会的活动……这些算是骨干分子们的基本特征①。这些特征带有很强的居委会工作的烙印，很大程度上，它们是与居委会工作者开展活动相适应的。

### 一　活动的意义

对于骨干分子来说，居委会组织的大量活动还是有意义的。

无论是退休在家、子女忙于事业的老年人，还是闲居在家、丈夫工作、孩子上学的中年女性，都需要满足至少3种不同层次的需求：社会性交往的需要、获得尊重的需要和自我实现的需要②。梅园小区的几个特点：国际色彩、独立意识和流动性都对居民之间的交往产生了阻碍作用，在家的居民经常是只能困在一个小圈子里面，朋友减少，孤独感却增多。退休或闲居在家的居民也更容易产生一种空虚感，没有职业地位做保障，自尊的心态也可能受到影响。他们更倾向于做一些力所能及的事情，在做事和得到肯定的过程中重新发现自己的价值。这在魏老人身上体现得比较明显，尽管他的心态一向很好。

但老年人和中年女性的需求也并不完全一致。老年人可以在老年活动室里打打牌、下下棋，也可以在居委会的组织下练练拳、唱唱歌，这其实在任何一个小区都没有很大的差别。中年女性对活动的要求就要更高一些，即使参与唱歌，可能要唱英文歌；即使参与锻炼，也可能只练健美

① 2006年年底的问卷调查可做参考。在调查对象看来，居委会与老年人（22.3%）打交道最多，其次分别是家庭妇女（18.0%）、党员（13.3%）、物业保安（11.8%）、青少年（10.0%）、外国人（9.0%）、清洁工（5.7%）、在职人员（4.3%）、残疾人（4.3%）、其他（1.4%）。排在前几位的多是骨干分子。

② 社会心理学家马斯洛的“需要层次论”把个体的需要大致分为由低到高的5个层次，即基本的生理需要、安全的需要、爱与归属的需要、自尊与受到尊重的需要及自我实现的需要。

操。其他文艺、聚会等活动，也大体如此。古筝班、时装队之类的团队，就是只以中年女性为对象。

这就要求居委会组织的活动要更具吸引力。吸引力的提高无论对何种类型的居民来说，都是受到他们欢迎的。组织旅游活动要花费心思去寻找更有魅力的景点，烧烤活动要开动脑筋去调动大家的参与热情，活动的形式更是不断翻新。2004 年，梅园居委会组织过的文体活动包括：舞龙舞狮、放风筝、游泳比赛、交谊舞比赛、乒乓球比赛、时装班开班、健身操、拳操、绳操、秧歌舞等，花样可谓繁多。如果一项活动，居民自愿乐意参与，这是居委会工作者也想看到的皆大欢喜的场面。

## 二 骨干的作用

毫无疑问，骨干分子在居委会各类活动中正是起到了“骨干”作用。在前文有关骨干分子特征的介绍中，这一点已经有所体现。这里将做更具体的说明。

骨干分子一般是具有某个或某些正式文件中规定的身份，例如楼组长、志愿者，其中一部分人更是具有需担负一定责任的“领导”身份，如团队队长、领导小组成员等。每种身份都暗含了某些规则，都负载着一定的义务，只是正式的程度有高低之别。其中，最基本的义务就是要积极参与到相关的活动之中，能出力则出力，不能出力也可以捧捧人场。

“正名①”之后，骨干分子们就顺理成章地投入到各类活动之中，支持居委会工作任务的完成②。根据相关文件，2003 年“非典”期间，“广大楼组长和居民代表积极响应居民区党支部的号召，加入到志愿者的队伍中来，帮助社区工作者一起通过电话询问在家进行医学观察的返沪人员的体温和身体情况；在居委会工作人员人手不够时，还主动提出帮助购买日用品”③。特殊时期如此，平常的日子里更是全方位地参与居委会的常规

---

① 语出《论语·子路》。

② 2006 年年底的问卷调查，高档住宅区的调查对象多为骨干分子。他们对于居委会组织的活动，选择“只要有空就一定参加”的有效比率是 81.5%，选择“内容合适才参加”的占 18.5%，参与率百分之百。

③ 参见 2003 年 5 月文件“可敬可爱的志愿者”。

性工作。

根据2004年居委会工作目标的文件，几乎每一条内容，从创建文明小区到组织纳凉晚会，都需要骨干分子们的支持①。在2005年梅园小区“民主法治示范居委会”的创建工作中，需要组织系列法制讲座，讲座内容包括涉外婚姻的法律规定、变盗为抢的应对措施、房屋质量纠纷、合同签订的注意事项、老年人交通安全等。根据居委会文件②，5场系列法制讲座的参与人员均为17人。除6位居委会干事以外，其余11人中的9人都包括在了表5骨干分子人员的名单中。这与表6其余团队队员的情况可相对照。

有时，骨干分子参与活动仅仅是凑一凑人数，就像听讲座的居委会工作者那样。也有很多时候，骨干分子是要作为活动的主角登台亮相的。2004年5月，在一份居委会组织活动的筹备方案中，可以看到这些信息：走访某些居民家庭，邀请他们参加；拜访某居民，让他的孩子表演节目；拜访魏老人，请他的夫人做一些点心；拜访某居民家庭，请她帮居委会包水饺；联系合唱队负责老师，组织英文合唱等。这只是一个例子而已。实际上，像魏老人等多才多艺的骨干是经常在一些聚会中弹琴唱歌的，在居委会早期组织的活动中尤其如此。

不仅积极出力，有的时候，骨干分子甚至还会以物质支持的方式参与到某些活动中。募捐活动本就是要捐钱捐物，还不足以说明情况。陈阿姨的丈夫就曾为居委会直接提供活动经费，魏老人为聚会活动准备的点心、为太极拳新手们准备的光盘也是证明之一。2004年4月，居委会筹备一次聚会活动，居委会直接向居民争取赞助。文件中这样说：“因为居委会属于非营利性的组织，没有资金来源。如果哪位居民或您的朋友有意赞助本次活动，请……与我们联系。”可以想见，如果真的有人赞助，也很可能是骨干分子或其家庭中的一员。

骨干分子们的作用还可以参见表7，70.8%的女性比例与前述特征可相印证。

---

① 工作目标的具体内容可参见第五章第三节。

② 参见“法制讲座记录2005年”系列文件。

表 7 部分活动统计（2004 年一季度）

| 活动时间 | 主要内容 | 参加人数 | 女性比例（%） |
|---|---|---|---|
| 1 月 15 日 | 新春团拜会 | 35 | 82.9 |
| 1 月 26 日 | 迎春长跑活动 | 98 | 57.1 |
| 2 月 4 日 | 帮困结对、慈善募捐 | 45 | 77.8 |
| 2 月 5 日 | 猜灯谜、闹元宵 | 53 | 69.8 |
| 2 月 12 日 | 消防讲座 | 49 | 77.6 |
| 2 月 17 日 | 党员活动 | 23 | 78.3 |
| 2 月 6 日 | 带外籍居民参加第一八佰伴的活动 | 5 | 40.0 |
| 3 月 3 日 | 带外籍居民参加“三八”妇女节的活动 | 7 | 42.9 |
| 3 月 5 日 | 美容讲座 | 35 | 80.0 |
| 3 月 8 日 | 服饰搭配讲座 | 37 | 70.3 |
| 3 月 17 日 | 免费测量血压 | 25 | 68.0 |
| 3 月 28 日 | 春游 | 50 | 76.0 |
| 合计 | | 462 | 70.8 |

表 7 共记录了 12 项活动，平均的参加人数是 39 人。这样的活动规模只需要找较为熟悉的骨干分子参加即可。小规模的活动多为熟悉的居民参加，大型的室外文艺娱乐活动一般也能吸引更多的陌生居民参与。一般来说，开展活动都需要保证一定的人数，居委会工作者无法再把这一任务分派给各楼组长，他们往往要挨个通知熟悉的居民，动员骨干分子们参加。有时，一些居民口头答应了，却由于种种原因不能前来，所以工作者需要联系更多的人，以作备用。有了可控制的一定的人数，再加上部分被吸引而来的陌生居民，活动的场面看起来就能够过得去了。

### 三 设立团队的背后

前文在介绍老年协会、太极拳队、中日朋友会等组织对多处已经提到过居委会在组建各类群体组织等方面的作用。这基本上是一种主导性的作用。相对来说，老年协会这样的正式程度更高一些的组织更多地是在街道的指令下成立的，其实际作用的发挥还不如各类群体性团队。各类团队由居委会推动成立，所设立的团队种类也较为灵活，可以更贴近居民的实际需要和兴趣爱好，也因此具有更强的活力。

团队设立的目的很明确，就是为了更好地开展居委会的工作，为了更顺利地完成街道交办的各项任务。这正是赵书记鼓励小吴举办中文班、催促小郑筹办健美操班的最终目的。团队活动是完成任务的手段，目的与手段是不允许“倒置”[①] 的。在例会上，她告诉小吴，既要“抓住契机，把蛋糕做大”，又不能投入太多的时间和精力，毕竟居委会的任务很繁重。在她看来，如果团队活动反而影响了其他工作的完成，就得不偿失了。

设立团队已经成为各个小区居委会开展工作的基本策略之一，其中包含街道授意的成分。街道方面也希望看到居民区中团队活动的兴盛，会采取一些措施鼓励其发展，比如组织合唱、秧歌舞比赛以调动居民参与的积极性，又如在老年大学、社区学校中开办各种兴趣班以培养活动骨干。对于主要由居委会来推动的团队建设，街道是支持的。

街道的部分资源也就成为居委会工作者可以利用的第一种资源。教太极拳或唱歌的老师可以向街道“要”[②]，活动经费可以向街道申请，一些基本的活动设备也可能需要街道支援。除了这些具体实在的有形资源，像街道积极支持的这种无形的“空气”本身也可以成为居委会工作者对居民进行动员的资本。

居委会自身的组织资源是极为有限的，可以借助的其他组织的资源也并不充足。一些团队的活动可以露天进行，例如太极拳队，它们的成本是最低的。居委会的老年活动室为合唱队、古筝班之类的团队提供了场地，但活动室的环境并不令人满意。相对而言，居民更喜欢到会所去参加团队活动。居委会与物业的关系改善之后，会所也能为居委会的活动提供一些方便，但这也受到很多限制。就像小郑一直筹备的健美操班，就只可能见缝插针地在会所健身房的空闲时间内举行。对会所空间的使用是居委会无法做主的。

设立团队，一方面需要满足一些外在的条件；一方面也要有人参加。

---

① “目的与手段倒置”的说法由默顿提出，意指科层制中，把本是手段的某些制度规则当成了组织的目的去追求，却忽略了真正的目的。

② 如果居民同意，也可以大家集资去请专业的老师来教唱歌。

这就是居委会工作者挖掘和培养骨干分子的过程。这是一个双方进行直接互动的过程，值得单独考察。

## 四 挖掘骨干的基础

对居民来说，参与团队活动是自愿行为。一般来说，他们要对这种活动感兴趣，并有时间前来参加。大部分团队的活动时间安排在了工作日的上午和下午，因为这是居委会工作者的上班时间，这样他们可以更方便地监督检查。这样的安排也给参加者提出了更多的要求，他们只能是退休或闲居在家的居民。工作者首先要做的就是，把那些对某种活动有兴趣的居民挑选出来，他们把“挑选”形象地称为“挖掘”。

相对于居委会的组织资源，工作者个人的资源也并不充足。赵书记除了对党员群体拥有一定的权力之外，她与其他工作者一样没有额外的经济资源，他们自身的经济地位甚至还要低于小区的普通居民。很多情况下，他们近乎赤手空拳。更多的时候，他们只能依靠一张口、一颗心、一对脚、一双手和自己的大脑，他们算是白手起家。

“口”是沟通的技巧，这是达到良好动员效果的基本能力。几句话把一件事情讲清楚，重点分明，又有鼓动性，对不同类型的居民说不同的话，能把犹豫不决的居民说服，赵书记、小钱、李老师、周老师基本上都能做到。“心”是真诚和热情的态度，这是以情动人的基本条件。对别人笑脸相迎，对居民的各种要求都尽量满足，对熟悉的居民悉心关照，平日里不忘探望或问候，这是每位工作者都要努力做到的目标。“脚”和“手”都是勤快的工作态度和较高的工作效率，这是完成繁忙的工作所必需的条件。居委会成立初期的上门走访历时半年，一次次的上门以及加班、忙碌的身影是打动居民的一个因素。

这几个方面共同促成了工作者的“主动性”，也是其个人魅力的重要来源。不过，“大脑”，亦即周老师所谓的“动脑筋”，在工作者动员居民组建团队的过程中发挥着更关键的作用。某种程度上，这也是一种策略的运用。这方面的表现包括：

将错就错。部分居民，尤其是老年居民把居委会看作政府在居民区的代表，是“基层领导”，因此从拥护政府的考虑出发，支持居委会的活动开展。居委会工作者们明知自身远达不到这个级别，而从性质上来说只是居民自治组织，却也将错就错，并不挑明，充当起了“居委干部”的角色。这样对自身开展工作反而有利。

服务交换。居委会是可以提供一些服务内容的，比如家政服务；居民有什么问题可以请居委会帮忙解答，有时也需要到居委会开某些证明；居委会组织的活动确实也为居民提供了某些便利条件，比如旅游活动，居民只需要交钱参加即可。所有这些都是工作者可以借助的优势，往往在提供服务的同时，就顺便把居民拉进了团队之中。

创新吸引。居委会要设立某个团队也是花费了不少心思的，且能根据不同年龄段、不同文化层次居民的需求来筹划适当的团队。由前文可知，梅园小区的团队种类繁多、内容新颖，有些甚至是特有的，这些团队自然更具有吸引力。其中的古筝班，是针对有一定文化修养的女性开设的；太极拳队则不分中外，老少咸宜。

居委会工作者动过的“脑筋”不止这些，后文对此也将有介绍。这些策略的成功运用，与工作者的口才、热情、勤奋、能力等因素混合在一起，共同形成了他们的个人魅力。正如赵书记所说，每位工作者身上似乎真的产生了一个“光环”①，这个光环大小不一，明暗不同，但都笼罩住了一些居民，帮助他们一起完成工作任务。当然，这种情况对于具体的每个人来说还有差别。赵书记无疑是最具魅力的一位，年轻的小郑则不过是刚刚找到生成光环的窍门。工作者各方面的能力随着时间的推移不断增长，他们所拥有光环的强度和笼罩范围的大小也在不断变化。

居委会工作者主要是通过自己的努力把骨干分子挖掘出来，他们自身的魅力及形成魅力的各类因素是保证挖掘效果的基础。挖掘骨干的过程符合社会互动的一般程序：有机会接触——良好的开端——多次交往——熟悉关系的确立——正式化。这一过程首先需要的一个条件就是：机会的存在。居委会工作者往往都是创造机会、利用机会的好手。创造机会最简单的方法就是上门走访，很多骨干分子都是这样认识的。

---

① 社会心理学中的“光环效应”又称作“晕轮效应”，其含义是：人们对他人的认知和判断往往是把局部印象扩散为整体印象，也即常常以偏概全。居民对居委会工作者的认识或有“光环效应”的影响，但工作者身上的“光环”更多地包含某种由个人特征构成的魅力因素，这对居民有一定的吸引力。

## 五 上门与机会

梅园居委会现在所依靠的不少骨干分子在居委会正式选举成立之前就被挖掘出来了。居委会筹备组初进梅园，就联合警署、物业展开了挨家挨户的上门走访工作。这一过程艰难异常，却也成果卓著，像陈阿姨、褚阿姨、魏老人都是这时候工作的“成果”。谈到当时的情况，褚阿姨说：

> 我呢，跟他们的联系是这样的。也是他们上门，上门到家里面去。因为他们当时刚开始的时候，每一户人家，知道这一家有人入住了以后，他们就到这家去，去登记呀、去拜访呀，去了解情况。就跟他们认识了，是这样的。因为他们搞这个工作，很辛苦的。有的到人家家门口，会问，你们来干嘛？你来问什么呢？这是我们家里面的秘密的，这秘密可以卖钱的。他们是这样说的，当时真的是这样的。很不容易，他们以前开始工作的时候。……因为我们中国人嘛，都不管是谁，都是给人三分礼嘛，开门闭门三分礼嘛。中国人的习俗就是这样，不管认识不认识，他能总是给人一个笑容，这是很自然的。

赵书记他们在吃过许多次的闭门羹之后，利用难能可贵的与居民交往的机会，可以最终“请”出几十位楼组长和居民代表，不能不说他们具有高超的技巧和刻苦的精神。褚阿姨能够出来参与居委会的工作，部分原因正是有感于工作者的“不容易”。

当然，更基本的原因还是骨干分子们的一个普遍特征：有参与活动的热情。无论是魏老人的“兴趣广泛”，还是褚阿姨“玩”的心态，都是相同的含义。这样，一批有热情和积极性、又有空闲时间的居民构成了楼组长的主体，也构成了骨干分子的主体。

挨家挨户的上门似乎还是一种笨功夫。创造机会的努力还有更多，每次组织活动都可以看作提供了一个机会。机会创造出来，还要能够抓住机会。与创造机会相比，利用机会对工作者的能力水平要求更高，对于工作效果来说也更为重要。实际上，居委会工作者都很善于利用散布在每一天中的随时可能出现的机会来挖掘骨干、开展工作。

一次，某位中年女性居民到居委会询问助学结对的事情，看起来她与工作者并不熟悉。赵书记很亲热地向她表示感谢，说会尽快与街道联系取得资助名单，李老师则说可以让她随意挑一个自己希望资助的对象。同时她也为小郑的健美操班进行宣传，邀请这位居民参加。又一次，几位工作人员一起去会所参加一个讲座，讲座吸引了几位从未参加过居委会活动的外籍华裔太太。讲座结束后，大家自由聊天。赵书记、李老师与她们就买菜、融入中国、植物香精等话题谈了许多，也熟悉了许多。赵书记随即邀请她们参加四月下旬的旅游活动，一位太太愉快地答应了。随后大家一块出门，赵书记、李老师与那位胖太太俨然很熟悉的样子，在居委会门口分手作别。

相识意味着出现了更多交往的可能性。在随后的交往过程中，居委会工作者通过更多的努力不断固化这种刚刚建立的联系，增进熟悉的程度。这是一个培育骨干分子的过程。当一位居民同意担任楼组长或团队负责人或其他职务的时候，骨干分子的身份就有了某些正式规则作为保证，他们与居委会的联系更为稳固，居委会开展活动、完成任务的基础也就更为牢靠。这部分内容将在下一节中进行分析。

## 六　工作关系之外

从提供服务的角度去看，工作者与骨干分子之间首先构成了一种工作人员与工作对象的关系。骨干分子作为小区居民，是居委会工作者所要服务的对象。但他们又是一类特殊的工作对象。他们是被工作者刻意动员或“挖掘”出来的小部分居民，而工作者动员或挖掘他们的终极目的是要完成上级的任务。对他们，居委会工作者似乎“别有用心”。骨干分子也确实在居委会的各个条线的工作中挑起了重担。他们为什么乐于承担重负，为什么甘于充当“居委干部”的下属，为什么自愿成为依附在居委会这个陀螺周围的“气泡”呢？

前文已经指出了部分原因：骨干分子们具有参与活动的热情和积极性；希望满足社会交往、他人尊重及自我实现的需要；有感于居委会工作者的热情、勤奋、能力等“魅力”因素等。但这些仍不足以维持骨干分子与居委会的稳固关系，因为他们仍然拥有选择参与或不参与的自由。能够对他们形成某种制约作用的因素，还是他们与工作者之间形成的一种亲密的朋友关系。这种关系，超越了正式的工作关系。

## 第三节 朋友式的交往

居委会工作者通过一些主动创造或偶然发现的机会，与部分有热情有时间的居民结识，但双方关系的发展还需要进一步的努力。努力的过程中包含对某些策略的运用，更体现出一种交换的逻辑。但熟悉的朋友关系形成以后，却也带来某些不曾预想的反功能。

### 一 由陌生到熟悉的努力

骨干分子最初也是陌生居民，居委会工作者抓住一些机会与原本陌生的部分居民成为可以见面打个招呼的普通朋友。工作者与未来骨干分子的最初交往一般会互通姓名，工作者把自己的身份报给对方，同时询问对方的姓名和住址。如果工作者对居民所居住的某幢楼“一户一表”比较熟悉，往往还会将对方的资料与表中登记的资料进行对照。如果相符合，就有了居民更多的信息；如果不符，也可以进而询问房客流动的情况。了解每家每户居民的情况是居委会工作者的基础工作。

最初一两次的交往也往往会为后面更多的交往埋下伏笔。工作者在宣示自己身份的同时，还可能会为居委会近期要组织的活动作宣传，并邀请居民参加。如果居民答应，那就有了互留联系方式的可能性，以便工作者到时提醒居民。居民也可能不愿意留下联系方式，工作者自然不会勉强，可以留待下一次见面的机会。

后面的机会中，无论是居民果真来参加活动，还是在小区中偶遇，工作者与居民的关系俨然亲密了许多，可交流的话题也扩展了许多。一些公共话题可以使双方更随意地打开话匣子，随意交流的过程中也就获知了更多的私人信息。有时，这种由陌生到熟悉的过程更为快速。这一方面取决于主动的一方——工作者们的魅力，一方面则在于居民的特征：女性或老年人——他们往往更容易接近。

结成了某种熟悉的关系之后，仍需要在日后的不断交往过程中通过各种方法对此加以强化，使这种关系得以维持或有更深层次的发展。这时的居民已经可以算作支持居委会活动的骨干分子了。接下来，往往还会有一个“正式化”或“制度化[1]”的过程，即居委会把某些正式、半正式的身份或职务赋予骨干分子，他们也因而成为居委会下属组织关系中的一员，成为居委会下级权力关系中的一员。这种熟悉的朋友关系也就更为稳固。

稳固的关系是居委会工作者借助骨干分子开展各类活动、完成上级任务的基础。朋友式的交往成为工作交往的前提，非正式的朋友关系成为正式的工作关系的依赖条件，这就是居委会工作者可以承担街道重负的秘诀。如此，街道沉重的工作压力被许多骨干分子分担，由一些团队组织分流。

## 二　感情与任务

交往、熟悉的过程也是一个不断增进感情的过程，非正式的朋友关系中承载着大量的感情因素。许多骨干分子能被居委会工作者喊来参与活动，很大程度上是出于感情的考虑，感情因素也由此带有了部分“策略”的意义。赵书记曾谈道：

> 我这边还建议她们，只要有空，都去参加……现在文教，我就是安排了3个人，都去做这类事情。像这种，你们3个人，就需要整体都到位，居民啊，都跟你们凝聚到一起。以后，比如说我们街道要跳秧歌舞了，你真的不用再去拉人，人家不理解的。这个我们也跳，跳了你就可以参加比赛去了。我们说现在的工作也是为以后的工作做铺垫。你不铺垫，你突然之间就，大家都跟你很陌生，跟你没有感情，这个做起来很难。

工作者亲自参与到活动之中，自然大大增加了与居民交往互动的接触机会，这是赵书记的经验之谈。其实，与其把朋友交往之间的培养感情视为一种“别有用心”的“策略”，不如说非正式的朋友关系混杂进了正式

① 如果把制度看作固定化的关系模式，那么关系的固定化过程即“制度化”的过程。另外，“制度化”的含义还可能包括制度的变迁。帕森斯认为，正是通过互动模式的制度化，社会系统才趋于稳定。参见［美］乔纳森·特纳《社会学理论的结构（上）》，华夏出版社2001年版，第35页。

的工作关系之中。毕竟，居委会工作者与骨干分子居民之间的感情是真实的，也是真诚的。如果双方的感情不够真诚，朋友关系既无法维系，借以完成任务更是无从谈起。

小钱已经领悟到了赵书记的苦心，感情投资是构建朋友关系的基础，朋友关系才是任务完成可以“利用”的资源。正是她通过结交外籍居民朋友，进一步壮大了居委会骨干分子的队伍。她说：

> 我就这样，你看我们经常有外国人来找。通过这样，可能一年半到两年，自己身边有一些熟悉的外国朋友，所以，最后搞那个中外文化活动的时候，……需要外国人的时候呢，就请他们过来。

### 三　朋友式的交往

作为朋友，居委会工作者与骨干分子居民彼此之间是熟悉的，虽然熟悉的程度仍有差别。褚阿姨几乎可以跟每位女性居委会工作者插科打诨、随意玩笑，赵书记、李老师、小钱和小吴也都可以开她的玩笑，这是一种亲密无间的熟悉；陈阿姨则更受尊重，虽然很少开玩笑，但每个工作者对她的家庭情况都是很熟悉的。小吴与一些女性居民代表的熟悉程度就要略逊一些，尽管也是朋友，但她表示自己要更多地向这些“出色的女人”学习。

朋友间熟悉的领域也逐渐超越了个人，在向骨干分子的家庭内延伸。在某些骨干分子名单的文件中，可以看到夫妻双方都作为活动积极分子的现象，比如蒋老人夫妇、魏老人夫妇和陈阿姨夫妇。有的外籍居民家庭甚至一家三口都参与到了居委会组织的一些活动中，丈夫做主持、妻子和孩子表演节目。挖掘出一个骨干，进而带动一个家庭，这既是朋友交往不断深入的自然结果，也是一种动员的策略。

熟悉的朋友之间是可以互相体谅的。这其中既可能有包容对方不足的成分，也可能有过度夸赞对方的因素。如前所述，魏老人对居委会工作者们的赞誉是不遗余力的。褚阿姨也曾在谈到居委会工作时这样说：

> 最早的时候……居委会的工作人员特别辛苦，他们工作人员特别辛苦的。最早的时候，刚到梅园，要开展这个工作的话，很不容

易。……很不容易，他们以前开始工作的时候。……所以我们这个小区工作，居委的工作是很难做的。因此，他们居委人员，居委委员能做到这个程度，已经是很好很好了。……无论参加什么活动，我们书记都是很那个的。

朋友之间还少不了礼物的交换。陈阿姨有时到居委会来串门，会带一些小食品；一些居民则可能在聚会的时候带去各种物品：水饺、点心、寿司、水果。这种时候，原本带有上级任务性质的聚会活动真正变成了朋友间的聚会。还有，居委会里的一些家具和办公设施也是熟悉的居民馈赠的礼物，包括电话机、传真机、饮水机、茶几、沙发等。虽然不是崭新的物品，却也蕴含了居民的心意，居委会自然笑纳。

朋友关系确立以后，其维系也需要必要的交往活动。工作者过年过节会上门探访慰问，熟悉居民也会经常到居委会来转转。居委会所组织的活动可以邀请骨干分子参加，这提供了大多数的交往机会。有时，居民自己组织聚会，他们也可能邀请居委会工作者们参加。这种情况更多地发生在外籍居民身上，赵书记和小钱她们参加过不止一次了。一天，一位三十岁上下的女性老外走进了居委会。两位口语最好的工作人员，小钱和小吴跟她聊得不亦乐乎，她正是来邀请居委会工作者去参加她儿子的生日 party 的。

互相关心、互相照顾也是朋友间的基本义务。这种关心体现在日常生活的点点滴滴中，见面后寒暄几句，电话中问寒问暖。一次，小钱打电话给魏老人，先是问候其太太的病情，很亲切地表示关怀，安慰说其实她的病根本没什么，很类似于一种小辈对长辈的关照。赵书记则说正打算去看望一下他们。有的外籍居民生了孩子，曾经接受过赵书记的亲手照顾，陪伴、探望、送汤送饭，让其感激不尽。

彼此熟悉、体谅、关心、照顾，交换礼物、持续交往[①]，所有这些，构成了居委会工作者与骨干分子居民之间朋友式的交往关系。这种交往关

① 根据2006年年底的问卷调查，调查对象与居委会打交道的方式由高到低依次是：互相打电话（27.7%）、上门咨询（20.6%）、有事来家里（19.4%）、经常走动（18.1%）、赠送礼物（7.1%）、缴纳费用（4.5%），相当多的人选择了类似朋友关系式的交往方式。

系的背后，除了双方感情的投入以外，还有一些资源附着其中。对于骨干分子来说，能够获得居委会提供的这些资源也成为他们乐意维持这种朋友关系的一个原因。

## 四 用以交换的资源

如前所述，骨干分子参与到居委会工作者组织的各种活动中，对他们自身也有收获。这些收获主要与他们的某些需求相关，比如社会交往、获得尊重和自我实现的需要，而参加活动可以在一定程度上满足这些需要。赵书记曾讲到，一位患有抑郁症的居民参与到太极拳队的活动中，后来还成为居委会某学习班的老师，她的抑郁症不翼而飞，甚至还打算写书向其他患者传授经验。类似的这些收获算是居委会可以提供的第一类资源。

居委会提供的某些特殊服务可以看作第二类资源。像家政服务，如果骨干分子有需要，居委会是可以优先考虑的。骨干分子中，老年人的比例很大，他们既是活动的支持者，本身也是为老志愿者活动的服务对象。2005 年 12 月的文件①中共记录了 60 条内容，其中 10 次服务的提供者同时也是服务对象。服务对象共有 17 人，包括两名外籍老人。15 名国内老人中，只有 3 位不在表 6 的骨干分子名单中。服务的内容包括提供订阅、家政等服务、提供量血压等医疗服务、探病、送东西上门、整理房间等。可以想见，接受了这些服务的老年人，很可能会心存感激地响应工作者的召唤，积极投身于各类活动之中。

第三类资源可称为感谢和帮助。对于热心参与居委会活动的骨干分子，工作者们不吝感谢之辞。感谢是尊重对方的体现，有时这种感谢还是物质性的。2005 年社区服务的一份文件显示，为了对一位外籍居民家庭“表示感谢”，工作者不仅教小孩子学中文，还专门买了玩具为他庆祝生日②。帮助是朋友间的一种义务，居委会工作者会根据骨干分子的请求帮他们解决一些困难。赵书记曾谈到一位托她照看房间的骨干分子：

> 这个呢，是一个居民，原来是我们的骨干。她因为到新加坡去

---

① 参见“志愿者服务记录”文件。

② 参见文件“2005 年社区服务（实习大学生为外籍居民免费教中文）”。

呢……将近也有一年多了。她走的时候呢，因为她比较相信居委会，对我也是，等于说是把这个家交给我了，钥匙呀什么的。（我）就定期地叫一个人去打扫一下，我也是叫做得比较好的人进去，帮她打扫房间。然后我也会定期去查一下，看怎么样。像这些骨干，她只要是在上海，对我们的一些文化活动，她都是一个热心人。那么，像这种有困难，她要找你居委会。像这种类似的人很多，有的他是要到国外去了，他家里的这些盆景呀，没人浇水了，然后他会搬到居委会，让你们来代保管，或者让你们居委会定期地去浇浇水。这种事务，你说，这种事情怎么说呢？我们也不可能说收你的费，居委会它不是营利单位。那至少别人信任你，那你就帮他做好了。多一个朋友，多一个居民对你居委会的支持吧。他就是觉得，你这个居委会能帮他解决许多问题。

骨干分子们还可能得到一些物质性的补贴，这可以看作是第四类资源。2004 年 3 月，居委会组织春游活动，特意向街道申请经费，包括对 49 位楼组长每人 20 元的补贴、购买小礼品和矿泉水的经费等。这次春游活动，每位居民需付费 105 元，而老年协会会长蒋老人则完全免费[①]。2005 年 9 月的敬老联欢活动中，居委会又向街道申请了 2500 元左右的经费，主要用于：对热心社区工作的老年人赠送日用品；给八十岁以上老人送蛋糕；安排七十岁以上的老人吃寿面等[②]。只是这类补贴数量既少，又几乎完全来自街道，对高档小区的居民来说，并不起眼，所能起到的作用也仅限于其中附载的“关照”的情意。

与补贴相比，奖励作为第五种资源，所发挥的作用要更大一些。街道每年都有对党员志愿者、老年志愿者等群体的评比表彰活动，每个小区都会分配一定的名额，能够获得奖励的只可能是骨干分子们。除了魏老人曾经得过的“绿色环保家庭”、“和睦家庭”等奖励，其他方面的奖励还有：“五好文明家庭”、“学习型家庭”、“精神文明十佳好市民”、“十佳新上海人”以及“好妈妈”、“好女儿”之类。获得过这些奖励的既有支部党

① 参见文件“春游报名表”。

② 参见文件“申请”。

员，又有外籍居民，他们都是热心参加活动的人。骨干分子参加评比，甚至都不需要自己动手准备相关材料。材料由居委会工作者代写，他们只需同意参加评选即可。

居委会工作者可以提供的资源大致有这样几种。虽然不能说这些资源全然决定了工作者与骨干分子之间朋友关系的形成，却也起到了维系、固化这种朋友关系的作用。还有一种情况虽也可勉强看作一类资源，但毋宁说是关系正式化的必要条件。这就是“封官”。

## 五 关系的正式化

虽然居委会本质上是居民自治组织，却由于身后的街道背景，在某些居民眼里也是“基层领导”部门，工作者则是“居委干部”。“领导”和“干部”并非全是口头上说说，对于居委会支持成立的各类群体组织来说，这是具有实在意义的。在街道的指令和支持下，居委会被赋予组建各类群体组织的职责，也就拥有了指派群体组织负责人，即“封官”的权力。

前文曾提及，骨干分子一般具有某个或某些正式文件中规定的身份，如楼组长、志愿者，其中一部分人更是具有某种“领导”身份，如团队队长、领导小组成员等。这种身份有几十种之多，每一个都需要担负起更多的责任。居委会工作者在与骨干分子交往的过程中选出自己心目中的理想人选，或者足够热心、或者做事认真、或者最为熟悉，并把负责人的身份赋予他们。这是一个使非正式的朋友关系转化为正式的工作关系的过程。

2003 年 9 月，在一次敬老茶话会活动上，居委会民政条线的老龄委员会组织网络被搭建起来，其中包括“老年协会分会”、“老年体育分会”、“老年大学分校”、“涉老纠纷调解小组”、“老年信息网络”和“老年人保护小组”，共指定了 14 位老年骨干分子担任正副会长、正副组长、理事、主任等职。相关文件中这样写道：“……并把负责人员的名单一一公布介绍，与会的老年居民们都为自己能从事社区的工作，贡献自己的一分力量而感到高兴与自豪。”① 这种“封官”仪式极大调动起了骨干分子们的参与热情。

---

① 参见文件“梅园小区 2003 年老龄工作总结”。

群众团队的负责人职位既可以看作居委会能够提供的一种资源，这种资源进一步加深了工作者与骨干分子之间的朋友关系，也可以看作居委会能够利用的一种工具，这种工具给原本非正式的朋友关系注入了一些制度性的职责制约因素，使其脱胎换骨，转变成了正式的工作关系。不过，有时这种转变并不成功，正式的职责成为空文虚话，而如果工作者太生硬地促成这种转变，甚至可能会失去朋友。这需要把握一个合适的“度”。

## 六　熟悉与过度熟悉

朋友关系是开展工作的基础。熟悉的朋友关系一旦形成，如果一方向另一方提出某些请求，另一方不得不考虑到“人情”的因素，不得不顾及对方的“面子”，而认真地回应这种请求。即使不能完全满足，也要给出合理的解释。有了朋友关系作为基础，居委会工作者组织活动就不用太担心冷场了。

但赵书记却曾一再强调，不能跟居民太多熟悉、太过亲密，她希望下属们不要跟居民成为私交太深的朋友。小吴对此深有感触，她说：

我很渴望跟她们能有深入的交流……我们书记也经常跟我们说，应该有一些交流，但是也是有分寸的。对外籍居民，不管他是多么好的居民，但在交往的过程当中他是，这个“度”啊，到底应该深入到什么程度，还是有讲究的。……根据我们书记跟我们讲的，所以你也不好跟她们太紧了，跟她们单独出去，给她们单独的，我不跟组织打招呼，自己跟她们……我的想法是，谈的越深，交往得越深，以后她们跟你出来活动，她们因为跟你交情深嘛，就更有可能出来，是吧？但是呢，领导总之她是没有，太深了以后，往往就会有一些，可能就是要注意一些廉洁方面的、廉政方面的。因为她们老外经常会送一些礼品呀，这也要考虑的。（问：那就是私交了。）对，不要太私交过深。然后呢，现在也有些老外喜欢把些礼品呀，什么的，给我们居委会，我们领导也做得很好的。她就是说，收进来，捐赠给比较需要这些东西的人，贫困的社区、小区，这样的，或者是把它留下来，搞一些活动的时候有用场的。但是你如果私下跟老外交往的话，这个度就，也就是说，看不见。……（问：就是说，有时候我们开展工

> 作，需要借助一些这样的私人关系。）我觉得需要，我非常希望，我觉得，我如果，真的，如果我能够很深入地跟她们交往的话，我的工作会很轻松。就是说，这其中的一种“度”，比较难把握，也是个矛盾。……所以，有的时候，不敢交朋友，这样的。

按照小吴的说法，赵书记的考虑主要有两点：一是组织总是要高于个人，不能因私交影响了组织纪律，更不能影响组织的整体目标；二是私交过深容易给“廉政”建设带来压力。尽管小吴所说的对象主要是外籍居民，但赵书记的两点考虑明显是不限于外籍居民的。这其中就要把握好一个“度”。既要熟悉，因为熟悉了，工作才轻松；又不能过度熟悉，因为过度熟悉了，又可能影响工作。把握好其中的“度”是一门艺术。

扩展一点说，这里所涉及的其实是公共领域与私人领域的界限问题。科层制的一大特征是公私分明，居委会还远远不能达到这一要求。不仅如此，居委会开展工作甚至还要依靠大量的私人关系。居委会也曾做过把私人关系“正式化”的努力，但只能算是浅尝辄止，居委会很难也不可能具有对各类群体组织明确的强制性权力。而大量的私人关系渗透在正式的工作之中，又很可能侵蚀掉居委会已有的正式性。与此相关，赵书记曾谈道：

> （上面走访登记）要有一个契机，也不能硬性地，反正就是让居民觉得，你们居委会老是搞这个东西，不受欢迎。那么，我们做事情，既要把事情做好，又不要让他们反感，这是我们工作的难点。但你这种基础（工作）还必须要做。

又是一个对某种“度”的把握。这与“熟悉”的悖论本质上是相通的：工作需要顺利完成，完成工作需要依靠居民，过度依靠居民又可能引起他们的反感，居民不支持则工作就不能顺利完成。如何把握其中合适的“度”，还需要对朋友关系的反功能[①]做进一步的分析。

---

① “反功能”与“正功能”相对，本是特指一种制度化的行为模式带给某个特定系统的不相调适的作用。工作者构建朋友关系的目的是完成工作任务，但这一做法也有可能影响到目标的实现，所以这里称为“反功能”。

## 七　朋友关系的反功能

交换礼物是朋友关系中自然存在的一种行为，但这种行为却不能进入公共空间，不能进入行政系统，否则便有贿赂之嫌。这是赵书记提醒小吴不要与居民私交过深的一个考虑因素，也可以算作熟人关系的反功能之一。此外，反功能至少还表现为两个方面。

其一，失去朋友的危险。

一方面，居委会工作者希望与居民结成朋友关系，并在实际的努力过程中用真诚和热情来填补这种关系；另一方面，工作者也很清楚，良好的朋友关系是开展工作、完成任务的基础条件，这些朋友们作为骨干分子，是可以“借助”或者“利用”的力量。这似乎是两种不同的逻辑：一个要求坦诚相待，在此基础上可以互相帮助；一个则是别有用心，大家在共赢的目标下互相利用。这就带来一种危险：如果朋友感到对方不够真诚，感到被人利用，很可能就会断绝旧有的朋友关系。小钱就曾谈到这种做人的“尴尬”：

> 这个就是有的时候，做人也挺尴尬。……前两年……反正什么活动，梅园，你派几个老外来，梅园你叫几个老外来。但是，你这个活动如果很有特色，他们愿意去，我们也很高兴牵线搭桥。如果这个活动很枯燥，有的老外根本也不懂，不感兴趣，你要他们硬坐在那里几个小时，看着你也很难受。我们，其实从我们心里来说，一方面要完成街道的任务，但是我们又不能失去这个朋友。有的时候我们也经常抱怨，如果一直这样叫的话，我们的朋友都没有了。老外来了一次，他给你面子，因为你帮助过他，第二次就不给你面子，那么你朋友也就没有了。平时我们除了跟他们交往，我们还有好多其他的事情。我们不可能像没有工作的人那样，整天陪着他们去逛街呀，陪他们聊天呀，我们还有很多其他的事情。我们跟他们的友谊能建立起来，很不容易的。

上述情况不仅发生在外籍居民身上。朋友关系是顺利完成上级任务的条件，居委会工作者的朋友们分担了大量的工作压力，但如果这种压力过大，就会把非正式性的朋友关系完全压断。小钱希望能找到其中的结合点，即需要居民朋友参加的活动都更具有吸引力，而不是枯燥的强硬的任务。她说：

> 有些呢，它是希望你去参加这样一个活动的，就是我们要求是比较有中国特色，比较有民族文化传统的活动。外国人很感兴趣，这东西互相都有利，然后他就愿意来。我们做呢，也不牵强。有的就很难，确实有点牵强。比如有一次叫我们参加共产党员先进性教育的时候，那时候也需要一些外籍朋友来说我们居委会好，那就有一点牵强，我觉得。……有时候就要做一些必须要，你不是很愿意做但是必须要完成的任务。

这是上述完成工作与依靠居民之间矛盾的又一个表现。工作任务的数量、内容不是居委会所能决定的，工作者为完成任务殚精竭虑，构建起了与骨干分子之间的朋友关系网络，但任务的过度压力、枯燥内容都很容易压垮或刺断这种关系网络。上级任务成了陷居委会工作者于“不义”的根源。

其二，影响工作开展。

骨干分子不仅是居委会开展工作的依靠对象，也是某些特殊工作的管理对象，比如计生工作。但彼此熟悉的朋友关系却使这种管理存在失效的危险。既然是朋友，双方就都会顾及到人情面子的因素。如果工作者通知骨干分子参加某项活动，即使他们本不太感兴趣，也可能会来参加；同样，如果骨干分子不小心违反了某种规定，工作者也可能会特事特办，网开一面。一定程度上，这近似形成了某种“庇护”关系①。

① 华尔德与简·奥伊等学者对“庇护关系”的概念有独到的探讨。华尔德认为，存在于领导人与积极分子之间的“庇护主义关系”并不能离开正式组织而独立存在，这种关系是将对一个组织和一种意识形态的公共效忠与对领导者个人的私人效忠结合在了一起，所以体现了一种公共领域与私人领域相结合的现象。简·奥伊把“庇护主义”视为精英—大众间联系纽带的一种类型，庇护主义模式关注的是双方之间的个人政治行为，关注非精英们用以影响政策执行过程以及促进自己利益的各式各样的方法，关注个人间的关系对国家的政策目标和执行结果的影响。可分别参见 Walder, Andrew G. , 1986, *Communist Neo - traditionalism: Work and Authority in Chinese Industry*. Berkeley: University of California Press; Oi, Jean C. 1989, *State and Peasant in Contemporary China: the political economy of village government*, University of California Press.

一方提供支持，一方提供庇护，庇护关系的存在可能影响到一些工作开展的效果，可能会使某些工作任务失去原本的意义，比如小区某项荣誉称号的评选。评选先进的一个基本原则是在小区范围内找到最值得奖励的人，而实际上的“评选”往往局限于居委会的眼界所及，工作者基本上只能从自己所了解的骨干分子队伍中进行选择。

分管计生条线的李老师曾经谈到这样一件事。一对夫妻，丈夫既是经济精英又拥有一定的政治权力。他们平时对居委会的工作非常支持，与赵书记、李老师的关系都很好，捐款时出手阔绰，还能提供一些其他帮助，属于骨干分子。他们是计划要生第二胎的，并按计划生了出来，却没有告诉居委会，这影响到了李老师的考核成绩，罚款也比较麻烦。夫妻二人觉得很对不起李老师，一直很配合她随后的工作，说生二胎应该要打个招呼，早知道给李老师带来这么多的麻烦，报户口的时候就报在外地了。最终交了罚款，夫妻二人并不在乎。李老师说，本来这事可以不用这么麻烦的，如果处理得当，很可能是皆大欢喜的结局。

另有一次，得知一位女性骨干分子怀孕后，李老师专程登门拜访，为她分析利弊、出谋划策。如果居民照办的话，可以省掉她自己和李老师双方的许多麻烦，但这位居民却没有听从李老师的建议。孩子后来生出来，肯定是要罚款，当居民再几次辗转通过关系请李老师说情的时候，李老师拒绝了她。人情关照的因素先是被对方弃之一旁，这已经造成了朋友关系的破裂，李老师自然可以不用再讲更多的情面了。

关照的成分本就存在于朋友关系之中，即使落到上述两个“零和博弈①”的境地，善后的过程中仍能发现关照因素的影子。朋友关系中的人情、面子，在某些时候促成了一种庇护关系，双方希望寻求一种关系的平衡，共谋一种双赢的局面：既能不违反政策，不给工作者带来麻烦，又能实现居民自身的愿望。尽管在两个事例中，这种关系的平衡都未能保持，共谋的努力却是可以看到的。

只是在共谋的努力下，计生工作有可能失去其本原的意义。可以设想

① “零和博弈”又称“零和游戏”，属非合作博弈，指参与博弈的各方，一方的收益必然意味着另一方的损失，博弈各方的收益和损失相加总和永远为“零”。这里借指互动双方的矛盾终至不可调和。

的一个结果是：计生政策不仅管不了富人，还管不了那些处于庇护关系之中的人。这不仅影响了居委会工作的开展，从根本上说，还影响了政府决策的执行。

## 八 更深层次的问题

居委会工作者与骨干分子之间结成了一种温情脉脉的朋友关系，一定程度上，双方在完成上级任务方面达成了“共谋”。但在这种情况的背后，还存在一个更深层次的问题。无论居委会是作为居民自治机构，还是行政体系的最末一环，居委会的工作对象都应是全体居民。但在现实中，居委会的主要工作对象却变成了骨干分子，工作者与骨干分子、工作者与其他居民之间的交往互动，其差别不啻天壤。居委会所组织的活动，更多地是骨干分子参加；居委会所提供的资源，几乎全由骨干分子获得。某种意义上，居委会成为主要服务于少数骨干分子居民的组织①。

这样的结果是多方面因素所导致的。梅园小区国际性、流动性的特点，小区居民经济精英的身份以及独立意识，都限制了居委会工作对象的扩展；街道与居委会之间“类科层体系”的组织关系，使居委会几乎只能无条件地接受上级分派的大量任务，这限制了居委会工作者与居民之间开展更多的互动；任务的重负使居委会工作者一方面要“巧干”，一方面只能借助骨干分子的力量，把部分压力转嫁到熟悉的居民身上；居委会自身资源的缺乏使其只能通过非正式的朋友关系开展工作，而朋友的范围总是有限的……如此种种，造成了居委会当前的无奈处境。

## 九 超脱人情逻辑的骨干分子

其实，居委会工作者与骨干分子居民之间也并非仅仅依靠一种朋友式的交往实现“共谋”。如前所述，工作者也会尝试着努力使双方的关系“正式化”。除此之外，还有一类特殊的骨干分子。即使不依靠人情关系，他们也可能会支持居委会的活动。他们的人数不多，大概 20 人左右，但

---

① 尽管居民对社区活动的参与率不一定是衡量社区建设效果的最佳指标，但居委会主要服务于部分特殊居民无疑是与社区建设的宗旨不相符合的。参见马西恒《社区治理框架中的居民参与问题：一项反思性的考察》，《上海行政学院院报》2004 年第 2 期。

所起的作用却不能忽视。他们就是梅园小区中的党员。

在梅园，党支部与居委会是紧密捆绑在一起的。赵书记兼任书记和主任，她很自然地就把党员当作了居委会工作可以依靠的一支队伍。前文曾提及，党支部的很多活动是与居委会的活动重合的，支部党员以及小区部分在职党员都是居委会周围不折不扣的骨干分子。

居委会选举期间，27 名党员占到了所有居民代表中 43.5% 的比例；居委委员褚阿姨是支部党员；选举委员会的主任也是支部党员；现任的业委会主任则是一名在职党员。支部有一位女党员，原为某企业老总。她不仅长期资助贫困学生读书，每次募捐活动也都热情参加。她是楼组长和创建市级文明小区的志愿者，是党支部和居委会各项活动的积极分子，也曾获得过“学习型家庭”和“街道精神文明十佳好市民”的荣誉称号。

对十几名支部党员①，赵书记拥有一定的强制性权力，毕竟她是支部这一科层组织中的最高领导。党组织强调纪律观念，强调下级服从上级，这些都构成了书记对党员进行制约的基础。每月一次的支部组织生活，一再强化着赵书记的领导权威。但对于在职党员，赵书记的影响力就要减弱许多。四十几位在职党员②中，参与到支部活动中的一般只有区区几位。更多的时候，赵书记和居委会其余党员工作者一样，只能把对方的“党员”身份当作一个交往的契机。可以请求在职党员参加居委会活动，但他们是否参加还是由自己决定的。

一次，周老师要去给一户人家送一份表格。据他了解的情况，这户人家夫妻二人都是党员，妻子也是刚刚退休，但组织关系还没有转入梅园党支部。周老师说，对他们都是可以“利用”的，不过也要征询他们自身的意愿：

> 如果那里退休了，她要转过来（组织关系），那么，就放在居委会了。像这种人都是可以利用的。看他们能不能参加某些活动，或者楼组长都能做做。50 岁嘛，51 岁，居委会有什么事情了，做做楼组长了，这都是信息，都要靠平时积累起来的。她原来在单位里，你没

① 2004 年，支部共有 18 位党员。

② 根据 2003 年 9 月的统计，小区共有 44 位在职党员。

办法的，现在退休了，她总要转吧。（问：小区的居民党员，关系挂在我们这里，那我们有什么事情就可以找他们了?）一个呢，就是说要多联系，第二个呢，还要看她愿不愿意参加。（问：作为支部，支部书记对成员直接派任务不就可以了吗?）这不行的。

在职党员既不能勉强，支部党员也不能太过生硬地直接分派任务，所以很多时候还是要回到朋友式的人情逻辑之中。之所以把党员群体看作一类特殊的骨干分子，主要是因为他们比其他非党员居民更多了一种制度性的硬约束，居委会工作者尤其是赵书记可以借助科层逻辑达到自己的目的，但这并不意味着人情逻辑对他们不发挥作用。实际上，对许多党员来说，科层逻辑的“硬约束”和人情逻辑的“软约束”是集于一身的，一硬一软两条绳索使工作者与党员骨干之间的联系更为稳固。

## 十 中国人的人情逻辑

褚阿姨在介绍自己与居委会工作者最初相识的场景时，说到一个有意思的现象：中国人不管对谁，不管认不认识，都会给人三分礼，这就是她所谓的“开门闭门三分礼”。正是如此，她与赵书记她们的交往才很顺利地展开，并最终上升为熟悉的朋友关系。可以把这看作某种“人情逻辑”的发端。

这里需要对“人情逻辑①”的含义进行简单说明。人情逻辑既是一种思维方式，也是一种行为方式。在一个只有两个人的社会互动中，按照人情逻辑行事的人在做出某种针对他人的行为选择之前，会重点考虑他与对方关系的性质、特征，不同的关系性质和特征意味着不同的责任义务，他会根据这些区别做出相应的选择。他首先需要区分的是关系的熟悉和陌生。如果是熟人关系，他要充分考虑到蕴涵其中的感情、彼此关照的义务及对方的面子；如果不是熟人关系，他自然不用顾及感情因素，也可以完全不顾面子因素和关照义务，不过对方的权力地位、经济财富、社会声

① 中国的“人情法则”既是一种用来规范社会交易的准则，也是个体在稳定及结构性的社会环境中用以争取某些资源的一种社会机制。参见黄光国《人情与面子：中国人的权力游戏》，载《面子——中国人的权力游戏》，中国人民大学出版社 2004 年版。本研究所说的“人情逻辑”与此并不完全相同。

望、关系网络等特征也往往会影响他的考虑。接下来，熟人关系仍可细分，像亲戚关系、师生关系和朋友关系就包含了不同的关照义务，而熟悉程度的高低则几乎决定了感情的深浅、面子的大小和关照义务的强弱。如果参与互动的人有 3 个、4 个或者更多，依人情逻辑行事的行动者需要考虑的因素就要更多，这种互动也就更加复杂。

概言之，人情逻辑的含义包括：熟悉程度是最为关键的影响因素，熟悉程度不同，行为方式亦不同；熟悉程度的高低大致与感情、面子、关照义务等因素的作用大小相统一，感情、面子和义务彼此之间也高度相关，感情的深浅、面子的大小共同决定了关照义务的强弱；影响面子的因素还有更多，包括权力地位、经济财富、社会声望、关系网络等特征；最终，熟人关系中往往存在人情逻辑，陌生关系中也可能存在人情逻辑。略如图 6所示。

以上的概括虽来自所观察的事实，但仍需要做进一步的验证。在梅园，居委会工作者更多地采用这种人情逻辑展开与骨干分子之间的互动，双方结成了一种熟悉的朋友关系，朋友之间彼此为对方考虑，彼此照顾对方的情面，并在可能的情况下互相关照。

工作者采取这样的行为逻辑有迫不得已的一面。如前所述，居委会承担着沉重的任务负担，仅仅靠几位工作者是很难完成任务的，任务的压力势必需要更多的群体和个人来分担；但居委会既缺乏强制性的权力，居委会工作者也没有更多的资源可以用于交换，最终能够选择的策略只能是复归于私人领域的互动逻辑，即人情逻辑。以人情逻辑为基础，再加上部分资源，工作者与骨干分子间的朋友关系得以维持。

在无可选择的情况下复归于人情逻辑似乎又有顺理成章的一面。工作者与居民之间依于人情逻辑的交往更多的时候发生在正式的居委会工作之外。大量的私人领域的交往积累起了深厚的人情基础，在此基础上才好完成少量的工作交往。如果能够统计双方工作交往与非工作交往各自的数量，将能发现后者要比前者大得多。褚阿姨特意强调中国人和外国人的不同，似乎这种人情逻辑是为中国人所特有的。如果真是如此，居委会工作者选择人情逻辑就有了更大的合理性。

虽然没有精确的统计资料，仍然可以做出这样的判断：绝大多数的骨干分子都是中国国籍，少数外籍居民也与中国有着千丝万缕的联系。两位

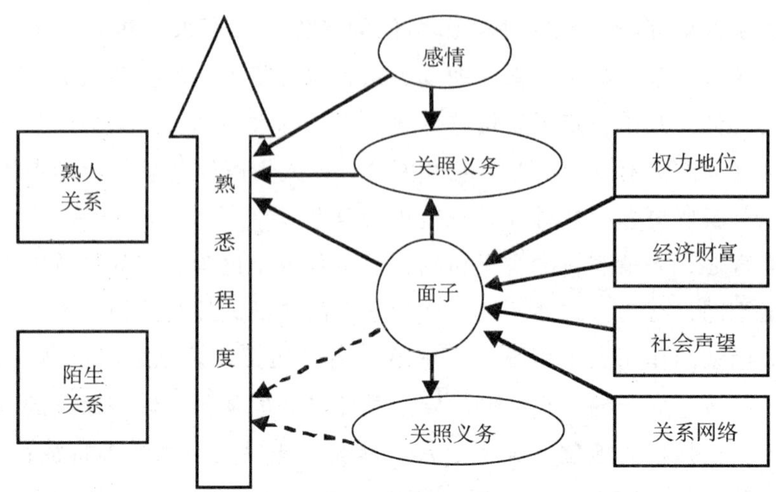


**图 6　人情逻辑的含义**

外籍居委委员，杰克的妻子是中国人，莉莉本身也是华裔；小钱也曾提到一位参加党员先进性教育活动居民座谈会的外籍居民，他的妻子同样是中国人。尽管如此，这并不等于说外国人不能接受人情逻辑。只要有机会，赵书记、小钱她们是可以通过人情逻辑的行为方式与外籍居民成为朋友的，比如那位生育前后曾接受过赵书记长期照顾的外籍太太，又如那位曾与家政阿姨闹矛盾由小钱加以化解的法国太太，都是例证。

与前述朋友关系的反功能类似，工作者行动的人情逻辑也存在这样的危险：人情关照的义务大量地渗透在公共空间之中，很容易造成工作规则的失效，造成工作任务本原意义的“异化”，甚至可能会使正式制度在实际的运作过程中发生扭曲和变形。这是一个悖论：正式的工作职责过重，却没有对应的正式权力；资源和权力的缺失使工作者不得不求助于人情逻辑；人情逻辑随即侵蚀了公共空间，造成工作职责的失真，甚至正式制度的变形。

## 章末小结

骨干分子居民主要包括支部和在职党员、楼组长、团队负责人和活动积极分子、居民代表以及志愿者群体等，他们是居委会开展工作的主要依靠力量。梅园小区的骨干分子大概有六七十名，核心骨干约有二三十人，且可能不断变动；他们大多是中老年女性，往往退休或闲居在家；他们一般都身兼多职，同时在几个方面参与居委会的活动。魏老人可以看作其中的一个典型代表。

骨干分子往往有空也乐意参加居委会组织的活动，他们大都具有某个或某些正式文件中规定的身份，这种“正名”更保证了其参与活动的稳固性。设立团队是顺利完成街道任务的手段，团队活动则需要向街道或其他组织寻求资源支持。骨干分子是团队活动顺利开展的保障，居委会工作者往往要依靠自身的魅力及形成魅力的各类能力因素把骨干分子挖掘出来。这是一个从最初的有机会接触到最终确立熟悉关系的过程。

利用创造或偶遇的一些机会，居委会工作者努力使自己与居民的陌生关系转变为熟悉关系。通过感情投资，借助某些可以交换的资源，工作者与骨干分子构建起了一种朋友关系。持续互动和互相关照构成了朋友式交往的基本内容，“封官”的形式则促成了关系的正式化。“利用”朋友关系开展工作可能带来失去朋友的危险，“庇护”关系的存在也可能影响到工作的效果。骨干分子成为最主要的工作对象，党员骨干则兼具科层与人情的两种约束。“人情逻辑”的作用与熟悉程度的高低相关，其中又包含感情、面子、关照义务等因素的影响。工作者依靠“人情逻辑”开展工作有其原因，但这却可能带来正式制度的变形。

居委会工作者完成上级任务需要骨干分子的支持，却并没有充分的资源足以保证其支持。在工作者与骨干分子的交往过程中，更多地体现出“人情逻辑”的作用，这既是自身资源缺乏的被动选择，也可能带有文化的意义。主要借助自身的能力特征和感情的投资，辅以少量资源的交换，工作者通过多次的互动构建起与部分居民的朋友关系，并以此作为开展工作、完成任务的基础。

# 第六章　权力运作之二：与其他精英的互动

在梅园小区，党支部、居委会同物业公司、业主委员会之间的关系已如前述。在党支部的光环下，居委会俨然成为小区横向组织关系中的核心，物业在某些方面已成为居委会工作的支持者，业委会也甘居附属地位。本章内容主要分析的是，在这种组织背景下，居委会工作者与各类组织精英之间的互动过程。

## 第一节　精英们的不同面相

如果以家庭为单位，梅园小区的居民几乎都可以称得上是经济精英。不过，这里所要介绍的“精英”并非仅仅是经济精英的含义。

### 一　精英的含义

“精英”由一个日常用语上升为理论概念肇始于帕累托。他认为在每一种人类行动序列中，每个人的能力是不同的，如果我们赋予每人一个指数代表其能力高低的话，那么在每个行动序列中都会出现一组指数最高的人，这些人就是“精英”[①]，而“每个国家都是由一批精英，即一批从人民中挑选出来的分子统治的”[②]，这些人就是专门的“统治精英”。

赖特·米尔斯则界定了一类权力精英，他们“包括那些其地位能使他们超越普通男人和女人的一般环境的人；在他们拥有的地位上所做出的

---

① Vilfredo Pareto, *The Mind and Society*, New York: Harcourt, Brace, pp. 2027, 2031.

② 转引自［美］托马斯·戴伊《谁掌管美国——里根年代》，张维、吴继淦、刘觉俦译，世界知识出版社 1985 年版，第 6—7 页。

决定具有更大的重要性”。他们做不做决定并不重要，重要的是他们做的决定影响重大，因为他们为现代社会主要的等级制和组织所需要①。米尔斯是站在权力的地位决定论一边的。他认为“权力并不属于某个人。……想要成名、致富、拥有权力都需要跻身主体社会制度之中，因为人们所占据的制度地位在很大程度上决定他们拥有和掌握这些珍贵阅历的机会”②。他直接影响了后来的“精英论”立场的学者。这类学者认为，在其位即有其权，权力产生于社会机构中的职位，居于这些机构最上层地位的人就拥有权力，无论其行为是否直接影响决策③。与之相对的“多元论”者则区分出“潜在的权力”和“实际的权力”两类含义，认为权力产生于人与人之间的相互影响，潜在的权力并非权力本身④。精英论者看到权力的高度集中，而多元论者则强调社会机构和领导职位的分散状况，认为“各机构的精英人物在职能上的专业化造成了权力的争夺”，正是这种争夺形成了一种互相制约的均势⑤。

本研究的定义基本采取米尔斯的立场，把“精英”看作那些占据一定权力地位的人。一旦个人占据这一地位，他就拥有了权力，成为了权力精英。但这里的“精英”又不完全是可以作出“重大决定”的权力精英，即使其决定并不足够重大，仍可算作精英。“精英”的确是帕累托所谓的优秀分子，但精英的权力却受制于其所处的组织、制度。这是在梅园可以看到的现实景象。所以，与其把“精英”视为“权力精英”，不如看作“组织精英”。

在梅园小区，这类依托于某种组织的“精英”包括党支部书记、居委会主任、物业公司总经理、业主委员会主任和副主任、会所经理、老年协会会长、中日朋友会会长、共青团支部书记等。他们可能是经济精英，也可能在小区之外拥有其他的权力身份，比如人大代表、政协委员、高官子弟、公职人员、企业老总等。

---

① C. Wright Mills, 1956, *The Power Elite*, New York: Oxford University Press, Inc., pp. 3 – 4.

② Ibid., p. 11.

③ ［美］托马斯·戴伊，《谁掌管美国——里根年代》，张维、吴继淦、刘觉俦译，世界知识出版社 1985 年版，第 12 页。

④ 同上书，第 13 页。

⑤ 同上书，第 339 页。

## 二 精英的一般特征

在性别方面，精英中的男性要明显多于女性，只有兼任居委会主任的赵书记和共青团支部书记小钱是女性。就年龄而言，大部分精英在三十岁到六十岁之间，正是年富力强的时候，只有老年协会会长蒋老人和中日朋友会会长魏老人是八十岁以上的高龄老人。政治面貌方面，党员的人数较多。

精英所依托的组织职位有全职、兼职的区别。赵书记自然是全职，同时还会兼具其他职务身份，物业公司经理也是全职，业委会主任、副主任则是兼职。虽然魏老人、蒋老人都已退休，但他们也是身兼多职。在个人的经济地位方面，物业、会所经理和两位业委会主任都要比其他人更高一些，他们不仅是组织精英，也是经济精英。各位精英的社会声望资源也不均衡，赵书记的威望明显要比别人更为突出，而魏老人也可称得上“德高望重”。关系网络方面的特征与社会声望有一定的联系。由于党支部、居委会与街道的特殊关系，赵书记和小钱同样与街道交往密切；相对来说，居委会与居民的交往要比其他组织更为频繁，也没有仅仅限于正式的工作交往。

精英的权力既然依托于组织，组织的特征也因而需要考虑。每个组织在组织关系结构中的地位、组织所拥有的资源、组织与其他组织的关系都属于组织特征的内容。简单说来，居委会、物业公司、业主委员会组成了所谓的“三驾马车”，而党支部则处于领导地位；居委会是业委会、老年协会等组织的主要筹建者，这种关系使居委会的地位更加突出。

梅园小区几位精英的简略特征如表 8 所示。可以看到，精英地位的“一致性”[①] 并不很强，尤其是经济地位与其他资源的地位。声望高的人，可能不是经济精英；财富多的人，也可能没有很高的声望。后面将重点介绍两位精英的基本情况。

---

① 地位一致性一般是指衡量社会地位的各个维度如收入、权力、教育、声望等之间的相关性，“某些类型的明显的地位不一致往往是紧张的一个来源”，参见［美］格尔哈特·伦斯基《权力与特权：社会分层的理论》，关信平、陈宗显、谢晋宇译，浙江人民出版社 1988 年版，第 108—110 页。

表 8　**精英的一般特征**

| 精英 | 职务 | 性别 | 年龄 | 党派 | 组织背景 | 经济财富 | 社会声望 | 关系网络 | 其他身份 |
|---|---|---|---|---|---|---|---|---|---|
| 赵 | 党支部书记，居委会主任 | 女 | 四十多岁 | 共产党员 | 支部居领导地位，居委会不可或缺 | 一般 | 高 | 与街道关系密切，与居民交往较多 | 调解委员会主任 |
| 王 | 物业公司总经理 | 男 | 三十多岁 | | 不可或缺 | 高 | 一般 | 与地产属同一集团，与居民交往少 | 无 |
| YS | 业主委员会主任 | 男 | 五十多岁 | 共产党员 | 不可或缺，由居委会筹建 | 高 | 一般 | 与居民交往较少 | 公司老总 |
| 冯 | 业主委员会副主任 | 男 | 五十多岁 | | 同上 | 高 | 一般 | 与居民交往较少 | 高校教师 |
| LJ | 会所经理 | 男 | 三十多岁 | | 会所由物业运营 | 高 | 一般 | 为王总下属，与居民交往少 | 无 |
| 蒋 | 老年协会会长 | 男 | 八十多岁 | 共产党员 | 由居委会筹备建立 | 一般 | 一般 | 与居民交往一般 | 无 |
| 魏 | 中日朋友会会长 | 男 | 八十多岁 | | 由居委会筹备建立 | 一般 | 高 | 与居民交往一般 | 无 |
| 钱 | 共青团支部书记 | 女 | 三十多岁 | 共产党员 | 受党支部领导 | 一般 | 一般 | 与居民交往较多 | 书记助理 |

### 三　物业王总经理

王总经理的年龄不到四十岁，属于年少有为的一类领导。他个子高高的，上班时间总是身着正装，很帅气的样子。尽管他是物业管理中心的最高领导，但表面上看起来却很谦和。待人有礼有节，态度不急不躁，谈话的时候，微笑也不时浮现在脸上。

梅园的物业公司与房地产开发公司同属一家，彼此间存在人才的调动，王总经理就是由地产公司转到物业公司的。2004 年，王总经理成为物业公司的副总经理；2005 年 2 月，又把办公地点迁到了梅园。

尽管入主梅园物业公司的时间不是很长，但王总经理与赵书记是很早就认识的。他还在地产公司的时候，就专门负责与梅园物业公司的联络工作，当时就曾耳闻目睹过赵书记的很多作为。他对首届居委会选举、业委会选举都有所了解，也正是在他来到梅园以后，居委会的办公地点转移到了现在的三室二厅中，而原来的房间是不够宽敞的。

王总经理对比自己年长的赵书记是比较尊重的，赵书记有什么请求他基本上都能照办。当然，赵书记也不会提出过分的要求。在王总经理眼里，赵书记是一个很有头脑、会动脑筋的人。她在开展活动的过程中能够想方设法地借助外界的力量，也能取得不错的效果，只是太辛苦了一些。

对于居委会，王总经理也有自己的看法。他觉得高档小区的居委会理应有不同于老小区的特点，这个特点就是对服务的更高要求。在他看来，梅园居委会是做得很不错的。他说：

> 那么从这个高档小区来说，可能相对来说，它的服务这一块的要求，可能就相对比较高，可能更多的是提倡一种服务。当然邻里纠纷这一块也是有，但是扶贫帮困，从我们这个小区来说，可能就比较少了。基本上它需要去做这样一个工作，怎么样去把这个工作重心可能从原来的一种扶贫帮困转变到现在的去给业主提供更多的更好的服务。这些方面，我觉得我们这个居委会，应该是做得非常多的一个工作、很多的贡献。比如说它这里的原因，结合我们这里的实际情况，我们小区的外籍居民比较多。他们适时地开展了一些，比如说中国传统文化的一些教育呀，一些古筝等等这些乐器的培训呀，等等。我觉得，他们朝这方面的一个思路，或者说一个努力，我觉得这个方向还是对的。朝这个方向，你怎么样让这个小区变得更加和谐。我觉得从这个方面来说，可能跟老的小区比，应该说要做的更加多一些，怎么样去体现这么一个国际化社区的这样一个概念吧。

体现“国际化社区”的概念是居委会和物业公司共同的目标之一，这为双方的合作提供了一个契机。物业需要支持居委会的工作，王总经理说这是有制度保障的，在他的印象里，某些政策文件[①]就曾规定地产商必须为居委会提供办公场所。当然，即使不考虑制度因素，王总经理也是会支持居委会工作开展的，因为他认为居委会不仅与物业目标一致，而且也能发挥一些独特的作用，这对物业公司是有利的。

对居委会工作的支持体现在很多方面。很重要的一点是，物业公司可以与居委会共同组织活动，活动的费用也基本上由物业方面承担。这是一种变相的资助，也是对居委会工作成本的分担。

但是问题也正在于此。居委会要寻求物业、地产等外部组织的资助，本身正反映了其资源匮乏的窘境，“巧妇难为无米之炊”。王总经理感觉居委会这样为了部分资源而斡旋于横向组织关系之中不是长久之计，因为不可能一天到晚地找物业公司要钱，或者问地产公司要钱。他认为经费方面的限制肯定会进而限制活动的开展，所以街道对居委会的支持力度需要加强，这也是由高档小区与非高档小区的不同特点决定的：

> 我个人感觉呢，从我们来说呢，感觉政府部门这一块，对居委会支持的力度还是不够大。这可能跟国家的一些财力呀，这方面可能有一些关系。那么像这种高档小区，它有高档小区的一个管理的方法，可能应该是有别于其他老式小区的，包括它的管理成本是不一样的。就很简单的例子，比如说我们这里的居委会，它在我们这里面都是使用中央空调，那它的成本，使用电费的成本就和其他小区肯定是有区别的，是吧？肯定是有区别的。包括一些，比如说它开展一些活动的成本。你像老式小区，它也搞一些活动，但它那边的要求肯定没我们高。那么你的要求高，对你来说，你的成本也就高了。……（问：那您的意思是，街道对居委会的支持比它实际需要的可能还是有一些距离？）应该是这样吧。

① 《中华人民共和国城市居民委员会组织法》（1989 年 12 月 26 日）第十七条规定：居民委员会的办公用房，由当地人民政府统筹解决，但并未查到如何解决的具体规定。

2006年11月，在一份问卷中，王总经理给出了自己对居委会更具体的评价。对于一年中“居委会工作的总体表现”，他打了9分（满分10分），“居委会工作人员的表现”和“居委会与物业合作的情况”也是同样的分数。居委会在小区中作用的发挥情况包括6个方面：居民大会或居民代表大会的效果、对居民代表或委员的选择、居委委员作用的发挥、居委干事工作努力的程度、居委会事务公开、居委会为群众代言，王总经理全部表示“非常满意”。对于从“交通宣传”、“会议”到“合唱比赛”、“游艺活动”等10类活动，王总经理全部表示“非常愿意”与居委会合作开展。此外，对居委会组织的活动，他也表示“只要有空就一定参加”。这些回答都显示了物业与居委会良好的合作氛围。

**表9　物业总经理对居委会的看法**

| | 非常同意 | 同意 | 说不清 | 不同意 | 非常不同意 |
|---|---|---|---|---|---|
| 居委会的工作对小区来说很重要 | √ | | | | |
| 我认识一些居委会工作人员 | √ | | | | |
| 工作人员都很热情 | √ | | | | |
| 我知道居委会经常开展哪些活动 | √ | | | | |
| 居委会是为居民提供服务的机构 | √ | | | | |
| 居委会是完成上级任务的机构 | | √ | | | |

王总经理对居委会的部分看法如表9所示。他认可居委会工作在社区的重要地位，了解居委会的基本工作内容；表示与居委会工作者都比较熟识，对他们的工作态度也比较欣赏；同意居委会需要“完成上级任务”，但更是“为居民提供服务”的机构。他最终提出的建议是：“居委会应根据国际化社区的实际情况，开展符合国际化社区的活动；随着上海的城市国际化，居委会的定性、工作职能、性质及开展活动的方法也应调整，与时俱进。”

## 四　业委会冯副主任

冯副主任五十多岁，但看起来比较年轻。他个子不高，着装朴素，面貌和善，戴一副眼镜，比较像知识分子。冯副主任是一个很容易打交道的人，他很善谈，也有与别人交往的主动性。但接触多了，就会发现他的性格绝非表面看起来那样简单。

这首先是源于冯副主任不简单的经历。他属于“文化大革命”结束高考恢复之后最早的一批大学生，在学校的时候就出类拔萃，却因为耿直的性格得罪了某高官，于是政治前途尽失。随后他去了日本，顺利攻下博士学位。毕业后先是进了一家日本公司，待遇很丰厚，但他终于发现身体健康和享受生活更重要，于是回国，进入上海某高校担任教职。他说自己一生做事坦坦荡荡，毫无愧疚，不依赖别人，也不比别人差，所以敢说敢做，虽让别人头痛，却也让他们拿他没有办法。冯副主任说自己在现在的学校蛮出名的：

> 我在学校蛮出名的，而且我口气也蛮大的，有什么问题我都要反映的。他们说，这小子怎么。因为我们这种人已经没有什么私心杂念了，可以说真话，敢于说真话。而且我说了你不做是你不做，我反映是我反映。……你不做没关系，你心里会感到惭愧的。我跟你点到为止，我也不会跟你来真的。因为国家的事情靠我一个人是不能解决的。但我敢于向你反映，已经是（尽到责任了）。……我看不起不做事业的人。你做了坏事，我给你说了，你又没有这个魄力去做，所以你看到我你就心虚。……所以我像一个铁板一样，我不怕他们的。……我就自己教书，我教得很好。我一点都不依靠他们。

由于教师的工作性质，冯副主任还是有空参加居委会活动的。他说自己比较喜欢文艺活动，就参与到合唱队里边。逐渐地，他就与居委会各位工作者熟悉了。后来，他在别处也买了房产，全家搬离了梅园，但仍然会打的过来参加这里的活动。他说，仅仅是打的的车费，“几千块钱都不止”了。有这样的积极性，赵书记自然对他另眼相看。后来居委会筹建业委会，冯副主任同样热情地参与到那一过程中，后来就顺理成章地被选为业委会副主任。冯副主任说自己是主动参加业委会的：

> 像我呢，我为什么主动参加？我就觉得，一个组织不可能都是退休人员，也不能都是在职人员，所以我考虑到自己有这个可能性，也

有这个需要性。所以我就自己选择了这个工作。因为你看，这里有一批家庭妇女，男的条件比较好，女的不干事，她可以参加这个组织，但是光是女的参加也不行，所以我觉得就有这个需要。我们男的比女的就相对少一点。……目前我不是住在这里，以前我是住在这里的，相对说起来时间还是有保证的。可以事先跟我商量。我今天没空，我星期几星期几没空，除了这几天之外我都有空。

除了有时间保证，冯副主任觉得他在其他方面也比较合适：参与业委会的工作既要有热情和责任心，也要有“公心”，不能太在乎自己的私利。冯副主任说自己对于钱真是看得很淡了，更为注意的是洁身自好，像物业提供给业委会委员的38元标准餐，他一次也没有去吃过。他也提到了业委会内部思想的不统一，但他要坚持原则，有时就不免得罪人。或许正是因此，赵书记曾说，他并不适合做业委会主任。

冯副主任很欣赏赵书记认真做事的态度和工作水平，也很认可居委会在小区发挥的作用。他承认，在业委会成立之前，主要是居委会在做事，而业委会成立以后，双方就要齐心协力，共同把小区的事情处理好。业委会与居委会之间没有矛盾，可能的矛盾只存在于业委会和物业公司之间。他这样说：

业委会和居委会呀，和街道、和开发商、和物业公司，都是有联系的。同开发商呢，物业公司也是一个利益（组织），基本上都是，它物业公司的老总，他的经营思想很重要，是吧？……业委会在管理方面就要怎么样来核实。首先就是你在用费方面是不是实事求是，另外你承诺的管理的一些条款，是不是做到了，还要检查。……业委、居委、业主代表的人，都跟它各种关系搞好。

冯副主任承认只靠业委会一家的力量，是不足以解决某些问题的，业委会需要居委会以及居委会背后的街道的支持。小区居民乱设卫星天线的问题，就是一个很长时间内都解决不了的问题。乱设卫星天线确实有碍观瞻，业主内部是反对的，但冯副主任说一些业主这样也有自己的理由：物业公司提供的卫星信号只能收8个频道，每月收费140多元，这让业主不太满意。对于这样的问题，双方可以多做沟通，协商解决。

在某些方面，业委会与物业公司也是可以合作的。一天上午，冯副主任专程赶到梅园小区，参加一个物业、居委会、业委会三方共同组织的工作：楼道检查。部分居民把私人物品堆放在楼道中，这并不符合物业管理的规定。由物业工作人员牵头，并联合了居委会、业委会，三方的代表一起出动，对那些胡乱堆放物品的居民家庭进行检查。冯副主任和物业人员谈起高档小区部分居民的低素质，直说“有些惭愧”，说素质的高低并不与国籍、收入、权力地位等特征必然相关。在几个家庭的门口，冯副主任向居民“宣讲”这次行动的意义，一番逻辑清晰的言论让人连连点头，充分展示了作为高校教师的风采。

### 五　其他组织精英

王总经理、冯副主任只是梅园小区组织精英中的个例。事实上，党支部、居委会、物业公司、业委会是小区中最有影响力的 4 个组织，赵书记、王总经理他们也是最具影响力的组织精英。“五位一体”的横向组织关系中，警署是整个街道层面上的，在小区中不过是社区民警，还很难称作“组织精英”。

现任业委会主任的年纪比冯副主任略大几岁。他是一位企业老总，每天的大多数时间要花在自己的事业上，事业的兴旺使他拥有了更多的经济资源。他是居委委员陈阿姨的爱人，对居委会的活动也积极支持。每年的募捐他们都会参加，甚至可能直接提供活动经费，居委会的传真机也是他给买的。他也是在职党员，与赵书记关系密切，所以最终是他担任了业主委员会的主任。赵书记说，选他做主任是选对了。

会所经理的年龄与王总经理相差不大，但他的气质似乎要略逊一筹。他是王总经理的下属，会所经营的各项事宜经常要征询王总经理的意见。王总经理对会所的现状并不十分满意，有时要提醒会所经理及会所工作人员向居委会工作者学习，要更加人性化地开展工作。居委会很多时候要利用会所的场地搞活动，业委会则可能针对会所经营中的问题提出尖锐的意见。不过，问题能否解决却要另当别论。

赵书记、小钱、蒋老人、魏老人的情况前文已有介绍。无论是妇联、共青团，还是老年协会、中日朋友会，都是在居委会的一手推动下成立起来的，也因而都要不同程度地受制于居委会。这些组织或者是一个空壳，或者不够正式，所发挥的作用都很有限。所以，这些组织的负责人，即使勉强称作“精英”，也不能掌控更多的资源。

此外，地产公司在梅园并没有专门的负责人，一是小区已经比较成熟，二是与物业本属同一家公司；各级人大代表、政协委员作为居民会议的当然代表，享有与户代表或居民代表同等的权利和义务，① 但居民会议几乎就不曾开过；小区医务室、便利店、幼儿园、洗衣店等服务机构②的负责人一般只是作为志愿者参与到居委会组织的一些活动之中，他们所拥有的资源是居委会可能借助的，但也是比较有限的。

## 六　精英关系与组织关系

组织与组织成员是两个不同层次的分析对象，组织精英不过是组织中的特殊成员。组织之间的关系构成了组织的外部结构环境，组织精英之间的关系则往往被看作某种人际关系，似乎同样是两个不同层次的问题。

但组织精英总是兼具至少两种身份。一个是他在组织中的特定职位，这是组织身份；另一个则是他在组织之外的个人特征，这是个人身份。不同的组织精英进行互动的时候，两种身份以及各自所附载的资源很可能同时发挥作用，毕竟二者是很难截然分开的。正是这种身份的二重性提供了联通组织和个人两个层面的基本条件。

精英是组织的代理人，其决策和行动可以对所在组织产生较他人更强的影响作用。但这还不是用精英间关系替代组织间关系的唯一理由。精英的二重身份，各自附载着不同的组织资源或个人资源，当精英在互动过程中使用一种资源的时候，个人资源与组织资源的界限可能模糊不清，因而对双方的判断和下一步的决策产生某些“不确定性”。比如，个人之间感情的投入、礼物的交换促成了朋友关系，这本是组织之外的关系，但组织精英之间的朋友关系却可能进而促成精英互相动用组织资源，进行资源交换或其他形式的合作，这就由人际关系上升为组织之间的关系。

---

① 《上海市居民会议制度实施办法》（2006 年 3 月 1 日）中有明确规定。

② 医务室、便利店、洗衣店是居委会成立以后才被赵书记他们拉进小区的；幼儿园则带有更强的物业背景。

在梅园，精英间的关系对组织间的关系有很大的影响，一定程度上可以代表组织间关系。这为“人情逻辑”的作用发挥提供了可能的空间。

## 第二节　由对立到联合

“由对立到联合”的变化发生在物业公司与居委会这两个组织之间，前文曾在多处涉及。本节内容的分析重点是：在这一组织关系的转变过程中，双方的精英所起的作用。

### 一　初进小区

2002 年 5 月中旬，赵书记一行 3 人来到梅园小区，她们一开始就带着强烈的“街道”色彩。没有街道的硬性指令，梅园小区不可能自然产生居委会。王总经理回忆说：

> 我记得有个规范要求的：成立个居委会，它的配置跟这个用房面积等等这些问题，都有。……比如说它要求，你是千人指标，一千户要有一个居委会或者怎么样，居委会里面有多少平方米的，比方老年活动室，有多少平方米的青少年的阅览室等等，有一些明确的要求和规定的。……现在的话，开发商在卖房子之前，就要把这一块先放进去，跟街道签一个协议这样的东西。那么从这块来说呢，保证了居委会的一些基本的设备的硬件，硬件上的东西，你的办公场所、活动场所，……现在从体制上来说，已经保证了居委会工作的一个正常运转。

经过赵书记她们十几天的紧张筹备，5 月 30 日，小区党支部成立暨居委会揭牌仪式在会所内举行。街道的主要领导，甚至新区的部分领导纷纷到场，可见上级的重视与支持。当时的物业公司总经理也到场祝贺，还与新区城工委社管处处长一起为居委会揭牌。上级领导们从一开始就力图为支部、居委会和物业之间的合作构建一个好的基础。

但领导们的努力似乎短时间内并没有起到作用。当时的梅园小区经过一年多的发展，已经是一个成熟的居民区，外籍居民自不必说，许多国内居民也没有成立居委会的意愿。物业公司是一家外资企业，与小区相伴而生，资历最老，对自己的管理成绩也颇为自负，似乎也没有做好接纳居委会进入小区的准备。虽然街道“准政府”的意志不可违背，虽然总经理可以参加居委会的揭牌仪式，但物业公司上上下下仍有向居委会冷眼相向的权利。

这种冷漠是以误解为基础的。周老师曾说，高档住宅区的地产公司和物业公司往往有这样的看法，即认为高档小区不需要居委会。小钱也说：

以前他们（物业人员）觉得高档小区不需要居委会。因为居委会在别人的脑子里，就是阿姨、妈妈，婆婆妈妈的，对吧？什么捡捡垃圾了，收收什么费用了，高档小区要你干什么？就不要，刚开始的时候就不要你，排斥你。

小钱并没有亲历当时的情景，但也曾听到跟随赵书记的两位大学生谈到物业最初的态度：

开始是有些抵触，就是说有这样的意思，不希望你进来，但是它也不能不让你进来。（问：但这毕竟是政府的安排。）对，它也没有办法。其他方面很不配合的。我听以前的两个小姑娘说过，经常给她们看脸色，不配合。

赵书记对此也并不讳言。一次，在接待来访者的座谈会上，她提到最初开展工作的困难。物业公司有一些居民的资料，但不可能与居委会共享。当时她带着两个大学生，物业总共只发了一张入门卡。没有入门卡是无法进入居民住宅的，而且随便进入居民住宅也不符合物业管理的规定。于是两个大学生只能在公共场所与居民打交道，例如在儿童乐园，与孩子们一块玩耍，进而逐渐与部分居民熟识。就这样迈开了艰苦开拓的第一步。

## 二 居委会的艰苦开拓

党支部的成立为居委会开展工作创造了一些条件。2002 年 6 月，支部党员中包括物业保安主管、社区民警等人，这既为居委会与物业的合作提供了一种可能，也为随后的居民登记工作铺平了道路。

居委会的一项基本工作是居民资料登记。在赵书记的计划中，这项工作可以一举数得：一是完成“一户一表”的登记工作，二是发现居民的需求点，三是开始尝试与物业进行合作。这一工作首先得到了警署和社区民警的支持，物业也可以借此更新自己掌握的已经老化的资料。于是三方达成共识，一起遵照相关法律条例开展登记。据说，自觉前来居委会登记的大约只有1/3的居民，其余的人只好一遍一遍地上门。对于几位居委会工作者来说，晚上加班成了家常便饭，吃了许多闭门羹，有一些人根本不配合，但终于又登记了大约1/3，摸清了大部分居民家庭的基本情况。

当时的“一户一表”上，包括这样几项内容，居民有何需要，居民是否愿意或有何特长可以为社区服务，对居委会的工作有何建议。根据部分居民的回答，最终总结了39项居民的要求，并逐项筹划解决。居委会首先找到了自己最主要的立足点，即家政服务。借助街道的力量，居委会开始为中外居民介绍家政服务员，并逐渐引进了洗衣房、医务室、超市等服务机构。小钱介绍说：

> 我们当初来的时候，也是找需求。……像我们找到的，家政服务、洗衣，洗衣服嘛，洗衣房，还有地下的那个洗车库，都是根据这里居民的（需要），摸出来以后，我们一一解决的。所以，以后呢，不管是物业也好，居民也好，对我们的居委会，很大程度上就认可了。

依托街道，居委会在梅园小区打出了一片天地，寻找到了自己无可替代的“自由余地”。物业的态度也有所转变，逐渐开始协助居委会一起提供服务。居委会的“自由余地”还在扩展，这次打的则是“文化”牌。

组织活动本身就是居委会的基本任务之一，赵书记他们对此驾轻就熟。只是梅园居委会组织的活动要更特殊一些，或者突出中国传统文化的韵味，或者强调中外文化的交流，要能够吸引居民参加到活动中来。这些特色活动成为“文化”的载体。小钱说：

> 因为刚开始的时候呢，地产和物业，包括会所，它没有这个想法。它只是，会所是管会所自己的，搞一些，开个健身项目呀，钢琴班，它是收费都很高的，它完全是营利性的。就在里面，它就管自己做，小的。然后呢，地产它可能已经慢慢退出来了。物业呢，只要服务好，保洁保绿保安……做好，它没考虑文化，没想到文化是提升它品牌的一个（手段），它没想到。所以这些事情都是我们做。我们慢慢地只好把居民从家里引出来，因为我们不能随便敲门的呀。

这些活动最初只是居委会自己在搞。限于资源，工作者吃了不少苦头，也费了许多脑筋。街道仍是可以借助的力量，很多开支是能省则省，像组织元宵节活动，当初都是工作者自己跑去贴 A4 纸的黑白通知，灯笼上的灯谜也都是从网上搜来的。小钱说，以前她们连复印都要跟物业公司打招呼的，“可苦了”。不过，真正做出成果以后，物业一方进一步对居委会和赵书记另眼相看了。

2002 年 12 月的居委会选举结束以后，有关“洋委员”的新闻报道一度沸沸扬扬，这在很大程度上提升了居委会的地位。不仅国内媒体关注此事，一些国外媒体也很感兴趣。按照褚阿姨的说法，梅园小区的名字传到了全世界，这是地产公司和物业公司最初无论如何也想象不到的。或者正是从这时候开始，物业公司终于下决心与居委会合作。

2003 年的“非典”事件进一步固化了双方的合作关系。根据 2004 年 4 月的相关文件[①]，“非典”期间，物业需要居委会的配合支持，包括灭鼠、禁止遛狗和“非典”宣传等。2003 年 5 月，梅园小区三期住房举行交房仪式。文件记载，这次活动中，不仅居委会工作者与物业工作人员并肩作战，街道领导、社区民警也来到现场助阵。之前已经开过“数次多方协商会议”，交房仪式的顺利完成则“充分体现了物业、居委、警署等多方成功的合作”[②]。

成立党支部、上门登记、提供服务、组织活动、居委会选举、共防“非典”……经过半年多到一年的艰苦开拓，居委会在梅园小区成功地扎

① 参见文件“梅园物业管理中心会议记录”。

② 参见文件“三期交房通讯”。

下了根。每件事的背后都需要做大量点点滴滴的工作，赵书记说："这都是靠我们努力奋斗做出来的，真的不容易呀。"

### 三　物业的认识转换

在居委会与物业公司的组织关系中，居委会是主动的一方，一直在积极寻求与物业进行合作；物业则是被动的一方，其态度根据居委会的表现而转变。

居委会开展了许多服务项目，家政服务做得有声有色，这种"服务"精神是让物业工作者及其精英改变态度的一个原因。一定程度上，物业公司上上下下被居委会工作者的"无私奉献"的努力感动了。小钱说：

> 因为它（物业）觉得居委会确实也是实实在在地为居民服务，也没有那个（私利），说到底，它是一种公益性的，不营利。不拿别人的钱，很多地方就不说你什么。

居委会同时组织了不少特色活动，其中一些很有影响，梅园小区的名气越来越大，这对物业公司同样有利。居委会启发物业公司发现了"文化"的价值，这也是促使它转变态度的一个原因。小钱介绍：

> 我们每次活动，都要报街道，有的时候，还有媒体，像那个《Shanghai Daily》啦，《法制报》啦，它们都报道。媒体，还上网，……就是说宣传了以后，也无形当中带动了你梅园这个品牌。渐渐地，他们（物业人员）就认可这一点。现在他们自己搞大型的活动。

居委会选举结束后，最初设立了4个下属委员会。其中的综合治理办公室成员中，物业公司总经理和保安主管的名字赫然在列。物业公司的精英们已经开始参与到居委会的组织结构中，尽管这种最初的参与可能更多地只是名义上的。

现任王总经理则完全认可了物业与居委会的合作，他对两个组织不同的特点、地位都有自己的一套看法。他不再把居委会看作高档小区中可有可无的事物，也不认为居委会跟物业存在矛盾，二者工作的侧重点不同。

他说：

我觉得，居委会跟物业实际上并不矛盾，……侧重点是不同的。那可能，从物业来说，可能一方面是硬件上的管理，软件上的服务，我们所强调的就是对物的管理和对人的服务。……居委会可能更多的是从解决一些邻里纠纷这方面来入手，对业主来说，也是作为他们的一个重点。……那么从这一块上来说，应该说居委会比我们有优势……像物业的话，可能是对一些大型活动投入得比较多，像居委会呢，可以做一些对我们服务不到位的地方，对我们目前能力无法全方位涉及的一些地方呢，进行一些补充。比如说我们主要是考虑为业主搞一些大型活动，那像居委会，它可以对一些我们没有关注到的，比如说老年人这些方面进行一些更多的关注。……但从我们来说，我们有一些商业气氛，因为我们是一个企业，……所以我们有时候也要按照市场的规律去办。比如我们也开办各种各样的培训班，但我们可能是有偿的，他们可能是无偿的。

王总经理已经把组织大型特色活动当作自己的一块重要内容，而这些本是居委会的初期工作。物业公司很善于吸收好的经验，凭借着自身强大的财力，把有利于提升自身品牌的内容“为我所用”。一方面，物业在扩展自己的工作空间；另一方面，居委会组织特色活动的空间却缩小了。在王总经理看来，居委会所发挥的似乎只是一种补充作用。

物业精英是善于学习的，这还体现在其他方面。物业公司组织的大型活动，有时候效果并不好，居民的参与热情并不高。王总经理认为这与居委会特殊的工作方式有关。他要求会所经理向居委会学习，说居委会的基础工作比会所要扎实得多。就像组织一个活动，居委会工作者可以根据居民的兴趣爱好，很容易地拉出一支队伍参与到活动之中，这是物业公司所欠缺的。王总经理分析起原因，这样说：

对我们来说，我们可能就缺乏这样一种跟居民的沟通，更人性的这样一种，我们还是比较欠缺。……我们跟居委会还是有一些距离。我也一直希望把我们的会所管理这一块呢，由这种被动式的服务变成主动式的服务。……我希望我们的服务员变成什么呢？就变成一种，我既可以做服务员，也可以做教练员，我教你怎么打球，我教你怎么游泳。那么通过这样教和带的过程呢，增加了跟业主之间的一个交流的平台。……那这个完全是有点私教或者家教的一点，那你对于业主来说，他们就觉得这跟被动式的服务完全不一样。这就成为一种朋友或者是师傅和徒弟的关系了，对不对？……因为做服务行业的话，一定要得到业主的好感。这样的话，人家才会宽容你，对你的一些失误也好，对你的一些做得不周到的地方也好，人家也会原谅你。

王总经理看到了居委会工作者的两个特点：主动性和人性化，这是居委会与骨干分子互动过程中“人情逻辑”的体现。物业公司作为一个正式的企业组织，却要学习居委会依靠“人情逻辑”开展工作的方法，这是一件很有意思的事。居委会限于资源，只能借助朋友关系开展工作，取得了不错的效果，竟又成为并不缺少资源的正式组织的效仿对象。物业公司也要扩展自身与居民的交往空间，要使正式的工作交往依托于大量的非正式的私人交往，改变管理与被管理的对立处境。这个时候，居委会又成为物业公司的半个“老师”。

有了这样的认识，王总经理对居委会还是比较看重的。他曾谈到各种组织在小区中的地位：业委会由于代表全体业主，所以是整个小区的主人；物业公司是一个管家，提供服务，把家管好；居委会则类似于“老娘舅”的角色，更多地起到协调和指导的作用。此外，由于党支部的存在，居委会还要“把握大方向”，这也是很重要的。如果业委会的内部意见不统一，这时候就需要居委会出面进行决策，业委会也因此要受居委会的领导①。

业委会是物业公司的“主人”，又要受居委会的领导，居委会的地位自然比物业公司更要高出许多。居委会从最初受到物业的冷遇到最终得到物业精英的这种认可，经历了一个艰难的过程。正如赵书记所说，“与物业关系搞好了，我就胜利了”。

---

① “业委会要在居委会的领导下开展工作”是业委会选举期间的一种说法，王总经理曾有耳闻。

### 四 相互支持与人情逻辑

一旦物业和居委会达成了共识，双方的合作也就水到渠成了。这种合作关系主要体现为彼此对对方工作的支持，但支持的形式却有不同。物业公司作为营利机构，拥有比居委会更多的经济资源，提供经济资源也就成为其对于居委会的主要支持方式。居委会缺少可以与物业公司进行交换的物质资源，但它也可以提供其他形式的帮助，为物业开展工作创造出更好的条件。

只要有需要，居委会工作者可以到物业公司那里免费打印复印文件；居委会工作者一般不回家吃午饭，物业公司给每个人提供了每月 10 次的盒饭套餐，书记和书记助理则有 20 次。这些还只是小事。会所可以在合适的时间内免费提供某些场所给居委会开展活动，这解决了居委会的一大问题，有些活动是必须要用到会所内的设备条件的。更重要的是，居委会组织活动可以向物业公司寻求资助，甚至某些大型活动的经费完全由物业公司承担，这就是王总经理所说的分担了居委会工作的部分成本。

除了活动，居委会完成一些条线任务也需要物业公司的配合。治保、卫生条线自不必说；党支部的部分成员是物业员工，团支部甚至把工作的重心放在了“发动物业先进团员青年”上。2003 年 12 月，小区第一届团支部成立。相关文件显示，团支部工作的进展需要“物业各界领导的大力支持”。每一个类似的任务就又增加了一条维系双方合作的绳索。

居委会的办公场所是要由地产商提供的，最初的办公室空间并不大。2005 年 6 月，居委会搬到了现在的三室户房间——这里原本是物业管理中心的办公室。王总经理说，转移地点与三期建设相关。三期建好以后，物管中心有了新的办公地点，也就把原来的办公室转让给了居委会。但在赵书记看来，现在的办公条件是居委会用几年的付出换来的。她说：

> 我们现在通过不断的磨合，我们和物业的关系更加地稳固。……原来我们办公室很小的，就那么大吧。后来也因为我们的工作做得非常的出色，整个小区的一个稳定，整个小区的一个文化生活，都（不错），他们就把最好的住处给你住（作为居委会办公室）。

居委会对物业的回报也是多方面的，首先是活动方面的支持。不仅居委会组织的活动可能提升整个小区的知名度，对于物业组织的活动，居委会工作者也积极支持。有时，物业在会所组织某类讲座，却无法动员出更多的居民，就需要居委会出面。必要的时候，居委会工作人员也可以充当听众或观众。

更重要的是，居委会实际上在物业公司和业委会之间扮演了一个协调者的角色，居委会工作者可以在物业人员与业主发生分歧的时候，去“打打圆场”。在这方面，赵书记是做得很出色的。业委会的负责人比较尊重居委会赵书记的意见，这是由业委会的选举过程决定了的。业委会成立后，首先要决定物业公司的去留，而物业公司能够顺利留在梅园小区，这其中也与居委会的居中斡旋有关。

居委会主要是凭借某种无形的影响力换来了物业公司的资源支持。在这种相互支持的背后，是双方的精英和工作者彼此之间的交往。

这种交往首先是正式性的工作交往。这不仅指的是双方依托于各自组织的合作，而且在一些根据居委会的任务需要而临时设置的机构中，双方可能成为“同事”。梅园小区的社区服务领导（协调）小组，由赵书记担任组长，4 名副组长中包括物管中心和会所的两位负责人，保安、保洁及 26 名卫生清洁员则都成了社区服务专业人员。2005 年 12 月的居委会创建“民主法治示范居委会”领导小组名单，同样把物业保安主管收入其中①。

2005 年年底，梅园小区准备创建模范居委会，领导班子成员的名单包括：赵书记任组长，物业王总经理和书记助理小钱任副组长，业委会主任、居委委员陈阿姨、物业保安主管、会所经理以及李老师、周老师等 3 位居委干事都是组员②。以赵书记为核心，物业、业委会、居委会等不同精英和工作者整合在了一起，这是一种形式上的联盟，如图 7 所示。

其次，非正式的人情逻辑也在发挥着作用。王总经理或许不会真的像在创建模范居委会的活动中那样把赵书记看作自己的领导，但他对赵书记的尊重是显而易见的。赵书记的年纪比他大，做事思虑周全、沉稳干练，能力突出、成绩也显著，他们之间的合作是轻松、协调的。有时赵书记接

① 参见文件“民主法治示范居委会领导小组”。

② 参见 2005 年 12 月文件“梅园小区创建模范居委会领导班子成员名单”。

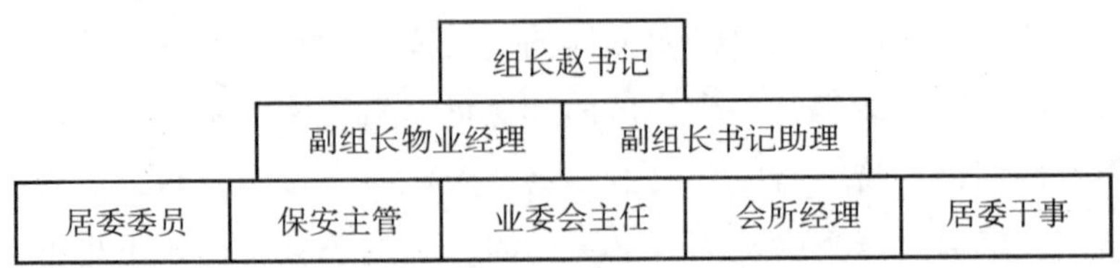


**图 7　创建模范居委会领导小组框架图**

待来访人员，会请王总经理过来，王总经理一般也会如约而至。

其他的物业人员对赵书记就更加尊重。保安主管是赵书记领导的支部成员，他与书记的交流和对居委会的支持要更多一些，他也曾获得过某些奖励。物业的普通员工对赵书记也都比较熟悉。赵书记走进物管中心，每个人都同她打招呼；物业工作人员去居委会找她，见到赵书记正忙，就在厅内安静地等候。一次，物管中心有事找赵书记，已经提前给居委会送过通知，下午又亲自派人来找书记商量，但书记不在，于是说改天再来。小吴送他们出门，双方客气一番，小吴说“我们都是一家人”。

地产公司与物业公司同属一家，居委会工作者与地产工作人员也比较熟悉。《家园报》的常务编辑曾参与报道过不少居委会的活动，她有空的时候会经常到居委会来坐一坐，像朋友一样大家随意聊聊天。一次，一位年轻女士，即地产部门负责人带了几个人来到居委会参观访问。在赵书记介绍居委会创业史的时候，地产负责人说，居委会很不容易的，“如果缺少居委会支撑的话，右臂就没有了”。离开的时候，她向书记表示感谢，赵书记则拍着那位女士的肩膀说，“你还跟我客气什么?”

相比骨干分子，居委会工作者与物业精英、员工之间的“人情”色彩淡了许多。精英之间的合作主要是基于对对方地位的尊重，而普通工作人员之间的熟悉程度则与彼此交往机会的多少直接相关。精英的共识促成了组织之间的合作，人情逻辑则起到一种辅助性的“润滑”作用，使合作的开展更加顺利。

## 五　活动的分工与合作

物业公司与居委会的合作很大程度上表现为组织活动方面的相互支持和配合。最初，组织活动几乎都是居委会“单干”。随着物业意识到特色活动对于提升小区品牌的重要性之后，也开始涉足到活动中来，并逐渐与居委会形成了一种“分工”①。赵书记曾说：

对小区的一些社区文化活动呢，我们居委会跟物业，也是有所分工。像国外的万圣节之类的呢，是由他们物业出面来搞。还有些中外文化节，像中秋晚会呀、纳凉晚会呀、什么敬老节呀、三八妇女节呀，这样的一些活动就由我们居委会来出面。目前大家把整个小区的活动，都全部整合起来，由我们，现在还有业委会、物业和居委会，一起来搞。那这样来说，资源，大家都得到了一个共享。财力也好，人力也好，活动的品质也好，都更上了一个台阶。

居委会组织的活动更多地集中在了街道所交付的任务方面，而物业的活动则主要面向外籍居民。相对来说，居委会组织的活动规模较小，参与对象以骨干分子居民为主，双方的交流是深入而亲密的；物业的活动则规模较大，大量的参与者是小区中的普通居民，物业公司与他们仍只是一种陌生人之间的交往。

不过，这种分工并不十分明确。不仅居委会组织的一些活动可能需要会所的场地和物业公司的资助，物业公司组织的大型活动也往往要挂上居委会的名字，业委会成立后又更多了一个名字。居委会的挂名有一点坐享其成的味道，不过按照周老师的说法，居委会工作者对于物业组织的活动，也是有支持的义务的。

你像他们物业组织什么网球比赛呀、乒乓球比赛呀……我们自己，这些活动不去参加。这个，拿名次了，我们不大去的。我们有这个义务协助他把这方面的工作开展起来，这也是社区文化的一个方面呀。有的还要提意见呢……

物业参与到活动组织之中，一定程度上减轻了居委会的工作负担，也

① 涂尔干从“分工”现象中发现了“社会”的意义，把“分工”所导致的相互依赖性看作“集体意识”形成的一个基础，可参见［法］埃米尔·涂尔干《社会分工论》，渠东译，生活·读书·新知三联书店2000年版。梅园小区各类公众活动的分工雏形，一定程度上也促成了一种“集体意识”：共同服务小区居民。

可以理解成王总经理所说的对居委会工作成本的分担。居委会同样可以把这些活动当作自己的工作成绩报给街道，这样，居委会的工作就省力了不少。赵书记曾说：

> 这里有一点好，是什么，就是每个月有活动。每个月有活动呢，现在都是物业的、会所，和居委会，和业委会，反正三家联合起来举办，那这样我们就要省力多了。

赵书记的说法并不准确，不是每个月的活动都要三家联合起来举办。但即使是部分活动，居委会也是其中最大的受益者。现在物业准备组织什么活动，都会派人来请赵书记一起商量。活动的规格也提高了，像2006年元宵节，几乎全是杂技、魔术一类的专业节目。小钱说，如果居委会自己搞，也就是猜猜灯谜，或者把街道的舞蹈队拉过来表演一下。

### 六　精英的合作策略

居委会与物业公司关系的变化，居委会是主动的一方；其中到处都渗透着赵书记的心思和努力，精英的作用在这一关系变化过程中体现得很明显。各自的实际地位是精英之间平等对话的基本条件，而精英的地位又依托于组织的地位。赵书记很清楚这一点。

赵书记可以依托的组织有两个，即党支部和居委会。党支部的地位更高一些，却很大程度上只能“寄生”在居委会身上发挥作用。二者荣辱与共、互相依赖，提升任何一方的地位都相当于提升了另一方的地位。组建党支部仅仅是赵书记借助组织的力量提升居委会地位的开始；与街道的密切关系是可以借用的最稳固的资源之一，从上门调查到家政服务、从居委选举到组织活动，赵书记努力把来自街道的支持作用发挥到最大。

与物业公司相比，居委会起初处于绝对的弱势地位。虽然街道甚至新区一开始就高调亮相支持，但物业大可不理会对自己没有直接制约作用的上级“领导”。赵书记知道，居委会要立足，必须要发现自己独特的价值，必须要获得物业的认可。家政服务的开展为居委会开辟出了一块“自由余地”，居委会站住了一只脚；特色活动的组织更扩大了居委会的“自由余地”，它又站住了另一只脚。居委会和赵书记的地位随之提升了许多，令物业刮目相看。双方的对话有了基础，合作也有了更大的可能。

与物业寻求合作，算是赵书记的一个策略。当物业领导也发现合作的价值后，这一策略取得了成功，赵书记接下来需要考虑的就是如何维持这一合作。业委会的选举是一个可能的变数，赵书记成功地获得了对业委会的“准领导”地位，为居委会和物业公司之间的持续合作增加了一个重要砝码。接下来将着重分析居委会与业委会之间的精英关系。

## 第三节　业委会成立之后

居委会在业委会成立的过程中扮演了一个很重要的角色，这直接决定了两个组织之间的关系。业委会成立以后，居委会、物业、业委会 3 个组织之间形成了权力关系的某种平衡，而精英间的关系成为支撑这种组织关系的一个力量。

### 一　业委会的成立

与居委会相似，梅园小区要成立业主委员会，首先也是街道的指令。2004 年 2 月，街道房产办召开会议，提出了成立业委会的工作要求，筹备工作由党支部牵头。小钱说：

> 业委会成立那个时候，是……房地产办的领导来给我们指出，需要党支部牵头。党支部牵头嘛，也就是居委会了。

随后，居委会发给物业公司一份工作联系单，措辞相当正式：“根据……街道房产办的工作要求和指示，近期……居委会开始筹备……业主委员会的成立工作。为了使筹建工作能够顺利开展，我们需要得到……物业公司的支持，请物业公司提供一份业主清册，以便我们能及时掌握业主的情况。”街道房产办的赋权使居委会对物业公司的语气强硬了许多。

下一步的工作是成立筹备组。2004 年 4 月，小区召开居民代表会议，推荐了一期、二期、三期各 1 人入筹备组，但这并未达到要求。后来在房产办的指示下，又在二期、三期各增加 1 名。6 月，筹备组的成员名单公布在了各楼道的告示栏上。赵书记担任筹备组组长，房产办某领导担任副组长，其余5人都是业主。

2004年7月的一个晚上，首次业主委员会筹备会议在居委会举行。根据相关的会议记录[①]，共有11人参加，除了7位筹备组成员之外，还包括两位街道领导、一名居委委员和房产公司的代表。会上，副组长指示：物业公司可以列席会议，可以协助做一些行政方面的事务，但不能发表意见；"业委会是居民的自治组织，但是不能离开政府，不能是无政府状态"。会上还讨论了业委会候选人选举会议的召开形式（业主代表大会）、业主代表的推选方式（大致每100户推举1个代表，共27人[②]）、筹备组图章由居委会代替、业委会的成员数量（11人，其中地产代表、居委委员是指定代表，但也要选举）等问题。房产办对居委会下达了任务：协调物业打印《业主公约》和《业主大会议事规则》；拟定公告[③]等。

接下来要做的是产生业主代表，筹备工作开始变得辛苦起来。文件记载[④]，居委会工作者连续一周上门逐户专访，分发推荐表，共发出挂号信351封，查无此人被退回64封，其他挂号信则无回音；已发传真的业主9户；投业主信箱584户；居委会上门请业主填写的推荐表有235份，其中有效票213份，22票弃权，以得票多者为序产生了26位代表，包括一期7名、二期9名、三期10名。但根据冯副主任的说法，26名代表的产生并不太难：

> 因为它居委会也有，比如它这个楼里面有个居委会委员，就是像小组长那样，对吧。楼组长，那么在楼组长里面呢，再选两个。楼组长也可以再当居民代表，是吧。这就选出26个代表。

根据9月的公告[⑤]，26位业主代表的基本资料包括：11男15女；年龄从35岁到57岁不等，平均年龄43.9岁（缺少6人）；学历方面，8人

---

① 参见文件"业主委员会筹备组会议记录（第一次）"。

② 实际产生了26位业主代表。

③ 成立业委会之前需要发11个公告。

④ 参见文件"梅园首次业主大会筹备工作汇报"。

⑤ 参见文件"公告"。

资料空缺，大专、大学、硕士及以上各占1/3；党员9名、民主党派2名，其余是群众或无党派；职业方面，12人在公司（63.2%），2人居家，3人在学校，1名居委会委员，1名地产代表，其余7人资料空缺。

9月，筹备组第2次会议在居委会召开。参加者11人，基本与第一届会议相同。会议决定了业主代表会议的召开时间，将在26名业主代表中选举产生11位业委会候选人。10月上旬，业主代表会议如期召开，并顺利产生委员候选人。

从10月底开始，居委会工作人员挨家挨户上门去送选票。物业人员也提供了部分帮助，居委会工作者又开始天天晚上加班。由于许多业主工作忙，工作人员数次上门还可能联系不上，投票的最后期限推迟到了11月10日。冯副主任这样描述当时的过程：

> 所有的，每户人家都发了选票。并且呢，我们筹备会的工作人员也愿意推荐一些人，对他们的一些简介。有一些人他不愿意，……什么单位工作，做什么事情（提供这类资料）。我们都是写了简历的。通过正常的一些程序，先是每个业主都发了选票，……我都亲自参加发选票的。选票要发几次，而且还要去收。有些自觉地交了过来，有些当时就能给你了，有些还要等几天才能收回来。你还要收回来，收回来还要统计，还要做一些技术处理。

2004年11月27日下午，梅园小区业主委员会在物业餐厅的多功能厅选举产生，物业公司总经理也到场。选举为等额选举，11名候选人顺利当选为委员，包括1名居委会委员和1名地产代表。本次选举共印选票1958份，发出选票1671份，收回1452份，弃权71份，投入信箱没有收回有145份。本次投票，收回选票1452张，投票率达74.2%，符合规定，选举有效①。随后马上召开业委会第1次会议，确定了主任、副主任（男女各1名）以及法律顾问的人选。筹备委员会中的5名业主有4人参加选举，包括3位正副主任。

在业委会的整个产生过程中，街道的作用表露无遗。街道房产办主任

---

① 参见2004年11月文件“梅园首次业主大会筹备工作汇报”。

多次来到小区指导工作，“对业委会成立的筹备、组织、候选人的推选、选举办法等细节工作都亲力亲为地帮助居委会操作”。2005 年 3 月，居委会还为此写了表扬信。其他街道领导也曾在不同场合表示对业委会选举的关注。一定程度上，街道的参与为后来“三驾马车”的组织关系奠定了基础：物业被冷落，业委会不能“无政府”，而居委会的地位则被大大地突出了。

居委会担负起了最主要的工作。赵书记他们对选举高度重视，态度认真，工作辛苦，用冯副主任的话说，书记“能力也比较强，对工作的要求也比较高，尽可能做到完美”。更重要的是，居委会成立以来的工作使业委会的选举更为顺利。冯副主任说：

> 我们这里有一个非常好的（条件），……因为它这里居委会的力量比较大，它这前期的工作做得比较多。居委会成立好几年了，……居委会各方面的工作、渗透都比较，活动开展得比较多，有一定的基础，这个对我们小区业主委员会的成立，还是在前期起到了一个非常重要的作用。……因为他们居委会嘛，和居民的联系比较多。跟哪一些居民，比如包括我在内的，为大家做过一点事情的，为人不错，他们心里都有数，就一起参加筹委会的工作。……这样子呢，居委会的准备工作和所挑选的第一批的成员，相对说起来就比较好。……小区已经有五六年了，五六年呢，居委会来得比较早。居委会和群众之间，相对来说，比较有了解了。哪个家里的太太不错，哪个家里的先生不错，对吧。

居委会对居民的了解成为筹备业委会的最有利条件，筹备委员会的 5 位业主就是根据这种了解“挑选”出来的，后来的业委会主任、两位副主任都在其中。26 位业主代表包括少数楼组长或楼组长家庭成员，11 位候选人就从中选出。由于是等额选举，候选人都顺利当选为业委会委员。主任和副主任就在委员中被“挑选”出，居委委员陈阿姨的爱人是赵书记眼里的主任“最佳人选”，他也顺利成为主任。赵书记说，自己作为书记是要把握大局的。

业委会选举看似热闹，其实已经基本失去了“民主”的内涵。有了街道的授意，有了赵书记的“把握大局”，选举中的几个关键步骤，包括筹委会的成立、候选人的产生、正副主任的产生都或多或少潜含着被“操纵”的意味。相对来说，业主代表的产生过程最具民主意义，但所涉及的范围也比较有限。至于后来居委会工作者和筹备组耗费了大量时间的投票选举，虽然辛苦，实际的意义却不大，更像是一个过场。

## 二　业委会概况

业主委员会共有委员 11 人。他们的基本情况是：男 4 女 7，女性比例较大；年龄自 27 岁至 57 岁不等，平均年龄 43.3 岁；外籍委员两人。除了居委委员和地产代表，其余 9 位候选人的生活经历都十分丰富，有的是公益社团负责人，有的工作在海外，有的是大学教师，另有 4 位在公司工作，包括两位企业老总[①]。

委员们几乎都是经济精英，也几乎都是在职人员。很自然地，他们都要忙于自己的事业。冯副主任介绍说，在职人员只有在晚上和周末才可能在家里，要想经常碰面比较困难，有事可以打电话联系。像那位法律顾问，本身是律师，就是由于工作上比较忙，来了几次之后就不来了。委员们较高的身份虽然与高档小区很般配，却也影响了业委会的工作开展。

3 位主任中，包括 1 位女性，她也是委员里边唯一的非在职人员。她不到五十岁，之前有过业委会工作的经验。3 位主任都有分工，有人管财务，有人管日常事务工作。冯副主任说，3 位主任还能经常打打照面，平时打电话也挺多的。

业委会委员内部也并不完全统一。很可能针对同一个问题，十多位委员有不同的想法。冯副主任积极倡导：参与业委会的工作必须要有公心，不能只想着为自己谋好处。但有的委员却不一定这样想。冯副主任说，如果有这样的利益思想，就可能会向别人妥协。事实上，委员之间是闹过矛盾的，甚至有人愤而退出业委会。

每周六下午、每周二晚上，所有的业委会委员们轮流在办公室值班，选在这个时间是因为委员们只有这时候有空。然后，按照规定，每个月业

① 业委会委员们的基本情况参见文件“个人简历（最后版 1）”和“个人简历（最后版 2）”。

委会要开一次例会，委员们碰碰头，问问目前的工作做得怎么样，商量下一步工作怎么开展。不过有时，例会可能无法定期召开。还有，业委会每年都要制订工作计划，包括短期、长期的规划。

业委会委员本来可以拿一定的报酬，但几位委员商量之后，感觉没有必要。冯副主任说，不拿工资，工作的压力会小一些：

> 拿了工资以后，被人说起来，做好是应该的，做不好要被人家指责的。你现在不拿工资，我们是业余来做的，我们也不很懂，从零开始的。也有可能失误，尽可能避免失误……那我们说不要报酬。

按照规定，维修基金的5‰，可以用来作为业委会的办公经费。但业委会不想动用这笔经费，委员们有一个“未雨绸缪”的意识：尽可能不占用、尽可能增加每位业主的维修基金。这样，维修基金的利息可能就足够小规模维修的经费。小区的会所、餐厅都是业主的产权，经营者需要缴付租金。业委会的办公经费主要依靠的就是这类租金。

业委会成立以后，主要做了三方面的工作。首先就是决定物业公司的去留，可以继续留用他们，也可以到外面招标。委员们根据物业公司的工作情况，又提出一些新的要求。在满足这些要求的基础上，双方签订了正式合同。合同对物业公司有一定的制约作用，至少可以防止它无限期地自行延长服务。然后就是管理维修基金。业委会成立之前，维修基金一直放在地产公司。2005 年 4 月，举行了房地产公司向业主委员会正式移交归业主所有的“共有资产”的仪式，由业委会自己选定银行对基金进行管理。第三就是向物业公司提出经营方面的某些要求，包括餐厅的价格太贵、会所需要装修等。这是一个双方“讨价还价”的过程，问题还没有最终解决。业委会的成立，已经对物业公司形成了一定的压力。

### 三 业委会、物业与居委会

业委会主要打交道的对象是物业公司，双方形成了一种监督与被监督、雇佣与被雇佣、享受服务与提供服务的关系。业委会成立之前，梅园的物业公司资历最老，也没有外在的制约力量，很多事情往往是自己说了算。业委会出现后，物业公司的行为谨慎了许多。冯副主任说，业委会跟物业是买家和卖家的关系。王总经理则把双方的关系比作主人和管家的关系，管家不称职，主人是完全有权力把他辞退的。他说：

> 包括我业主觉得你做得不好，把你这个物业公司炒掉，这也是一种市场行为啊。……他们是代表全体业主嘛，应该行使他们的权力了。这个管家称职不称职，管得好不好，就像你家里的钟点工一样，你做得不满意，我就可以换一个人；做得满意，我就可以叫你一直做下去。完全是一种市场的行为。

不过，在冯副主任看来，“他们开发商也好，物业公司也好，都比较有水平”。相比其他小区，这里的物业公司总体上还是不错的，这是业委会顺利与之续约的主要原因。物业管理费尽管高达五百块，但服务质量比较好，业主能够接受。另外，车位费也非常便宜。

> 应该说，他们有些地方做得还是可以，值得骄傲的地方也是有的。就像我们这里的车位，原来大概是一百零几。……但是我们现在，通过业委会跟他们交涉，他们也比较客气的，车费现在降到二十三块五。说实话，我都大吃一惊的。为什么大吃一惊呢？很多物业管理公司都知道，他们说，我是从这里面补贴的，外面开发商不知道。……这已经成为佳话了，大家都在传。哎呀，梅园的车位费多便宜，不错。

对雇佣关系的认同是双方合作的出发点，物业公司的良好表现则是达成合作的基础。物业公司之所以如此积极表现，很重要的一点是：对“梅园”这块品牌的维护。居委会对于提升梅园品牌的影响力曾发挥过作用，这是它能与物业公司合作的基础之一。现在，维护小区的品牌又成为业委会和物业公司的共同愿望。冯副主任说：

> 大家的愿望还是相同的。他们也希望不断提高他们的品牌，提高他们的服务质量，收费合理。那我们呢，也是在有些方面，要站在我们的业主这个立场上，要站在开发商的立场上，物业公司管理的，也

要站在第三者的立场上。三者都看看，哪一个更合理。也不能单站在我们业主的（立场上）……（问：但维护业主的利益，是业委会的基本立场。）基本立场，这也是业委会成立的出发点。你个别业主去找他们，他们完全可以无视你。……现在你有个组织说话，那这分量就不同了。而且你这个组织，你是雇佣它的，这个概念。……你有些地方太过分的话，我们也可以管你。他们也不敢，不会这样。他要这样的话，马上就传出去了。他们也要维护自己的脸面，而且大家都是通情达理的。

业委会不仅要维护全体业主的利益，还可能设身处地地为物业公司着想，这是一种良性“沟通”[①] 的逻辑。相对来说，业委会与居委会的关系要更简单一些。双方没有利益冲突，也没有很多交道可打。表面上看起来，业委会对于居委会的核心地位并无异议。

选举业委会的过程很大程度上决定了它与居委会之间的关系。居委会拥有街道赋予的许多权力：组建筹备委员会、选定业主代表、确定候选人甚至业委会主任。居委会在筹备选举过程中的表现给后来成立的业委会留下了这样的印象：党支部、居委会对业委会拥有某种制约权力，在双方的关系中居于主导地位。

业委会成立以后，居委会仍具有指导和监督的权力，这是有正式规则做保障的。《物业管理条例》中曾有规定：“在物业管理区域内，业主大会、业主委员会应当积极配合相关居民委员会依法履行自治管理职责，支持居民委员会开展工作，并接受其指导和监督。”[②] 此外，业委会对于居委会，还要“相互协作”维护治安、“认真听取建议”以做决定，这里面都暗含了一种居委会优先的意味。

原则上讲，居委会多数条线的工作都可能与业委会进行合作，包括治

① 哈贝马斯所称的“沟通行为”是指互动双方采取适当的协调方法在避免各种内外制约的条件下所达致的相互理解的沟通，而理想的沟通情境则要满足“真理宣称”、“正当宣称”、“真诚宣称”3个条件。参见阮新邦、林端《解读〈沟通行动论〉》，上海人民出版社2003年版，第5—6页。业委会与物业的组织精英之间摒弃矛盾、互相理解式的沟通，在某些方面接近这种理想的“沟通行为”。

② 《物业管理条例》（自2003年9月1日起实施）第二十条。

保、文教、老龄等。但实际上，像治保、卫生这类工作，居委会、业委会都只是辅助物业开展，而文教、老龄方面的大量活动，则是以居委会为主、物业为辅。总体而言，业委会在小区的很多公共事务上都处于辅助、配合的次要地位。冯副主任说，大家的工作配合得不错。

> 应该说我们现在的关系处理得非常融洽。……真的，他们（居委会）各方面的工作，我都觉得比较不错的。我们业委会的成立，居委会也给了很多的支持和帮助。现在应该说我们的工作配合得还是非常不错。但是有些人呢，个别业委会的人，这样那样的，这是个别的，是吧。这个也不用多说，人言可畏嘛。……从正统的各方面看，他们居委会对我们的工作，他们很重视的，我们和他们一块儿合作，特别感到高兴。我们的关系呢，过去我们没成立呢，各方面都是以他们为主的。那现在我们成立以后，我们是不同性质的两个组织。……我们之间的关系就是相互、大家互相协力，把这个小区的工作做好，是吧。

成立之前，各方面的工作以居委会为主；成立之后，仅仅依靠几位兼职委员的业委会也难以发挥更大的作用。从作用发挥来看，物业公司主要负责治安和卫生，居委会主要负责老龄、家政、计生等其他条线；活动的组织也是物业和居委会各有分工，业委会更多地只是在大型活动组织者的名单上挂名。但缺乏资源的居委会往往要求助于物业公司，作用发挥最不明显的业委会偏偏对物业公司具有直接的制约力，因而也大大提升了自身的地位。居委会则可以借助自身对业委会指导监督的权力协调物业与业委会之间的潜在矛盾，这为保证居委会与物业之间的合作提供了新的有利条件。在盘根错节中，三者最终实现了权力关系的某种平衡，如图 8 所示。

### 四　精英的联合

组织间的关系平衡离不开各位组织精英的努力。赵书记一开始就致力于居委会与物业公司的合作，业委会出现之前，这种合作关系已基本稳定。业委会的出现带来了某种不确定性，但赵书记借助居委会负责筹备的机会，比较成功地为解决业委会与物业之间可能产生的矛盾冲突奠定了组

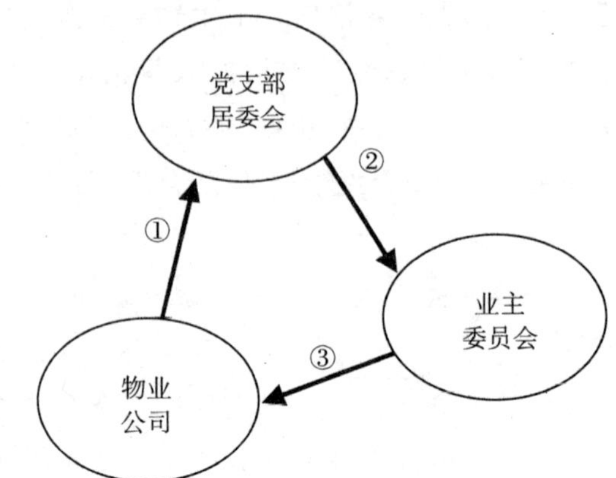


注：①部分资源依赖；②指导与监督；③监督或辞退

**图 8 居委会、业委会与物业公司的权力平衡**

织基础，也为三方的合作打下了基础。

赵书记与业委会几位主任的关系是比较熟悉的。业委会主任与居委委员、骨干分子陈阿姨是夫妻，还是在职党员，赵书记与他的关系同时具有正式性和非正式性，既有人情逻辑的作用，又有组织制约的因素。冯副主任也与书记认识了比较久的时间，他说：

> 我们蛮熟的。我们也经常，碰到以后呢，自然停下来聊一聊。平时专门来拜访，也没有时间，也没这个必要，是不是？有重要事情，她打电话通知我，我们就联系一下。像今天来了以后嘛，她也很客气的。

冯副主任自认为是一个比较认真的人，他觉得赵书记也是如此，尤其是筹备业委会期间，她的认真给很多业主留下了深刻印象。他对赵书记的称赞很是坦率：

> 他们居委会的水平，各方面的一个部门的领导，做得还是不错。一个部门的领导，各方面的水平，指导思想都比较高，那么这个部门的工作呢，就会比较好。所以我们很幸运，梅园街道派了这么一位书记，还有这么多工作人员，都比较优秀的。

业委会同样认可物业公司的工作表现，这是双方合作的基础之一。冯副主任认为，物业能有这样的表现与其领导者的水平是分不开的。他说：

> 应该说起来，主要还是老板的管理和指导思想。那么，这里面呢，通过我们的努力，他们也有变化，识时务，识时务，是吧。……这也是一个自我认识的过程。……经理还是不错的……不捣糨糊，考虑得比较多，不是那种唯利是图的，还是比较注意各方面的，是吧。所以还是有一定的水准，有些经商的他就唯利是图，是吧。相对来说，打交道，各方面沟通就比较有利一些。

如前所述，王总经理对于赵书记是尊重的，而他对于业委会的权力和几位业委会主任的精英地位也并不否认。3 个组织的精英如果“惺惺相惜”，能够彼此尊重，理性沟通、相互合作就成了自然而然的选择，正如冯副主任所说：

> 现在做事嘛，大家都会尽力，大家互相尊重，这都是有联系的。（问：一个沟通、交流的过程。）对对。不能强制。

一定程度上，业委会冯副主任的看法可以代表三方精英的共识：遇到问题，既要实事求是，又不能心急，还要能站在对方的立场上为对方考虑，这都是理性沟通的原则。

> 做事情，要有总的掌握，……首先我们，就是说，这几个主任之间呢，思想还是比较统一的。就是说，一个，我们 3 个原则，一个，不能隔开历史。……不能隔开历史的话，它的含义呢，就是不能很极端、很偏激的。……这样考虑问题，对于双方的沟通来说，就比较有利于沟通，也能相互理解。他们开发商也好，物业公司也好，都比较有水平。当然也有个别人不从这方面来考虑，单从业主的立场来考虑，有些要求可能就提得过高一点，激进一点，这就容易产生一些矛

盾吧。……现在，就是把眼前的问题做好，今后可以通过一些互补，反正总是要求双赢。……我们也不是牺牲我们广大业主的意见来凑合他们，我们绝对没有这个必要，是不是？一个是实事求是，一个是不能割断历史，另外呢，也不能心急。总想快一点，有些不可能，也没办法。至少是，首先不扩大矛盾吧，然后逐渐提高。……你不可能，这么几个人就把所有的事情都能做好，是吧。所以，也是一个学习的过程。

通情达理的精英们根据各自组织的实际情况，最终不约而同地选择了合作的策略。在党支部的领导下，能拉出一支队伍的居委会处于核心地位，既可以通过活动提升小区和物业公司的品牌，又可以对业委会形成某种制约作用，但居委会自身的资源却比较缺乏；物业公司主要依靠公司职工开展工作，它通过提升服务质量获得业委会的好感，又通过提供资源获得居委会的支持；业委会对物业公司具有直接的制约权力，却又在某种程度上受制于居委会，仅靠几名兼职委员，业委会的作用发挥受到了很大的限制。每一方都有自己的优势，又都有一定的不足，这种状态是精英联合的基础条件。表 10 的内容可与图 8 相对照。

**表 10　精英联合的资源基础**

| 组织资源 | 党支部居委会 | 物业公司 | 业主委员会 |
|---|---|---|---|
| 权力 | 对业委会拥有部分正式的制约权力；对物业公司拥有某种交换性的权力；对业委会与物业关系的协调权力 | 对居委会拥有部分交换性的权力；对业委会拥有少量交换性的权力 | 对物业公司拥有决定性的正式制约权力 |
| 队伍 | 居委兼职委员、专职干事及大量骨干分子居民 | 大量专职公司职工 | 少数兼职委员 |
| 资金 | 缺乏，多依赖外界支持 | 丰富，可专门用于小区活动 | 丰富，但使用较为谨慎 |
| 声望 | 高，亮点较多 | 高，工作认真 | 一般 |
| 关系 | 与街道关系紧密 | 与房产公司同属一家 | 无 |

续表

| 组织资源 | 党支部居委会 | 物业公司 | 业主委员会 |
| --- | --- | --- | --- |
| 活动组织 | 中小型活动为主，配合大型活动 | 大型活动为主，配合中小型活动 | 配合大型活动 |
| 工作内容 | 家政服务、党务、老龄、计生、文教活动等 | 治安、卫生、物业维修、文化活动等 | 监督物业工作 |

## 五　三方的合作

相对来说，居委会与物业之间的合作更多一些。在业委会出现之前，不仅居委会的党务、治保、卫生甚至计生条线需要物业的配合，而且，很多活动是双方合作的。业委会产生后，大型活动的组织者名单，由原来的 2 家变成了 3 家。

可以说，组织大型活动是三方进行合作的最主要领域。如前所述，很多活动仅仅靠居委会的力量是无法组织起来的，只是资金就很难筹措。赵书记说，这种三方的合作是自己一直所期望的：

> 我们就是说怎么样整合，每一个要搞的活动，我们跟物业联手。现在我们有业委会，我们和业委会三家，我们一起来做。那么，最终我们是要达到这样一个效果。非常好，今年我们已经（搞过一些活动）。每个月一次大型活动，每一次活动都做得非常的精彩，那要比我单家去做要好。所以我说达到了最初我们想要得到的这么一个氛围。

2005 年 9 月的敬老联欢活动是一次大型活动，主办方是业委会、居委会和物业公司，由工商银行浦东分行、小区幼儿园和餐厅协办。活动过程中，居委会书记、业委会代表都有讲话，蒋老人、魏老人、陈阿姨等几位骨干分子、幼儿园小朋友及部分专业演员表演了节目。活动费用总计

5400 元，费用由业委会、物业和居委会分担。

2006 年的元宵节游艺灯会也是一次大型活动，同样由三方主办，承办方则是会所和上海电影艺术学院，赞助单位超过 10 家。其活动内容包括下午的民俗文化游艺（元宵灯制作、小车制作、粘泥人、脸谱制作、汤圆制作、金属书法、香袋制作和猜灯谜），而下午的表演节目则包括舞龙舞狮、秧歌舞、杂技魔术、舞蹈、独唱等。

元宵节活动花费不菲，周老师曾谈到经费的来源：主要是业委会和地产公司出的钱。所以主办单位的名字中，业委会排在了第 1 位，然后是居委会和物业公司。有些活动居委会必须要出钱，有些活动业委会和挂钩的银行也可能资助一点，还有些活动地产公司是要抢着出钱的，“你不让它出钱，它还不高兴”。不过，尽管业委会有这样的积极性，冯副主任却表示自己对活动组织的情况并不熟悉，有的来参加了，有的没有参加。

除了活动，其他方面也可能需要三方的合作，比如治保方面的楼道检查。因为部分居民违反有关规定在楼道内堆放杂物，三方决定联合开展行动进行整治。约好了时间，物业公司派 2 位工作人员，业委会 1 位、居委会 1 或 2 位，几个人一块上门访查。不过，前期大概一个月的摸底工作都是物业人员做的。冯副主任专门打的过来参加了一个上午的活动，下午本来安排了另一位业委会委员，但她却没有来。上门访查持续了几天，居委会这边谁有空谁就去。如果都没空，就只能是物业职工单独去跑了。

募捐活动也可以看作是三方的合作，只是有时各个组织的成员可能以个人的名义参加捐助。业委会主任和陈阿姨夫妇是募捐活动的常客。2006 年 1 月，业委会主任以自己公司的名义捐助两万元，另有 3 位业委会委员也都有所奉献。物业公司总经理几乎每次都进行捐助，“物业公司”作为一个整体也经常出现在捐助名单中。2004 年 1 月，物业公司捐出 3 万元；2006 年 1 月，物业公司又捐出两万元。

可以看到，三方的合作基本上都是在居委会的工作任务基础上展开的。居委会各个条线的工作任务几乎涵盖了小区生活的所有方面，带有某种“全能性”① 特征。在街道的压力下，在党支部的带动下，居委会最大限度地发挥着主动性，不仅动员起小区的部分居民，还拉动着其他组织，

① 沈新坤：《城市社区建设中的全能主义倾向》，《社会》2004 年第 6 期。

共同完成任务，以实现“安全”、“文明”、“稳定”之类的终极目标。

在居委会这种主动性的背后，赵书记的作用是非常关键的。2005 年 10 月的“党支部工作职责”文件规定，“巩固党的领导核心作用，组织党员和各居民组织完成上级党组织布置的各项任务和各类报表，……把稳定工作作为党的中心工作”。党支部追求“稳定”的努力，很大程度上表现为赵书记的寻求“合作”的策略。当居委会找到物业服务的空白点之后，其与物业公司的合作取得了成功；当发现业委会可能带来新的矛盾，居委会采取行动保证了新的三方合作关系的形成。从居委会与物业公司的“双方合作”到居委会、业委会、物业公司的“三方合作”，组织精英在各自组织的资源基础之上，彼此间达成了合作的共识。赵书记的“合作”策略无往不胜，小区的“稳定”局面长期保持。但是，这又产生了另外一种可能的危险：如果为了稳定可以不顾一切、不择手段，党支部或许会在某种冲突对立之中陷入疲于斡旋的境地，甚至失去应有的立场。

## 章末小结

精英可以看作占据一定权力地位的优秀分子，其权力依托于自身所处的组织。小区的主要组织精英所拥有的资源情况各异，最突出的还是居委会书记、物业总经理、业委会主任等人。王总经理对公司的经营理念、物业与居委会的关系都有自己的一套看法，冯副主任则是主动参加业委会的，两人对赵书记都比较尊敬。精英间的关系一定程度上可以代表组织间关系，这为“人情逻辑”的作用发挥提供了可能的空间。

初进小区，物业公司精英对赵书记领衔的居委会筹备组多少有些排斥。成立党支部、上门登记、提供服务、组织活动、居委会选举、共防“非典”，这些事件记录下了居委会艰苦开拓的历程，同时逐渐促成了物业态度的转变：联合可能双赢。双方达成了共识，合作也顺利展开，居委会主要是凭借某种无形的影响力换来了物业公司的资源支持。工作相互支持、活动分工合作的背后，一方面是双方精英和工作者彼此间的交往；另一方面则是赵书记寻求合作的策略和努力。

业委会的成立为居委会与物业之间的合作关系带来了某些变数。居委会在业委会的筹建过程中发挥了重要作用，街道的授意和赵书记的“把握大局”使“民主”选举多少带上了被“操纵”的意味。业委会委员兼职的性质影响了其作用发挥，但业委会的成立已经对物业公司形成了一定的压力。居委会对业委会拥有部分指导、监督的权力，业委会原则上可以辞退物业公司，物业公司则可为居委会提供部分资源，在组织的资源基础上，三方的精英都采取了联合的策略，3 个组织也实现了某种权力平衡。

由于党支部的作用，在精英联合的过程中，居委会是主动的一方。在寻求与物业合作的时候，居委会还处于弱势；当寻求三方合作的时候，居委会已由弱变强，甚至成为核心。赵书记的合作策略是一贯的，其中又包含大量的更具体的策略手段，如以服务立足、影响业委会选举等。策略的运用在各类组织资源的基础上进行，资源的变化影响到了组织间的关系平衡。在权力运作的过程中，组织的资源和精英的策略借由组织精英的身份实现了统一。

# 第七章　权力运作之三：与普通居民的互动

骨干分子与组织精英还只是小区居民中的一小部分，而居委会的工作对象本是全体小区居民。要考察居委会整体的权力运作过程，无论如何不能忽略大部分的普通居民。对于居委会工作者来说，这个“大部分”如同被冷落了的沉默的陌生人。

## 第一节　沉默的陌生人

如果把城市社区的全体居民比作河流，把进入社区工作的居委会比作涉水而过的冒险者，那么，骨干分子居民就处于浅水区，其他普通的非骨干居民则处于深水区。浅水区透明、温暖、没有危险，深水区则神秘、寒冷、充满风险。尽管进入浅水区已经算是“涉水”，但要真正穿过河流必须要进入深水区。居委会工作者要实现自己服务全体居民的目的，必须要与更多的不熟悉的普通居民打交道，而不能仅仅满足于同骨干分子居民的脉脉“温情”。事实上，工作者们一直在运用各种工具、手段向深水区探索着。

### 一　沉默的陌生人

大部分普通居民的主要特征与前述小区居民的几个特征大体相同：经济精英的身份、国际化的色彩、较强的独立意识、快速的流动状态等。骨干分子大都是热心公益、具有更多交往欲望并有时间参加活动的中老年女性，把他们排除以后，其他普通居民的上述特征就更加明显。他们或者固守私人空间而不愿意参加更多的集体活动，或者因为忙于事业而没有时间参加活动；他们可能存在彼此交往的一些障碍比如语言不通，更可能在八小时之外还要忙碌奔波；他们的交往圈子可能远远超出了小区的范围，他们的业余生活也可能自有安排；他们能力更强，能量更大，很多问题可以自行解决或诉诸法律。可以说，他们与居委会工作者并不属于同一个社会阶层。

所处阶层的差异是导致居委会工作者与他们交往较少的一个客观原因，但这不是工作者们只以骨干分子为工作对象的理由。2005 年 4 月的文件中，明确规定要保障社区居民的知情权，“这是宪法和法律保障公民的一项基本权利”①。相关措施包括利用《家园报》、黑板报、宣传栏、讲座以及在各个楼道张贴通知等方式进行宣传，还要适时举行议事会让“所有的居民”都知道在社区中发生的事情。其他文件与此相似，无不是以全体小区居民为服务对象和工作对象。

不过，无论是知情权的保障，还是其他的工作目标，都很难说达到百分之百的效果。黑板报是不能摆在自己小区的，宣传栏的内容很少更换，各种针对老年人、青少年或其他人群的讲座甚至议事会的规模都有限，基本上是把部分骨干分子拉来参加。相对来说，《家园报》的效果更好一些，这份“制作精良、内容新颖齐全”的报纸每月一份，可以发送到每一个居民家庭的信箱里②。但一则报纸的周期过长，二则报纸的内容以物业公司的工作为主，居委会的通知、活动通告等内容占不到太大的比重，其宣传效果也大受影响。此外，在楼道张贴通知的效果也很难判断。小郑几乎花了一个下午的时间把健美操班的通知贴在每个楼道入口，后来打电话报名参加的居民不过寥寥数人。

居委会选举、业委会选举都曾是梅园小区的两件大事。正是由于与普通居民或业主的交往困难，两次都采取了代表选举的形式。在整个过程中，居委会工作者与 62 名居民代表、26 名业主代表的沟通比较多，与普通居民的交往则主要是所张贴的一系列公告。居委会选举期间，第 1 号公告宣布了 62 名居民代表的名单；3 天后的第 2 号公告宣布了选举的日期；同一天的第 3 号公告则宣示了 15 名初步候选人名单；选举前 8 天的第 4 号公告宣示了正式参加选举的 9 名候选人名单；第 5 号公告则在正式选举

① 参见文件“以创建为动力，积极探索国际化社区的民主法治工作”。

② 参见 2004 年 3 月文件“城镇安全防范工作会议”。

之后通告主任和委员的具体人选。对于大部分居民来说，他们很可能只看到了一些形式的东西。

居委会工作者与普通居民之间存在着一些交往障碍，沟通并不顺畅。相对于骨干分子居民，普通居民更显得沉默。他们在居委会工作者眼里，是一批矜持的陌生人。

## 二　最初的上门

前文中曾几次提到赵书记一行三人初进梅园小区的情景，那是一段艰苦开拓的历史。这段历史中，很重要的一部分内容就是最初挨家挨户的上门登记，或者称作“摸底”。居委会筹备组联合社区民警和物业员工一起上门，这是一个与从未打过交道的陌生居民直接面对面沟通的过程。将要前往新的小区开拓阵地的周老师曾讲到类似的情形：

> 我们现在过去第一步，就是每一户的情况要摸出来。摸，就是要填“一户一表”。你做文教，你要知道，我们的小区小学生有多少？这个名单你全部都要打出来的。而且你要熟悉，他们家的电话号码是多少，他在哪个学校读书。小学生、中学生有多少？暑期他要规定你的。你们暑期里面，每周来两次活动，你都要安排的。寒假里面怎么布置，我们街道寒假里头专门有什么班的，图画班了，什么班了，你必须要有名单上去，否则你完不成任务呀。上头的任务下来了，这不是我想做、你想做的，是上面要求你做。

这种“摸底”本身是街道的要求，也是完成街道任务的必要条件，所以可以算作任何居委会都要首先开展的工作。“摸底”的正式结果就是“一户一表”。这是每一户居民都要填写的一张表格，表格的内容主要包括业主情况和居住人员情况。业主情况包括姓名、性别、出生年月、工作单位、国籍、文化程度、党派、职称、本人特长、配偶、电话①，每个居住人员的情况则可以省略业主情况的前3项内容。另外，还需要说明居住人员之间的关系（称谓）和与业主的关系。此外，还有3个问题：对社

① 新的“一户一表”增添了身份证号一项。

区有何需求，对各类社区活动的态度，愿意为社区提供的服务项目。内容虽然不多，却都是所谓的“隐私”。

要了解到这些情况并不容易。赵书记说，由于小区的特殊性，一些居民对居委会的到来并不欢迎，对带有“政府”色彩的东西都多少有些抵触。

> 我们调查的时候，因为刚刚来嘛，就有一些居民，就觉得居委会来干什么。因为这边的人大部分都是条件比较好，都是有钱人嘛，……他们呢，非常注重自己的一个私密性，他不太愿意让更多的人了解他，家庭什么。像这种小区有物业管理就可以了，没必要让居委会来。政府部门，好像开始都是有点抵触的，觉得好像，生怕自己的事情被什么部门了解去了，不利呀。反正，我多多少少感觉到是这样。

警署的出面使居委会省力不少。警署根据《上海市外来流动人员管理条例》，出了一个通知，要求每家每户到居委会来进行登记。赵书记介绍说，外籍居民由于法律意识比较强，他们是最积极地前来登记的居民；相反，香港、澳门、台湾，还有大陆的居民前来登记的就少得多。这样大概登记掉了1/3。剩下的居民只能上门走访，经过持续的努力，又大概登记了1/3。还有1/3，或者是户主不住在这里，或者是户主无论如何也不配合提供个人的资料。

对于不配合登记的居民，赵书记说，这也不意味着没有一点办法。工作人员主动出击是必需的。如果有人不配合，那就先放着好了。以后他们需要居委会，有事来找居委会的时候，再对他们提要求也不迟。登记过程中，吃了不少白眼。赵书记说，就要做好这种吃闭门羹的心理准备，你只要心理承受能力强一些就可以了。有一家台湾人，说台湾不会登记这些隐私性的资料，曾经把居委人员直接往门外推。后来他们的台胞证丢了，找到居委会来。于是对他们提出要求，“一户一表”也就顺利填好了。

二期的32号、33号楼总共有221户居民，其中登记了“一户一表”的是114户，登记比例为51.6%。114户居民中，包括70户外籍居民，10户港澳台居民，32户大陆居民和2户未知国籍的居民。登记居民的职务多为外资或合资公司经理，律师其次。资料填得很不完备，如工作单位一栏就经常是空白。有几户居民提出了需求，包括“家政服务”、“2002年11月7日开居住此地的证明”、“a shuttle to the MRT station at certain intervals”、“买菜、花店和办理狗证”和“超市蔬果供应”。而且，这些数据还很可能随着居民的流动而丧失了真实性。

最终登记的结果既体现了陌生居民的特点，又显示出居委会与他们进行交往的困难。事实上，居委会已经做过大量的努力了。以上114户居民资料的填表日期从2002年9月一直延续到2006年3月，居委会工作者们在随时利用各种机会开展着基础工作。

## 三　平时的上门

最初大规模、普遍性的上门登记一般只进行一次。在平时的工作中，居委会工作者也要随时做好对居民登门拜访的准备。通常，这是完成某项工作所必需的。

2005年4月的一份文件中，规定了“居民走访制度”的内容：深入了解居民，及时掌握居民的需求，为中外居民排忧解难；排摸纠纷苗子，化解居民之间的矛盾，维护社区稳定。但实际上，这一字面上的“制度”能否落实，还存在着疑问。虽然每位居委会工作者都已经拥有了物业所送的一张门卡，但随便出入居民住宅楼也是不符合物业管理规定的。基本上，每次工作者上门，都要有一个合适的理由。

不能随便上门走访影响到了一些工作的效果，比如计生条线。李老师介绍，为了了解工作对象的情况，她需要一家一家地去跑。这样跑的结果往往是两种：“跑的好的，蛮高兴的，吃喜糖、吃喜蛋，不好的就吃闭门羹。”如果被某些居民拒之门外，工作者是没有一点办法的。李老师说，自己能“控制”情况的居民只有一小部分。

有时候，贸然上门还可能引发冲突。一次，李老师要找一对小夫妻填写育龄妇女登记卡。她在周末上门，丈夫不在家，妻子配合填好了卡片。没想到第二天，那位丈夫气势汹汹地跑来，找她兴师问罪，怪她一大早就去他们家按门铃，而且问一些隐私性的问题，甚至说，“你这样我要投诉你”。李老师向他解释，这是必须要完成的工作。那位丈夫一再强调，“你们来嘛，必须事先跟我说。”李老师乘机要到了他们的联系方式，说如果能事先联系，也就不用直接“冲”了。虽然是不大不小的冲突，也算是面对面交流的机会，李老师反而借此更补充了“一户一表”的资料。

一些街道派下来的临时性任务也可能需要工作者上门完成，比如各种内容的问卷调查。一次，街道要求对小区中的台湾居民进行登记和调查。赵书记又把这个任务与“一户一表”的基础工作联系在了一起，分派了3个小组，都带着台胞名单、空白的“一户一表”、台胞登记表、问卷和礼物开始跑路。李老师和小吴分在一个小组，她们跑了一个下午，共走访了19户居民家庭，敲开了大约五六家的房门，只有一家与名单相符。唯一的台胞家庭只有一位老太太和家政服务员在家，老太太站在门边配合填好了登记表和文件，细心地挑好了一份礼物。李老师还请一户家庭配合填写了“一户一表”，这就是一个下午的成果。

李老师她们到了每户人家的门口，先按门铃。如果一段时间内无人开门，李老师也可能会听一听门里的动静，确认没有人在之后离去。如果房客是外籍居民，就由小吴出面进行交涉。居民大都是陌生人，李老师她们需要先亮明自己的身份：“居委会的”，但这对于改善自己“陌生人”的处境效果也不大。居委会工作人员似乎总与居民存在隔膜，只能站在门外等着他们的配合。偶尔有居民邀请进门坐坐，李老师她们也不会真的进去。与此相类似，工作者每次上门，几乎都是浅尝辄止的陌生人之间的交往，除非刻意去拜访骨干分子居民。

## 四 匿名与欺骗

熟悉朋友之间的交流是充分的、坦诚的，朋友关系之中蕴含着关照、互助等义务。陌生人之间的关系则更加简单，交流既浅尝辄止，关照、互助的义务一般也无须考虑。如前所述，陌生关系中也可能存在“人情逻辑”的影响作用，但这是以对对方身份的基本了解为前提的。一方权力地位、经济财富、社会声望、关系网络等方面的信息都可能影响到另一方对其“面子”大小的判断，进而影响到关照义务的强弱。不过，如果陌生居民根本不想透露自己的私人信息，“人情逻辑”也就成了无源之水。

看起来，梅园小区的不少居民是在刻意避免与居委会工作者发展出一种亲密关系，这意味着他们在力图摆脱“人情逻辑”可能带来的影响，工作者上门时所遭遇的尴尬境况只不过是表现之一。类似的表现还可能出现在某些活动中。

根据2006年年底的问卷调查[①]，无论是熟悉居民，还是陌生居民，最倾向于参加的居委会活动都是募捐。尽管每次募捐活动的主力都是骨干分子居民，但仍能吸引一部分居委会并不熟悉的居民参加。按照街道的要求，参与募捐是要登记姓名和住址的。但有的居民却不想留名，周老师就曾经讲到这样的人：

有的他捐助，但是他不愿意说。你比方说海啸呀，人家一捐助就是两千，自愿捐助的，有的呀……过年以前一个人来捐助一千块钱，“现在居委会在募捐，我听说我们街道”，那我们说有这个事情，“那我捐一千块钱”。拿出来他就唰唰唰数出来。我们说谢谢你的好心，你是住几号几室的。他就说不用，不要记几号几室。他就想捐助，不想做什么宣传。……你不能把他们这种积极性抹杀掉，抹杀掉，他说我不捐了，一定要报名字的，我不捐了。那你这个活就做不下去了，人家本来是有这个积极性的。……但上面街道要你报呀，这是很难的。……有的时候我们跟街道是讲清楚的，名字我们不报了，他住的地址我们报一下。有的呢，他就以小孩的名义报了。小孩嘛，刚刚在小学三年级、五年级，我捐助五千块钱，以我们小孩的名义。他真的这样坚持，那我们也就，这个讲不清楚的。

匿名性是防止互动的双方由陌生关系转化为熟悉关系的第一道关口，也是阻挡“人情逻辑”发挥作用的基本条件。此外，由于陌生关系比熟悉关系对互动的双方更少束缚和顾忌，也就更有可能出现欺骗的行为，尤其当某件事情涉及其切身利益的时候，例如超生。

李老师的计生工作开展得很辛苦。这不仅是因为她所面对的是不怕罚款的经济精英，更是因为她必须要把大量的陌生人作为工作对象。李老师不止一次地提到各种“欺骗”伎俩：有些人怀孕了，明明住在小区中，却谎称是外地的；有的夫妻都是独生子女，按照规定是可以生二胎的，却

① 高档住宅小区、中档住宅小区和老工房小区居民最愿意参加的居委会活动都是募捐，选择的比率分别是94.4%、89.4%、98.4%。

不去办理相关申请手续，李老师问起来就骗她说办过了。此外：

> 还有一个也是两胎的，户口刚刚报的。怀孕的时候我上门去过……然后跟她说小孩出生户口不要写在这里的小区。她说一定不会写这里的，她老公说原来的小区已经出过一个计划外的，反正再多一个也没关系的。（他儿子出生后）然后他户口就那天迁进来的。我去找他，和他说你户口不可以迁进来的，否则很麻烦的，但是他不会为你考虑的。……说好户口原来不进来的，但是还是进来了，你说这样的居民守信用吗？不守的啊。他敷衍你的。

真诚交流是朋友关系的一个基本标准，欺骗行为的出现往往意味着朋友关系的终结。一般来说，陌生人之间的欺骗要更加容易，“杀熟”[①] 行为不过是某种形式的异化。实施过欺骗行为的居民中，有些人与李老师是介于陌生人与熟人之间的关系。之所以认识以后还可能出现欺骗现象，主要是因为居民力图隐瞒的内容与自身利益攸关。可见，对于欺骗行为的出现，互动双方熟悉程度的高低只是一个影响因素而已。

### 五 硬性管理的矛盾

居委会并不像物业王总经理所认为的那样，总能超脱于硬性的管理与被管理的矛盾之外。虽然大部分条线工作可以依靠非正式的朋友关系完成任务，但像计生工作是无论怎样也难以完全避免管理的生硬和矛盾的。从这个意义上讲，欺骗行为也可以看作被管理者在硬性管理压力下的某种生存策略。

前文曾述及，李老师对于熟悉的居民，是按照“人情逻辑”开展工作的，即使他们违反了政策，也能看到关照因素的存在。其实，对于那些介于熟悉与陌生之间的居民，李老师仍可能尽量依“人情逻辑”行事，期望在为对方打算的过程中谋求一种相安无事的和谐局面。对方不听劝

---

① 郑也夫曾对“杀熟”现象有过分析，认为这对于熟人间的“人格信任”是一种极大的威胁。某些制度设计与政治压力破坏了“熟悉—信任”的文化基础，这是“杀熟”行为盛行的主要原因。参见郑也夫《信任论》，中国广播电视大学出版社 2001 年版，第 222 页。

告，一意孤行，既可能难逃惩罚，也可能影响到李老师的工作成绩，这种两败俱伤的结果是她最不想看到的。

李老师讲到这样一个故事：一对夫妻，妻子怀了二胎。女方是独生子女，如果男方也是独生子女的话，按照政策是可以生二胎的。李老师建议他们先去申请，否则仍会挨罚。那位妻子口头答应着，却没有真的去申请，很可能她丈夫不是独生子女，这让李老师很着急。他们的户口并不在梅园小区，但按照《上海市流动人员计划生育管理办法》，应该由居住地、户籍地共同管理，并以居住地为主，所以李老师联合了其户籍地居委会的计生干事一起找到怀孕者的丈夫。那位男士的口气很生硬，不过最终还是听从了工作者的建议，把户口迁到了另一个地方。这样居住地、户籍地的居委会就都没有了责任，李老师说这样算是“皆大欢喜”。

另一个故事的结果就不这么让人满意了，李老师的硬性管理引发了一场不大不小的冲突。一对夫妻想申请二胎，李老师解释说，像他们这样的情况是不能申请的。李老师先是发放宣传材料给他们，后来打电话通知过一次，再后来也曾当面谈过这件事，但对方坚持要生。一次上门，双方言语不合，就吵了起来。那位妻子很盛气凌人的样子，一会儿说要投诉自己的隐私被侵犯，一会儿说居委会工作者早晚都要离开，“凶得不得了”。最终是不欢而散，李老师说，自己不能再上门了，再去的话就要被她打出来了。

虽然是很生硬的管理工作，工作者还是希望能够借助“人情逻辑”适当缓和这种管理与被管理的矛盾。对于陌生人来说，本可以无须过多考虑情面的因素，但缺乏正式管理权力的居委会工作者只能借助朋友关系中互相体谅和照应的义务开展工作。如果对方刻意保持一种陌生的关系，不顾及这种情面，工作者往往成为管理冲突中弱势的一方。工作者刻意避免一种生硬的“管理者”角色，这就给自己的管理划定了一个灵活的界限：违反政策不是最重要的，只要不发生在自己的管辖范围之内即可。

## 六　点滴的积累

既然与大部分普通居民难以有更多的交流机会，居委会工作者养成了一种习惯：抓住一切可能的机会与居民进行多方面的互动，一点一滴地积累开展工作的资本。这就使他们经常处于这样的工作状态：无时无刻不在工作。

通过一件事情获知多方面的信息，这样的例子有很多，最初的上门调查就是一举多得的一个典型。在这个过程中，赵书记他们既可以填好“一户一表”，又可以物色骨干分子，还可能与部分居民顺利地构建出一种良好的合作关系，为随后更多的交往打好基础。举办各类培训班也可以带来多种收获：可以进一步巩固与骨干分子的关系，可以借以认识更多的居民，还可以为比赛的任务做好准备。调查台胞的时候，赵书记同样不忘顺便登记、修改“一户一表”。这些方面的“脑筋”，每位居委会工作者都动过不少。

居委会工作者善于抓住每一次与陌生居民交往的机会，尤其是他们有事要请居委会“帮忙”的机会。一天早上，还不到上班时间，一位房主和一位家政服务员一块走进居委会，女房主打算替服务员做担保人在这里登记。看来服务员做得不错，房主想推荐她找第二份工作。赵书记正好进来，了解情况后让她写一份担保书。小钱找到了这位居民的“一户一表”，让她提供了新的联系方式。赵书记又问她和她丈夫是否是党员，女房主回答不是。如果是党员的话，居委会也许就又多了一份可依靠的力量。负责家政工作的孙老师这时才来上班，赵书记让他设计一种正式的担保书，可以打印出来，只需要担保人签字，这样会更为方便。

每次活动都提供了认识和了解居民的机会，例如前文曾讲过的参加会所讲座认识外籍太太的故事。周老师曾说，捐助活动的名单就可以提供一些有用的信息：

> 有的之前没有捐助的，去年也捐助了，这不很好嘛。这个就是信息啊。这个人是支持我们居委工作的，这个人的情况怎么样，我们查一下。他是什么单位的，什么职业，哦，他是律师，或者做什么的。……（问：那我们对居民的了解是不是都是这样?）一点一点、一点一滴地来摸索、知道的呀。有的呢，比方你是印度人，印度人，他又来了个印度人。就跟他说了，你今天到了，你如果要阿姨（家政服务员），要阿姨我帮你介绍，到居委会来，带过来，来要，也有的。然后嘛，哦，你是印度的，给你登记一下。（问：居委会开展工作就是在这样一点一滴的过程中积累了?）当然了。

类似“一户一表”登记的基础工作就是这样一点一滴积累起来的。此外，工作者与居民能维持良好的人际关系也需要平日里多次交往的累积，而这种交往很可能只是打个招呼。赵书记、李老师都是很主动与人打招呼的人。一次，与小钱、小郑一起出门，小钱沿途与许多居民打招呼，看到小洋娃娃，还过去亲一亲。居委会的成员借助各种机会增进与居民的熟悉，这也是一种基本的工作方法。

## 七　化陌生为熟悉

如前所述，居委会工作者开展工作，更多的是要依靠部分骨干分子居民。工作者与陌生居民打交道，交往的障碍更多、需要付出的努力也更多。或者说，熟悉居民与陌生居民相比，工作者的“交往成本”[①] 是很不相同的。

减低这种交往成本的一个策略就是“化陌生为熟悉”的努力。借助一些机会认识某位陌生居民，然后尽力使彼此的关系由陌生变成熟悉，并在以后的不断交往过程中强化这种熟人关系。有了这一关系基础，开展工作就有了基础和保证。由陌生关系到熟人关系，居委会与居民的交往范围大大扩展，彼此的沟通渠道更为宽广。熟人关系中的“人情逻辑”则如同润滑剂，使居委会的工作任务可以更加顺畅地完成。

小吴的中文班就是这种努力的一个体现。一次，小吴向中文班上认识的某老外借了一本书，赵书记借机向年轻人介绍经验。她说“万事开头难”，最难的就是迈出第一步，只要开始了第一步，以后就好办了。只要开始打交道，就可以交到朋友，交了朋友以后，活动就好开展了。小郑筹备健美操班，也是出于同样的考虑。

居委会工作者与陌生居民的交往主要体现在 3 个方面，偶发的纠纷调解、常规或随时的服务、定期不定期的活动。在这些方面，都可以看到工作者们“化陌生为熟悉”的努力。相对而言，调解纠纷是必须要完成的街道任务，但纠纷自然是越少越好，每次纠纷的出现只是给工作者提供了

① “交往成本”的说法来自于“交易成本”，但含义自然不同。一般来说，完成一项交往活动需要满足某些条件，为满足这些条件所需付出的代价可以简单称为“交往成本”，其内容包括：交往所需花费的时间和精力、了解对方信息的成本、防止欺骗行为的成本等。

一个与陌生居民交往的机会；而服务和活动则更多地具有策略的意义。

## 第二节　调解的技术

调解是任何居委会都要有的一个主要条线，也是直接体现党支部职责中“维护稳定”的基本工作。纠纷调解的对象是全体居民，更多的纠纷出现在大部分普通居民之中。大多数调解纠纷的过程，正是居委会工作者与普通居民打交道的过程。在这些交往过程中，可以发现某些调解的“技术”。

### 一　调解概述

在街道司法科的指导下，居委会拥有“半正式”的调解权力。2005年10月的“司法调解工作职责”文件包括以下内容。

一、坚持党的基本路线，坚持安全第一。

二、加强调解组织的建设，巩固由外籍居民参加的调解队伍。

三、正常开展普法宣传，扩大宣传教育队伍，每季度开展一次宣传教育活动。

四、做好刑释解教人员的安置帮教工作……做好社区矫正工作。

五、及时处理司法“110”案件，处理突发事件。

六、及时做好纠纷调解，不发生因调解不当或不及时而引发纠纷的升级。学习调解工作室经验。

七、及时上报各类报表和信息。积极向调解通讯投稿，每年不少于四篇。

八、创建浦东新区司法示范居委会。

以上内容中，第一条无具体内容，第八条则太笼统。除了这两条，常规性的工作包括第二、第三、第四、第七条，第五、第六两条则是非常规性的工作，其中的第四条基本上是一句空话，而与居民进行交往的工作主要是第二、第三、第五、第六这几条。不过，宣传教育的效果往往有限，也很可能不是面对面的互动；“110”案件也极少发生，所以第二条中调解委员会的情况和第六条中调解纠纷的情况将是后文重点关注的内容。

并不是每个居委会工作者都参与到调解工作中，梅园居委会也没有专职的调解干事。赵书记担任调解委员会的主任、小钱则是副主任之一，她们两位是参与调解的主力。周老师是“救火队员”，如果赵书记有事不在，他也会担负起调解的职责。

骨干分子居民在这项工作中也发挥着不可或缺的作用，居委会了解居民情况、排解纠纷“苗子”往往要借助他们。居委会平日里点滴积累的工作状态同样表现在调解工作方面，他们会利用各种接触居民的机会来了解情况。2003 年 2 月的文件中有这样的内容：“通过楼组长、居民代表、文艺骨干，了解小区内最近一段时间有无纠纷隐患；通过平时在小区的各种活动场所与居民拉家常、聊天，来了解小区情况，等等。”①

根据相关文件，2003 年上半年，居委会共参与了 14 例以上的纠纷调解②。其中，邻里纠纷 4 例，佣工矛盾 2 例，业主与物业会所的矛盾 5 例，家庭问题纠纷 3 例。邻里纠纷多是居民不小心影响了邻居正常生活的小事，居委会调解这类纠纷往往手到擒来；佣工矛盾因为涉及切身利益，有时会表现为剧烈的冲突，赵书记他们调解起来要更费周折；业主与物业会所的纠纷情况比较多样，这类调解体现了居委会在业委会和物业公司之间的居中调和作用；家庭问题则多是夫妻矛盾，对这种问题，居委会只能尽力而为，却无法保证调解成功。

在王总经理眼里，调解纠纷已经成为居委会区别于物业公司的标志性工作之一，也是有其自身优势的一项工作。

居委会可能更多的是从，解决一些邻里纠纷，这方面来入手，对业主来说，也是作为他们的一个重点。因为这个里面，他国籍不同，这样他的文化背景就不一样。有些人觉得这个是很正常的，比如说，就很简单的一个，养狗。有些欧美人看到我们有些人养狗或者怎么样，就觉得这是一个生命，你应该要尊重它。可能从我们国内的人，包括香港台湾的人，他就认为，这个东西，养狗，会不会产生一些其

① 参见文件“调解计划”。

② 参见文件“2003 年上半年调解事例汇总”。

他的问题，比如说会不会咬到小孩子，会不会对我的安全产生一些威胁。这完全是由于文化上的不同所带来的观念上的差异。那么从这一块上来说，应该说居委会比我们有优势。

## 二　调解委员会

司法调解本是居委会的条线内容，但在赵书记的努力下，承担这一工作任务压力的基础不断扩大，已经把警署、物业等机构也联合了进来。这同样是“合作”逻辑的体现。目前，真正担负着调解压力的正式机构是梅园调解委员会。

调解委员会[①]成立于2003年2月25日，在有的文件中看起来像是居委会的下属机构，但又不在前述4个或6个下级委员会之列。根据2003年2月的文件，调委会的成立过程中，浦东新区相关领导曾“亲临指导”，街道司法科更是“热心帮助”，此外还“得到了小区各位调解信息员（即楼组长）、居民代表和各位热心义工的大力支持和参与”[②]。其他文件则显示，调委会的成立不仅听取过“广大居民的意见”，还经过了“民主选举”[③]。

调解委员会共有委员11人，主任为赵书记，副主任分别是1位居委委员和书记助理小钱，其余8位委员分别是：社区民警1人，物管中心副主任1人，物业聘请律师1人，外籍律师夫妇2人，外籍居委委员2人，楼组长党员1人。11名委员中，男性6人，女性5人；外籍4人；党员3人。此外还有业余调解员24人，几乎都是楼组长。

外籍委员加入调委会是居委会的一个亮点，同时也是街道司法科“积极探索”的成果。赵书记说，之所以这样做，缘于一起涉外纠纷。一个外籍女士带着自己的狗坐在小区的长凳上等丈夫下班，一位外籍华人太太经过这里，没想到外籍女士的狗一叫一扑，让华人太太受了惊吓。外籍女士不仅不道歉，还冷言讥笑，两个人就吵了起来。外籍女士的丈夫这时

① 这方面的正式文件包括国务院《人民调解委员会组织条例》、司法部《人民调解工作若干规定》等。

② 参见文件“调委会发言稿”。

③ 如2004年11月文件“民主法制示范居委会发言稿（1）”和2005年4月文件“以创建为动力，积极探索国际化社区的民主法治工作”，但“民主选举”的说法言过其实。

回来，也加进了战团。虽然保安和社区民警把双方劝开，但华人太太怨气不消。第二天，赵书记听说了这件事，就到华人太太的家里去了解情况，华人太太发了一通怒气，然后提出要求：对方赔礼道歉。又过了几天，赵书记值班的时候，恰好那位外籍女士和她的丈夫有事找到居委会。双方语言不通，不过赵书记听懂了一个“dog”，随即意识到这可能是一个调解的机会。于是她马上打电话把外籍居委委员莉莉喊来，请她担任翻译。原来是那对夫妇要为他们的狗办狗证，赵书记定好时间，让先生下午到居委会来，说要把前几天的纠纷调解掉，随后通知了另一方居民、物业和警署。到了时间，外籍先生先到了，华人太太一方则有 3 人，除了她的丈夫，还有一位专门助阵的朋友。这边人多势众，一见面就开始围着外籍先生吵架，甚至把矛盾提升到了国与国的关系层面上。赵书记先把局面控制住，对帮架的那位说，“你今天到这里来是解决问题的，不是来吵架，也不是来打架的，如果你打架能解决问题的话，你到外面去，给你个场地你去打。”这时物业人员和社区民警也到场了，随即开始调解，但双方语速太快，很多话听不明白。赵书记再次把莉莉叫了来，让她现场学习调解的方法，通过她把事情解决好。赵书记希望外籍先生向对方赔礼道歉，外籍先生同意口头道歉，但华人太太一方却要求书面道歉。莉莉带了情绪，说也不要太过分。赵书记教导她说，调解者是中立的，调解必须要公正，只是就事论事，只能讲道理，不能带情绪。随后的沟通就更加顺畅，外籍先生跟自己的太太商量以后，答应书面道歉，事情最终解决。正是这件事，催生出了梅园小区有 4 名外籍居民参加的调解委员会。

除了兼任调委会委员的居委委员杰克和莉莉，另外两位外籍委员是一对律师夫妇。丈夫在律师事务所工作，他曾经在一份文件中谈到自己加入调委会的原因：首先是赵书记的邀请，而他自己也乐意参与，因为这可以有助于他理解中国独特的文化和法律。妻子则担任过某中国高校的领导，她是调委会的法律顾问，也实际参与过几起纠纷的调解。夫妻两人本来就是居委会活动的积极分子，根据 2005 年 1 月文件，“从 2002 年至今，每次纳凉晚会、中秋晚会、中外家庭文化节，他们都积极参与。”[①] 他们也获得过一些奖励，比如“浦东新区五好文明家庭”，又如街道颁发的“十

① 参见文件“五好文明家庭”。

佳新上海人”。

外籍委员加入调委会是居委会扩展工作领域的需要。外籍居民占到小区全体居民的40%，他们更难成为居委会的骨干分子，更大程度上是陌生居民，但同样可能是调解条线的工作对象。居委会工作者要直接针对他们开展工作，是存在不少困难的，语言沟通不畅，身份的差别也很大。赵书记的做法是设立“中继者”[①]，拉近与陌生居民的距离。中继者的身份与居民相似，也更容易沟通，这使工作开展得更加顺利。从某种意义上，充当中继者的4位外籍居民也是居委会可以依靠的骨干分子。

## 三 沟通与调解

在调委会的外籍律师委员看来，“调解”是很有中国特色的一种处理纠纷的方式。如果双方产生了矛盾，西方人更多地采取法律手段，一定要在法庭上分出一个高低胜负，但中国人却先要调解，甚至还形成了正式制度，即调解委员会。这种区别确实是一个很有意思的问题。调解不是一定要分出胜负，往往是双方各让一步，“大事化小、小事化了”，防止矛盾进一步升级，维持一种和谐共处的局面。某种意义上，这是“无讼”[②]意识的传承。

调解的主要手段就是沟通。由中立的第三方出面，为对立的双方创造出面对面沟通的条件，让双方都有大致均等的表达各自意见的机会，在充分理解的基础上达成一致。作为个人，第三方不是随便谁都可以充任的，他们要有一定的“面子”，面子的基础或者是权力地位、或者是社会声望；作为组织，第三方也要有一定的权威，这种权威通常是被正式赋权的，就像梅园小区的调解委员会。而在实际的调解过程中，组织的“权威”和个人的“面子”往往是混杂在一起的。

---

① “中继者”一方面可以代表组织与部分环境打交道，另一方面又可以代表部分环境参与制定某些规则。对组织来说，中继者的作用是减少来自环境的不确定性，这使中继者可能带有了某种特权。参见李友梅《组织社会学及其决策分析》，上海大学出版社2001年版，第179—180页。几位外籍调解委员发挥了“中继者”的作用，但并没有刻意运用这种特权与居委会讨价还价。

② “必也使无讼乎？”语出《论语·颜渊》。费孝通也曾讲到乡村的调解，把这看作一种教育的过程，在“克己”的基础上达成“和解”、维持礼治秩序，参见费孝通《乡土中国》，生活·读书·新知三联书店1985年版，第55—56页。

有了沟通的机会，第三方的沟通水平也是很重要的。面对不同的人，要能找到对方可以接受的方式表达自己的意思。语言不能生硬，口齿必须清楚，要能把该说的话说到位，要能把该强调的内容强调好。赵书记曾专门讲到沟通的技巧：

> 和风细雨地，就像现在跟你这样谈话一样，没有一点那样凶巴巴地横你、凶你呀，都是这样沟通交流。你看怎么办，好不好；好，那就这样，结束，就这样。其实工作人员里边，我是做得比较多，但是以前老城区这种纠纷，都有调解干部的。我起初也是很担心的，但到这边以后，发生事情的时候你帮助解决，发现他们还都能承受，也就觉得还可以，能胜任这个工作。其他的工作人员，我们开始办公是在一起的嘛，一些年轻的大学生也好，年长的也好，就看着我这样，和风细雨的，就是。所以，慢慢地，他们也就学会了。调解原来，都是这样调解的，也学到了许多东西。……就是说你说话的时候呢，我们这边呢，毕竟这些成员层次比较高，你不要以你是领导者这种不得了的身份对别人讲话，人家可能不接受。就是像朋友式的你跟他交流。和风细雨，他们还是能够听的。

尽管有组织赋予的调解权力，尽管赵书记个人对居民来说也有“面子”，但她仍要充分考虑到居民的身份地位，并据此选择合适的沟通方式。一般来说，双方肯来参与调解，都是希望解决矛盾的，对于第三方所做的工作多少都会心存感激，也会买对方的“面子”，这是“和风细雨”的交流可能进行的一个基础条件。如果赵书记真的亮出领导的架子，仅仅依靠非正式的调解权力强制性地让双方接受某些条件，几乎可以肯定，这不会有好的结果。

赵书记的调解技巧不限于此，对事情轻重缓急的判断、选择合适的时机做出决定也是很重要的。有一个故事仍然与狗有关。一天上午，一个保姆、一位老太太都出来遛狗，两条狗却咬了起来，还把老太太的手咬伤了。赵书记想办法把两条狗分开，然后让保姆登记，并马上喊周老师，让他陪老太太到那个咬她的狗的家里去，要他们马上派人送老太太到医院去看病。还特意嘱咐老太太：一分钱都不要出。下午赵书记开会回来，又把双方叫来，让保姆口述经过，并记录下伤者的情况、赔偿要求。老太太还不想要赔偿，但赵书记很坚决，说如果不赔偿，他们就不会吸取教训，会咬人的狗还会再来。赵书记做主写了5000块的赔偿金，她考虑到居民可能会讨价还价。晚上，狗的主人回来后，就带着东西去看望老人赔礼道歉，却没提赔款的事情。第二天，赵书记又把双方都叫到居委会，狗的主人还是按照要求作了赔偿。这次纠纷最终解决的结果是：第一天发生，第二天解决，赔款是5000块；双方还都对赵书记表示感谢。赵书记说，像这样的事绝对不能拖。

> 什么事情应该急办，不要拖，尤其是这种重大事情，一般情况了解以后，口述，证据都在了，还有什么可说的？马上就处理。你等到病到时候看好了，没什么大碍。然后，拖啊拖啊，他们对赔款就会有异议了，可能就不想把钱拿出来了。这里边，老太太每一次去看病，都是由他们打的，医药费也是他们出，这加起来还不是5000块的钱。但是，没有一点异议。

每次调解基本上都是与陌生居民打交道，但在这一过程中仍可以看到“人情逻辑”在发挥作用。运用各种调解和沟通的技巧，最终的目的是化解矛盾、实现和谐。调解行为本身体现出一种对和谐状态的追求，双方并不希望通过法律手段把矛盾公开化，而作为调解者的第三方为对立的双方创造出一个缓冲地带，某种意义上承担起了“中介者”的角色。

## 四 调解佣工矛盾

佣工矛盾是纠纷的一种，主要发生在居民与家政服务员之间。小区居民和家政服务员分属不同的阶层，身份差别很大，各自的行为方式也非常不同。居委会工作者在调解这类纠纷时，针对双方采取的行动策略也有所区别。

一次，某居民通过一家公司找了一名家政服务员，并签有协议：月工资1200元，每周工作5天。但服务员工作了一个月以后，居民却拒付工资，因为他怀疑是服务员洗衣服的时候，用错了洗衣粉和洗衣液，使他太太的皮肤过敏，为看病花去了不少医药费。双方协商未果，服务员就在一天早上带了两位亲友，来到这家居民门前吵闹，一定要把工资要到手。双方僵持不下，在保安的指引下就来到了居委会。赵书记把双方分开，先跟那位居民谈话，给他挑出来了几个问题：没有教文化程度不高的服务员怎样使用那种洗衣机；没有治病的单据和医院的鉴定证明。赵书记说居民没有充分的理由扣服务员的工资，但可以减一部分。赵书记建议减掉 200 元，居民还不同意，赵书记向他指明利害：对方一群外地人很可能是什么事情都能做出来的，服务员不是居委会介绍的，居委会不会负责什么。劝好了居民，赵书记又喊来服务员，又指出她的错误：洗衣机不会用却不问主人；由于失误造成了人家的损失，这点工资根本就不够赔。赵书记提出自己的解决方案，工资照发，但扣掉两百块，服务员欣然接受。最终调解成功：一方发了大部分工资；一方则保证不会再去骚扰那位居民。

在这个故事中可以看到赵书记的不同行为策略。对于地位差别明显的矛盾双方，赵书记所提供的解决方案还是更有利于弱势一方的。赵书记自身的身份地位虽达不到高档小区居民的层次，却也无须靠提供家政服务来维持生计。她不属于任何一方所处的阶层[①]，但却很清楚弱势群体在利益受到侵犯时更可能铤而走险，所以她甚至把这种可能性当作与居民进行“讨价还价”的筹码。

赵书记的调解技巧也在这个故事中体现出更多的内容。利益冲突的双方势如水火、极端对立，赵书记要把双方隔离开来，各个击破。她心里已经设定了一个自以为合适的解决方案，剩下的问题就是说服每一方。说服的策略主要是欲扬先抑。先是通过指出对方的错误来减少其讨价还价的余地，然后又在为对方利益着想的氛围中提出自己的方案。经过这样一抑一扬、一压一捧的过程，对方也就很容易地接受了解决方案。

## 五　陌生关系与秉公而断

调解纠纷的过程中，居委会工作者往往要与陌生的居民进行互动，工作者与任何一方都构成了一种陌生关系。一般来说，现代社会各类“普

---

① 赵书记既与许多小区居民是朋友，也与很多家政服务员相熟，她可以在不同场合表现出不同的身份特征。但在这一纠纷故事中，感觉她对陌生的女性家政服务员更多同情。

遍主义”倾向的社会制度[①]往往就是建立在陌生关系的基础之上。这类制度的设计准则是统一的，制度的运行就按照这种统一的准则展开。以陌生关系为基础，现代社会制度可以做到“一视同仁”。

梅园小区的调解委员会只能算是影响范围极其有限的半正式的“草根”制度设计，但它同样依托于由大量陌生关系组成的社会基础。调委会的成员们开展工作，需要遵循的第 1 个准则就是“秉公而断”，这也就是赵书记指点莉莉进行调解时所说的“中立立场”。作为第三方的调解者，必须不偏不倚、就事论事、客观公正，这样才可能找到对立双方的关系平衡点，提出双方都能接受的解决方案。实际上，这一“公正”原则既是矛盾双方所期望的，也是调委会赖以建立“权威”的根本。

但在具体的调解故事中，却总能看到第三方的“个性”色彩。调解的技巧、沟通的方法是调解水平的体现，这些往往因人而异；甚至公正的态度也可能受到影响：对立双方的身份特征、态度表现、激烈言辞等因素引起调解者情绪的波动，进而使解决方案带有了某种倾向性。此外，尽管调委会成员拥有某些强制性的调解权力，他们也很可能刻意避免使用，而是借助更加柔性的“面子”使双方感到“不好意思”，最终消解矛盾，重归相安无事。

## 第三节　服务的逻辑

不幸陷入矛盾纠纷中的居民毕竟还是少数，居委会工作者与陌生居民打交道，更多的是通过服务的途径。有些服务内容本身就是街道的任务，有些服务内容则成为居委会的特殊招牌。原则上讲，所有的小区居民都是服务对象。在服务过程中，居委会与更大范围的陌生居民展开互动，部分陌生居民逐渐转变为骨干分子，并担负起了更多的任务压力。从这个意义上说，“服务”成为了一种工作的策略。

---

① 帕森斯运用“模式变量”的概念区分出了两类行动系统的属性，一般认为这种二分法对应了传统与现代的不同属性，而普遍性或普遍主义是现代社会的基本特征之一。［美］乔纳森·特纳：《社会学理论的结构（上）》，华夏出版社 2001 年版，第 34 页。

## 一　服务的面相

如前所述，居委会能够在梅园小区立足，很大程度上缘于家政服务需求的发现。在最初的上门走访过程中，赵书记她们通过居民对“一户一表”的填答，总共了解到居民的 39 项需求。根据 2005 年 3 月的文件，居委会筹备组发现 70% 的家庭都需要家政服务，但要找到如意的服务员却很难，于是，“提供正规的家政服务员成了居委会成立后的头等大事”[①]。在街道有关部门的协助下，梅园“家政服务队”很快成立，居委会填补了一块小区服务内容的空白，逐渐被居民和物业公司认可。

与此相似，洗衣、洗车、孩子入托等问题也逐渐得到了解决。居委会为解决洗衣问题，专门到郊区的某外资洗衣店考察，最后确定为合作对象后引进小区。洗衣店开张后，居委通过告示栏和《家园报》告知居民，并为每家赠送洗衣店的优惠券。地下车库建起了洗车房，部分外籍、外地的小孩子也被送入了居委会介绍的幼儿园。根据 2003 年 3 月的文件[②]，部分居民需求的解决情况如表 11 所示。

**表 11　部分居民需求的解决方案**

| 需求内容 | 解决方案 |
| --- | --- |
| 老年人的文体活动和健身器材 | 与物业协调，在三期住房中规划 |
| 书画、电脑、英文等各种才艺班 | 与会所共同制定培训计划，将按照居民的需求不定时开设 |
| 买菜不方便，尤其是新鲜蔬菜 | 实施上有困难，目前在与单位联系配送菜的问题 |
| 家政服务 | 已成立家政服务队，为居民提供家政服务员 |
| 家教 | 家教服务网络中心 |
| 托儿所、幼儿园等入学联系 | 居委会已经建立了一个学校资源网络 |
| 付水电费不方便 | 小区中有邮电局可以付水电费 |
| 买东西不方便，希望超市的商品更多 | 向超市反映 |

① 参见文件“党旗在小小联合国生辉”。

② 参见文件“梅园居民需求汇总”。

**续表**

| 需求内容 | 解决方案 |
|---|---|
| 干洗店 | 与某干洗店签订社区服务协议，向居民提供专业服务 |
| 出具相关证明 | 居委会在职能范围内出具居民需要的证明 |
| 洗车不方便 | 小区里已成立专业的洗车店 |
| 开设班车到附近超市、地铁或市中心 | 与物业协调后每周六有班车送居民到附近超市 |
| 成人语言培训 | 已开设了英语培训班和中文培训班 |
| 组织一些有关健康和宝宝的讲座 | 讲座每季度都有，以后需加强宣传 |
| 社区旅游、上海一日游 | 居委和会所每年都将联合举办春游活动 |
| 回收站 | 物业有专门的工作人员负责废品的回收工作 |
| 多搞些活动、增进邻里之间的感情 | 居委会活动就是要增进邻里的感情 |
| 花店 | 与开发商协调 |

虽然并不清楚以上 18 项服务内容各自的需求人数，部分需求或许只是个别居民提出，但总归是居民真实意见的反映。初进梅园的居委会，在上门登记结束后的一段时间里，主要的工作内容就是如何想方设法满足这些需求。在外人看来，这个时期的居委会确实是一个“服务”机构。在服务的过程中，居委会逐渐站稳了脚跟。

此后，街道各条线的任务纷至沓来，居委会的工作也步入“正轨”。服务仍是居委会的重要工作内容，只是更多地带有了街道指令的色彩。一些服务内容是街道规定要开展的，但很可能居民并没有这方面的需求。2004 年 8 月的文件中，显示了同年上半年“阳光服务活动”的一组数据①，如表 12 所示。

这些服务活动是每个居委会都要完成的任务，尽管部分服务对象在梅园小区并不存在。类似的情况也发生在其他条线，居委会的角色悄悄转变。在普通居民看来，虽然居委会还是一个服务机构，但“服务”的色彩却不像起初那样明显了。

① 参见文件“阳光服务活动”。

**表 12**　**2004 年上半年的阳光服务活动**

| 单位 | “分享阳光，关爱你我”（为民服务情况） | | | 阳光使者送清凉（高温慰问情况） | | | | | 上半年来党员为群众做实事 | |
|---|---|---|---|---|---|---|---|---|---|---|
| | 参加人员（人） | 服务项目（个） | 受益人员（人） | 走访军烈属（人） | 走访老干部（人） | 走访困难家庭（户） | 走访其他（人） | 总计慰问金额（元） | 党员做实事（件） | 参与党员数（人） |
| 梅园 | 192 | 8 | 1235 | 1 | 1 | 无 | 85 | 1500 | 8 | 45 |

## 二　全方位的服务

家政服务可以算作居委会的一块“招牌”。除了这种专业性的服务之外，居委会可以提供的服务内容多种多样，包括政策咨询、部门联络、出具证明、解决困难等。说起来，后文所要介绍的活动组织也可以看作某种形式的服务。

这些还都是居委会职责范围内的“正式”的服务项目。对某些特殊的居民，或者出于某种特殊的需要，居委会工作者有时还要越过正式服务的界限，需要提供更加无微不至的服务。许多骨干分子居民与居委会工作者结成了朋友关系，朋友之间的互助是不分“公共领域”和“私人领域”的，这为工作者服务领域的扩展提供了条件。但这里所要分析的却不是这种针对骨干分子的服务。

外籍居民同样是居委会的重要工作对象，很多上级的活动任务都点名要求梅园小区“派”外籍居民参加。无论是从居委会自身发挥作用，还是从完成上级任务的角度来说，工作者都需要在相对更为陌生的外籍居民中扩张自己的地盘。针对外籍居民开展工作，同样要从挖掘和培养骨干分子开始。而对部分外籍居民提供全方位的服务正是培养骨干的手段之一。

小钱在一份工作总结中提供了这方面服务的细节。有的外籍居民要找一家医院做幼儿成长咨询，小钱帮她提供资料；有外籍居民 3 次找家政服务员，小钱不厌其烦地进行翻译；还有的外籍居民把居委会当成了“百事通”，冬天衣服脏了要干洗、孩子衣服小了要改、回国度假前要交代家政等琐事，只要一个电话打到居委会，小钱都会放下手中的工作，立即上门为她解决。小吴是另一位经常与外籍居民打交道的年轻人，她也说到类似的情景：

> 我们跟洋太太主要就是为她服务了。……服务呢，就是，像提供家政服务。法国的安妮，她一共用了3个阿姨，家里面，都是我们给她介绍的。3个阿姨，就是一起在她们家做。然后，当她对其中某个阿姨不太满意的时候，她就需要我们给她更换，双方选择嘛。她做一段时间，如果觉得不合适，我们还要给她换。换了好多好多阿姨给她，我们不厌其烦。平时她找到我们了，我们都给她帮助。她需要出去旅游了什么的……陪她们去杭州，免费的，纯免费的，做导游。这样的，陪她们过去玩。她们所以觉得……我们几个年轻的，懂英语的，她们说我们很热情的，非常好。……她好几次，就在我们的座谈会上，老外议政会，就是外籍居民的议事会，开会的时候，点名提吧，"我刚刚来到上海，我是个陌生的，对上海很陌生的外国人，但在这里得到了……她们（小钱、小吴等）的帮助。她们非常好"，就是这样。

在这样的交往过程中，有些外籍居民与居委会结成了好朋友。这样一些活动就可以请他们来参加，比如记者采访或座谈活动。借助这种朋友关系，他们事实上变成了居委会的骨干分子。

### 三　人情化的服务

上述这种全方位的、无微不至的服务已然包含了"人情逻辑"的因素：熟悉程度的增加、感情的积累、互相关照的义务等。如果一种服务行为中这类人情因素所发挥的作用是决定性的，就可以称之为"人情化"服务。

这种"人情化"服务的一个典型事例是有关赵书记的。居委会工作者在为外籍居民提供生活服务的过程中，与一些人结成了朋友。他们举行party的时候，有时就会把赵书记邀请去。这种交流过程中，赵书记了解到一位怀孕女士的顾虑：担心上海的医疗设施不够先进，打算去北京甚至回国去生孩子。赵书记就向她介绍了浦东的一家医院，建议她们先去参观一下。第二天，一行数人，包括后来的居委委员莉莉——她是那位怀孕女士的朋友，就去医院了解情况，随后就决定在这里住院，赵书记也联系好了为她接生的大夫。孩子即将出生的时候，女士的丈夫还没有下班，莉莉就打电话把赵书记喊到了医院，两人一直陪伴她到孩子生下来。赵书记看到那位丈夫不太会照顾自己的妻子，就回家帮她熬汤，又送到医院，还帮她调换了产房。一直把所有的事情都处理好之后，才离开医院。第二天又煲好汤送过去，此后的照顾不断。这对外籍夫妇非常感谢赵书记。小孩子满月的时候，他们邀请赵书记去家里参加宴会。那位丈夫让赵书记抱着孩子，并把她介绍给所有的外籍朋友，说孩子能生在这里，是他的荣幸，意即全是靠了赵书记的帮助。

可以看到，"人情化"的服务已经完全超脱了正式的工作关系，甚至还越过了非正式朋友关系的界限，发展出一种"准亲缘关系"。这是熟悉程度进一步增加、感情进一步累积、关照义务进一步增强的自然结果，这可以近似看成一个"拟亲缘化"[①]的过程。有了这样的关系基础，赵书记如果借此开展工作，自然是无往而不胜。事实上，莉莉正是在这样的交往过程中增进了对居委会的了解，并答应赵书记担任居委委员的。不过，如果互动双方彼此的关系熟悉到了这种程度，工作任务一类的心思或许已经不重要了。

"人情化"服务可以极大地促进互动双方由陌生关系向熟悉关系的转化，但实际上，像上述故事中那样的"准亲缘关系"是很少见的。这种服务方式需要投入大量的时间精力，而居委会工作者往往是无法做到；这种服务方式也可能会限制居委会工作者的交往范围，这正是赵书记提醒小吴与一些居民"不要太熟"的原因之一。如前所述，居委会工作者既要与部分居民发展出一种熟悉关系，又要防止这种熟悉关系进一步升温。这是一个矛盾，而矛盾的两方面却又都是完成工作任务的需要。

从全方位的服务到人情化的服务，其中的"人情逻辑"是一脉相承的。前文中对"人情逻辑"的分析主要限于工作者与骨干分子居民，在这里，"人情逻辑"的作用对象却变成了外籍居民。尽管对象不同，"人情逻辑"的效果却是相同的。"面子"是"人情逻辑"中的重要概念。作

① "拟亲缘化"的概念可用以指通过持续互动使非亲缘性的关系更多带有亲缘关系特征的过程。社会成员可以将有利于地位获得的个人关系经过"拟亲缘"过程生产出来，并以"拟亲缘"机制不断复制生产这种个人关系，以建构出个人地位获得的社会关系网络。参见张宛丽《非制度因素与地位获得——兼论现阶段中国社会分层结构》，《社会学研究》1996 年第 1 期。

为一个学术概念，“面子”主要用于分析华人社会中的社会行为①。在居委会工作者与外籍居民的互动过程中，同样很难看到“面子”因素的存在。在交往过程中，外籍居民很少考虑到对方的身份地位及其所附载的各种特征。外籍居民可能会因为朋友关系而应邀参加某些居委会的活动，但也很可能因为活动枯燥而不再参加类似的活动。他们无须考虑对方的面子，也无须刻意维持一种“和谐”的关系。感情因素依旧发挥作用，并可能导致关照义务的增加；关系越亲密，熟悉程度越高，意味着关照义务更大；即使在陌生关系中，关照义务也可能存在，但这往往是由公民观念所导致的②。居委会工作者与外籍居民之间的“人情逻辑”框架约略如图9所示。

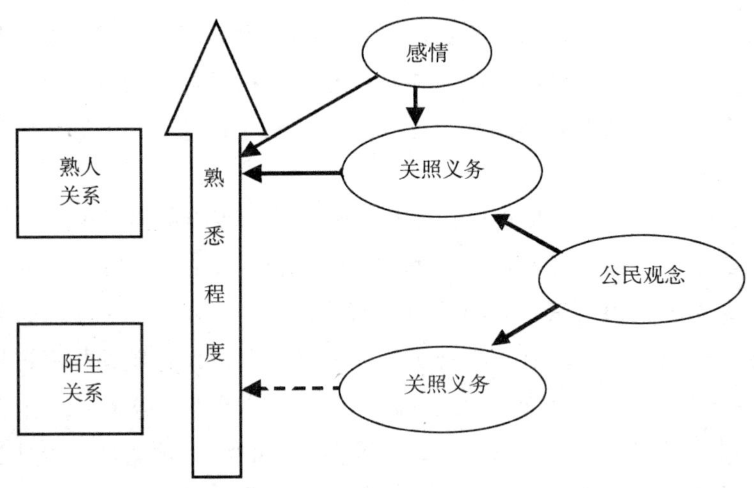


**图9　与外籍居民的人情逻辑**

### 四　服务与管理

赵书记亲历的许多故事听来让人感动，居委会工作者们的热心服务也取得了不错的效果：密切了与居民的联系，发展出骨干分子队伍，丰富了居民的精神生活，甚至还曾经把一位居民从忧郁症的困扰中解脱出来。一

① 何友晖：《论面子》，载《中国社会心理学评论（第二辑）》，社会科学文献出版社2006年版。

② 把“公民观念”列为关照义务产生的基础还只是假设，其作用尚需讨论。

次，一批来访者在听完赵书记讲的几个故事之后，很有感慨地把这归为“服务型的治理方式”，并看作“政府职能转变”的体现。这就提出了一个问题：“服务”与“管理”的关系。

服务与管理的概念在很多方面是相对的。服务是低姿态的，是自下而上的，服务者往往要以服务对象为中心开展服务，服务对象的地位重于服务者本身；管理则是高姿态的，是自上而下的，管理者虽然也要围绕着管理对象开展工作，但管理对象的地位明显要低于管理者。一般来说，政府总要兼具“服务”与“管理”的双重身份，服务者与管理者、服务对象与管理对象都是同一主体的不同面相。服务是柔性的，可用以取悦民众、积累权威；管理则是硬性的，其目的主要是维持秩序。

梅园居委会远不能算一级“政府”，但它与小区居民之间同样存在着服务和管理的双重关系。这一点在治保、调解、计生等条线上体现得尤为明显。前文中曾专门以计生工作为例分析过“硬性管理的矛盾”，其实计生工作也有很多服务的内容。李老师曾经举过类似的例子，她也在服务的过程中与居民结成了朋友关系，大家彼此支持、关照。

> 我们这个工作，一个是宣传，一个是服务。像她孩子出生了，我就要去关心她，避孕措施要落实。如果要生第二胎，也不能随随便便的，如果怀孕了，就要终止，做流产，身体就有损害了，那我这个服务要到位。……然后外来的，她们老家，需要的给她办证，一个季度或者半年一年，要有个孕检，现在在外地了，你要告诉我怀孕没怀孕，要有个证明回去的。然后我要指导她，到我们街道去孕检，只要交十块钱就可以了，其实他们不懂啊，到指定的地方就行。大家相互之间交流交流，看看小孩子，很开心的。我碰到一个，她说我怀孕了……我说你要办个生育联系卡，后来她跟我说她的孩子掉了，说这是第2个了，我就叫她去找哪个教授（治疗），后来我问她，她说去啦，治疗了以后生了个小孩子，还蛮开心的。她跟我说……真的很谢谢你哦，你跟我说了我才找到这条路的。……有一个人要生产了，没有证，那我说你回老家去，后续的工作我来帮你办好。她生好半个月，她回上海来，我就去看她，给你开证明，打预防针，弄好没问题了，她很感谢我的，还请我吃点心。我说我也谢谢你，你很配合我

的，没在上海生。

由于不具有更多硬性管理的权力，居委会刻意表现出自身“服务”的一面。这是它能够在小区立足、能够获得居民和其他组织认可的主要原因。偶尔的“管理”尝试可能引发冲突，经常的“服务”表现则逐渐使小区变得其乐融融。居委会工作者在服务的过程中也得到了很多的乐趣，赵书记在向来访者讲完故事后，往往要加一句，当别人对所享受的服务表示感谢的时候，自己也“很开心的”，全然没有缺乏管理权力的失落。或许，硬性管理权力的缺乏，不见得一定是坏事。

## 五　服务的逻辑

居委会在梅园小区的发展历程显示出“服务”的重要性。寻找居民的需求就是寻找落脚之处，能够提供服务才有可能被别人接纳，不断扩展服务内容就是扩张活动空间，服务的态度和质量则是积累组织和个人声望权威的基础。从这个意义上说，“服务”成为居委会工作者刻意运用的一种策略。依靠街道的强制性权力，居委会虽然可以进入小区，但自身却没有足够的强制性权力迫使别人承认其“合法性①”。从这个角度看，居委会“刻意”选择“服务”策略又有迫不得已的一面。

选择“服务”策略或者也有经验思维的影响。中国共产党的根本宗旨是“全心全意为人民服务”，这是每一位党员都耳熟能详的；“为人民服务”的口号自20世纪50年代初期提出以后也深入人心，已经沉淀为某种形式的历史遗产，甚至成为公众对政府进行价值评判的一个依据。“服务”口号的提出，对执政党在新中国成立之初进一步巩固自身的合法性产生了一定的作用。梅园居委会的创业史，在某种程度上重现了那一个历史过程。赵书记作为支部书记，自然地把服务当作第一块敲门砖，而贯彻服务宗旨的效果也与居委会能否立足直接联系在了一起。在行政体系的最

① 按照韦伯的界定，合法性类似一种特别威严的对某种强制的特殊信念，可以带来一种足以作为统治基础的威望。参见［德］马克斯·韦伯《经济与社会》（下），林荣远译，商务印书馆1997年版，第220页。“合法性”概念是与“统治”密切相关的，但韦伯所指的“统治”并不仅限于政治统治。从广义上说，居委会与居民之间存在一定的“统治”关系，同样要获得工作对象的认可。

底层，服务的本色重新显现出来。

居委会既没有硬性的权力，自身也没有大量的资源。在提供服务的过程中，居委会更多的是在发挥一种协调作用。2003 年 3 月的文件所记录的 18 项需求中，既有居委会借助街道资源的部分，也有其与物业、会所或小区外组织进行协调的部分。对居委会来说，资源的匮乏比硬性权力的缺失问题更加严重，这限制了居委会的活力。

各类服务提供了与所有小区居民进行交往的机会，也创造出一种服务的氛围，但实际与陌生居民互动的过程却更多地要依靠“人情逻辑”，这同样与权力缺失、资源匮乏有关。从全方位的服务到人情化的服务，浓浓的人情味贯穿其中，工作者与部分普通居民的陌生关系也进而上升为熟悉关系，这是发展骨干分子队伍的工作基础。“人情逻辑”的运用并不分中外，效果也大体相似，但外籍居民几乎不会考虑“面子”因素。在外籍居民眼里，居委会踏踏实实的服务才是最重要的。小钱曾提到一位愿意参加党务会议的老外：

> 一个外国人，他的太太是中国人，她懂中国的国情。然后先生呢，他之前跟我们有过交往，他确实认为这个居委会做了很多事情。虽然他可能不了解共产党，但是他觉得居委会确实是为中外居民服务的这样一个机构，他愿意上台去说我们居委会好，也去了。

## 第四节　活动的策略

各类特色活动对于梅园居委会能够立足的作用并不亚于服务。与服务相比，在活动进行的整个过程中，工作者与居民的互动更为集中，规模也更大。与服务相同，居委会刻意筹划的特色活动也具有某种“策略”的意义。

### 一　活动概述

居委会组织的活动可以大概分为 3 类：一类完全是街道或新区派下来的任务，比如秧歌舞比赛；一类完全是居委会自己的创新，比如洋太太中文班；还有一类活动介于二者之间，数量最多，虽然也是街道各条线的常规任务，但留给居委会一定的创新空间，比如每年的旅游、一些节日的庆祝活动等。对于第一类活动，居委会只有按照上级指令照办的权力。如果内容新颖有趣还好；如果内容枯燥乏味，居委会工作者就会感到很为难，觉得找居民去参加这样的活动很可能会破坏他们与居民之间辛辛苦苦建立起来的良好关系。在后两类活动中，居委会工作者都能发挥自己的创造力，他们会尽力使活动变得具有“特色”，营造出有利于与居民进行互动的氛围。这些活动才是本节所要分析的对象。

初进梅园，赵书记领衔的居委会筹备组一方面艰苦地坚持上门走访；另一方面也在筹划着怎样开展活动把居民从家里吸引出来。居委会 2004 年创建“文明示范居委会”的工作计划文件中对此概括为：“开展特色活动……吸引居民走出小家融入社区大家。”① 赵书记则说：

> 每次想搞活动，都要把居民从家里引出来。你像老的小区那样，什么一家一家，知百家情，走百家门，像我们这边不可以。那你要……把他们从家里引出来，那我们要，什么健身舞、太极拳，还有就是秧歌舞。他要搞这些活动吗？这都是培训的，团队的。还有就是大型的活动。（问：收不收钱？）不收。

太极拳队是最早成立的活动性群体。通过这一群体，工作者团结了魏老人、后来的英文班教师等骨干分子居民。但打太极拳这样的活动并不需要居委会工作者每天去组织，而且他们那时候还不到上班时间。真正开始大规模地组织各类特色活动，是在居委会选举成立之后。从 2003 年 1 月开始，小区内的各种活动似乎突然丰富起来，可参考表 13。对照前文中的表 5，大部分活动团队都是在 2003 年成立的。

表 13 的活动中，既有街道和新区的任务，又有居委会的创新活动。一些活动内容如春节、元宵节的活动等并没有反映在表 13 中。可以看出，约有一半的活动是面向小区普通居民开展的，但几乎所有活动的主要参加者还是骨干分子居民。活动过程中，居委会工作者既可能发展出新的骨

① 参见文件“塑造梅园品牌　共建文明家园（2004 年梅园创建‘文明示范居委会’工作计划）”。

干，与老的骨干居民的熟悉关系也不断得到巩固。

绝大多数活动都是免费参加的，除了旅游。活动的成本则由组织者承担。初期组织活动，一般都是居委会孤军奋战。居委会需要不断地向街道寻求帮助，需要与物业、会所进行协调，同时很大程度上依靠骨干分子居民的力量。后来，物业发现组织特色活动可以提升小区的品牌，就接手了部分大型活动的组织工作，如元宵节、重阳节、圣诞节的活动。业委会成立以后，三家联手举行活动，居委会既节约了成本，工作也轻松了许多。

**表 13　　居委会开展的部分活动（2003 年）**

| 时　间 | 内　容 | 参加者 |
| --- | --- | --- |
| 1 月 9 日 | 义卖捐款 | 部分小区居民（包括骨干） |
| 1 月 25 日 | 帮困助学签约仪式 | 少数骨干分子 |
| 2 月 1 日 | 迎新娱乐活动 | 部分小区居民（包括骨干） |
| 3 月 5 日 | 医疗咨询活动 | 部分小区居民 |
| 3 月 7 日 | 举办太太俱乐部 | 部分女性居民（外籍为主） |
| 3 月 8 日 | 三八节茶话会 | 女性骨干分子 |
| 4 月 12 日 | 松江一日游活动 | 部分小区居民（包括骨干） |
| 6 月 9 日 | 烧烤聚餐 | 全体骨干分子 |
| 6 月 12 日 | 英语合唱小组活动 | 部分中老年居民（包括骨干） |
| 7 月 11 日 | 参观博物馆和科普中心 | 部分小朋友 |
| 8 月 12 日 | 老年合唱队成立 | 部分老年居民（包括骨干） |
| 8 月 22 日 | 纳凉晚会 | 部分小区居民（包括骨干） |
| 8 月 26 日 | 参加街道合唱比赛 | 少数骨干分子 |
| 9 月 28 日 | 参加街道秧歌舞比赛 | 少数骨干分子 |
| 9 月 30 日 | 重阳茶话会 | 部分老年居民（包括骨干） |
| 10 月 18 日 | 新区文明办活动 | 少量外籍居民 |
| 11 月 31 日 | 万圣节活动 | 部分外籍居民 |
| 12 月 14 日 | 爱心义卖活动 | 部分小区居民（包括骨干） |

对于常规性的活动任务，赵书记往往是未雨绸缪，提前做好规划，一些创新性的活动也是为完成任务服务的。也有部分活动是熟悉居民的创

意，比如2004年上半年的Garden Party活动。每次活动，都是要先贴出通知，让居民知晓这件事。通知往往是中英文双语，一般都贴到每幢楼的楼道入口处，那里有专门的张贴栏。有些活动像瑜伽班、健美操班，都是需要报名的，居委会工作者往往一边等感兴趣的陌生居民前来报名；一边适时地在熟悉居民中做点动员。每次活动都很辛苦，有时需要加倍。小钱说，赵书记对每次活动的要求很高的，要尽量做到“服务周到”。

## 二 “组织”的中国逻辑

梅园小区里的各类活动，几乎都是特意“组织”起来的。这其中，居委会起到了非常关键的作用。居委会组织活动的动力既包括上级的任务压力，也包括自身生存、发展的压力。常规性的活动任务必须要完成，对活动内容进行创新则是保证活动效果、团结骨干分子、为下一步的工作打好基础的需要。周老师曾提到，这种活动的组织形式，与国外并不相同：

> 这里的外国人，比方说对体育锻炼他很喜欢的，你要他去参加什么比赛，他并不要得奖。他不要得奖的，他情愿早晨起来在小区里面跑步，他喜欢单个运动。你要叫他参加什么比赛，他不去的。游泳，他可能喜欢游泳，可是你说有个中外游泳比赛什么的，他不参加的。他也不要名次，他也不要什么东西。……外国人就是，他比较散的，组织方面的形式，他不大喜欢。……我们是两样的，我们是有意识组织的。你不能天天搞个舞台表演，谁来表演？不行的。我们国家的国情，人家外国人是提出来，小区应该做两个固定的舞台，每天都要有表演的，不行啊，哪里有这么多的精力去做这个事情？

“有意识组织”似乎体现了中国社会的独特运行逻辑。对民众日常生活的周密安排，曾经是改革之前“总体性社会”[①] 的基本特征，个人的衣食住行、生老病死各个方面，几乎都要依托于国家或单位。改革的一个趋势便是“总体性社会”的分化，市场、社会从国家的超强控制下逐渐生长发育出来，个人对国家的依附性大大降低，拥有了更多的自由空间。梅

---

① 孙立平等：《改革以来中国社会结构的变迁》，《中国社会科学》1994年第2期。

园小区是市场化的产物，本是一个超脱于政府控制范围的“桃源”，许多小区居民正是获益于改革过程的经济精英，个人主义的色彩在他们的身上尤为明显。但居委会的到来多多少少改变了这一切。“政府”的气息吹进了小区，居委会更是发挥着自己的主动性重新调整着小区的组织权力格局。小区居民的生活也在发生着改变，部分人成为围绕在居委会周边的骨干分子，一些陌生居民也有了更多调剂生活的方式。尽管这种改变还不能说全面、深入，却一直在持续着。一定程度上，居民某些日常生活的内容重新被有意识地安排，这是居委会“组织”各类活动的一个意义。

### 三 一举数得

组织活动是一举数得的事情。对于居委会工作者来说，至少以下 5 个方面的意义是他们已经意识到的。首先，每次活动都是一个与居民打交道的机会。在这样的交往过程中，可以认识更多原本陌生的居民，并在此后的交往过程中不断增进彼此的了解，化陌生为熟悉。其次，特色活动也可以进一步巩固与骨干分子居民之间的熟悉关系。有些特色活动是专门针对他们开展的，而部分有吸引力的活动参与名额有限，也可能会优先分配给他们。特色活动提供了更多朋友间交往的机会，双方更加熟悉，彼此的感情也更加深厚。再次，一些特色活动可以发挥工作者的特长，可以调动年轻人的积极性。在兴趣的指引下，工作者的热情更容易被激发出来，活动的效果、工作的成绩也就更加有了保证，很可能新的“亮点”就此产生。复次，居民本身也有收获。有些活动可以锻炼身体，有些活动可以调剂心情，孤独的感觉、忧郁的症状都可能有所缓解，少数骨干分子还能得到自我价值实现的愉悦。最后，开展特色活动也是工作者更为欢迎的一种工作任务。几乎每个活动都是围绕着工作任务展开的，或者是直接完成上级任务，或者是为完成任务进行铺垫，但很明显，比起其他的生硬强制或内容枯燥的任务，特色活动对工作者自身也更具吸引力。

但组织活动所具有的更根本性的两个意义却没有被工作者们提到，这就是“社区”的形成和“社会”的成长①。社区的本质意义在于社区意

① 或称为“民间社会的兴起”，参见刘继同《从居民委员会到社区委员会：内源性革命与民间社会的兴起》，《社会科学辑刊》2003 年第 4 期。

识的形成，社区意识的形成则有赖于社区成员之间的密切互动。如前所述，在居委会到来之前，梅园小区的居民家庭如同一张“社区”大幕遮掩下的许多“原子化”的“马铃薯”，彼此间没有更多的联系。居委会来了以后，所组织的各种活动为居民提供了彼此交流的机会，开辟出了一些“公共空间”。小范围内，居民交往互动的频率有所增加，亲密度也在增长，一个个小的“共同体”悄然发芽。

居委会为更方便地开展活动，组建了很多规模不等的群众性团队。这些团队的成员还较为单一，主要以骨干分子居民为主；而且，其生命力和繁荣程度也不相同，有的坚持了数年之久，有的则名存实亡。尽管如此，居委会的这种努力却也有意无意地指出了一种“社会”发育的方向。居民参与意识的增强、民间社会团体的活跃[①]都是“社会”发育的基本特征。居委会组织的活动对此有一定的促进作用，只是这作用还远远不容乐观。

## 四 吸引力的大小

如前所述，组织活动的初衷就是把居民吸引出来。各类特色活动为居委会工作者提供了与居民交往的机会，也创造了“化陌生为熟悉”的条件。

活动吸引力的大小首先是由自身的内容、形式决定的。内容能否不断变化、形式能否不断更新，这些都需要居委会工作者不断动脑筋。根据2004年的文件[②]，居委会组织的特色活动主要包括这样四类：民俗文化活动，如春节写春联、元宵节猜灯谜、端午节包粽子；各类晚会，如露天烧烤晚会或外籍居民的生日派对；外国节日活动，如圣诞节、万圣节的庆祝活动；中外家庭文化节，协助上级部门举行。同年的另一份文件内容可作补充，其他特色活动还有：传统文化兴趣班，如插花班、书画班；各类文艺团队，如筷子舞队、古筝班；春秋游活动，到江南水乡去旅游等。这样丰富多彩的内容足够吸引包括外籍居民在内的许多小区居民参与到活动

① ［美］罗伯特·D. 帕特南：《使民主运转起来》，王列、赖海榕译，江苏人民出版社2001年版，第13页。

② 参见文件“关于梅园小区中外文化活动开展情况的调查报告（2004年4月）”。

中来。

每年的三八妇女节，居委会都要开展活动，这首先是一个上级任务。2004 年，工作者们筹划了一次茶话会活动。通知中把茶话会描述为“温馨和睦家庭式的”，并强调这一活动将“为女性同胞们提供一个舞台”，以展示所谓“女性美丽、聪慧、时尚、创新、进取的绚丽风采”①。任务色彩被淡化，服务本质则有所突出。茶话会之后还有系列美容讲座，包括“春季皮肤的护理”、“淡妆的要点”、“服饰的搭配”等。一方面是活动的价值取向，一方面是活动的利益取向，这样，活动的吸引力自然大大加强。根据 2004 年 12 月文件②对这次活动的描述，女性居民更感兴趣的还是美容讲座，在文件中也用了最多的篇幅进行描述。讲座总时长两个小时，茶话会则变成了陪衬。

居委会工作者们自身也经常参与到各类活动中，这种做法也可以增强活动的吸引力，不过其作用范围却大多限于认识的居民。赵书记只要有时间，是亲自参加活动的，这是令魏老人感佩不已的一大原因。赵书记还鼓动其他工作者也积极参与，“只要有空，都去参加”。这种亲自参与的做法，至少有两方面的作用。对于把居委会工作者当作“干部”的居民来说，“领导”能够以身作则，是亲民的表现；对于把居委会工作者当作“朋友”的居民来说，这也可以扩大互动的范围、积累彼此的感情、增强自身的凝聚力。

以上两点可以算作修炼“内功”的表现，但活动的吸引力到底多强却还要看参与者的情况。如前所述，骨干分子大概有六七十人，核心骨干则有二三十人，但这些人却不一定都是在活动过程中成为骨干的。前文表 7 中的 12 项活动，平均每次活动的参加人数是 39 人，最多的一次长跑活动有近百人参加。这验证了小钱的话，不同的活动内容，吸引力自然也不同。小钱说，人数最多的一次是某年的纳凉晚会，当时是露天活动，节目内容包括古筝、杂技，“那时候小区里只要看到的外国人基本上都来了”。

活动的参与人数还不能看作衡量吸引力大小的准确标尺。基本上，居委会工作者在每次活动的组织过程中，都是需要请人或拉人的。如果活动

① 参见活动之前发出的通知文件。

② 参见文件“展示女性绚丽风采”。

组织的范围比较小，就少请一些人；如果活动范围要求比较大，就多请一些人。小钱说，那次纳凉晚会大概邀请了二三十户外籍家庭。小吴则说，如果有必要，“喊四五十个（外籍居民）应该没什么问题”，这与小钱的说法基本相同。

除了少数的大型露天晚会，参与人数最多的活动还是旅游[①]，基本上每次都有100人左右参加，而且大都是居民自愿报名的。其次是募捐活动，虽然募捐也存在动员的成分，但总有部分陌生居民自愿参加，只是人数更加有限。百人上下，或者可以看作居委会各类活动吸引力的最大影响范围。

## 五　洋太太中文班

小吴主持的洋太太中文班可以当作一个活动的典型进行分析。小吴说，中文班的点子是她先提出来的，并在赵书记的支持、鼓励和不断催促下最终变为现实的。

> 其实说书记对这个（中文班），是比较支持、比较赞成的。……这个想法……是我先想出来的，但是我也是受了我们朋友、我的家人的影响。……然后我就拿到例会上来，我就讲，提出了这个想法。书记很赞同，很好，很支持。（问：那这个筹备过程大约多久?）三个月，两三个月。但是这个事是这样的。我提出来以后，那段时间事情比较多。我呢，我那时候，思想还在磨合期。……然后呢，我的工作作风也不是特别快的那种，能拖就拖。但书记就说，哎，你上次说过，你上次提的那个想法，最好能在下半年，你肯定要把它搞出来，经常催的。我属于那种，鞭子底下就出成绩……她老催我，也蛮鼓励的，就说出来以后肯定会不错的。那就这样了，开始着手了，逃不过去了。反正我就想，说说而已，思想的火花，突然迸发出来，说说也就算了。但没想到硬逼着我上了，硬逼着上马，那就开始准备了。

---

① 2006年底的问卷调查资料可做参考。调查对象大都是骨干分子，他们自愿参与各类活动的比例由高到低依次是：募捐（94.4%）、听讲座（90.7%）、茶话会（87.0%）、旅游（83.3%）、会议（81.5%）、游艺活动（81.4%）、志愿服务（79.6%）、培训（79.6%）、交通宣传（77.8%）、合唱比赛（57.4%）。

准备的时间也不短。先是起草通知，小吴请别人帮忙理出一个吸引眼球的英文稿。然后确定上课时间，这要了解外籍居民的生活习惯，看她们什么时候有空，最终确定为周一和周五。接下来是上课的内容，在李老师的推荐下，小吴找到一位华侨，借来了她的资料，备课省力了不少。最后把通知贴了出去，并接受居民的电话或上门报名。就这样一步一步地，按照设计好的活动方案，一直准备到了正式开课。

小吴说，最初报名的人数还蛮多的，但每次课的面孔却不断地换来换去。每次上课前，小吴都要挨个打电话通知一遍，提醒她们不要忘记，这样效果会好一些。上课的内容有些不好安排，因为学生们的水平相差很大。同样的内容，有的人学得很快，有的人则要两次课、3 次课才能学会。小吴也在寻求变化，她建议学生去找几位水平相近的朋友，她可以为她们单独辅导。后来，她还邀请熟悉的居民甚至自己的朋友去充当辅导学习的志愿者。

一天下午，小吴去上课。教室就在会所的一间小房子里，形状不规则，只放了两排 10 套桌椅，空间还有些拥挤。来听课的刚好不到 10 人，小吴与每个人都热情打了招呼。9 个学生中，既有十几岁的小女孩，又有几十岁的老太太。开始上课了，小吴很投入，也能调动学生们的参与热情，展现出了曾经的专业教师风采。每次课本应是一个小时，但这次却因为有人采访摄像而拖堂了。每次课每人收费 20 元，课后交钱。小吴说，比起小区外面的中文班，这里的收费算是少多了。下课后，小吴与个别的外籍居民还有更多的交流。

在上课的过程中，小吴确实交到了一些外籍朋友，双方的交往已经不限于授课的内容。有时小吴会找她们借书，有时洋太太则跑到居委会来请小吴帮忙做一些翻译。小吴说，自己蛮想跟她们有更深入的交流。但是赵书记在一次例会上却特意提醒她，不要在这方面投入太长的时间和太多的精力，毕竟居委会的基础工作不在这上面。小吴略有一些困惑，她也知道确实没有那么多的时间，但又想尽量地为学生们服务。

现在，中文班已经发展成了居委会的一个亮点，还有上海的几家报纸专门来采访过。但不知什么原因，随后的几次中文班人数越来越少，有时只有三四个人。

## 六　活动的策略

中文班的例子体现了活动的“策略”意义。举办一个特色活动，把感兴趣的陌生居民吸引到活动之中，并在持续性的交往过程中增进熟悉、积累感情，最终结成一种熟悉的朋友关系，这就构建起了完成其他任务所必需的关系基础。有了这种关系基础，在需要的时候，就可以把这些居民“邀请”出来，共同完成居委会的某项上级任务。在这种情况下，特色活动变成了一种手段，目的则是完成任务。

活动的“策略”可以称得上巧妙，但却在一定程度上丧失了活动的本原意义：促进“社区”的形成和“社会”的发育。居委会身处“类科层体系”的纵向组织关系之中，必须要完成上级的任务；为了承担强大的任务压力，赵书记等工作者必须要借助骨干分子居民的力量；具体到某些活动任务，即使这一活动很枯燥，仍然需要有居民去参加，这时候就只能动用自身的关系资源，请熟悉的骨干分子居民去“应景”，非如此不能完成任务。在这样的情境中，特色活动不得不带上特殊的使命。

对于活动的参加者来说，活动本身就是目的；但对于居委会来说，完成任务才是最终的目的。双方的目的既然错位，就很可能带来工作者不想看到的某些结果，比如活动质量的下降，比如朋友关系的终结。如果居民朋友可以理解居委会“身不由己”的苦衷，或许还好一些；但如果无法理解，便会感到受了欺骗，从而改变对居委会的看法。小钱就对此略有微词，与外籍居民交朋友并不容易，失去这个朋友却可能很容易。

## 七　两类居民，两种逻辑

小部分的骨干分子和大部分的陌生居民构成了梅园小区居民的主体，这两类居民并非截然分开的。陌生居民也可能经过“有机会接触—良好的开端—多次交往—熟悉关系的确立”这一过程变为熟悉居民。只要居民乐于接触，甚至只要有一个接触的机会，居委会工作者就很可能与之相识、相熟，为以后的交往创造好的条件。主动的居委会工作者们几乎都是有这个本领的。骨干分子居民已经与工作者结成了熟悉的朋友关系，熟悉关系一旦形成，双方都会尽力维持。如果发生了什么不愉快的事情，比如居民被邀请参加活动过多或感觉受到愚弄，国内居民还可能考虑到对方的

“面子”而在表面上维持一种相安无事的局面，但也可能会逐渐疏远；外籍居民则更有可能彻底远离居委会。

居委会工作者对于这两类居民，开展工作的方式方法并不相同。陌生居民是要去争取的工作对象，而争取的方法包括以特色活动创造互动机会、在提供服务的同时进行信息交换、借助特殊机会进行互动、一点一滴地积累等，最终是要化陌生为熟悉，培养出更多的骨干分子。骨干分子是已经争取到手的工作对象，居委会工作者与他们之间已经构建起一种亲密关系，工作者所要做的就是进一步巩固这种朋友关系，而巩固的方法包括持续交往、互相关照、资源交换、情感投入等，关系如果正式化，那是最好的结果。骨干分子是可能不断变动的，主要的原因是经济精英的流动性，所以居委会工作者挖掘和培养骨干分子的努力也就不得不持续进行着。

两类居民大致对应着居委会的两种工作：一是完成新区、街道分派的大量工作任务，既包括条线任务，也包括临时任务；二是居委会自身的创新，创新的内容包括服务项目、活动形式、团队类型、组织方式等。骨干分子居民是完成街道任务的基础依靠力量，他们承担起了绝大部分需要居民参与的任务的压力。陌生居民则是各类创新活动所面向的主要对象。创新一方面可以巩固与骨干分子的关系；另一方面正是为了吸引陌生居民的参与，后者才是更重要的。初进梅园，居委会的工作几乎每一项都是创新，那时的居委会充满活力。但随着各条线工作逐渐“理顺”，随着居委会工作步入“正轨”，完成任务成了居委会的首要目标，已经开始让工作者们叫苦不迭。或者，赵书记从一开始就很清楚：进行创新不是目的，通过创新培养骨干、依靠骨干完成任务才是最终的目的。

不过，无论是对陌生居民，还是对骨干分子，居委会工作者与之进行交往的一个共同点就是“人情逻辑”的运用。化陌生为熟悉的过程需要积极的心态、真诚热情的态度、无微不至的关照、感情的投入等努力；维持熟悉关系的过程同样需要真诚热情的态度、悉心的关照、感情的持续投入、礼物或资源的交换等。更重要的是，熟悉的关系形成以后，朋友之间便存在了一种彼此关照、互相体谅的义务，在做出某项决定之前会考虑到照顾对方的“面子”，会为对方留有“情面”，以维持双方的和谐关系。虽然“面子”因素的作用存在中外之别，但“人情逻辑”仍为工作者与居民之间的合作提供了更加有力的保证。

## 章末小结

大部分普通居民同样是居委会的工作对象，但经济精英的身份、独立意识和流动状态等特征阻碍了双方的互动。不仅是最初的上门，平时的上门过程也可能只是陌生人之间的交往。一些居民刻意维持自己的匿名性，有些人对居委会工作者还可能有欺骗行为，这往往发生在某些硬性的管理工作中。工作者抓住一切可能的机会与居民进行多方面的互动，一点一滴地积累开展工作的资本，目的是化陌生关系为熟悉关系，以减少交往成本。

纠纷调解多是以陌生居民为对象。调解条线是居委会的标志性工作之一，承担这一任务的是以居委会为主并联合其他机构的调解委员会，工作者也因而拥有了部分半正式的调解权力。作为第三方的调解者与矛盾双方的沟通直接关系到调解的效果，组织的权力和个人的面子也在其中发挥作用。针对地位高低不同的对象，工作者会采取不同的调解策略。陌生关系是“公正”调解的基础，但同样基于陌生关系的调解权力却可能让位于面子因素。

服务的对象是全体小区居民。服务是居委会的面相之一，但越来越多的服务内容却成了上级的任务安排。对于有需求的居民，工作者可能大大扩充服务内容，甚至加入人情关照的成分，提供全方位、人情化的服务。外籍居民往往更难接近，这些扩展性的服务也就更可能出现，这可以看作一种不含面子因素的“人情逻辑”。服务有效弥补了居委会硬性管理权力的缺乏，足以使居委会立足。服务提供了与居民交往的机会，在服务过程中，“人情逻辑”的作用使部分陌生人转化为骨干分子。

原则上，活动同样面向全体居民。特色活动的开展使居委会更加站稳了脚跟，活动的参加者多为骨干分子。居委会对活动的“组织”体现了某种特殊的中国逻辑，逐渐改变着居民的生活。组织活动可以一举数得，更根本的意义则在于促进社区意识的形成和“社会”的发育。居委会工作者努力提高活动的吸引力，最多大概能吸引百人左右。洋太太中文班是以活动为策略的一个例子，但活动的策略性却影响到了其更根本的意义。

陌生居民和骨干分子，作为居委会的工作对象和依靠力量，分别对应了进行创新和完成任务两类工作，但“人情逻辑”的运用和“化陌生为熟悉”的努力把两类居民紧密联系在了一起。

居委会工作者与陌生居民进行互动，并没有很多的资源可以借助，他们甚至一度成为部分居民排斥的对象。调解提供了少量的交往机会，通过主动开展的服务和活动，工作者更是创造出了更多的机会。借助一点一滴的机会，工作者通过展示沟通的技术、通过提供人情化的服务、通过提高活动的吸引力，解决各类纠纷、困难和兴趣需求，与部分陌生居民结成了熟悉的朋友关系。“人情逻辑”是化陌生为熟悉过程中的重要武器。

# 第八章　权力运作之四：与特殊群体的互动

梅园小区很有自己的特殊之处，比如外籍居民要占到大约40%的比例。前文也曾多次提到居委会工作者与外籍居民进行互动的情况，但仍有必要对此专门展开分析。小区内还活跃着一些特殊群体的影子，比如家政服务员。他们不是小区居民，却也构成了小区生活的一个组成部分。居委会工作者与他们的互动频度甚至还要高于许多小区居民。

## 第一节　外籍居民做委员

外籍居民担任居委会委员在当年也曾沸沸扬扬，算是梅园居委会发展史上的一件大事。首届居委会7名委员中共有两位外籍委员，本节内容将主要通过介绍杰克担任居委委员前后的经历，分析居委会工作者在这一过程中的作用发挥，并探讨某些与此相关的问题。

### 一　外籍委员的存在基础

前文已述，根据各种不完全的统计资料，梅园小区外籍居民的情况主要是：占全体小区居民的人数比例为39.7%（2005年12月），16岁至55岁的中青年人比例为68.7%（2002年4月），租赁者比例是72.4%（2002年4月），一人或二人的家庭比例是74.3%（2003年4月），在公司工作的人占到95.4%（2002年8月）[①]。较为突出的特征共有3个：外籍居民比重较大，公司在职人员最多，流动性较大。

从居委会作为居民自治组织的性质来说，任何小区居民都有资格参加

---

① 参见前文“全球化的色彩”部分。

居委会选举，无论他是定居还是短期租住。原则上讲，不论哪些人被选举成为居委会委员，都应该力求代表全体居民的利益，不必拘泥于外籍委员代表外籍居民、国内委员代表国内居民这样的形式划分。不过，梅园小区作为一个国际化色彩浓重的社区，其内部的基层自治组织如果体现出同样的国际色彩，也是自然而然的。

在居委会的相关文件中，体现出这样两种看法：一是外籍居民的利益应该由外籍居民代表、外籍居委委员来代表，这近似于划分“利益群体①”的观点；二是外籍委员可以“成为西方文化交流的桥梁，成为中外居民沟通的纽带”②，能够使居委会更好地为居民服务，这是从功能的角度进行判断，却并未提及居委会的本质意义。尽管这两种看法并没有触及问题的实质，仍然可以认为，外籍居民担任居委会委员符合小区的实际情况，其出现与存在具有一定的基础条件。

## 二　街道领导的指示

居委会筹备组进驻梅园小区，是街道的指令。筹备组最重要的工作内容就是筹备居委会的选举，街道党工委领导对此自然也有相应的指示。

王总经理曾耳闻，对外籍居民入选居委会，“领导有批示，可以有试点，可以探索，先不推广”。其实，在正式的文件中，早已有明确的说法。2003 年 1 月的文件记载，在某次公众活动中，街道党工委书记曾专门谈到当初他是如何构思在高档涉外小区让外籍居民入选居委会的设想，“这样做充分体现了居委会是民间的自治组织，让外籍居民自己来管理自己”③。赵书记也曾在接待来访的座谈会上提到，早在街道派她到梅园开展工作之前，街道书记就曾在一次谈话中专门提示，让她如有可能就找一个老外做居委委员。这话赵书记就记在了心里，并在筹备的过程中主动留意，最终圆满完成了“任务”。

如果完全是“让外籍居民自己来管理自己”，更合适的组织方式或许

① 达伦多夫把“利益群体”界定为具有明显的共同利益意识的群体，而梅园小区内的外籍居民还不能被看作一个有共同利益的特殊群体，更没有大体一致的群体意识。所以，让外籍委员来代表外籍居民利益的说法其实并没有太多的根据。

② 参见 2004 年 4 月文件“关于梅园小区中外文化活动开展情况的调查报告”。

③ 参见文件“老外入选居委会　大家都有话要说”。

应是专门的外籍居民委员会。事实上，当街道书记的设想最终变为现实之后，“外籍居民做委员”变成了街道和居委会的很“亮”的一个“亮点”，从梅园小区到陆家嘴街道，都声名鹊起，甚至扬名海外。争创“亮点”、追求成绩或许是推动这一工作进行更强烈的动力。

## 三 杰克其人

2002 年，杰克 32 岁。根据相关文件的描述，他“金发碧眼，英俊潇洒”。杰克来自澳大利亚，在一家银行担任经理。他很早就开始学习中文，能说一口流利的普通话。他来到中国发展公司业务，娶了一个中国姑娘，还随妻子的姓给自己取了一个中文名字。居委会选举期间，他和妻子、岳父、岳母一家正住在梅园。

杰克是一个热情待人、乐于助人的小伙子。根据文件介绍①，他把雷锋当作自己学习的榜样，“没问题”、“为人民服务”是他的口头禅。小区里的很多居民都认识杰克，因为他散步的时候，几乎要跟每个人都打招呼，“朝气蓬勃、亲切随和”。他还经常参加居委会组织的活动，每次要他唱歌或者跳舞，他从来不推辞。赵书记介绍说：

> 一个澳大利亚的，经常参加小区的一个中外文化的交流。他中文讲得很好，英文也讲得很好。大型的活动他都来参与。他不仅参与到小区的文化生活方面，包括我们整个梅园社区，我们当初搞了一个大型话剧……他还上台策划，是临时的一个演员。他表演过，就去客串一下。如果他没有时间，就说自己忙了，表示不能参加……

参加选举之前，热心公益事业的杰克就可以算作居委会的一名骨干分子了。据王总经理介绍，杰克对居委会的看法是很单一的：居委会是一个公益组织。

> 他认为，他们的概念是，居委会可能是一个很公益的东西。他认

---

① 参见 2005 年 1 月文件“可敬可爱的洋委员们”。

为，他首先就问你，我如果作为委员的话，我为大家做点什么？我要做什么事情？工作职责是什么？那我们当时给他讲的，也比较那个一点。就是说我们是为整个全体小区服务的，为业主服务的，提供一种帮助。好，那么他就认为这是一个很公益的东西。他说，为全体业主服务的话，那么我愿意，我愿意来做，我可以来做。那就没有把这个跟政府职能部门挂起钩来。

热情、随和、以雷锋为榜样的杰克把居委会看成是公益组织，他可以借助这个组织为居民提供更多的服务。这是他愿意参加居委会选举最主要的原因。

## 四　选举前的动员

杰克的积极表现自然都不会逃过赵书记的眼睛。赵书记本就有动员外籍居民参加居委会的打算，杰克无疑是一个极好的人选。尽管杰克热心公益，但能否参加居委会还是必须要征得他本人的同意。

在居委会的一份文件中，提到了动员杰克参加居委会的一个关键人物，即杰克的岳母。他的岳母曾是外地某街道的民政科科长，所以她非常理解社区工作，文件甚至把杰克能够热心参加居委会工作主要归功于她[①]。赵书记也提到，她发现了杰克以后，曾到他家中访问，遇到了他的岳母。两人的相似经历使杰克的岳母很能理解赵书记的做法，她先被赵书记说动了，答应劝劝杰克。她的劝说很有效果，后来在一次中秋活动中，杰克就主动提出愿意参与居委会的工作。

本身有服务的热情，并且把居委会看作一个提供服务的公益性组织，再加上赵书记经由其家庭成员的动员，杰克没有理由拒绝居委会的邀请。后来，他作为候选人参加了居委会选举，并顺利当选为委员之一。杰克或许是一个参加居委会工作很合适的对象，但他被有意识“动员”出来的过程却大大降低了其代表性。很难说，被居委会选中的杰克和莉莉能够在多大程度上代表梅园小区约40%的外籍居民。

---

① 参见文件“民主法治示范居委会发言稿1”。

## 五　选举的过程

杰克同意参选，随后就是一系列的正式程序：贴出居民代表名单的公告，第一次居民代表会议，选举委员会成立，确定居委会委员初步候选人，确定正式候选人，进行选举。从15人缩减到9人，又减到最终的7人，杰克和莉莉始终是其中仅有的两名外籍居民。

赵书记的说法与有关文件的记载是一致的，两位外籍居委委员的当选都完全是居民代表们的意志，选举的程序非常严格，“民主化这个程度还是很高的”。杰克最终全票当选，让赵书记感到“很不容易”。文件中则这样说，“尽管我们有意思要让他们当选，但当时完全有可能产生7个全是中国人的情况。结果每一位居民代表都写上了杰克的名字，我们也觉得很不容易，他在整个小区里的人缘都非常好。”①

有上级领导的指示在先，赵书记是希望杰克他们能够顺利当选的。文件中的“有意思要让他们当选”，在选举前的筹备过程中是有实际作为的。赵书记提道：

> 外籍居民加入居委会呢，其实，也是出于我们当初，外籍居民参与我们社区的一个文化交流的方面。另外呢，就是说外籍居民之间呢，有纠纷，我们就有外籍居民参与调解。那么受到这样一个启发，然后也觉得毕竟有40%的外籍居民。如果小区的管理也有他们来参与的话，就是可能工作会做得更好。那么在居民代表的会议上，我们把这个，他们外籍居民为小区所做的一些工作，做出的一些贡献，跟我们居民代表聊，让居民了解以后，代表觉得应该纳入这些人，做我们居委会的委员。

或许，真实的情况是：先有让外籍居民参加居委会的工作计划，进而物色合适的人选，然后再为他们的当选营造氛围、创造条件。杰克参与文化交流、莉莉参与纠纷调解不过是居委会物色人选时的机会而已。在居民代表会议上对外籍居民所做贡献的介绍，也正是一个工作者“做工作”

① 参见2005年1月文件“可敬可爱的洋委员们”。

的过程。

选举结束，街道领导的设想果真变为现实，赵书记贯彻了上级的意图，顺利地完成了任务。但是，如前所述，居民代表的“代表性”本身就存在问题，再加上选举之前赵书记等工作者对他们所做的工作，杰克的全票当选实际上并没有太大的意义。杰克只是居委会工作者有限接触范围内的一位熟悉居民。他或许与大多数的居民代表相熟，但也仅限于此。

## 六　选举之后

外籍居民入选梅园居委会，很快这事就哄传了开来。亲历此事的居委委员褚阿姨略带夸张地描述说：

> 当初我们居委还是蛮不错的。……居委会，在世界各地的，……都很出名的。外国人参与中国人的居委工作，这是很不容易的一件事呀。纳入外国人参与，参与居民的事务的时候，这是在全世界都很有名气的。……杰克……莉莉，就他们两个嘛。当时还是很有名气的，我跟你说，梅园这个居委呀，不是在上海知名，在全世界都出名的。当时来自各地方的报纸，……报纸很多的。人家都问过我很多，当时记者采访呀，很多很多。

梅园小区、居委会和街道都名声在外，这样的局面自然是大家都很想看到的。居委会在小区的地位很大程度上就此改变，物业公司、会所对居委会的态度变得热情起来。

两位顺利当选的外籍委员，也很快开始了自己短暂的履职经历。杰克的职务是居委会下属的宣传教育委员会主任。相关文件记载，由于他“公关组织能力比较强”，所以“主要让他帮忙小区文化活动的策划安排”①。杰克真的把当居委委员当成了他的第二职业，“业余时间全给了与此相关的事务”。他上任后，每个星期一教居委会其他干部学习英语，有时还抱病前来上课。在2003年年初的中外居民春节联欢会和年中的纳凉晚会上，兼通中英文的杰克都参与了主持活动。

---

① 参见2005年1月文件“可敬可爱的洋委员们”。

陈阿姨和褚阿姨说与杰克是熟悉的，说“他们也很愿意参与这个工作（居委会工作）的，是自愿的，他们也融入到我们这个社区里来了，愿意参加。”王总经理则补充说：

> 他非常公益。很多，特别是欧美人，他非常公益，他很乐意参加这样的一种公益活动。包括我们这里举办一些什么活动，比如说我们请一些业主，来帮我们做一下主持人呀，比如说翻译工作呀，他们都非常愿意的。非常愿意，而且主动跟我们提出来，要去组织，比如到福利院呀，或者其他地方，他们去探望一下，也组织过几次，大体是这样子的。

但杰克如此积极地参与到居委会工作中，却多多少少影响了自己在公司的正式工作。一方面是两个工作都很繁忙；一方面是社会活动也很多，杰克劳累过度，甚至一度累病。相关文件中就曾经提到，杰克的公司领导认为他热心社区工作，对本职工作可能有怠慢。为了打消公司的顾虑，杰克工作起来更加卖力了。此外，还有价值观念冲突的因素。王总经理说：

> 但是他的上级领导，或者说他的公司就不这样认为，它就认为你居委会就是政府的一级组织。你是我的员工，从国外过来，跑来这里加入共产党的一种组织，它就会有一种想法，对不对？我们到国外去，也可能碰到这样的一种情况。

当选为委员之后不到十个月，杰克就由于工作的原因要回国了。临走，街道党工委书记、办事处主任、城工委副书记专门设宴为他送行。陈阿姨则说，外籍居民参与居委会的活动，总归是做不长的。

公司领导的看法也不全错，居委会确实不是一个纯粹的公益服务机构。即使是公益机构，也与其“居民自治”的性质相差甚远。杰克基本上只能算是一个骨干分子，一个热心的志愿者。至于“外籍居民自己管理自己”，约等于一句空话。

## 七　并未停息的争论

外籍居民当选居委会委员之所以引起轰动，这与其所引发的一场争论也有关系。在当时，外籍居民是否有资格参加居委会，还是一个没有定论的问题。居民委员会只在中国存在，而且带有很强的中国特色。居委会名义上是居民自治组织，应属于社会团体，却没有在民政部门登记。如果说居委会不属于社会团体，而是政府行政体系中的一环，外籍居民就更没有资格在其中担任职务了。

这已经涉及了居委会的性质定位问题。有关居委会自治性和行政性的争论由来已久，至今仍未停息。现在又在这一矛盾中加进了一个新的性质——服务性，这使得争论更为复杂。在杰克眼里，在动员杰克参与居委会工作的几个人的口中，居委会成为一个公益服务组织，这也是杰克愿意参与的最主要原因。居委会选举的一系列程序显示了其“自治性”特征，不过这种特征也仅仅存在于表面的程序中。无论是表面上的“自治性”还是更为实际的“服务性”，其实都可以为居委会在“社会”领域中求得一席之地，也更容易得到人们的认可。但现实中的梅园居委会却几乎把“自治性”当作了掩盖“行政性”的工具，在很大程度上又把“服务性”当作了淡化“行政性”的手段，使居委会给人一种不真诚的尴尬印象。

从居委会“自治性”的角度来看，外籍居民参与梅园居委会有一定的必要性，这也是街道领导作此设想的“冠冕堂皇”的出发点。外籍居民同意参加居委会选举的最大原因却是居委会的“服务性”。对杰克来说，“自我管理”这样的概念并未进入他的视野。在动员外籍居民参加居委会的过程中，上级的任务压力、熟悉的朋友关系、借助“人情逻辑”的劝说、对特定人群的宣传鼓动等因素，都发挥了一定的作用。设想最终变为现实，“亮点”的轰动效应也让人满意，杰克随后的尽职尽责、积极服务已经并不重要。当他离开中国以后，外籍居民做委员的事件画上了一个句号。

居委会本质上是一个群众性自治机构，这并不等同于公益性的服务机构。居民代表的“代表性”本就存在问题，再加上宣传鼓动的因素，“民主自治”的含义在选举过程中已被偷梁换柱，只落了一个表面的形式。当外籍委员错把“服务性”当作居委会的本质属性时，别人也就将错就错，以此作为完成任务的有利条件。相对而言，“行政性”才是其中更深厚的底色。领导指示、积极准备、动员参与、完成任务、成绩出色，其余的因素，基本上都成为这一过程中处于附属地位的陪衬。

## 第二节 家政服务员

家政服务员是一个特殊的群体，她们对于梅园居委会具有特殊的意义。她们不是小区居民，但居委会工作者与居民的互动过程中却也有她们的作用。最终，居委会工作者与家政服务员形成了一种既有管理又有依赖的混合关系。

### 一 以家政立足

如前所述，居委会筹备组初进小区，亟须找到居民需求的空白点以立足。经过一段时间的走访上门，赵书记他们发现居民对家政服务的需求是最为集中的，于是就开始筹划提供这项服务。根据 2003 年 5 月文件的记录，首先组织起在梅园小区工作过的家政服务员，“依据她们做家政服务的经历和业主们对她们工作表现的认定程度，组建了一支服务优良、技能过硬、素质较好的 20 人的精良队伍”[①]。最终，在街道就业劳动保障中心某家政服务介绍所和街道妇联领导的“热情指导、亲切关心”下，梅园家政服务分队于 2002 年 9 月成立。

有了这样一支队伍，居委会的家政服务工作开展得有声有色，服务周到、质量过硬，方便了中外居民。家政服务为居委会开辟出一块“自由余地”，成为居委会拓展生存空间的“先锋”。此后，这一服务内容就一直延续到了今天。

提供家政服务是居委会日常工作的一部分。居委会成立以后，工作者经常流动，各自的条线内容也换来换去，但总要有专人负责家政条线的工作，其他人还要进行协助。相关文件中详细规定了家政服务工作的职责[②]，主要包括：

---

① 参见文件“发言”。

② 参见 2005 年 12 月文件“家政”。

一、党支部领导下，在居委实现为居民服务——建立以……家政为主体的服务体系。

二、建立一支规范化的家政服务员队伍，确立家政服务员登记标准。

三、规范家政服务。

四、加强对家政服务员的思想教育，创具有梅园优质服务特色的品牌。

五、规范服务体系：

1. 把家政服务人员分类别列入登记册；

2. 把已经入户服务的家政服务员服务时间登记入册，并把房东信息同时对应登记入册；

3. 一次性打扫卫生按房东要求时间准时提供服务；

4. 需要家政服务的电话接完后，立刻登记并做相应安排，一般在当日或次日安排房东面试确定，最多不超过三天。

5. 居委会安排专人负责该项工作，并每天把安排好的家政服务输入电脑。

6. 家政服务是一项任务繁重的工作，居委会其他工作人员有义务协助专职人员做好这项工作。

引文中省略了第二、第三、第四条更详细的内容规定，不过已经可以看出家政条线工作之繁重。所以，目前负责这一条线的孙老师算是工作者中最辛苦的一位。

介绍家政服务，还为居委会增加了部分收入。前文也曾提及，2005年3月至12月的10个月内，居委会的家政收入约有一万多元，平均每月1000元。虽然这些钱远远不足以补充居委会开展活动所需的大量经费，但已经算是居委会最主要的收入来源了。

## 二　家政服务简况

家政条线的工作首先是登记，既包括家政服务员的情况登记，也包括居民需求的登记。如果是服务员，需要登记的内容包括姓名、性别、文化程度、政治面貌、出生年月、健康状况、户籍地址、现住地址、身份证号、联系电话、手机、担保人身份证、人员类别（下岗、待业、失业、退休、外来人员等及原单位名称）、从事家政服务年限、涉外工作年限、本小区工作年限、健康证或体检证明、家政服务特长、英语水平、家政服务培训证书、护工上岗证、母婴保健证书、烹饪证书情况、求职要求以及安排就业情况记录。登记内容非常繁杂，需要家政服务员透露大量个人信息。此外，家政服务员还需要有担保人、健康证、各类技能证书，最好还要懂英语、有特长、有工作经验。服务员要成功登记并不容易。

居民家政需求的登记内容要简单得多，包括用户姓名、家庭地址、联系电话、房屋总面积、家庭总人数、需要家政服务的具体内容、对家政服务员的具体要求和条件、所能提供的待遇。登记表并附有家政服务收费标准，其中规定，对居民收取中介费 50 元，且一年中可调换服务员两次，不再另外收费，体现出一种竭诚服务的姿态。

登记表中的收费标准还比较简单。在 2002 年 7 月专门的“家政服务收费标准”文件中，详细规定了介绍费和服务费的具体数额。每介绍成功一次，对服务员收费 10 元，对用户则根据 3 种不同情况[①]，收费从 20 元到 40 元不等。服务费的数量根据服务种类而定：一次性服务 15 元/小时，钟点工服务 10 元/小时，全日工服务的收费从 800 元/月到 1200 元/月不等[②]，24 小时服务的费用则需面议。此外，还有接送小孩、家教、清洗机器等不同的服务内容，其收费标准也有相应的规定。如果是国定假日，介绍费和服务费也有调整。一般来说，梅园家政服务的服务薪金要比其他地方略高一些。

根据 2003 年 10 月的文件[③]，共登记有 111 位居民需要家政服务，其中外籍（包括港澳台）居民 31 人（缺省 2 人），比例为 28.4%。按照服务类型划分，“钟点服务”68 人，“全日服务”12 人，“一次性服务”31 人。服务内容则包括清扫房间、洗衣烫衣、买菜做饭、购物、带小孩等。“钟点服务”最多，这意味着许多家政服务员要不断地变换主顾。这一点

① 3 种情况是一次性服务、钟点工服务和 8 小时以上特殊服务。

② 全日工服务又分 5 天或 6 天制、6 小时或 8 小时 4 种收费方式。

③ 参见文件“梅园居民家政需求”。

也得到了孙老师的证明：

> 我们这个小区需求最大的还是第一种，钟点工。原来我们不收外地人的，就是根据居民的需求（作了调整）。刚刚开始我们做这个家政，主要的对象就是街道的下岗职工。但是居民的需求，居民到我这边要啊，我需要什么样的人，需要全日工，但是我们街道的服务员全日工就不愿做……于是后来就吸收了上海其他户口，只要是上海市户口的都可以。现在又有居民要求住家的，住家的上海市户口都不愿做，为什么呢，她家有丈夫，孩子都在家，她早晚都想回去，这正常的……在这种情况下，居委会就吸收一批外地人。

可以看到，居委会根据居民的需求不断调整着服务员的队伍组成。在服务员和居民之间，居委会工作者的服务主要是面向居民的。每次介绍成功，居委会要发一张“介绍信”给用户，内容包括服务时间、服务内容、服务报酬和联系电话。同时还附有“用户意见反馈意见单”，用户对家政服务员的工作评价和意见建议都可以写在上面。居委会工作者可以根据这些反馈意见对服务员进行管理。

但居委会对于居民也不是一味“纵容”，孙老师曾提到对服务员不尊重的房主，这类房主有中国人，也有外国人。他说，对于居民的要求也会区别对待：

> 我们看他的要求是不是切合实际。如果是切合实际，那么我们肯定要全力满足他的要求了，但是如果他过分的要求，那么也不能一味地满足。像有的极少数的对我们家政服务人员，毕竟要同等对待，如果不同等对待，不尊重我们的家政服务人员，那这个当我们了解情况以后，那我们也只好不推荐了，不帮助介绍了。我们也不说不为他服务，但是服务人员都不愿去了，那只好不介绍了。

从最早开始提供家政服务到现在，孙老师估计，4 年来大概服务了一千多户居民，超过了全体居民数的一半。现在，梅园小区的家政服务也成了一块品牌。孙老师说，这是一点一滴做出来的，并没有刻意地宣传：

这个我们不刻意宣传，不宣传，主要就是为居民服务嘛。一宣传呢，我个人的看法，就好像带有炒作了，就好像在搞经营了。这样一来，它的性质就在宣传中无形地改变了，我们现在纯粹是服务，因为我们居委会要专门腾出一个人来做这项工作，但是上面又没这个编制，无形中工作量大家分摊了，都是为居委工作，大家分担。我们的理念不就是服务居民嘛，根据居民的需求服务居民嘛，这就是基本理念。这就要求我们的服务员服务好东家，就行了，简单点就是这一个理念。

### 三　服务员队伍

直接提供家政服务的，还是服务员队伍。居委会工作者对她们负有“管理”的责任，而严格管理则是为居民提供优质服务的需要。

家政服务员全为女性。家政服务分队刚成立的时候，共有 20 人，全都是曾在梅园做过家政服务的阿姨。到 2003 年 5 月，在居委会登记的家政服务人员已发展到 106 人。据相关文件的统计①，106 人中，街道户口的服务员有 65 位，外街道人员 31 位，外来人员 10 位。当时在岗的服务员共 61 位，比例为 57.5%，服务于 165 户居民。61 位在岗人员中，街道人员 41 位占 67.2%，外街道人员 14 位占 22.9%，外来人员 6 人占 9.9%。街道 41 位在岗人员中，失业待业人员 15 位，协保人员 8 位，下岗人员 9 位，待退休人员 5 位，退休困难人员 4 位，全都属于无业或困难人群。

服务员队伍主要分为 3 类，分别是街道户口的服务员、上海市外街道户口的服务员和外来务工人员。街道户口的服务员是主体，因为“真正太远了也不是太方便”。孙老师说，登记人数越来越多，主要是因为她们都愿意到这里工作。

（问：她是慕名来的还是什么？）那当然都是慕名来的，都是愿意到这边来的。（问：最开始她们怎么知道这里有这个？）一开始都

① 摘自 2003 年 5 月“发言”文件。

是街道家政培训班推荐来的。这也是街道同意的，因为居委会没有这个功能，不是我们服务功能范围内的。我们根据各个条线来工作，我们没有这个条线，实际上这个服务条线相当于就业援助员。

即使是买菜、做饭、洗衣服、熨衣服这样的工作，周老师说，居民的要求也是“相当高”的。所以，每个服务员都是经过培训的，登记的时候就要出示“家政服务培训合格证”。周老师介绍说，这一证件分初级、中级、高级 3 档，拿到中级证书就意味着能用英语进行简单对话了。除了“技能交流培训”，还有“素质教育培训”①。

从某种意义上讲，培训也是严格管理的一部分。2005 年 12 月“家政”文件中的第四条内容，虽名为“思想教育”，其实是管理细则。

1. 家政服务员必须服从居委会的领导，服从安排，积极参加居委会组织的相关培训和活动。

2. 以优质的服务取得东家的满意。无特殊原因连续三次被东家退回的暂不介绍工作。

3. 逐步学会基本英语会话，提高综合服务技能。

4. 家政服务员不应该对工作挑来捡去，对个人利益斤斤计较。

5. 居委会每年两次对家政服务员进行培训，主要提高思想素质，加强思想道德教育。

6. 每年进行一次“星级服务员”评比，并推荐到街道和新区参评。对星级服务员优先安排工作。

除了以上思想教育和奖惩结合的内容，居委会家政条线的工作者还设计了比较细化的服务质量跟踪反馈表，包括三大类十二项指标。根据居民的反馈情况，对服务员的工作表现进行评价。如果表现好，将给予肯定和表扬，并承诺一旦由于客观原因被用户退下来，将及时优先地把其推荐到新的需求者家中；“对于工作不称职的，有损于我们家政服务队伍形象

---

① 参见 2003 年 5 月“发言”文件。

的，将及时辞退或自行解除，今后不再安排”[①]。

在这样的严格管理下，家政服务员成为支持居委会工作的一支队伍。这支队伍的人数还在不断扩大。孙老师说，目前登记的服务员大概有350人。其中，街道户口的100多人，外街道户口的约130人，外地户口的也有130人左右。不过，外地户口中，又有近1/3是外来媳。她们嫁到了上海，家庭条件并不好，为她们解决了工作，其家庭也就和睦了。所以，外来媳妇和街道户口的无业、困难人员就成为居委会安排工作的主要对象。

### 四　彼此的交往

家政服务员人数庞大，其中又有相当比例的钟点工，这些都影响了居委会工作者与她们的熟悉程度。即使孙老师与每个人都打过交道，称得上熟悉的人也仍然有限。

孙老师可以看作接待任务最繁重的一位工作者，他的办公桌前总是来来往往的人不断。来找孙老师的大部分是家政服务员，有的过来登记，更多的是来询问需求情况，希望能介绍到自己。绝大多数情况下，孙老师与她们的交流都属于陌生人之间的交往，交流的内容限于工作，或者验证登记材料，或者安排服务员与居民的见面会。对于跑来“要”工作的服务员，孙老师需要经常解释：暂时没有合适的工作，有的话再电话通知。尽管如此，很多人还是会在居委会闲坐一段时间，反正回去也是同样无所事事。

每位服务员自然都认识孙老师，一些老的服务员还与其他居委会工作者认识，比如周老师、李老师。几乎每个人都与自己能叫上名字的居委会工作者热情地打招呼，喊“孙老师”的声音自然最多。孙老师总是一副谦和的模样回应着别人，不带任何的倨傲神态。

其实，3类家政服务员中，街道户口的一类阿姨与居委会几位“前辈”工作者的身份并没有很大的差别。在赵书记、李老师、周老师没有被录取为社区工作者之前，他们同样是下岗、待业或待退休人员。孙老师更是具有外地人的身份，这一点与外来媳妇们并无二致。相接近的阶层地位，是双方友好交往的一个基础。小钱、小吴、小郑几位年轻人，与服务

---

① 参见2003年5月“发言”文件。

员阿姨的交往似乎就多了一层隔膜。

很多家政服务员已经把居委会当作了自己的工作基地。跑来问工作的人往往要在居委会坐着等一段时间；过来上班却还不到上班时间的人也会在居委会里坐等；中午不方便回家吃饭的一些人，还带饭过来用居委会的微波炉加热，把这里当成了餐厅。还有一些做保姆的服务员，带着孩子在小区里闲逛的时候，有时就进到了居委会。她随意地与工作者聊聊天，小吴她们则逗小洋娃娃开心。

大部分的服务员与居委会工作者还是一种陌生关系，小部分人则结成了熟悉关系。这种熟悉不是工作者刻意追求的，而是服务员通过自身的表现争取来的。服务员追求与工作者结成熟悉关系的努力和工作者追求与居民结成熟悉关系的努力非常相似。

## 五　资源的提供者

如果把服务员的工作机会看作一种资源，这种资源完全掌握在居委会工作者手中。家政服务员对熟悉关系的追求，正是出于对这种“机会资源”的渴望。对于服务员，家政服务条线的孙老师是资源的主要提供者，其余居委会工作者也对“机会资源”的分配有一定的影响作用，所以他们都是“套近乎”的对象。

工作机会是一种稀缺资源。根据相关文件的统计[①]，2003 年 5 月在居委会登记的 106 位家政服务员中，在岗的服务员共 61 位，比例为 57.5%，并不是所有的人都有工作机会。61 人服务于 165 户居民，可见很多钟点工是同时服务于两家以上的居民。如果按照 61∶165 的比例粗略估计，累计服务的 1000 户居民约需 370 人[②]。梅园居委会现登记了 350 人，似乎每人都有机会。但实际上，这种机会的分配是非常不均等的。

前述“梅园居民家政需求”的文件中，共登记有 111 位居民需要家政服务。提供了服务的家政阿姨共 52 人，其中 22 人多次被介绍工作，介绍的次数由高到低是 14 次、13 次、11 次、10 次（2 人）、9 次、7 次、6

① 参见 2003 年 5 月“发言”文件。

② 严格说来，两组数据并不具有比较意义。165 户是当时同时服务的居民数，1000 户则是 4 年的累计服务居民数。但因为得不到更准确的数据，这里仅作粗略估计。

次（2人）、5次、4次（3人）、3次（5人）、2次（4人），其余30人均为1次。被介绍工作4次及以上的13位服务员，共服务了93次，占总人数和总次数的比例分别是25.0%和59.6%。当然，52人并不是登记服务员的总数，5个月以前的登记人数就已经是106人了。这意味着，至少有一半以上的服务员在当时没有获得过一次机会。

按照之前的文件规定，服务员表现的优劣是她能否得到更多工作机会的条件之一。“星级服务员”会优先考虑安排工作，得到居民好评与推荐的也可能得到优先安排。另一个影响工作机会分配的因素是服务员的身份特征。相关文件中规定了服务员的构成：以街道下岗女工为主体、以上海市外街道下岗女工为辅助，以外来媳妇为主要补充、以其他外来务工者为补充。其中考虑到了地域因素和稳定的需求。安排工作的时候，基本上也是这样的顺序。

但实际的工作安排却做不到完全这样照章办事。周老师说，安排家政服务，首先要看业主的要求。有的业主只用上海阿姨，有的要求年轻，有的要求做得要好。还要看服务员的要求，有的服务员只能做钟点工的，有的则可以住家。双方都要合适，才可能介绍成功。至于从这次“合适”到下次“合适”的间隔要多久，这是说不清的。

> （问：如果家政服务员做完了一个活，到下次我们再给她安排新的活，大约会有多长时间的间隔?）讲不清楚的。如果她有空就可以干。……他这两天要的比较多，派得就可以频繁一点，这两天一个都没有，你就只能空着。……（问：那我们给她们派活的时候，那些熟悉的家政服务员会不会优先考虑?）也不会。但是适当地（也会考虑），就是说，叫我们本地区的，居委会工作方面比较优秀一些的，或者评的（评比优秀的）（先安排工作）。

周老师虽然欲言又止，孙老师的态度却很明确。孙老师这样总结自己的分配工作的原则：“有饭大家吃，这是我的总体原则。一点活儿都没有的，特别是老服务员，我肯定要帮她找的。”一次，孙老师与几位外地的家政服务员随便闲聊，对她们讲道，“上海人对我还有意见了，好的活儿都给外地人去做了”。

工作机会作为一种资源，对以提供服务为生的家政服务员来说意义重大。居委会工作者作为“机会资源”的提供者，也就成了她们谋求被特殊关照的对象。一定程度上，这种关照的因素也是存在的。

## 六　工作的支持者

周老师已经提到，对那些在居委会工作方面表现突出的家政服务员，安排工作时也会适当地加以考虑。这暗示出家政服务员与居委会工作者之间存在着的一种工作关系。某种意义上，家政服务员是居委会工作的支持者。

这种工作关系首先与家政服务的一项功能有关。小钱讲过，家政服务是与居民增进熟悉关系的最主要方式。对外籍居民来说，其作用尤为突出。前文曾讲到一个故事，外籍太太与家政阿姨产生了一点误会，小钱出面使她们重归于好，那位外籍太太也成为居委会的一个朋友。这样的交往机会是体现在生活的一点一滴中的，小钱正是在为外籍居民和家政服务员互相提供翻译、提供咨询的过程中结识了更多的外籍朋友，挖掘、培养出更多的骨干分子。就此而言，家政服务员成为居委会工作者与居民之间沟通交流的桥梁。

其次，家政服务员也是向居民展示居委会良好形象的一类载体。居委会提供家政服务，并通过服务员、居民之间的口口相传，逐渐形成自己的品牌，这些都离不开家政服务员的积极表现。家政服务的品牌形成之后，居委会的“服务”形象得以确立，工作者们同样留给居民良好的印象，这为以后其他方面的交往互动打下了基础。所以，居委会才对家政服务员进行严格的管理，正是因为，不如此不足以获得居民的认可。

还有，或许对居委会开展工作更具直接意义的是，家政服务员可以为工作者提供某些有关居民用户的信息，充当工作者的“耳目”。计生条线的李老师就是很善于利用这些“耳目”了解信息的一位。

如前所述，计生条线的工作既有柔性的服务，又有硬性的管理。小区中存在超生现象，对超生现象进行了解是一件很不容易的事情。如果居民有意掩藏，仅靠李老师一个人是很难发现的。家政服务员则不同，她们能够走进居民家中，进出楼道也比李老师更为频繁，发现怀孕者可能更为容易。所以李老师有时就会特意嘱咐熟悉的服务员，让她们帮忙注意，看楼里有没有怀孕的人。如果有的话，就来跟她讲一声。当然，李老师可以依靠的对象还有更多，比如物业保安、保洁。

既然多了这么一层请托帮忙的关系，李老师与很多家政服务员就显得更为亲热。双方都是女性，在小区里见面不仅要打招呼，要多聊几句也很容易。一次，一位年轻的家政服务员在楼道内遇到李老师，两人很熟悉地聊天。服务员说自己要回外地家乡了，说走之前一定要到居委会去看望各位工作人员，要买点东西表示感谢。李老师提醒她，别忘了尽早与房主讲，不要太顾忌什么，不要对人家的事情造成什么耽搁或不方便。

由于这种工作关系，作为小区外来者的家政服务员成为居委会工作者开展工作的一种依靠力量，也因此成为居委会工作者与居民互动体系中的一部分。

## 七　正式与非正式之间

居委会的家政服务是为满足居民需求而设立的。初进小区，居委会急于立足，服务居民成为其最想体现的一种面相。居委会要提供超出一般的优质家政服务，一方面是借助了街道的力量对服务员资源重新配置，另一方面则是依靠严格的管理。技能培训、素质培训、思想教育、严格考核、奖惩结合、优胜劣汰，这一系列的措施使居委会看起来像是一个狠抓质量、追求业绩的经营性的正式组织。只不过与企业相比，居委会所追求的业绩不是经济效益，而是“品牌”，最终是获得小区居民的认可。

在居委会刻意标榜“服务”、一切以居民需要为中心的时期，工作者与小区居民相比，是处于弱势的一方。此时的家政服务员作为体现“服务”水平的直接载体，与居委会工作者相比，其地位更为弱势。工作者与服务员之间是一种正式的管理与被管理的关系。管理的目标是提高服务质量，服务质量的高低则成为稀缺的“机会”资源的主要分配标准，这是正式文件中所规定的基本准则。

在这种正式的管理关系之下，本可以完全照章办事，但却首先遇到了这样一个矛盾。按照为居民服务的要求，居委会应该加强这种管理关系，强化提高质量的经营理念；但居委会同时还要服从街道的统一安排，并不能完全按照服务水平的高低分配机会资源，这一方面是由于居委会的“行政性”；另一方面是由于居委会的“公益性”，优先安排外来媳妇就是维持稳定的需要。孙老师说：

> 有的东家打电话到这里来反映服务员的情况，……就是不满意。这个怎么办，要协调好他们的工作，那只有找服务员谈，我们再来派一个。因为我们的宗旨就是为居民服务，根据居民的需求对他们搞好服务……（服务员）如果是因为工作做得很马虎，服务得不好，或者跟东家讨价还价，背着居委会做一些小动作，像这样的服务员下来以后，有的批评教育，有的暂时不安排，自我反省以后再安排。她们主要是服务，靠劳动赚钱，教育以后还是要帮她们安排。既要服务好居民，又要解决好她们的再就业问题，所以这个事情其实很烦琐。

不仅如此，这种正式的管理关系还经受着某些非正式因素的挑战。工作机会的分配大权完全掌握在居委会工作者手中，一些家政服务员也在谋求与工作者发展出一种熟悉关系，希望借此提高获得工作机会的可能性。这已经具有了某些“社会资本[①]”的意义。这方面的努力既包括增加交往的时间和频率，又包括为工作者提供某些开展工作的方便。事实上，这种努力也取得了一定的成效，资源的分配并不完全符合正式准则。

一方提供机会资源，一方提供工作支持，这种近似的“交换”关系已经远远超越了管理与被管理的正式关系。构建出一种熟悉关系，同样暗含了“人情逻辑”的因素。某种程度上，熟悉的关系意味着彼此关照的义务，这无论是对于工作者分配资源，还是对于服务员提供信息，都可能发挥着一定的影响作用。虽然无法确定这种作用发挥的程度到底有多大，但可以确定这种“人情逻辑”至少像润滑剂一样使双方的交换更加畅通无阻。

从正式的管理关系到非正式的交换关系和熟悉关系，居委会的家政服务工作表现出一种并不清晰的面貌。家政条线只是居委会诸多条线工作之一，就居委会整体而言，这种面貌的“模糊性”更为强烈。正式规则与非正式逻辑绞缠在一起，使居委会工作者的行为逻辑复杂多变，也使居委

---

① 参见［美］林南《建构社会资本的网络理论》，张文宏译，《国外社会学》2002 年第 2 期。

会工作者与居民的互动过程光怪陆离、难以捉摸。

## 章末小结

外籍居民做居委会委员与居委会选举一样，本身都是有意义的。但在街道的指令下，实际上都变成了居委会工作者要完成的任务。工作者物色到了一位热心公益的合适人选，又通过其家庭成员进行动员，在做了一系列的“工作”之后，外籍居民做委员由设想变为现实，成为街道和居委会的一大“亮点”和成绩。虽然任务完成，但居委会的本质属性却并没有得以体现。

家政服务是居委会赖以立足的一个基础，这其中离不了街道的支持。服务是面向居民的，居民的要求是第 1 位的，家政服务员也因此必须接受严格的管理。居委会工作者承担起了“管理者”的职责，拥有分配“工作机会”资源的权力，家政服务员事实上成为可能支持其工作开展的一种力量。不过服务员队伍也并非完全被动，她们也在努力构建一种熟悉关系，以寻求得到某些特殊照顾。这种努力冲淡了家政工作的正式性。

居委会依街道指令行事和依靠街道资源立足是相辅相成的两个方面，都可以看作纵向“类科层组织体系”运作逻辑的体现。对于比自身地位更高的外籍居民，居委会工作者一方面化陌生为熟悉，并把动员对象扩展到了其家庭成员，体现出对“人情逻辑”的运用；一方面则将错就错，以居委会公益服务的部分面相吸引外籍居民参与，某种程度上有“利用”的嫌疑。对于与自身地位相仿或略低的家政服务员，工作者拥有决定性的权力，主要是对她们进行管理，这是赢得居民认可的条件；但有时也要直接借助服务员开展工作，这为双方基于熟悉关系的资源交换提供了某种可能。

总体而言，对于外籍居民，居委会工作者所能使用的资源仍然有限，只能借助非正式的“人情逻辑”或者运用某些策略开展工作。在与外籍居民接近、交往的过程中，家政服务也可以算作策略之一。家政服务员既是赢得居民好感的载体，又是直接支持工作的力量，她们的双重角色同样显示了居委会工作者的尴尬困境：只能通过开动这样的“脑筋”，以弥补自身资源和权力的不足。

# 第九章　结论与讨论

前文用大量的篇幅介绍了居委会及其成员进行权力运作的组织基础和在此基础上展开的各类互动过程，重点探讨了互动过程中所隐含的行动逻辑，这是文章的主体部分。最后的结论与讨论将尽可能简练地对前文进行总结概括。

## 第一节　对研究结果的概括

互动是一种权力运作，互动过程中必包含权力的行使；行动者是互动或权力运作的主体，行动者彼此针对对方进行的权力运作构成了互动；行动者带有不同的背景特征、拥有不同的资源，这些特征与资源中蕴含着结构文化因素的制约，但行动者就是在这样的制约框架内，依然是自由的；行动者的自由意味着权力运作的可能性；权力是立基于资源地位并依存于互动过程的一种针对他人贯彻自身意图的权变性的能力，这种能力有赖于对行为的可预见性或不确定性领域的把握，而权力作用的发挥即权力运作；行动者进行权力运作的目的是尽力拓展自由余地以使自己持续立于不败之地，权力运作的内容则包括资源作用的发挥、某种策略的选择、对不确定性领域的掌控等，权力运作的逻辑正体现于其中。这是本研究——“权力运作的逻辑”——得以开展的主要理论基础。

在此基础上，本书把研究范围集中在了“城市社区”，即街道范围内的居民区。居民区内的互动过程仍然纷繁复杂，本研究选择了居民委员会作为切入点。居委会完成各种工作任务、组织各类小区活动的过程正是与居民互动的过程。通过考察居委书记、居委委员、居委干事与其他组织的成员、居民区积极分子、普通居民以及某些特殊群体之间的互动过程，力图得到对城市社区权力运作图景的基本认识。本书的主体内容就是对权力运作或互动的过程及其背后的逻辑进行分析，而这种背后的逻辑就体现在居委会工作者与居民的日常交往当中，体现在居委会工作者努力完成大量琐碎任务的过程当中。

以地处浦东新区陆家嘴街道的梅园小区为实地考察的对象，借助观察、访谈、文献分析等方法，本研究最终获得了以下认识。

梅园小区是一个国际化的高档住宅小区，梅园居委会的服务对象是小区的全体居民。小区是浦东新区、陆家嘴功能区以及陆家嘴街道开发开放过程的产物，小区居民的 4 个基本特征：全球化的色彩、经济精英的身份、高度的社会流动和较强的独立意识，正与浦东新区与陆家嘴街道的发展变化相适应。这些特征与陆家嘴街道强大的经济实力、行政能力共同构成了梅园居委会开展工作的社区背景。

陆家嘴街道与居委会之间形成了一种“类科层体系”的纵向组织关系。对居委会工作者来说，完成街道的任务是第一位的，而上级的任务压力也是居委会工作的主要动力来源。党支部与居委会密不可分，这在某种程度上提升了居委会的地位。物业公司已经成为居委会开展工作的一个支持力量，业委会也在某些方面承认居委会的领导地位，“三驾马车”相安无事。居委会与老年协会和其他团队组织事实上形成了一种领导与被领导的关系。居委会所身处的纵向、横向组织关系构成了工作者权力运作的组织背景。

居委会的部分下级机构或者不够正式，或者只剩空壳，承担起巨大任务压力的还是个人。议事层飘在空中，执行层最为繁忙，团队组织中的骨干分子成为工作者依靠的基本力量。“精英”的权威无以复加，工作者之间的权力结构与人情交往、正式的科层规则与非正式的人情逻辑有机地结合在了一起，使这个“首属群体”既有纪律，又有弹性，足以承受巨大的任务压力。这是工作者权力运作的内部组织条件。

主要在街道的压力下，居委会工作者成为互动过程中主动的一方，可以看作权力运作的主体。居委会工作者大致分为 3 类：“精英”的作用非常突出，依托组织本身和组织关系中的部分资源，通过充分发挥个人的能力与魅力，居委书记构建起良好的社会关系网络，顺利实现着组织的目标；居委委员只是居委会名义上的主人，由于自治权力的不纯正与“类科层体系”的影响，居委委员成为骨干分子的一部分；居委干事尽管没有更多的资源，他们也可以依靠自身的能力、努力和团结在自己身边的部分骨干开展工作。居委委员空置一旁，居委会权力运作的主体变成了居委书记领导下的工作人员。向街道负责是他们主动性的源泉，发挥主动性和创造力的过程则提供了策略运用的空间。

与居委会工作者互动最为频繁的是骨干分子居民，他们也是居委会开展工作的主要依靠力量。设立团队是顺利完成街道任务的手段，而骨干分子则是团队活动顺利开展的保障。居委会工作者往往要依靠自身的魅力及形成魅力的各类能力因素把骨干分子挖掘出来。利用一切机会，居委会工作者努力使自己与居民的陌生关系转变为熟悉关系。通过感情投资，借助某些可以交换的资源，工作者与骨干分子构建起了一种朋友关系。持续互动和互相关照构成了朋友式交往的基本内容。这一过程中暗含着某种“人情逻辑”的因素，其作用既与熟悉程度的高低相关，又包含着感情、面子、关照义务等因素的影响。工作者依靠“人情逻辑”开展工作有其原因，但这却可能带来正式制度的变形。

居委会开展工作必须要与小区中的其他组织打交道，组织精英之间的互动是构建良好组织关系的基础。居委会书记把“合作”当成了一个追求目标，在精英联合的过程中，居委会是主动的一方。通过持续的努力，尤其通过一系列的具体策略手段，包括以服务立足、影响业委会选举等，居委会、业委会和物业公司 3 个组织实现了某种权力平衡：居委会对业委会拥有部分指导、监督的权力，业委会原则上可以辞退物业公司，物业公司则可为居委会提供部分资源。策略的运用在各类组织资源的基础上进行，资源的变化影响到了组织间的关系平衡，最终，三方的精英都采取了联合的策略。在权力运作的过程中，组织的资源和精英的策略借由组织精英的身份实现了统一。

权力运作的第 3 类对象是大部分普通居民。他们是小区居民的主体，但经济精英的身份、独立意识和流动状态等特征使他们与居委会工作者的互动只能算是陌生人之间的交往。工作者自身并没有很多的资源可以借助，他们抓住各种机会与居民进行多方面的互动，目的是化陌生关系为熟悉关系，以减少交往成本。调解工作提供了少量的交往机会，通过主动开展的服务和活动，工作者更是创造出了更多的机会。借助一点一滴的机会，工作者通过展示沟通的技术、通过提供人情化的服务、通过提高活动的吸引力，解决各类纠纷、困难和兴趣需求，与部分陌生居民结成了熟悉的朋友关系。“人情逻辑”是化陌生为熟悉过程中的重要武器，其作用的对象中包括外籍居民，只是他们更少顾虑面子因素。

对于居委会工作者来说，外籍居民算是一类特殊的互动对象，家政服务员则借由对居委会工作的支持参与到权力运作的过程之中。对于比自身地位更高的外籍居民，居委会工作者所能使用的资源仍然有限，只能借助非正式的“人情逻辑”或者运用某些策略开展工作，包括刻意突出服务的面相。一定意义上，开展家政服务也是策略之一。对于与自身地位相仿或略低的家政服务员，工作者拥有决定性的权力，主要是对她们进行管理，这是赢得居民认可的条件；但有时也要直接借助服务员开展工作，这为双方基于熟悉关系的资源交换提供了某种可能。家政服务员的双重角色同样显示了居委会工作者的尴尬困境：只能通过开动这样的“脑筋”，以弥补自身资源和权力的不足。

总之，在居委会的开拓、发展的历史过程中，工作者发挥主动性，在资源的限制下，针对不同的对象运用不同性质的权力实现自身的目标，使居委会表现出不同的面相，其性质也更为复杂。除了初期要追求在小区立足，居委会主要在街道的压力下发挥主动性，改造着小区生活。自身的组织资源虽然有限，但可以寻求组织间的资源支持；既充分发挥个人的能力与魅力，更要借助一种朋友式的关系网络开展工作。在与骨干分子、组织精英、普通居民及某些特殊群体的交往过程中，居委会工作者展示出了多种形态的权力，包括人情交往的权力、半科层化的权力、资源交换的权力、组织合作的权力和各种策略性的权力等。其中，“人情逻辑”的作用最为明显。最终，在不同主体、不同组织以及不同类型的居民看来，居委会的面相或偏于行政，或偏于服务，其自治性却少有人提起。

## 第二节 权力运作的特殊逻辑

如前所述，本研究假设城市社会不同层级的权力运作逻辑存在差别，社区具有不同于政府的独特的权力运作逻辑，而对此进行了解正是本研究的主要目的。在梅园小区，以居委会为立足点，通过考察居委会工作者与社区居民之间的互动过程，可以看到城市社区权力运作的逻辑确实具有自身的特殊性。这种特殊逻辑可归纳为以下几个方面。

## 一　依附逻辑

在居委会出现之前，梅园小区是原子化个体家庭的天下，各个家庭彼此间并没有更多的联系。物业公司把本职工作做得很出色，但也仅限于此。从“治理”的意义上讲，梅园小区基本处于一种无序状态。小区居民及物业公司本不欢迎政府力量对小区的渗透，却无法阻挡居委会的进驻。居委会的到来使无序的局面有所改观，一定程度上增进了居民之间的交往互动，使互动关系意义上的“社区”开始形成，就连维护业主权益的业委会也是由其筹备组建。居委会一方面完成上级任务、贯彻政府意图；一方面以服务和活动为手段主动追求有所作为，这都密切了小区居民与政府及其执行机构的联系，使社区和社区内部的各类组织形成了对政府不同程度的依赖，尽管这种联系和依赖还只是在较浅的层面上存在。

居委会作为社区建设的发动机，居委会工作者作为社区权力运作的主体，表现出了最为强烈的对政府、街道的依赖性，可以把这种依赖性称为某种“依附逻辑”。党支部所身处的科层体系是街道与居委会形成“类科层体系”纵向组织关系的灵魂，不仅居委会的选举成立是由于上级的推动，而且居委会开展工作也主要是在街道的指令下进行。作为决策者，“议事层”的自治权力并没有坚实的基础，居委委员转化为完成任务的依靠力量，“执行层”事实上承担起了居委会绝大多数的职责与权力。“执行层”工作者由街道招聘而来，薪资由街道发放，接受街道的考核，这意味着他们只能向街道负责。无论是组织层面的居委会还是个人层面的工作者，自身的资源都是缺乏的，很多时候需要向上级申请活动经费，这是其无奈居于依附地位的基础之一。

居委会依附于政府行政体系，并未获得自身的独立性，居委会工作者更是成为街道的“雇员”，这种“依附逻辑”的背后或许隐含着巨大的历史惯性：政府早已习惯于把居委会当作自己的“嘴”和“腿”。梅园居委会依靠开展服务、组织活动成功立足，但其依附性依然明显。这种依附关系带给居委会某些来自上级的依附性的权力，其基础包括政府的权威、支持和部分物质资源，但过度依附于政府将影响居委会向小区深处扎根。事实上，自身资源的缺乏和沉重的任务压力已经危及到了梅园居委会与某些居民之间的亲密关系。如果说自治性是居委会生命力的根本源泉，如果居委会最终要走向独立，那么，接下来要考虑的问题应是：居委会依靠何种资源独立？如果像某些地方那样把居委会彻底转变为自治性机构、政府则转而扶持社区工作站，那又如何避免居委会因缺乏资源而走向没落呢？

## 二 协商合作逻辑

如果说依附逻辑主要体现在居委会及其工作者与政府、街道的纵向组织关系方面，协商合作逻辑则更多地表现为居委会与其他社区组织的横向合作以及不同组织精英的合作策略。在梅园小区，主要是居委会与物业公司、业委会三方的合作。

通过考察小区"三驾马车"的关系史，可以看到能够最终形成合作局面殊为不易。协商是合作的基础，平等协商则需要每个组织具有自身独特的地位，这种不可替代的独特性正是各个组织立足的资本，或可称为合作的组织资源。组织精英追求合作的努力可能改变组织资源的拥有状况，自身组织资源的变化又可能影响到另一方组织精英的策略选择。以组织资源为基础，三方的精英达成了联合，三个组织之间也实现了某种权力平衡。简言之，"协商合作逻辑"就是指组织及其成员追求组织间关系平衡以"共赢"的努力。

协商合作以地位资源为基础是现实的选择，但理想的沟通是不以地位高低不等为阻碍的。可以设想，如果居委会果真是一级政府，具有正式的权力而没有资源的限制，或许就不会如此积极主动地追求合作了。真诚沟通是有利于民主发展的重要因素，民主不过是一种协商机制而已。梅园小区所形成的合作局面仍然存在危险，资源的变化、权力的消长都可能破坏这种微妙的平衡，精英间的熟悉关系也不足以保证合作关系的稳固。更有力的保证应是合理的制度设计，既能使组织间的合作成为常规或惯例，又要保障处于弱势地位的个人、群体或组织也具有参与协商的权利。

在一些地区已经出现的社区管理委员会或是一种可行的选择。这是一种介于政府和民间组织之间的准政府机构，是一种联盟和网络组织，其基本职责就是协调社区各管理者的职权范围和各方的利益关系①。社区管理委员会或由街道牵头重建，或可由居委会的执行层转变而来，后者与梅园小区的现状更为接近。事实上，梅园居委会，尤其是执行层，已经发挥出一种类似社管会的协调作用。但与纯粹的社区管理委员会不同的是，党组织在其中居功至伟，正是党组织对居委会地位的提升，才使居委会拥有了协调者的地位。党组织主导下的“五位一体”合作模式目前看起来效果不错，但归根结底，其领导地位仍是需要用自身表现来加以保障的。如果党组织表现不佳，这种合作将徒有其表。未来是以党组织还是社管会为协调主体，在不同小区可能有不同的答案，但协商合作的逻辑是必须要坚持的。

### 三 精英主导逻辑

本研究把关注点集中在了微观的行动者层面，精英的地位更加显露无遗。梅园小区是经济精英聚居的地方，但对社区公共事务发挥作用的主要还是少数组织精英。可以看到，多数组织精英具有名副其实的“精英”地位与权力，他们的身影更为忙碌，所做的决定也可能产生更大的影响力。在此基础上，组织精英们还在一定程度上实现了联合，这更是大大加强了精英在社区权力运作过程中的主导作用。这可以称之为“精英主导逻辑”。

精英的作用发挥离不开一定的资源基础，这些资源可以大致分为个人资源与组织资源两类。任何一位精英都不会把自己的地位仅仅建立在一种资源的基础之上，但相对来说，组织资源是维系其精英地位的最坚实的基础力量。个人较为突出的能力是成为精英的必要条件，拥有更多的经济财富也不必然带来精英地位，道德、成绩等因素可以产生更高的声望，但声望的高低同样不能决定个人组织权力的大小。社会资本是一个重要的影响因素，其意义同时体现在组织和精英个人两个层面上。一个组织与社区内外其他组织的关系，精英与上级、其他精英、居民之间的关系，既可能影响到精英作用的发挥程度，也很可能影响到精英的策略选择。组织精英的身份来自于其地位，甚至某些个人资源如财富、声望、关系也与这种地位

① 参见王颖《城市社会学》，上海三联书店2005年版，第187页。

密切相关。梅园小区并不存在各类资源都非常突出的某个精英，正是组织资源某种程度的“互补”才使精英联合成为可能。

梅园小区的组织精英近似于米尔斯所谓的“权力精英”①，在其位即有其权，但精英认同的基础却各不相同。居委书记知名度最高，除了有上级党政权力的支持，这更是由于居委会与居民交往的广度和深度都更胜一筹。物业经理的良好声望要以公司提供优质服务为基础，业委会主任则必须要维护业主的利益。不仅组织精英的地位与组织资源相匹配，精英地位的合法性也与组织的根本目标紧密联系在一起，这与农村社区的精英往往更多地依赖于个人的资源特征如能力、财富、宗族关系等形成了对比。

精英的作用如果过于突出，可能会对组织权力关系的平衡带来隐患，精英的更换或许会使原本被个人能力、熟悉关系所掩盖的制度建设欠缺的问题爆发出来。精英主导的状态也可能影响到民主在城市社区的发展。如果精英可以把社区事务安排得井井有条，民主建设或将一拖再拖；但如果精英做得不好，或者别有用心，就必须要有民主制度对此进行制约。民主本就是未雨绸缪的防范体系，社区秩序的稳定基于制度比基于精英更让人放心。

## 四 人情逻辑

“人情逻辑”主要体现在居委会工作者与小区居民交往互动的过程当中，且随着熟悉程度的高低发挥着不同的作用。这一逻辑依托于人际关系，其含义主要包括：熟悉程度的高低大致与感情、面子、关照义务等因素的作用大小相统一，感情、面子和义务彼此之间也高度相关，感情的深浅、面子的大小共同决定了关照义务的强弱；一方的权力地位、经济财富、社会声望、关系网络等特征会影响自己面子的大小等。一定程度上，“人情逻辑”是工作者与部分居民所共有的一种行动逻辑，成为维系双方合作关系的一个基础。

在梅园小区，居委会工作者利用创造或偶遇的一些机会，努力使自己与居民的陌生关系转变为熟悉关系。化陌生为熟悉的过程需要积极的心态、真诚热情的态度、无微不至的关照、感情的投入等努力；维持熟悉关

① C. Wright Mills, 1956, *The Power Elite*, New York: Oxford University Press, Inc., pp. 3 -4.

系的过程同样需要真诚热情的态度、悉心的关照、感情的持续投入、互动的持续进行、礼物或资源的交换等。更重要的是，熟悉的关系形成以后，朋友之间便存在了一种彼此关照、互相体谅的义务，在做出某项决定之前会考虑到照顾对方的“面子”，会为对方留有“情面”，以维持双方的和谐关系。这就为居委会工作者借助这种熟悉关系开展工作、完成任务提供了有力的保证。

人情逻辑在社区权力运作过程中发挥着重要作用，这是与居委会及工作者自身缺乏资源的现状相联系的。经由人情逻辑的转换作用，居委会完成上级任务成为朋友间的互助行为，各类服务和活动也主要以部分熟悉居民为工作对象，这已经影响到了居委会制度设计的有效性。有时，朋友间的关照会演化为一种“庇护”关系，这使非正式的规则可能突破正式规则的界限侵入公共空间，从而带来正式制度的扭曲变形。

如果人情逻辑的作用发挥只是一种资源限制条件下的被动选择，尚且情有可原；但如果人情逻辑是基于文化基础的某种“惯习”，那么，其对正式制度的影响绝不可小视。在梅园居委会和业委会的选举过程中，在计生管理和活动组织的过程中，已能看到居委会工作者与骨干分子居民之间的“共谋”，这种共谋很可能使正式的制度设计成为一个徒具其表的空壳，甚至成为某些利益共同体诞生的基础条件。社区建设的目标之一是密切居民之间的关系，居委会在其中要发挥重要作用，但这并不等同于密切工作者与居民之间的关系。

### 五　服务交换逻辑

“服务”可算是人们最为耳熟能详的普通用语之一。新中国成立后，从中央到地方的每一届政府都把“为人民服务”当作基本的工作原则，单纯的“服务”逻辑似乎称不上“独特”。不过，对一个组织或一种制度来说，当其结构趋于稳定的时候，僵化的危险也可能伴随而来，官僚主义、人浮于事等弊端开始出现，组织、制度与现实环境的距离逐渐拉大。政府行政系统也是一类科层体系，其职责之一是对社会的管理。无论是结构僵化还是科层管理，都可能影响“服务”承诺的真正兑现，所以当前的政府职能尚需转变，而方向正是“服务型政府”。本质上讲，服务是政府获得自身合法性的基础，这体现了一种交换的逻辑。

在城市社会的最底层，在社区的权力运作中，服务交换逻辑充分展现了其活力。服务是低姿态的，是自下而上的，服务者往往要以服务对象为中心开展服务，服务对象的地位重于服务者本身。在梅园小区，居委会及其工作者出于在小区立足的需要，以服务为武器获得自身地位，逐渐赢得了居民和其他组织的承认。从一定意义上说，正是服务换来了小区居民对居委会工作者的信任，换来了居委会赖以立足的合法权威。寻找居民的需求就是寻找落脚之处，能够提供服务才有可能被别人接纳，不断扩展服务内容就是扩张活动空间，服务的态度和质量则是积累组织和个人声望权威的基础。可见，硬性管理的权力并非必要，只要能够发现、占据一定的服务空间，居委会足以在社区中生存并持续发展。

居委会提供的服务是整个社区服务体系中的一部分，物业公司、业委会、老年协会及其他志愿性群体与居委会一样，都需要以服务立足。社区服务的专业化、社会化是大势所趋，居委会也需要对自身的服务内容进行恰当的定位。居委会不应在城市社区复制出一个“全能型”的类政府结构，居委会主任也需要从“小巷总理”的角色中跳出来，居委会工作者早已不堪重负。只要真诚提供服务，自然能得到居民的信任；只要能形成服务特色，也自然能得到居民的认可。

服务既是党的宗旨，也是政府的本色。服务是目标，而非手段。梅园小区的权力运作体现出了这种服务交换的逻辑，但这种逻辑却有走向式微的危险。居委会立足之后，越来越多的行政任务压到了头上，居委会的服务色彩逐渐淡化。如果服务仅仅是谋求生存的权宜之计，那这种生存的基础仍是脆弱的。居委会是城市基层民主建设的重要载体，在其自治性本质尚无法充分保证的情况下，服务已经成为最后的“稻草”，绝不能轻易丢弃。

## 六　余论

以上几种逻辑并非完全独立，彼此间存在着一定的内在联系。依附逻辑可以看作其他逻辑存在的前提，居委会自身缺乏资源，很难独立，政府的支撑成为其为居民提供服务、与其他组织协商合作的基本条件，而缺乏制度性的权力，则为精英发挥主导作用和人情关系的存在留出了空间；协商合作逻辑既以依附逻辑为前提，在其中又可以看到组织精英的积极作用和人情逻辑的部分作用，而最终的合作又是建立在服务分工的基础上；依附关系、协商合作关系都成为精英可以利用的资源，人情与服务则成为精英可以选择的策略；一定意义上，人情逻辑是依附条件下的无奈选择，无论是精英间的联合、组织间的合作还是服务活动的开展，都可以发现人情逻辑的作用；服务逻辑与居委会的依附地位相关，服务分工是协商合作局面形成的基础之一，服务既可能是组织精英的策略选择，更是人情逻辑的重要载体。它们共同构成了城市社区权力运作的独特逻辑。

上述几种逻辑的存在反映出另一种逻辑的缺乏，即自组织逻辑。在梅园小区，如果没有街道强制性地派驻居委会筹备组，很难设想居委会、业委会等组织会自发产生，甚至如太极拳队这样的兴趣群体，也是在居委会推动下成立的。作为权力运作的主体，居委会及其工作者依赖政府、依赖精英，开展服务、寻求合作，并借助人情逻辑完成工作任务，显示出小区自组织逻辑缺乏的无奈。如果小区居民可以更加积极主动，居委会的自治性得以彰显，社区的权力运作或将是另一幅截然不同的图景。

与此相关的问题是民主逻辑的缺失。依附逻辑限制了居委会的自主性，精英主导逻辑可能导致对制度建设的轻视，人情逻辑容易侵蚀正式的制度规则，服务逻辑则几乎是民主逻辑缺失的替代选择。相对来说，协商合作逻辑更有利于民主逻辑的产生，却又是以精英的联合为基础。没有积极的“自组织性”，没有活跃的公民和团体，民主逻辑就无从谈起。

最终，就调查地点而言，城市社区的权力运作逻辑具有自身的独特性。这种逻辑不同于政府的权力运作逻辑，政府主要依托于科层体制、依靠强大的资源优势和强制性的权力发挥自身的主导作用；也不同于乡村社区，后者的依附性可能更低、精英的作用也可能更加突出且更大程度上是基于个体的资源；还不同于西方社区，西方“公民社会”的传统要更为久远，自组织逻辑与民主逻辑的作用或将更加突出。在这样的行动逻辑基础上，城市社区建设要如何推进，公民社会要如何发育，是需要慎重考虑的问题。

## 第三节 尚需讨论的问题

以上结论均来自于实地考察，但仍有一些看法尚存疑问，还需要作更多的思考与研究。以下几点讨论内容既与“权力运作及其逻辑”相关，也与社区、居委会相关。

## 一 互动关系中的主动性

按照一般的理解，互动或社会互动是指人与人之间的交往活动，包括人的心理交感和行为交往过程[①]。互动的双方可以区分主体与客体，即主动采取行动的一方与被动做出反应的一方。决策分析学派的基本假设之一是：参与互动的“行动者”是自由的，尽管他们只能在建构的领域内开展行动，也不可能完全摆脱结构化领域的限制[②]。通过强调互动双方的自主性，决策分析学派似乎摆脱了主体与客体的二元划分。如果加入时间维度，在互动的过程中，行动者的主动性是很可能发生转换的，因此可以互为主体或客体。

互动过程中，行动者主动性的转换是与其拥有的资源的变化密切相关的；同时，某种带有不确定性的机遇也可能增减行动者的行动能力[③]。这样，在结构与文化因素的制约下，在各类资源的基础上，在充满不确定性的过程中，行动者的主动性可以近似地看作其行动的自由度，而主动性的体现亦即权力作用的发挥。正是如此，行动者之间的互动才成为双方“权力运作”的过程。

但对于城市社区中的居委会工作者，这种主动性却似乎是永恒的。在居委会与居民的大部分互动过程中，居委会工作者都带有很强的目的性，是他们在寻求与居民进行交往、力图构建起足以保证与居民持续互动的关系基础。大多数情况下，他们成为权力运作的主体。无论是面向熟悉居民的人情交往与资源交换，无论是组织精英之间的合作策略，还是针对陌生居民的服务与活动的策略，都是其主动性的体现。部分居民也可能主动上门，如果是有求于居委会，工作者会把这看作资源交换的一个机会，或了解信息，或争取支持，为进一步发挥主动性奠定更稳固的基础。这是一种

① 《中国大百科全书（社会学卷）》，中国大百科全书出版社 1991 年版，第 303 页。

② Crozier, M. & E. Friedberg, 1980, *Actor and System*. Translated by A. Goldhammer. Chicago: the University of Chicago Press, Introduction.

③ ［法］埃哈尔·费埃德伯格：《权力与规则》，张月等译，上海人民出版社 2005 年版，第 8 页。

由居委会的特殊性质决定的特殊互动。

当然，工作者浓烈的主动性色彩是就总体而言。具体到每个互动过程之中，仍然可以看到以自身资源、对方策略及不确定性的变化为基础的主动性增减甚至转换的现象。互动的方式一般分为交换、合作、竞争、冲突、调适等，这种分类仍嫌粗简。事实上，在正文中可以看到，哪怕是一个极其微小短促的互动过程，也可能出现交换与竞争并存、合作与冲突共生的现象。互动过程如此纷繁复杂的一个重要原因正在于这种主动性的转化，而主动性的转化又正是权力的动态性特征①的基础条件。

## 二 “人情逻辑”的中国特色

在居委会工作者与居民的互动过程中，“人情逻辑”的作用表现得很是明显。一定程度上，“人情逻辑”是工作者与部分居民所共有的一种行动逻辑，成为维系双方合作关系的一个基础。这一概念由观察而来。人情逻辑的基本含义是：依据互动双方关系的熟悉程度高低采取不同的行为方式。具体而言，熟悉程度越高，则意味着双方的感情越深厚、面子越大、关照义务也越强，感情的深浅、面子的大小共同决定了关照义务的强弱；一方的权力地位、经济财富、社会声望、关系网络等特征会影响到自己面子的大小；关照义务的强弱直接决定了不同的行为方式，甚至这种关照会突破正式规则的界限。

黄光国曾以“人情”和“面子”为基本概念建构起一个更为复杂的理论模型②，揭示了请托者与资源支配者之间可能存在的3种交往法则。“人情逻辑”在这几个方面与之相通：以关系的分类为出发点、不同的关系类型对应了不同的交往法则、面子对几种关系类型都可能发挥作用。人情与面子的理论模式重点讨论的是一种特殊的互动，即一方寻求资源支持、另一方接受或拒绝资源请托，其中又主要反映了拥有资源者的心理选择过程。但“人情逻辑”所适用的互动过程的范围明显更加广泛，尤其强调了不同关系类型中关照义务的区别，这种关照义务已经构成了某种非

① ［法］米歇尔·福柯：《规训与惩罚》，刘北成、杨远婴译，生活·读书·新知三联书店1999年版，第28页。

② 黄光国：《人情与面子：中国人的权力游戏》，载《面子——中国人的权力游戏》，中国人民大学出版社2004年版。

正式的制约力量，影响到互动双方的行为选择。

依“人情逻辑”行事不是韦伯所谓的“情感行为[①]”，但感情的因素也会发挥作用。持续的互动积累起可用以交换的“人情”，而“面子”则更多地由某些静态的资源特征所决定。调查中发现，“面子”因素的存在与否、作用发挥的程度高低似乎有中外之别[②]。外籍居民很少把对方的身份特征作为行为选择的一个依据，“失面子”、“照顾面子”所带来的心理变化和压力也几乎不会体现在他们身上。何友晖曾讨论过“面子”的普适性，认为从其交互性以及实现适当社会功能的意义上来说，这一概念是具有不分中西的普遍性的[③]。但他同时承认，中国与西方存在不同的行为取向，这也影响到了对“面子”的看法。由此看来，或许可以说，“人情逻辑”具有普遍性，而“面子”作用的发挥则可能有微妙的中西之别。

### 三 居委会的性质与社会发育

权力运作的过程，是居委会工作者针对不同类型的居民、运用不同性质的权力以实现自身目标的过程，这使居委会表现出不同的面相，其性质也更为复杂。居委会的自治性是其本质属性，这是相关法律明确规定了的，之后的征求意见稿也更为强调其自治性。但强大的历史惯性使居委会一时之间难以摆脱行政性的特征，法律条文也不得不为居委会的行政色彩埋下伏笔[④]。最终，居委会的行政色彩成为其外观的主色调。

自治性与行政性的对立是许多学者讨论居委会性质定位时的基本出发点，过于强大的行政性特征阻碍了居委会自治性的发挥则是其主要态度[⑤]。但现实中的梅园居委会却提供了一种新的思路，很大程度上表现出某种“服务”的面相，使“服务性”成为居委会可能的新性质。居委会

---

① ［德］马克斯·韦伯：《社会科学方法论》，杨富斌译，华夏出版社1999年版，第60页。

② 由于观察到的对象有限，这一说法还不能说具有普遍性。

③ 何友晖：《论面子》，载《中国社会心理学评论（第二辑）》，社会科学文献出版社2006年版。

④ 居委会有协助不设区的市、市辖区的人民政府或者它的派出机关开展工作的责任。参见《中华人民共和国居民委员会组织法》（1989年12月26日）第二条。

⑤ 可分别参见林尚立、马伊里等《社区组织与居委会建设——上海浦东新区研究报告》，上海大学出版社2000年版；项飚、宋秀卿《社区建设和我国城市社会的重构》，《战略与管理》1997年第6期；石发勇《城市社区民主建设与制度性约束——上海市居委会改革个案研究》，《社会》2005年第2期等。

以服务立足，依靠服务获得其他组织与居民的认可，不仅成功地在高档住宅小区站稳了脚跟，还开拓出更广的行动空间，使居委会的地位不断上升。

需要注意的是，这种服务性与自治性关联不大，却与其行政性关系紧密。提供服务的背后有街道的大力支持，甚至某些服务的内容都由街道以任务的形式下排，这使服务带有了策略的含义，服务性一定程度上成为行政性的工具。尽管如此，服务的效果还是有目共睹的。在梅园小区，无论是居委会的选举过程，还是“议行分开”的实际运作，其中的自治性色彩都湮没在行政操控的力量之下。自治性难以落实，服务性却容易做到。与其一味强求镜花水月的“自治性”，不如先从突出居委会的“服务性”做起。

虽然，提供服务与开展活动都依然带有体现“行政性”的策略意义，但突出“服务性”却有助于居委会越来越接近“自治性”的一端。低姿态的服务比高姿态的管理更容易激发居民参与的积极性，各类团队活动更是促进社区互动的直接方式。只有居民的参与意识不断得到强化，民主自治目标的实现才可能拥有更坚实的基础。在突出服务性的基础上，一方面，居委会自身逐渐摆脱行政色彩；一方面，各类基于兴趣或利益的社团组织逐渐兴盛。只有这样，社区意识的形成、社会领域的发育才不会是缘木求鱼。

## 四　居委会的权力与社区治理

居委会工作者在与居民展开互动的过程中，表现出多种行为逻辑，这构成了居委会开展工作的行动基础。工作者可用于交换的组织资源较为有限，更多地时候需要借助组织关系和人际关系中的资源开展工作。纵向组织关系较为稳定，横向组织关系与行动者之间的人际关系中则存在更多的“不确定性”①。正是在处理横向组织关系以及与居民的关系的过程中，工作者拥有了更多“权力运作”的空间。与此相应，工作者的权力也只能存在于这种“运作”之中，表现出动态变化的特征。

① ［法］埃哈尔·费埃德伯格：《权力与规则》，张月等译，上海人民出版社2005年版，第9页。

工作者个体的权力很大程度上代表了居委会的组织权力，而组织的权力也要以行动者个体为载体，通过个体权力表现出来。居委会的组织权力与其性质相关。居委会的行政性使其可以借用上级组织的部分资源，但却并不能使它具有强制性的行政权力；居委会的自治性基础薄弱，也因而不具有契约性的“同意权力”①；相对来说，正是居委会的服务性为它带来了部分基于交换的权力，并在服务的过程中，居委会自身的地位、声望等资源得以积累，居委会工作者也可以依照“人情逻辑”发挥自身的影响力。

无论是居委会的组织权力，还是工作者的个体权力，其所依赖的外在的资源都不够丰富。对于工作者来说，最可靠的资源是自身的特征，包括能力、经验、努力与声望等。以此为基础，他们寻求建立一个相对稳固的社会网络②，这种努力的效果直接影响到他们自身的目标和居委会组织目标的实现。应该说，居委会工作者成功地构建起了一个以骨干分子为主体的关系网络，也较为出色地完成了上级交付的大量工作任务。

在居委会缺少行政权力与同意权力的前提下，居委会工作者主要依靠自身的特征资源与权威，运用“人情逻辑”的行为方式搭建起借以开展工作的社会关系网络，同样承担起了巨大的任务压力，维持着居委会的运转。在权力运作的过程中，工作者所运用的是一种微观的、权变的权力，这种权力受制于个人的能力，几乎没有任何的制度和组织规则作保障。这至少带来两个方面的问题：一是工作者的交往对象有限，在很多时候小部分骨干分子居民成为居委会的主要工作对象；二是居委会的权力基础很不稳定，这与它在社区治理③体系中所应担负的责任不相适应。尽管居委会在梅园小区已俨然居于核心地位，但这种地位的获得很大程度上依赖于个人尤其是精英的力量。一旦精英离去，居委会的地位或将发生变动。亦即，个人的权力可能增强组织的权力，但组织的权力却不能过分依赖个人

① 费孝通：《对上海社区建设的一点思考——在“组织与体制：上海社区发展理论研讨会”上的讲话》，《社会学研究》2002 年第 4 期。

② 这种社会网络具有布迪厄所说的“社会资本”的含义，参见边燕杰《社会网络与求职过程》，《国外社会学》1999 年第 4 期。

③ 治理的概念以全球治理委员会的界定最为权威，参见俞可平《治理与善治》，社会科学文献出版社 2000 年版。

的权力。

## 五　居委会与社区的未来

在国际化程度较高的梅园小区，居委会从不被接纳到成功立足，靠的是对自身“服务性”的强调。随着居委会各条线工作日益齐备健全，其“服务性”色彩有所淡化，“行政性”色彩越来越突出。任务压力很重，工作者最初的创新热情似乎渐渐平息，居委会作为一个组织逐渐趋于稳定。“自治性”的本质从居委会选举开始就难以彰显，如果“服务性”也被“行政性”完全取代的话，不知道居委会还能依靠何种资本保持其自身的活力。一旦居委会彻底沦为行政管理体系的末梢，它或许将无法真正扎根于小区居民之中。2006 年 5 月，陆家嘴街道新一届的居委会选举工作渐次展开，按照“属地化”的要求，赵书记不再兼任梅园小区的居委会主任，似乎这是朝着“自治性”的方向前进了一小步。但这到底预示着什么，还需要一定的时间来检验。

随着浦东新区的进一步开发开放，像梅园小区这样规格高档的社区将越来越多，如何在这类小区进行社区建设的问题也将更为突出。社会交往和社会关系，是作为一种社会生活共同体的社区必不可少的基础①，社区范围内的社会互动以及在互动基础上形成的社会关系，理应在社区建设的过程中受到更多的关注。就目前的情况看，居委会在促进社区互动方面起到了比较重要的作用，很大程度上是社区互动的发动机。在街道的推动下，居委会工作者开展服务、组织活动、组建群众性团队，把原本沉寂的小区搅起了波澜。但由于居委会和工作者自身的资源有限，这种发动作用也大致局限在了骨干分子居民的范围之内。此外，活动的策略性、团队的工具性也都影响了社区互动的效果。在拥有近 2000 户的小区，这样的互动规模自然还不足以支撑“社区”的形成。

《中共中央关于构建社会主义和谐社会若干重大问题的决定》② 中规定，“坚持党的领导、人民当家作主和依法治国的有机统一，依法实行民主选举、民主决策、民主管理、民主监督，……扩大基层民主，……完善

① 孙立平：《社区、社会资本与社区发育》，《学海》2001 年第 4 期。

② 2006 年 10 月 11 日中国共产党第十六届中央委员会第六次全体会议通过。

基层民主管理制度，发挥社会自治功能，保证人民依法直接行使民主权利。”同时，“全面开展城市社区建设，……健全新型社区管理和服务体制，把社区建设成为管理有序、服务完善、文明祥和的社会生活共同体”。不仅社区的“共同体”含义得到认可，居委会作为基层民主的重要载体，其自治性也得到强调。文件又规定，“完善居民自治，支持居民委员会协助政府做好公共服务和社会管理工作”。这或许意味着，居委会的行政色彩一时之间仍然无法完全褪去。

# 参考文献

——［德］马克思：《关于费尔巴哈的提纲》，《马克思恩格斯全集》第3卷。

恩格斯：《德意志意识形态》，《马克思恩格斯全集》第3卷。

［德］滕尼斯（F. Tonnis）：《共同体与社会》，林荣远译，北京：商务印书馆1997年版。

［德］韦伯（M. Weber）：《经济与社会》，约翰内斯·温克尔曼整理，林荣远译，北京：商务印书馆1997年版。

——《社会科学方法论》，杨富斌译，北京：华夏出版社1999年版。

［法］布迪厄（P. Bourdieu）、［美］华康德（L. Wacquant）：《实践与反思：反思社会学引论》，李猛、李康译，北京：中央编译出版社1998年版。

［法］费埃德伯格（E. Friedberg）：《权力与规则》，张月等译，上海：上海人民出版社2005年版。

［法］福柯（M. Foucault），《规训与惩罚》：刘北成、杨远婴译，北京：生活·读书·新知三联书店1999年版。

［法］克罗齐埃（M. Crozier）：《被封锁的社会》，狄玉明、刘培龙译，北京：商务印书馆1989年版。

——《科层现象》，刘汉全译，上海：上海人民出版社2002年版。

［法］拉法耶（C. Lafaye）：《组织社会学》，安延译，北京：社会科学文献出版社2000年版。

［法］涂尔干（E. Durkheim）：《社会分工论》，渠东译，北京：生活·读书·新知三联书店2000年版。

［美］布劳（P. Blau）：《社会生活中的交换和权力》，孙非等译，北

京：华夏出版社 1988 年版。

——梅耶（M. W. Meyer）：《现代社会中的科层制》，马戎、时宪民、邱泽奇译，上海：学林出版社 2001 年版。

［美］戴伊（T. R. Dye）：《谁掌管美国——里根年代》，张维、吴继淦、刘觉俦译，北京：世界知识出版社 1985 年版。

［美］丹尼斯·朗（D. H. Wrong）：《权力论》，陆震纶、郑明哲译，北京：中国社会科学出版社 2001 年版。

［美］科尔曼（J. Coleman）：《社会理论的基础》，邓方译，北京：社会科学文献出版社 1999 年版。

［美］科瑟（L. Coser）：《社会学思想名家》，石人译，北京：中国社会科学出版社 1990 年版。

［美］林南（N. Lin）：《建构社会资本的网络理论》，张文宏译，《国外社会学》2002 年第 2 期。

——《社会资本——关于社会结构与行动的理论》，张磊译，上海：上海人民出版社 2005 年版。

［美］伦斯基（G. E. Lenski）：《权力与特权：社会分层的理论》，关信平、陈宗显、谢晋宇译，杭州：浙江人民出版社 1988 年版。

［美］帕特南（R. Putnam）：《使民主运转起来》，王列、赖海榕译，南昌：江西人民出版社 2001 年版。

［美］帕森斯（T. Parsons）：《社会行动的结构》，张明德、夏遇南、彭刚译，南京：译林出版社 2003 年版。

［美］特纳（J. H. Turner）：《社会学理论的结构》，北京：华夏出版社 2001 年版。

［希腊］波朗查斯（N. Poulantza）：《政治权力与社会阶级》，叶林、王宏周、马清文译，北京：中国社会科学出版社 1982 年版。

［意］帕累托（V. Pareto）：《精英的兴衰》，刘北成译，上海：上海人民出版社 2003 年版。

［英］皮尤（D. S. Pugh）：《组织理论精粹》，彭和平、杨小工译，中国人民大学出版社 1990 年版。

［英］吉登斯（A. Giddens）：《社会的构成》，李康、李猛译，北京：生活·读书·新知三联书店 1998 年版。

[英] 马丁（R. Martin）:《权力社会学》，丰子义、张宁译，北京：生活·读书·新知三联书店 1992 年版。

边燕杰:《社会网络与求职过程》,《国外社会学》1999 年第 4 期。

陈万灵:《“社区参与”的微观机制研究》,《学术研究》2004 年第 4 期。

陈向明:《社会科学中的定性研究方法》,《中国社会科学》1996 年第 6 期。

程玉申、周敏:《国外有关城市社区的研究述评》,《社会学研究》1998 年第 4 期。

邓伟志:《关于当前中国的社区发展》,《江苏社会科学》1999 年第 6 期。

杜赞奇:《文化、权力与国家——1900—1942 年的华北农村》，王福明译，南京：江苏人民出版社 1994 年版。

范会芳:《社区理论研究：桑德斯的三种模式》,《社会》2001 年第 10 期。

费孝通：《乡土中国》，北京：生活·读书·新知三联书店 1985 年版。

——张之毅:《云南三村》，天津：天津人民出版社 1990 年版。

——《个人·群体·社会——一生学术历程的自我思考》,《北京大学学报（哲学社会科学版)》1994 年第 1 期。

——《社区自理开篇》,《社会》2000 年第 10 期。

——《中国现代化：对城市社区建设的再思考》,《江苏社会科学》2001 年第 1 期。

——《对上海社区建设的一点思考——在“组织与体制：上海社区发展理论研讨会”上的讲话》,《社会学研究》2002 年第 4 期。

——《中国绅士》，北京：中国社会科学出版社 2006 年版。

何友晖:《论面子》，载《中国社会心理学评论（第二辑)》，北京：社会科学文献出版社 2006 年版。

华伟:《单位制向社区制的回归——中国城市基层管理体制 50 年变迁》,《战略与管理》2000 年第 1 期。

黄光国:《人情与面子：中国人的权力游戏》，载《面子——中国人的权力游戏》，北京：中国人民大学出版社 2004 年版。

黄宗智：《华北的小农经济与社会变迁》，北京：中华书局，2000 年。

康晓光：《权力的转移——转型时期中国权力格局的变迁》，杭州：浙江人民出版社 1999 年版。

雷洁琼、王思斌等：《转型中的城市基层社区组织》，北京：北京大学出版社 2001 年版。

李路路、李汉林：《单位组织中的资源获得》，《中国社会科学》1999 年第 6 期。

李培林：《理性选择理论面临的挑战及其出路》，《社会学研究》2001 年第 6 期。

——《另一只看不见的手——社会结构转型》，北京：社会科学文献出版社 2005 年版。

——《东方现代化与中国经验》，中国社会学年会论文，2005 年。

——《和谐社会十讲》，北京：社会科学文献出版社 2007 年版。

李友梅：《组织社会学及其决策分析》，上海：上海大学出版社 2001 年版。

——《基层社区组织的实际生活方式——对上海康健社区实地调查的初步认识》，《社会学研究》2002 年第 4 期。

——《城市基层社会的深层权力秩序》，《江苏社会科学》2003 年第 6 期。

李泽才：《一个基层社区的隐性权力网络与社会结构》，《南京社会科学》2004 年第 1 期。

林尚立：《基层群众自治：中国民主政治建设的实践》，《政治学研究》1999 年第 4 期。

——马伊里等：《社区组织与居委会建设——上海浦东新区研究报告》，上海：上海大学出版社 2000 年版。

——《社区自治中的政党：对党、国家与社会关系的微观考察——以上海社区发展为考察对象》，《中国研究》2002 年第 8 期。

刘继同：《从居民委员会到社区委员会：内源性革命与民间社会的兴起》，《社会科学辑刊》2003 年第 4 期。

刘晔：《公共参与、社区自治与协商民主——对一个城市社区公共交往行为的分析》,《复旦学报(社会科学版)》2003 年第 5 期。

刘迎华:《社区权力及其运行——S 社区内的重要群体与社会事件分析》,《华东理工大学学报(社会科学版)》2001 年第 4 期。

卢汉龙:《单位与社区:中国城市社会生活的组织重建》,《社会科学》,1999 年第 2 期。

马明洁:《权力经营与经营式动员:一个“逼民致富”的案例分析》,载清华大学社会学系《清华社会学评论特辑》第 1 辑,厦门:鹭江出版社 2002 年版。

马西恒:《社区治理框架中的居民参与问题:一项反思性的考察》,《上海行政学院院报》2004 年第 2 期。

仇立平:《职业地位:社会分层的指示器》,《社会学研究》2001 年第 3 期。

阮新邦、林端:《解读〈沟通行动论〉》,上海:上海人民出版社 2003 年版。

沈关宝:《社区研究的地位与领域》,《社会》2001 年第 3 期。

沈新坤:《城市社区建设中的全能主义倾向》,《社会》2004 年第 6 期。

宋时歌:《权力转换的延迟效应——对社会主义国家向市场转变过程中的精英再生与循环的一种解释》,《社会学研究》1998 年第 3 期。

孙立平:《社区、社会资本与社区发育》,《学海》2001 年第 4 期。

——王汉生、王思斌、林彬、杨善华:《改革以来中国社会结构的变迁》,《中国社会科学》1994 年第 2 期。

——《“过程—事件分析”与当代中国国家—农民关系的实践形态》,载清华大学社会学系《清华社会学评论特辑》第 1 辑,厦门:鹭江出版社 2002 年版。

——郭于华:《“软硬兼施”:正式权力的非正式运作的过程分析——华北 B 镇定购粮收购的个案研究》,载清华大学社会学系,《清华社会学评论特辑》第 1 辑,厦门:鹭江出版社 2002 年版。

石发勇:《城市社区民主建设与制度性约束——上海市居委会改革个案研究》,《社会》2005 年第 2 期。

唐忠新:《社区建设:中国城市社会转型的必然选择》,《北京社会科学》1999 年第 1 期。

王邦佐：《居委会与社区治理：城市社区居民委员会组织研究》，上海：上海人民出版社 2003 年版。

王铭铭：《皮埃尔·布迪厄：制度、实践与社会再生产的理论》，《国外社会学》1997 年第 2 期。

王宁：《代表性还是典型性？——个案的属性与个案研究方法的逻辑基础》，《社会学研究》2002 年第 5 期。

王思斌：《论民本主义的社区发展观》，《社会科学》2001 年第 1 期。

王颖：《城市社会学》，上海：上海三联书店 2005 年版。

文崇一：《台湾的社区权力结构》，台北：东大图书公司，1989 年。

吴毅：《一个村庄村委会换届选举的解读》，载吴重庆、贺雪峰《直选与自治——当代中国农村政治生活》，广州：羊城晚报出版社 2003 年版。

夏建中：《现代西方城市社区研究的主要理论与方法》，《燕山大学学报》2000 年第 2 期。

——《城市社区基层社会管理组织的变革及其主要原因——建造新的城市社会管理和控制的模式》，《江苏社会科学》2002 年第 1 期。

——《城市新型社区居民自治组织的实证研究》，《学海》2005 年第 3 期。

项飚、宋秀卿：《社区建设和我国城市社会的重构》，《战略与管理》1997 年第 6 期。

徐勇：《论城市社区建设中的社区居民自治》，《华中师范大学学报（人文社会科学版）》2001 年第 3 期。

——陈伟东等：《中国城市社区自治》，武汉：武汉出版社 2002 年版。

徐永祥：《社区发展论》，上海：华东理工大学出版社 2000 年版。

阎云翔：《礼物的流动：一个中国村庄中的互惠原则与社会网络》，李放春、刘瑜译，上海：上海人民出版社 2000 年版。

杨国枢：《中国人的心理与行为：本土化研究》，北京：中国人民大学出版社 2004 年版。

杨献珍：《论党性》，郑州：河南人民出版社 1982 年版。

应星:《大河移民上访的故事:从“讨个说法”到“摆平理顺”》,北京:生活·读书·新知三联书店 2001 年版。

俞可平:《治理与善治》,北京:社会科学文献出版社 2000 年版。

翟学伟:《个人地位:一个概念及其分析框架——中国日常社会的真实建构》,《中国社会科学》1999 年第 4 期。

——《中国人行动的逻辑》,北京:社会科学文献出版社 2001 年版。

——《中国社会中的日常权威——关系与权力的历史社会学研究》,北京:社会科学文献出版社 2004 年版。

张虎祥:《社区治理与权力秩序的重构——对上海市 KJ 社区的研究》,《社会》2005 年第 6 期。

张宛丽:《非制度因素与地位获得——兼论现阶段中国社会分层结构》,《社会学研究》1996 年第 1 期。

张仲礼:《中国绅士——关于其在十九世纪中国社会中作用的研究》,李荣昌译,上海:上海社会科学院出版社 1991 年版。

张琢:《中国基层社区组织的变迁》,《社会学研究》1997 年第 4 期。

郑也夫:《信任论》,北京:中国广播电视大学出版社 2001 年版。

周雪光:《组织社会学十讲》,北京:社会科学文献出版社 2003 年版。

朱健刚:《城市街区的权力变迁:强国家和强社会模式》,《战略与管理》1997 年第 4 期。

Arendt, Hannah, 1970, *On Violence*, New York: Harcourt, Brace and World.

Bernstein, T., 1984, *Stalinism, Famine, and Chinese Peasants: Grain Procurements During the Great Leap Forward.* Theory and Society 13, no. 3 (May).

Cook, Karen. S., and Emerson, Richard. M., 1978, *Power, Equity, and Commitment in Exchange Networks*, American Sociological Review, 43: 721 - 739.

Crozier, M., and Friedberg, E., 1980, *Actor and System*, Translated by Goldhammer, A., Chicago: the University of Chicago Press.

Dahl, Robert, 1961, *Who Rules*, New Haven: Yale University Press.

Friedberg, Erhard, 1997, *Local Orders: Dynamics of Organized Action*, Translated by Emoretta Yang. London: Jai Press Inc.

Granovetter, M., 1973, *The Strength of Weak Ties*, American Journal of Sociology: Volume78.

Hunter, Floyd, 1953, *Community Power Structure: A Study of Decision - Makers*, Chapel Hill: University of North Carolina Press.

March, J. (eds.), *Handbook of Organizations*. Chicago: Rand McNally Press.

Merton, Robert, 1976, *Contemporary Social Problems*, New York: Harcourt Brace Jovanovich Inc.

Mills, C. Wright, 1956, *The Power Elite*, New York: Oxford University Press.

Oi, C. Jean, 1989, *State and Peasant in Contemporary China: the political economy of village government*, University of California Press.

Pareto, Vilfredo, 1935, *The Mind and Society*, New York: Harcourt, Brace.

Swartz, David, 1998, *Culture and Power: The Sociology of Pierre Bourdieu*. Chicago: University of Chicago Press.

Walder, Andrew G., 1986, *Communist Neo - traditionalism: Work and Authority in Chinese Industry*. Berkeley: University of California Press.

# 致　　谢

感谢导师李培林先生的悉心指导并费心为本书作序，感谢所有曾为本研究提供帮助支持和提出意见建议的老师、同事、同学、朋友，感谢父母对自己数十年如一日的无私付出。

感谢上海高校智库“基层治理创新研究中心”的出版资助，感谢上海大学社会学院对本书出版的关心支持，感谢中国社会科学出版社编辑的严谨工作。

愿以此书献给我的家人。

# 附录1：调查收集的主要文档资料名单

**1. 居委概况**

《荣誉称号》；

《梅园小区概况》；

《梅园居委会特点》；

《梅园居委会基本情况统计汇总》；

《梅园党支部成立暨居委会揭牌仪式》；

《申报依据》；

《民主法制示范居委会素材》；

《民主法制示范居委会发言稿（1）》；

《上海市社区建设模范居委会申报表》；

《梅园小区创建模范居委会领导班子成员名单》；

《社区学校》；

《便民及应急措施表》；

《社区服务网点情况表》；

《社区服务项目一览表》；

《服务居民是主题平凡琐事见真情》；

《2005年梅园居委会经费预算表》；

《梅园居委员会家政经费收支记录》；

《梅园居委会2005年集体奖收支记录》；

《梅园居委员会2005年经费收支记录》；

《2005年梅园小区大型活动经费预算表》；

## 2. 名单资料

《外籍》；

《楼组长》；

《老外居民》；

《港澳台居民》；

《Book1》 等；

《1 号楼》 等；

《1—19 居民情况》；

《1—33 居民情况》；

《梅园居民一户一表》；

《应有户数 实际统计户数》；

《调委会名单》；

《志愿者名单》；

《在职党员名册》；

《义卖捐款名单》；

《离休干部名册》；

《义工信息汇总表》；

《梅园志愿者名单》；

《老干部领导名单》；

《老年合唱队名单》；

《经常活动的老年人》；

《法律志愿者统计表》；

《老年合唱队服装名册》；

《梅园老年人情况统计》；

《60 岁以上老人名册（标准)》；

《梅园街道梅园居委会居民代表花名册一》 等；

《2003 年梅园新村街道敬老好家庭推荐表》；

《2004 年度梅园社区十佳新上海人推荐表》；

《2005 年度梅园社区精神文明十佳号市民推荐表（表三)》；

3. **总结计划**

《2004 年工作目标》；

《科普工作计划 2005 年》；

《梅园社区服务工作计划》；

《梅园居委会老干部总结》；

《精神文明年度总结（2004 年）》；

《梅园党支部 2005 年老同志计划》；

《二〇〇四年社区矫正工作总结》；

《梅园小区 2004 年暑期工作总结》；

《梅园小区 2003 年老龄工作总结》；

《梅园小区 2005 年老龄工作总结》；

《2004 年党建工作探索方法及思路》；

《梅园居委会调解委员会筹备计划》；

《梅园居委会 2003 年调解工作计划》；

《二〇〇四年梅园居委调解工作总结》；

《梅园国际化社区 2005 年党支部工作计划 1》；

《社区服务工作汇报》；

《党旗在小小联合国生辉》；

《构建和谐小区创建法制居委》；

《把国际化管理引入“洋小区”（2003 年）》；

《塑造梅园品牌共建文明家园（2004 年居委）》；

《以创建为动力，积极探索国际化社区的民主法治工作》；

《优秀党员》；

《新上海人》；

《五好文明家庭》；

《优秀党务工作者》；

《可敬可爱的志愿者》；

《2004 年度上半年个人工作小结》；

《2004 年度梅园社区优秀青年申报表》；

《2006 年梅园居委干事日常工作情况表》；

《当好国际化社区“一肩挑”的支书（2004 年个人）》；

4. **工作职责**

《宣传工作职责》；

《党支部工作职责》；

《党务干事工作职责》；

《妇代干事工作职责》；

《计生干事工作职责》；

《家政干事工作职责》；

《卫生干事工作职责》；

《治保干事工作职责》；

《综合治理工作职责》；

《文化教育工作职责》；

《青少年保护工作职责》；

《居委会工会工作职责》；

《民政老龄干事工作职责》；

《司法调解干事工作职责》；

《文教宣传干事工作职责》；

《2006 年度居委干事月考评表》；

《2006 年梅园居委干事日常工作情况表》；

《2002 年梅园居委干事日常工作情况表 6—1—7》；

5. **会议记录**

《成立街道调委会记录》；

《老年协会例会（6 月）》；

《梅园会议记录（妇代）》；

《梅园会议记录（家政）》；

《2003 志愿者表彰会议》；

《我爱梅园、文明大讨论》；

《梅园物业管理中心会议记录》；

《梅园会议记录（调委会揭牌）》；

《梅园会议记录（文明大讨论）》；

《梅园居委干事例会记录2006—1》；

《梅园会议记录（文明小区考评）》；

《梅园居民委员会会议记录2003—3》；

《社区服务中心老龄办例会（6月）》；

《调解例会会议记录（一月）》等；

《调解例会会议记录（2004年1月）》；

《2004年老龄会议记录（2月10日）》；

《新区召开涉外文明小区创建工作会议》；

《参加街道“老年协会会长和老年骨干”座谈会》；

**6. 选举文件**

《告居民书》；

《代表签到表》；

《选举会议重要通知》；

《A Letter to Residents》；

《梅园居委选举委员会名单》；

《梅园居民委员公告1》等；

《梅园首届居民代表会议实况》；

《梅园居民委员会成员花名册》；

《梅园居委会初步候选人名单》；

《梅园居委会正式候选人名单》；

《梅园居民委员会选举结果报告》；

《梅园2002年居民代表会议议程》；

《老外入选居委会大家都有话要说》；

《梅园居民委员会成员正式候选人简介》；

《在梅园第一次居民代表会议上的讲话》；

《梅园街道梅园居委会居民代表花名册一》等；

《梅园新村街道梅园居民委员会成员初步候选人推荐表》；

《公告》；

《业主公约》；

《会议通知》；

《票数统计》；

《推荐表统计》；

《梅园小区业主代表》；

《梅园业主大会议事规则》；

《个人简历（最后版 1）》等；

《业委会选票汇总（一）》等；

《梅园业主代表推荐表情况汇总》；

《梅园业主委员会筹备会议签到》；

《梅园首次业主大会筹备工作汇报》；

《业主委员会筹备组会议记录（第一次）》；

《梅园“共有资产”正式移交业主委员会》；

《梅园业主委员会筹备组候选人推荐会议签到》；

《梅园小区业主代表推荐票数统计记录（第一期）》；

**7. 条线工作**

《党员评议表》；

《工作联系单》；

《在职党员情况》；

《三个代表在社区》；

《城工委支部结对座谈会》；

《梅园支部组织生活记录 5》；

《梅园支部党员活动出席签到情况》；

《支部结对赠送仪式简讯（附照片）》；

《家政》；

《家政服务表》；

《梅园家政服务员名册》；

《梅园家政介绍对照表》；

《梅园家政需求汇总表》；

《用户意见反馈意见表》；

《梅园家政服务收费标准》；

《梅园家政服务员登记表》；
《梅园居民家政需求登记表》；
《国定假一次性大扫除登记表》；
《介绍信和用户意见反馈意见单》；
《Housekeeping Demand Registration》；
《梅园居民家政需求一次性大扫除用工明细表》；
《结案书一月》；
《调委会发言稿》；
《法制宣传资料》；
《人民调解协议书》；
《调解纠纷数字统计表》；
《突发事件信息报告书》；
《洋委员热心社区调解》；
《人民调解工作若干规定》；
《居委调委会组织情况表》；
《调委会揭牌仪式会议通知》；
《2003 年上半年调解事例汇总》；
《200　年　月份不安定因素排摸汇总情况表》；
《梅园新村街道各居委调解主任个人履历表》；
《梅园新村街道各居委调委会三级网络基本情况表》；
《梅园新村街道各居委调委会上半年度工作情况汇总表》；
《民政—服务指南》；
《民政—会议记录》；
《民政—社区服务制度》；
《民政—老龄委组织网络》；
《民政—创建敬老小区宗旨》；
《民政—出具婚姻证明办事制度》；
《民政—社区服务分中心领导小组》；
《民政—民政救助、社会救助办事制度》；
《申请》；
《老龄报表》；

《老干部表格》；
《老年英语班课程》；
《梅园老年活动室简介》；
《创建敬老小区领导小组》；
《老干部服务征询表汇总》；
《梅园老年活动室规章制度》；
《梅园离休干部结对签约仪式》；
《关于“社区老干部工作示范点”的通知》；
《关于梅园老年活动室创建的费用请示报告》；
《梅园居委老干部助老结对联系人上门看望制度》；

8. **各类活动**

《文体活动（拳操）》；
《文体活动（绳操表演）》；
《文体活动（舞龙舞狮）》；
《文体活动（时装班开班）》；
《文体活动（放风筝活动）》；
《文体活动（健身操活动）》；
《文体活动（交谊舞比赛）》；
《文体活动（乒乓球比赛）》；
《文体活动（游泳友谊赛）》；
《文体活动（秧歌舞展示活动）》；
《梅园文化娱乐活动记录（芭蕾舞）》；
《梅园文化娱乐活动记录（秧歌舞）》；
《梅园文化娱乐活动记录（烧烤厅）》；
《梅园文化娱乐活动记录（帮困助学）》；
《梅园文化娱乐活动记录（纳凉晚会）》；
《梅园文化娱乐活动记录（3 月学雷锋）》；
《梅园文化娱乐活动记录（暑期欢迎会）》；
《梅园文化娱乐活动记录（英语合唱班）》；
《梅园文化娱乐活动记录（老年合唱比赛）》；

《梅园文化娱乐活动记录（3·8妇女茶话会）》；
《品牌居委会资料（老外写春联）》；
《品牌居委会资料（万圣节活动）》；
《品牌居委会资料（外籍居民教英文）》；
《品牌居委会资料（中外居民文明养犬大讨论）》；
《品牌居委会资料（中外居民、文化团队聚餐）》；
《老年工作活动记录（聚餐）》；
《老年工作活动记录（九月科普讲座）》；
《老年工作活动记录（家政服务员上门）》；
《老年工作活动记录（夕阳红老年合唱队比赛）》；
《为老服务资料（基础英语培训）》；
《为老服务资料（医疗知识竞猜）》；
《暑期活动表》；
《迎春长跑登记》；
《闹元宵 猜灯谜》；
《阳光服务活动表》；
《阳光假期活动情况表》；
《中外学生暑期欢迎会信息稿》；
《总支（支部）活动情况记录1》；
《梅园小区2004老干部活动记录》；
《〈金色晚霞无限美好〉活动计划》；
《2005年梅园社区重阳节活动方案》；
《传统佳节添新意 中外居民乐开怀》；
《梅园“五月的樱桃”Garden Party活动通告》；
《关于梅园小区中外文化活动开展情况的调查报告》；
《参加浦东新区妇联组织的第八次中外家庭文化节》；
《梅园讲座记录（法制）》；
《梅园讲座记录（防非）》；
《梅园讲座记录（老年）》；
《梅园讲座记录（夏日饮食）》；
《梅园讲座记录（青春期保健）》；

《法制讲座记录 6 月》 等；

《志愿者服务记录》；

《帮困救助签约仪式》；

《爱在社区 情暖梅园》；

《公益活动之募捐衣被》；

《募捐御寒衣被明细表》；

《爱心捐助活动倡议书》；

《爱心捐助活动登记表》；

《公益活动之爱心大放送》；

《为老志愿者活动 1 · 2》 等；

《梅园小区 2004 年募捐结对情况表（一）》 等；

《梅园小区 2006 年募捐结对情况表（一）》 等；

《申请报告（元宵节）》；

《踢跳比赛申请报告》；

《精神文明创建费申请报告》；

《2006 年楼组长活动申请报告》；

《梅园居委会 2006 年收据领用签收》；

《秋游通知》；

《温馨通知》；

《健康讲座通知》；

《金融讲座通知》；

《老年合唱队通知》；

《2005 年募捐通知》；

《迎新春茶话会通知》；

《展示女性绚丽风采》；

《社区文艺团队报名通知》；

《迎新春小区环路三公里长跑活动通知》；

《梅园社区学校及老年学校 2004 年春季招生通知》；

### 9. 其他文件

《请柬》；

《调休单》；

《兵役登记》；

《文件签收表》；

《三期交房通讯》；

《梅园小区政务公开》；

《10 月市委领导来调研》；

《浦东干部学院领导参观》；

《防治“非典”的通知》；

《面对 SARS 的表情是什么》；

《“五一”期间值班注意事项》；

《严抓源头管理遏止“非典”传播》。

# 附录2：针对高档住宅小区居民的居委会工作调查问卷

亲爱的居民朋友：

您好，很抱歉打扰了您的生活。我们是陆家嘴街道委派的调查组成员，要对您所在小区居委会的工作情况进行了解。我们调查的最终目的是明确居委会的工作方向，提高居委会的工作水平，以便更好地为小区居民服务。我们的调查非常需要您的配合。作为小区的一员，一个安全、文明、和谐的大家园肯定也是您所期望的。对您的支持，我们表示感谢！

您只需在以下每个问题的备选答案中进行选择，并在您想选择的答案序号下打钩（√）。有些问题需要您自己填写答案，请把符合您情况的文字写在横线上。您的任何意见和建议也都可以写在问卷后面。问卷是匿名调查，问题的答案也没有对错之分，请您不必有所顾虑，务必真实作答。敬祝：

身体健康！万事如意！

陆家嘴街道居委会工作调查组
2006年11月

小区名称：　　　　　　　　　　　　问卷编号：

**一、个人资料**

1. 您的性别是：

（1）男　　（2）女

2. 您的年龄是　　岁。

3. 您的政治面貌是：

（1）党员　　（2）团员　　（3）民主党派　　（4）群众

4. 您的教育程度是：

（1）初中及以下　（2）高中中专　（3）大学大专　（4）研究生

5. 您的职业是：

（1）公司职员（2）公司经理或总裁　（3）专业技术人员　（4）工厂工人　（5）小业主　（6）外地打工人员　（7）小商贩　（8）行政事业单位人员　（9）退休　（10）无业待业人员　（11）其他　（请填写）

6. 您的月收入大约是：

（1）500 元以下　（2）500—1000 元　（3）1000—2000 元　（4）2000—3000 元　（5）3000—5000 元　（6）5000—10000 元　（7）10000—30000 元　（8）30000 元以上

7. 您全家的月收入大约是：

（1）1000 元以下（2）1000—2000 元　（3）2000—3000 元　（4）3000—5000 元　（5）5000—10000 元（6）10000—20000 元（7）20000—50000 元（8）50000 元以上

8. 您是否具有以下身份？（可多选）

（1）居委会委员　（2）业委会委员　（3）楼组长　（4）社区活动积极分子　（5）常住居民（居住两年以上）　（6）暂住居民（居住两年以下，包括租住）

## 二、居委会工作

9. 您是否知道居委会办公室的所在地？

（1）是　（2）否

10. 您是否在意小区宣传栏的内容？

（1）经常仔细地看　（2）路过的时候看两眼　（3）根本不看

11. 您是否了解居委会所获得的荣誉？

（1）知道得很清楚　（2）听说过，了解一些

（3）瞄过几眼，印象不深　（4）一点不了解

12. 您是否了解居委会为申请创建文明小区或安全小区所做的工作？

（1）知道得很清楚　（2）听说过，了解一些

（3）好像有印象　（4）一点不了解

13. 您是否经常与居委会打交道？

（1）几天一次　（2）一月一两次　（3）几个月一次

（4）一年一两次　（5）从不打交道

14. 您与居委会打交道的方式包括（可多选）：

（1）互相打电话（2）上门咨询　（3）缴纳费用　（4）有事来家里　（5）经常走动　（6）赠送礼物　（7）其他＿＿＿＿（请填写）

15. 您觉得居委会与以下哪些人打交道最多？（可多选）

（1）老年人　（2）家庭妇女　（3）青少年　（4）在职人员　（5）残疾人　（6）物业保安　（7）党员　（8）外国人　（9）清洁工　（10）其他＿＿＿＿（请填写）

16. 对于以下说法您是否同意？（请在每行的语句后面选择合适答案打√；请注意有些语句的意思是相反的）

| | 非常同意 | 同意 | 说不清 | 不同意 | 非常不同意 |
|---|---|---|---|---|---|
| 居委会的工作对小区来说很重要 | | | | | |
| 我认识一些居委会工作人员 | | | | | |
| 我现在有什么需要都找居委会 | | | | | |
| 工作人员都很热情 | | | | | |
| 我知道居委会经常开展哪些活动 | | | | | |
| 居委会是为居民提供服务的机构 | | | | | |
| 居委会是完成上级任务的机构 | | | | | |
| 我与居委会没什么来往 | | | | | |
| 居委会是可有可无的 | | | | | |
| 我连居委会有几个人都不知道 | | | | | |
| 居委会有些人对人不友好 | | | | | |
| 我不清楚居委会是做什么的 | | | | | |

17. 您对以下居委会的情况是否满意？（请在每行的语句后面选择合适答案打√）

| | 非常满意 | 比较满意 | 说不清 | 不太满意 | 极不满意 |
|---|---|---|---|---|---|
| 居民（代表）大会的效果 | | | | | |
| 居代会为解决问题而召开 | | | | | |
| 对居民代表或委员的选择 | | | | | |
| 居委会主任的知名度 | | | | | |
| 居委委员作用的发挥 | | | | | |
| 居委干事工作努力的程度 | | | | | |
| 居委会事务公开 | | | | | |
| 居委会为群众代言 | | | | | |

18. 居委会组织的活动您是否参加？

（1）只要有空就一定参加　　（2）内容合适才参加

（3）闲得无聊可能参加　　（4）不知道有什么活动，从不参加

19. 以下活动您是否愿意参加？（请在每列的语句下面选择合适答案打√）

| | 交通宣传 | 志愿服务 | 会议 | 听讲座 | 培训 | 合唱比赛 | 募捐 | 旅游 | 茶话会 | 游艺活动 |
|---|---|---|---|---|---|---|---|---|---|---|
| 非常愿意 | | | | | | | | | | |
| 愿意 | | | | | | | | | | |
| 说不清 | | | | | | | | | | |
| 不愿意 | | | | | | | | | | |
| 极不愿意 | | | | | | | | | | |

20. 您对以下居委会工作的印象是：（请在每行的语句后面选择合适

答案打√）

| | 看到过，效果很好 | 听说反响还可以 | 好像有点印象 | 一点不了解 |
|---|---|---|---|---|
| 党员志愿者服务 | | | | |
| 协助维持治安 | | | | |
| 走访居民家庭 | | | | |
| 调解居民纠纷 | | | | |
| 支持老年健身活动 | | | | |
| 宣传计划生育政策 | | | | |
| 丰富儿童业余生活 | | | | |
| 举办大型娱乐活动 | | | | |
| 监督小区卫生 | | | | |
| 开展家政服务 | | | | |
| 工作不断创新 | | | | |

21. 您是否同意以下说法？（请在每行的语句后面选择合适答案打√）

| | 非常同意 | 同意 | 说不清 | 不同意 | 极不同意 |
|---|---|---|---|---|---|
| 小区的党员热心为居民解决困难 | | | | | |
| 小区很安全稳定 | | | | | |
| 小区居民安居乐业 | | | | | |
| 小区居民之间的关系很融洽 | | | | | |
| 小区的老年人能够安度晚年 | | | | | |
| 小区内没有超生现象 | | | | | |
| 小区的妇女儿童受到了尊重和保护 | | | | | |
| 小区的娱乐活动能吸引很多人 | | | | | |
| 小区很清洁卫生 | | | | | |

续表

| | 非常同意 | 同意 | 说不清 | 不同意 | 极不同意 |
|---|---|---|---|---|---|
| 小区居民的家政需求能够得到满足 | | | | | |
| 小区的很多活动令人感到新奇 | | | | | |

22. 如果您对居委会的工作有任何意见或建议，请您写在这里。

问卷到此结束，再次感谢您的耐心支持与配合！

# 附录3：实地调研笔记（摘录）①

2006 年 2 月 26 日　　　　　　　星期日　　　　　　　晴

今天下午在 L 的帮助下拖着软弱无力的身体来到 YG，从今晚开始算是正式入住。我的基层社区的实地调查也算是拉开了帷幕。……

明天 8 点半左右先到梅园居委会，估计会在这里暂花一两周的时间。上周五下午短短地停留了一下，先大致谈一谈还能想起的印象。赵书记，女，约莫四五十岁的样子，通过她的言谈举止能看出来比较精明强干。主任未知，另有 6 名普通工作人员。其中两名男子似乎是门口负责登记的，其余 4 名都是 20 岁多一些的年轻女大学生。其中书记助理小钱是上海外国语大学毕业的，据说与老外打交道很得心应手。又有一名吴姓高个女孩儿，另两人未得介绍。

当时我是在街道组织人事科的 W 部长的陪同下去的。进了大厅，所有的工作人员都站出来在赵书记身后或保持另外一段距离。W 部长略作介绍，向赵书记说明来意，赵也表示欢迎。看来街道的干部在基层社区的影响力还是比较大的，他们的指令或意见就类似命令，并不事先考虑此居委会是否愿意接受。我到哪个居委会进行调查就是我在街道的组织人事科，由科长和 W 部长决定的。他们的意思是，只要是街道下面的居委，选择哪一个进行调查都可以。

在网上搜到了有关梅园居委的部分材料，略整理如下。

---

① 附录中的实地调研笔记主要是第 1 次去梅园小区居委会集中调研时每天晚上的记录，导师曾要求作为附录收入博士论文中，但当时由于种种原因并未收录。本次书稿出版，有机会将调研笔记一并出版，亦可作为对本书正文的补充。出于学术惯例，作者对所摘录调研笔记中的地名、人名进行了处理，其中的地名和主要人物姓氏均与正文一致，其余正文中未涉及的地名、人名则以字母符号代替。部分内容也有删减。

梅园居委会……居民总户数1944户，建筑面积约35万平方米，绿化覆盖率达100%。小区规划设施齐全，建有网球场、洞推杆式GOLF场、室内室外游泳池、健身房等体育场所，还配备邮局、航空售票处、医疗室、家政介绍等社区服务网点，为居民的日常生活提供服务。为市级文明小区。

小区已入住的居民中有40%来自德国、美国、英国、新加坡等四十多个国家，30%来自全国各地和港澳台地区。“他们作为居民中的一员，已经融入梅园大家庭，同样爱护和关心社区这个共同的家园”（网上所述应不属实。爱护和关心社区或可做到，但说“融入”社区，与其他小区居民有较多的互动，值得怀疑）。小区党组织居于领导地位，而居委会、物业管理部门、社区民警、业主委员会等各类组织共同开展工作。

2003年9月28日到10月18日，街道组织了一次对梅园社区72幢大厦和大楼的排摸，所有的居委书记都参与其中。梅园所调查的两所大厦是东高海景大厦和新上海国际大厦（不知这两幢大厦在什么地域范围内。明天可查询驿站墙上地图），当时的联络员是CMH老师。对某些街道的任务或命令，下属居委会只有服从的选择，而不管社区的类型到底有多大的差异。事后看到统计表（2004年4月6日，楼宇党员服务点总1表），梅园似只调查了一家新上海商业城，且无具体数据。而与梅园相似的小区J小区和P小区，部分或全部完成了任务。或意味着梅园在街道具有独特的超脱地位？

明天过去，须与居委会成员大致熟悉，与赵书记约好访谈的时间，并寻找居委的有关资料。如有一些活动，可参与其中，进行观察。

2006年2月27日　　　　星期一　　　　多云多风

早晨七点多起床，因早睡而感觉身体好了许多，不胜欣慰。

8点半在梅园小区面向PC路的门口被门卫拦住，看我的打扮不像里面的高档住户，盘问了一会儿，后来在跟居委会打过电话后才放我进去。安检治保这一块工作，应属物业公司管辖。看起来他们的工作已经做得很到位了。我想起上周五W部长和我第一次到梅园的时候，他看到里面整洁如新、一尘不染，不由得说，他们（物业）工作这么好，居委会没什么事做了。这实际上涉及了不同组织部门之间的领域划分及其关系的问题。一个组织要想被别的组织或别人承认，就要让对方知道，自己具有独特的功能，这种功能是其他组织不可替代的。尤其是在一个社会已经被某一组织近乎全方位占据的情况下，新的组织若想进入这个社会，就势必要更加突出和表现自己的不可替代性。下午与赵书记不到一小时的谈话中，她也谈到了这个问题。

进到居委会的时候已经超过八点半，但我并没见到赵书记和年轻的书记助理小钱。随后听说赵书记昨天值班，所以今天上午休息，下午才过来。小钱则不知何故迟到。巧合的是，他们两个恰恰是这里的一把手和二把手。一般而言，拥有的权力越大，行动选择的自由度也会越大。但小钱如果只是偶尔迟到，则以上假设在此并不可见。我到了不久，一个三四十岁中等身材的男老外也到了居委会。他是当天第一个有事到居委会的居民。他要找的正是小钱，说两人约好今天上午8点在这里见，现在已经超时了。他笑容可掬地跟居委的各个工作人员打招呼，只可惜他的中文除了“你好”之外不会其他，别人的外语又有问题。他只好在听了小吴（小钱之下的第二外语高手）的解释之后孤独地等待。还好，几分钟后小钱赶到，才与他交代了有关事宜。原来是一些照片。

小钱个子中等，略显瘦弱。她精明强干，颇得书记喜欢。她外语好，许多涉外交道只能由她出面，这是其他几位四五十岁的工作人员包括书记都无法替代的。做事也是比较干练。她打发走了老外，马上召集所有人开会，传达书记的电话指示。上午的很多时间里，她的名字也是被叫得最多的。不仅居委会内的人叫，有事的居民走进居委会也在喊她的名字。看来，只要书记不在，那她就是当之无愧的当家人了。她的行动也比较自由。在居委会的整个一天，我可以大致数出几乎所有工作人员的行踪，但小钱在上午下午几次出门我都摸不清她是去做什么。估计其余的工作人员也多不清楚。赵书记下午的谈话过程中对她的评价也蛮高。她年已29岁，赵书记提到以前的大学生因为工作不安心老是走掉，言外之意是现在居委内的几个年轻人都是能待得住的。如果她真能持续做下去，那她将是合格的新一代小区的负责人。

我刚走进居委会门口，见到的多是不相熟的面孔，心里还是有些不安。小钱到了之后，领我做了一圈介绍。除书记和她之外，其余6个人分别是孙老师、李老师、周老师、小吴、小郑、GY。这一前后顺序基本上与其在居委会中所处的地位高低相一致。说明这一点须简要介绍一下居委会的空间结构。居委会在25号大厦的一楼，三室一厅的101房间。门口挂两块牌子，表明居委会和党组织的双重身份。进门后有一个小厅，左边是接待处，周老师就经常在这里负责接待，有时小G、小郑也会过来。小厅后是一个横向的小走廊，穿过走廊冲着门口的房间是小钱和孙老师的办公室。从这间房子的右边门进去，就是赵书记自己的办公室。再顺着小走廊走两步就是一个大厅。右边是大半圈的沙发，做会客之用。左边是一个长桌，可以借用它做些事情如写标语。顺着走廊方向直走就是一间较大的办公室，里面有四个人。靠门边的是小吴，她的对面是李阿姨，李的左手边是小G，与G相对的是小郑。可以看出来，书记的第一位置是很明确的，她的房间在位置上也是最好的。既与自己的得力助手方便交流，隔壁就是他们两位；又有利于保持一种独立性，门一关，更平添了几分神秘感。小钱作为二把手几乎也是总揽全局的角色。中午有位六十几岁的东北阿姨甚至讲，她也是书记，这里有两个书记。孙老师负责的是家政服务以及党务，这也是非常重要的一块内容。下午赵书记的讲话里提到了居委会一开始找不到自己的立足之处，后来才发现高档小区对家政服务方面是有需求的而物业则无法满足相关需求，这才为居委会的生存找到一个突破口。孙老师看起来也是最忙的。整整一天，他几乎一直坐在凳子上，不是整理手头的资料，就是接待络绎不绝的雇工。他的地位也无可替代。李阿姨负责计划生育，而小吴则只是辅助李阿姨开展计生工作的，而从办公桌的布局也可看出高下之别。周老师负责安保，但他却连自己的办公桌都没有，或许这也与安保这方面早已被物业公司全盘负了责有关。他有事则做事，没事的时候只能在各个闲着的凳子上坐一坐。不过据小钱说，梅园马上要使用的SD需要由他过去负责。GY和小郑虽然有位置，但一个是刚刚过来实习了两天的新人，另一个则沉默寡言，还属于小字辈。附空间权力图如下：

就此话题再谈一下各位工作人员的具体情况及一天的工作。小钱前已提及。孙老师似有五十几岁，个子较高，头发花白，穿着虽也朴素但也还讲究，似乎腿脚略有些不方便。他主要的工作就是接待一个又一个要到这个小区来做家政服务的中青年妇女，当然可能也有因其他缘由过来的居民。到他房间接水的间隙，听到他跟两位妇女的交谈。在这边为外国人提

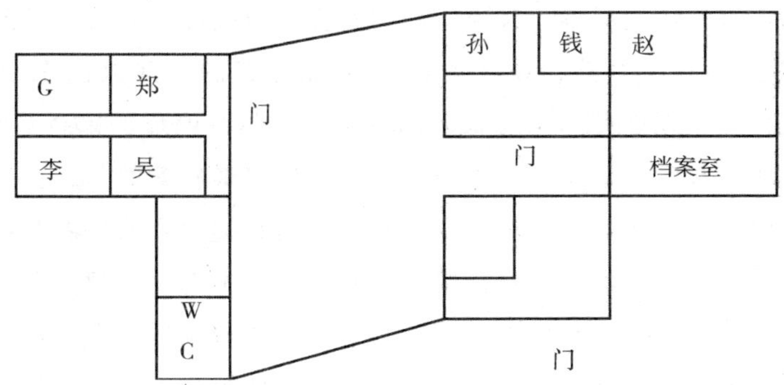


供做保姆一类的服务，如没听错，工资是1800元/月。他在解释说，那家太太也是一直在家，孩子虽然小，但他们总不会让保姆一边带孩子一边去做饭的。听者喜形于色，看来是动心了。总体上说，与他接触不多，容待日后详细了解。

然后是李阿姨。李阿姨原来在国企工作，是一家纺织品制造厂。她说这家厂子在计划经济时代那是风光得很，全国只有3家，分别在上海、天津和广州，是有统购统销权的。但一市场经济，就开始走下坡路了。她说她正是国企改革的牺牲品，同时还向旁边的周老师提请支持。周老师也同意，说自己的情况跟她完全一样。她是2000年待退的，即“等待退休”。她的看法是跟内退没什么差别。后来就通过招聘进入居委会工作，直到现在。她上午先是完成了赵书记的任务：登记自己所负责“块”内的台湾居民的基本资料。似乎是4个人里最先完成的。然后就去帮周老师描画下午开会要用的标语，用毛笔蘸红墨水把每个打印出来的空心字抹满。他们涂抹的字是“MY街道现场初级急救培训”这样12个字，下午正是要开社区范围的培训会。这一步工作完成就已经到了近11点。下午1点刚过，她和周老师就去筹备会议去了，等到散会归来，已是3点多。这期间有几位妇女会就计生方面的问题找她，所以李阿姨经常手里拿着一两本的某某绿皮证件（流动人口婚育证明）。李阿姨上班过程中花样不少。我见到她吃过两次零食，似乎并未让过别人。她四十多岁年纪，头发有些零乱，穿着也比较随意朴素。但她很容易给别人一种感觉，就是对很多事情满不在乎。她是浦西人，是单位分房使她由浦西来到了浦东。她很有种作为正宗上海人的优越感。当知道我的学校在宝山时，她说以前上海人不把宝山叫作上海的。当提到浦东的很多新路名时，她说浦东也就是在这十几年里才发展起来，以前可差得很，荒凉。她同时提到以前浦东只有东昌路、浦东南路和浦东大道是老路，现在的许多路都是新的，并以山东地名命名（不知何故）。当听到别人夸上海的时候，她自然是明显的兴高采烈。

周老师应有五十多岁。他个子中等，衣着是最朴素的一个，也许会有人把他当农民工。他比较热心，尤其对我。当我提出要找些有关居委会的档案资料看一下时，他领我到档案室，并拿出一本有关创建安全小区的文件给我看，并说这些资料可以随便翻阅，但要在看好后重新放好。我翻看文件的过程中遇到问题向他请教，他也很仔细地解释。这也许是他从我刚到居委站无站处坐无坐处的尴尬中找到某种同命相怜的感觉。也许这话太过，他只是从我对他的恭敬态度中得到某些受尊重的感觉罢了。居委 8 人只有两位男士，周老师似乎也是居委中唯一的抽烟者。他抽烟只能到卫生间旁边的走廊中。而下午 5 点多，大家陆续下班回家后，周老师才开始在 4 人办公室的门口点着了烟。抽烟者既然是少数派，自然也会感到某种受排挤的感觉。他并没有领受统计台湾同胞名单的任务，可能他并不包块。他上午主要是写了标语的大字，下午主要是去了会场，5 点前后他还在 4 人办公室门旁的电脑上打字填表。当一个人在某个组织内部感觉不到自己的独特而不可替代的作用时，会有一种不安的感觉始终伴随。他要想方设法地体现出自己的作用。或者在某件工作上特别卖力，或者能让别人看到自己的成绩，或者延长工作时间等。周老师的表现似乎有这些特点。

小吴是在 DL 读的大学，1996 年就已经毕业。她毕业后在常州当了 5 年的教师，随后在上海赋闲两年，2003 年才出来工作。正赶上这边招聘，她就进来了。她是一个高高大大的女孩儿，足有一米七几。戴副眼镜，却更反衬出她的泼辣。看出来她做事很有自信，也能把事情做好，能力不错。动作也很麻利，做起事情风风火火。她上午统计台湾名单费时最长，可能是因为她所负责的那块内居住的台湾人最多。统计好名单后，她用电脑准备自己下午的中文课，是开给外国人的，讲一些简单的词语。下午一点半，我去旁听了她的课。她很热情的跟每个外国人打招呼，声音动作略有夸张。教室是在居委会旁边的梅园小区会所中，居委会租了其中一间的小教室。教室在边上，形状不规则，去掉黑板和老师讲课的空间，只能放两排书桌，每排 5 套桌椅。来听课的刚好不到 10 人，9 个发色、肤色各异的外国妇女就是学生了。9 个学生中有 4 个是印度人，包括两个十几岁的小孩子。另外5个则似来自美国、欧洲、日本。我坐在一个美国老太太的旁边，就临时客串起了她的发音指导。站上讲台的小吴变得更加神采飞扬。很投入，也很有激情。学生们的反响也比较热烈。只是授课的过程不断被打断，略显遗憾。先是另两个小姑娘过去旁听，其中一个似是她的朋友的也做起了志愿者。然后某新闻机构的记者和赵书记也过来旁听，然后摄像师傅进场。在他的导演下，座次换了，黑板擦掉重新写字，老师和学生配合不断地为他试镜头，但最终还是换了地方继续授课。看起来老师也是有点无可奈何，但很好地控制了自己的情绪。倒是摄像师傅也忍不住发音纠正外国人了。课本为一个小时，等结束竟已近三点。赵老师讲这课约每周两次，这是第6次。每次课每人收费20元，课后交钱。不过小吴在我询问是否自愿免费的时候，她回答的“是”，还提到要是在外面，他们一次课估计要100多呢。可见她做事还是有揣度有分寸的。课后她其余的时间似乎只是在跟朋友聊天，连到居委会参观的十几个其他居委的阿姨都视而不见。两人只在会客厅一角的沙发上旁若无人地聊着。

小郑的个子也不矮，据赵书记讲她以前是健身教练。她似乎不太爱与人交流，见到我连微笑都没有。她进进出出的次数不少，但我还真的没摸清她都做了些什么，除了统计台湾人名单之外。GY是居委会中资历最年轻的一个，也是年纪最小的一个。……她说毕业后先去外企工作，后来又考了公安部门文职人员，但在军训过后，辅导员才透露说工资在转正后才只有1000多元，于是马上跑掉，最终就来到了这里。她还是居委中长得最小巧的一位，不过毕竟是上海女生，她的穿着打扮其时尚程度只是在小吴之后。她人更为和善，我一早刚到正尴尬的时候，她主动出来跟我打招呼，还塞给我一块肉脯。……她请我帮忙看一下某个视频文件能否打开，我中午还特地从电脑上又重新拷了一遍给她带去。下午我们一块去听了中文课。她做事也比较麻利，不会像小吴那样比较有激情。

一天下来，我与他们都已经相识。熟悉正在于沟通。我在问他们各类情况的同时，也不断交代着自己的底子。籍贯、经历、未来甚至情感。除了赵书记和赵书记助理的亲密关系外，感觉李阿姨与周老师似乎在情感上更为接近，毕竟他们有着类似的下岗经历。孙老师则相对更独立些。总体而言，居委内的几个人，并没有什么小群体存在。每个人都相对比较独立，分工明确，均能独当一面。

下午在幼儿园举行的培训结束后（培训老师来自浦东红十字会），许多其他居委的阿姨涌进居委会参观，不断地发出羡慕的感叹。从事基层工作的人都比较朴素，都是真正的大众代表。有些人与书记熟悉，有些人与李阿姨熟悉，还有一位认识小 G。

物管就在幼儿园旁边，会所也属物业所有，这两个地方都与居委会只有几步的距离。一在前门，一在后门（居委会只有一个出口，需出门转弯）。这都是居委会与物业搞好关系之后才发生的变化。居委会原来的办公地点并不在这样一大间舒适的房子里，后来搬了过来。详细可见赵书记之录音资料。

梅园小区的初步印象：梅园小区是浦东陆家嘴街道的另一个亮点，就像周二的北京某街道的参观访问，先到 YG，随后就到梅园居委。梅园小区是国际化社区，有 40% 的居民是外籍居民，来自四十多个国家。梅园小区的物业管理似乎还不错，陌生人、车进入小区都需要检查，卫生也搞得很好，路上几乎看不到一点垃圾。梅园小区多高层住宅，最高可有二十多层。住宅分一期、二期、三期，但每期的住宅编号暂时还不清楚。只记得挂在居委墙上的梅园小区的地图上，每幢住宅的编号没有“4”、“14”这些中国人以为不吉利的号码（但欧美人以为不吉利的“13”还是有的）。小区的环境很不错，绿化面积 100%。每幢住宅之间绿地相连，并且刻意设计出小桥流水的感觉。小区外围是环状车道，里面的小路则弯弯曲曲，非久居者不能辨。这天中午出居委会到驿站吃饭，与一位东北阿姨想要报名参加老年大学的一起走，边走边聊。她到了家门口，我却不知怎么找不到出口。转来转去，在 PM 路出口出来，然后绕到 DC 路，再绕到 PC 路，才算找回感觉。小区里面的娱乐服务设施也还不错（不知道老外是否满意），建有会所。会所两层，里面有咖啡厅、阅览室、桑拿室、健身房等。小吴的中文班就是在会所借了间小教室上课的。小区更详细的信息尚待了解。

另，2004—2005 年度创建安全小区的部分资料已登记在册，特补于此。

小区基本资料：……小区共 14 幢高层住宅，28 个门户，1948 户居民（若以每层每门户 2 户居民计，则每幢高层住宅平均 35 层）；另有两幢 4 户别墅。2005 年 12 月，小区常住人口户数为 154 户，人数 368 人；人户分离人数（指户口在这边，但住在别处，这里的房子租给了别人）1568人；暂住人口登记数（有暂住证的人口，有的登记，有的未登记）为246人；境外人口数1435人。4数相加为总人口，共3617人。各类人口的比例分别为10.2%、43.4%、6.8%、39.7%。

暂住人口登记数2004年上下半年分别为177人、241人，2005年上下半年分别为235人、246人。房屋出租户2004年上下半年分别是113户、231户，2005年上下半年分别是122户、170户。

与创建安全小区有关系的除居委成员（书记、孙老师、周老师）外，另有社区民警ZHM（39岁）、宣传工作者ZYJ（48岁）、保安主管QHW（39岁）、YBS（43岁）以及志愿者ZDJ（69岁）。

定期例会制度、安全检察制度、纠纷排摸制度、宣传教育制度与治安巡逻制度。纠纷如（1）服务：在会所游泳与服务人员争吵；（2）婚姻与租赁：老外抛弃了妻子，房主催其交租金，发生争执；（3）邻里：楼上运动或滴水或小孩子吵闹，影响楼下休息；（4）区外噪声：盛大金磐工地施工，影响居民生活；（5）损害赔偿：浴室玻璃门爆破，地方公司物业工程部换修。另有劳务、小孩抢道等类别的纠纷。租赁纠纷与邻里间的纠纷最多。自2004年1月12日至2005年12月8日，共25起纠纷记录。

另，2004、2005两年有两起入室盗窃案。闲散青少年是指“有学不上，无学可上；有工不做，无工可做；有家不归，无家可归”的青少年。梅园小区无此类人员。

《上海市安全小区创建工作手册》，由上海市社会治安综合治理委员会办公室与上海市公安局共同设计。内容包括基层组织、基本制度、基础工作、基层指导及特色工作。其中基础工作包括：防范设施、人口管理、帮教工作、监管工作、禁毒工作、“法轮功”与邪教组织功法习练者监护工作等。

2006年2月28日　　星期二　　阴雨连绵，终日不断

一早起床感觉尚好，但在外面吃的早饭很是难吃，然还是咬紧牙关咽了进去。上午近中午的时候，回YG吃饭，路上就几乎摇摇摆摆，迈不开步。雨斜风烈，沁人肺腑，我似乎要禁不住打寒战了。中午的休息没有改观，下午过去之后更是劳动了好多人为我忙碌。赵书记拿出自己的缓解咳

嗽的茶，又找出几片白加黑和其他消炎药，让我马上用。小钱像个大姐那样地照顾我，说明天带给我一些咳嗽药。……小吴似乎也感冒了，咳嗽、流鼻涕，不知道是不是我传染给她的。如果真是，那我要向她道歉了。下午百无聊赖。想找人聊天可一张口就要咳嗽；想翻看些文件资料可提不起兴致。忽然瞥见周老师所看的报纸上讲到感冒的七种致病因素。一是久坐。二是牙刷带了病毒，却在湿润环境中任其繁衍，故感冒反复难除。三乃电脑使用过多。如此种种，想必正是我感冒无法根绝的原因了。遂思应对之策：保护眼睛，忽然发觉右眼极其疲累；更换牙刷，并保持干燥；今晚更早睡。回到 YG，承 Z 老师、C 老师、CH 老师关心，并得 Y 大爷之悉心照料……

上午过去似乎很大一段时间内无事可做。要走访台胞但街道准备的礼品还未到，就一直在等。仍然是 GY、郑、吴等几个小年轻人先到，赵书记是最后到的。气氛很轻松，4 人办公室里的人在闲聊着天气以及昨天中文班上拍的照片。赵书记抽空换上一件白色的外套给李阿姨等人看。

居委会上班没多久就有一位家政服务员坐在首席接待对面的沙发上等着到 9 点。和她同去的还有一个人，但那人迟迟不到。这位服务员二十几岁年纪，一身运动装，显得很精神。她说自己做这方面的工作已经有 4 年多了。以前都是单干，居委会成立后就把他们组织了起来。她经常到这边居委会来，多做的是钟点工。

首席接待的牌子还是以前的，一面写的是星期一李阿姨值班，另一面写的是星期二 LH 值班。LH 是原来在这里工作的一个大学生，负责文教，后来跳到一家外企去了。刚走没多久，小 G 坐的正是她的位子。与小钱也穿插着聊几句。知道她是 1975 年出生，学的是国际贸易专业，老公是山东人。她原来是在商业一部工作，并且连续几年是装潢行业的“先进工作者”。她在企业工作一段时间后，2002 年就转做居委工作。她要用电脑，而自己的办公桌上并没有电脑。她说按理讲这边每个人都该配一台电脑，因为现在很多事情是离不了电脑操作的。居委会目前共配备了五台电脑。赵书记办公桌上一台，孙老师办公桌上一台，GY 的办公桌上也有一台，这是原来管文教的那位 LH 在的时候就有的。一台公共电脑，小吴、李阿姨、周老师用电脑的话就用这台。相对来说，周老师和小吴用得比较多。小郑如果用电脑，更多会用小 G 桌上的电脑。另外一台，唯一可以上网的电脑，就是接待桌上的电脑。小钱经常到那里进行电脑操作。只有这台可以上网，所以大家上班期间也就很少上网，只看到李阿姨去收过几次邮件。就这台电脑，还出了毛病。物业派人来修，没修好。街道派人来修，小伙子费了大半天的劲儿，最后也是束手无策。

两个师傅过来要给赵书记的房间安装一台墙式空调，赵书记和周老师就过去忙活这事去了。居委会办公室原是居室，但安装的似乎是中央空调。春天到了，空调也就没开。不过最近的天气很不正常，就像周二就下雨了，很冷。没有空调比较难熬。现在书记室安装了第一台独立空调，更显出赵书记的权威。

征得书记同意，我又开始查阅居委档案室里的资料。蓝皮本的是照片，足有10本。我抱了几本出来，到客厅翻看。照片是以往活动的记录。例如2003年的照片档案，包括了这样一些活动：1月9日，在会所前广场，“爱心大放送”义卖捐款；1月25日，“情满社区、爱在梅园帮困助学”签约仪式；2月1日，在会所前广场，迎新娱乐活动；2月25日，居委会人民调解委员会成立揭牌仪式，包括外籍委员F；3月5日，浦南医院医生开展医疗咨询活动；3月7日，在会所酒吧举办太太俱乐部（主要是洋太太）；3月8日，召开包括妇女委员、小组长和妇女积极分子参加的“庆三八”茶话会；4月12日，小区居民（包括外籍居民）赴松江影视城一日游活动；6月9日，小区楼组长与文体积极分子在烧烤亭聚餐；6月11日，SD房产3家建设单位与居委共建精神文明签约仪式（街道领导出席）；6月12日，外籍居民倡导的英语合唱小组活动，计划每周活动一次，组员多为中老年人；6月13日，街道秧歌舞比赛，梅园获得第2名；7月1日，新区城工委社管处联合党支部给居委送来了冰箱、微波炉、电饭锅等电器；7月11日，15名小朋友参观街道海螺馆和潍坊科普中心；7月12日，城工委邀请梅园居委参加军营一日活动；8月12日，老年合唱队成立，每周二下午活动；8月16日，居委委员杰克要回澳大利亚，街道书记SZY、主任TLM、城工委副书记CJZ设宴为其送行；8月22日，在会所前广场举办纳凉晚会；8月26日，获得街道合唱比赛第1名；9月4日，党政领导与党外人士结对见面会在浦景饭店举行，T主任与一对老外夫妇结对；9月28日，获街道秧歌舞比赛二等奖；9月30日，在综合活动室举行重阳茶话会；10月18日，新区文明办在花木文化中心举行“好客在浦东、外国人做一天浦东人”活动，两户外籍居民参与其中；11 月 31 日，在会所举办万圣节活动；12 月 14 日，外籍居民倡导的爱心义卖活动在菊园幼儿园举行；12 月 23 日，华夏证券中心的专家在梅园对 ISO1400 环保质量体系进行验收。

这些活动中既有取悦居民的，又有团结骨干分子的。既有居委组织发动的，又有外籍居民主动倡导的。这些活动多为娱乐活动，都是可以吸引人来参加的，是否参加者多为免费，或是否活动经费街道同样大力支持，尚待考察。首先一点是可以肯定的，街道对于梅园这类涉外高档小区的建设是重视的，否则也不会频频参与他们的一些活动，甚至专门为 JS 设宴送行。（特补一点：周四下午在赵书记接待北京某街道来访时曾提到，当时街道派她到梅园来之前，曾找她谈话。书记就曾暗示她，让她看如有可能就找一个老外做居委委员。这话赵书记就记在了心里，后来果然找到了杰克等两个外籍委员。）

另，2005 年的重要活动包括：7 月 20 日，中外居民听证会（照片上看到两位老外。男老外就是第一天到居委找小钱的那位，女老外似乎就是中文课上的一名学生）；8 月 1 日，居民代表会议；11 月 14 日，中文趣味沙龙正式开班。

赵书记和小 G 把一堆资料抱到了外面的大会议桌上，原来是每幢楼的居民“一户一表”。她说要进一步做登记台胞的工作。有几本粉红颜色的表单，是最近入境的外籍外地区居民在梅园居住的记录。需要做的工作是，对照表单，找到这位台胞居室对应的“一户一表”。如果还未建立“一户一表”就填好放到档案中去，如果本来就有就要看是否符合现在的情况。同时这位台胞如果到现在为止还住在这里，那就需要把他登记到另一张专门的表格上去。我费了半天的劲才搞清楚应该怎么做。至中午 11 点半之前，我只做好 4 份。上午赵书记亲自带头，GY、小钱、小吴、小郑还有周老师每人都拿了一本做这份工作。几十本“一户一表”的档案乱堆放在桌子中央，每人需要找某一本都要乱翻一通。

下午回到居委，周老师和李阿姨继续整理上午未完成的台胞登记工作，赵书记的那份最终还是小 G 帮忙完成的。我的身体不舒服，说话做事都有点力不从心。向赵书记询问，可否复制一些他们电脑里的有关小区、居委概况及活动介绍之类的文件。赵书记同意我拷一些她的电脑里的文件，说外面那台公用电脑里的东西太杂太乱，现在她自己都找不到很多想要的资料。看来她的电脑是台新电脑，里面的资料比较少。我草草浏览了一遍，拷了些可能有用的东西。赵书记翻出一些以前的报纸，几乎全是《梅园家园》，她说是自己收藏的自以为比较重要的几份。我本来在赵书记特意为我打开的自己的办公室里翻阅这些资料，不过后来某居委的一位阿姨找她谈心，我就转移到了外面大厅。两人关起门来聊了一个多小时，也许是那位阿姨在其单位的关系与处境问题。

以下是在所阅《梅园家园》报上摘录下来的部分内容。

2002年11月10日下午2点，首届居民代表会议召开。选举产生了7名居委会委员，分别是赵书记、杰克、LLL、WY、褚阿姨、ZD、陈阿姨。赵书记被选为居委会主任，杰克与LLL是分别来自澳大利亚和新加坡的外籍委员。杰克比较热心公众事业，当选委员后曾为居委干部们补习英语，LLL则曾开过烹饪班为需要的人服务。

2004年8月28日，新区区委书记视察小区。美籍居民S发言，提议某些活动方式，如假期里组织孩子参加“小型的奥林匹克运动会”，中外家庭烧烤会等。

2002年12月9日，上海市副市长、新区区委书记来小区调研。

2002年5月20日下午，居民区党支部、居委会揭牌仪式。新区城工委社管处、纪工委联合党支部与梅园党支部结对共建。街道党工委大力支持，当时的党工委书记CYZ、街道主任TLM均来参加仪式。T主任并与梅园物业管理有限公司总经理XJA共同为居委会揭牌。

2004年11月27日下午2点，在HMG多功能厅，选举产生梅园业主委员会。梅园物管中心总经理QZM到场。选举产生11名委员：8号7AXSY，31号2001CKJ，25号1503XPY，6号5AWY，31号2801WJK，10号801YZR，5号201LMQ，20号5BZJ，15号9AYLH，21号4AJK，JH。其中含两名美籍委员。共印制1958份选票，其中287份未发出，共收回选票1452张，占总数的74.2%。随后马上召开业委会第一次会议，确定XSY为主任，CKJ、XPY为副主任，ZJ（美籍）为法律顾问。

2005年成立了由11人组成的调解委员会，包括3名洋调解，即德国的F、D夫妇和一位马来西亚太太。

另，居委开展的家政服务与梅园GY家政服务中心联系密切。此中心负责人是 CDD。

小钱上午在接待台上接到电话，说下午 4 点左右会有北京某街道的代表团一行到居委会来访问。但是 4 点钟却还没到，大家都在等着他们来，反倒一时间都无所事事。这天孙老师休班，但仍有很多人来找他却扑了空。李阿姨间或吃点东西。看出来她是很讲究吃的人，牛奶必泡一杯，水果必吃几个。周老师是最会找事做的，这时也坐在会议桌边看起了报纸。赵书记可能也没有太多事，与大家交流得也多了些。她虽有四十几岁，但与 YG 的 S 老师相似，也是一副年轻心态。她会以很轻松的语气、腔调和幽默的语词把一件任务交代下去，有时让手下人做事，会说“请”、“帮我”这样的话。孙、李、周这几个人都比书记年纪大，直接喊她“书记”，她则称他们“老孙”、“老周”、“李姐”。小钱同样喊“书记”，其他年轻人喊“书记”的多，也有称“领导”的，小吴在中文课上还俏皮地把她称作自己的 Boss。赵书记看起来也很慈祥，对人说话总是笑容可掬。非常关心别人，而且有办法，不只是口头上说说。她的口才也不错，对她做访谈，她基本上不做准备，也能把一个故事讲得清楚明白，没有重复或短路现象。下午 5 点我受不了感冒，就先走了。那时候访问者还没到。后来据小钱讲，他们参观的时候提了些问题可刁钻了，但赵书记应答如流，回答得非常好。我不由得后悔，没能亲眼看到赵书记当时的风采。

另，上午 9 点半左右，一名来自外地安徽的三十多岁的妇女在居民的带领下来找书记，想在这里登记找份工作。但证件似乎没有带齐，她又不能长住在这里。书记答应有事再找她，说可能要过一段时间。外地女子甚至说，这边如果可以，那她从家里专门赶过来也没有关系。下午 3 点左右，居委委员褚阿姨过来找孙老师。她衣服穿得很鲜艳，一件亮黄色的外套。李阿姨、赵书记她们都亲切地直称她“花儿”。她与居委的几个人都很熟，挨个打了一遍招呼，聊了一遍天。赵书记把一些东西交给她，也到大厅里，几个女人大谈特谈诸如衣服一类的话题。这位“花儿”像是一个活宝，给居委带来了好一片笑声，她在这里逗留了好一阵才走。

2006 年 3 月 1 日　　　　星期三　　　　晴多风

今日到梅园居委，感觉神清气爽，昨晚汗透卧衾的苦头总算没有白受。进了居委，大家都问寒问暖，以喜讯答之。小钱为我带来了一堆药，十分感动。书记暂时未到，就先征询书记助理的意见，问一下能否从公共电脑上拷贝一些文件。小钱略有些迟疑，说 D 盘上的文件都是书记的，要征询书记的意见才好。于是就等着亲自问书记，她倒是痛快地答应了。各方面的内容都挑着复制了一些，有种心虚的感觉。

今天居委的八位工作人员全部到位。上午小吴在公共电脑上打字，她说要编出一篇“好女儿”的文章来。昨天编好了“好妈妈”，打印稿我拿来读了一下，是那种宣传性材料。估计是当事人自己不会或不愿写，就由居委会里的工作人员代写。同时看到有关小钱的一些资料，原来她一直表现很优秀，一直是“先进工作者”。她的情况还需要再详细了解。于是我和小郑、GY 就站到门口聊天，关上门给她一个安静思考的空间。

小郑是 2005 年 3 月开始居委工作的。她先到的是 LS 二村，在那里负责安全保卫。11 月才到梅园居委，所负责的工作换成了老龄兼文教。（她与小吴到梅园前后只相差两天，小吴也兼文教，但主要是跟着李阿姨做计生工作。她自云李阿姨是她的“师傅”。）小郑本科毕业于上海体育学院，练过女子三项，即跑、跳、投。健美操自然也学过，她甚至在进居委之前就做过好长一段时间的健美教练。最近她正筹划着发挥这方面的专长，开一个健美班。这个事情我从别人那里听说过几次。下午我就在她的办公桌上看到了打印出来的中英文的健美班开班通告了。地点还是在会所，居委与会所的关系倒也真是不一般。

上午又与赵书记聊了约一个小时，听她讲调解的故事。聊天期间，有家政服务员要去她新加坡的朋友家去打扫卫生，说她明天就要回来。赵书记叮嘱再三，要她小心仔细，把边边角角的地方都要打扫到，说自己下午还要去检查的。她对我讲，人家走的时候把钥匙留在了居委这里，这就算对我们的信任。看出来，赵书记对朋友考虑的是蛮周到的，从一件小事也可以看出她与别人交往的方式。赵书记会用一种很委婉、轻松的语气对别人提出要求，有时候也会显露出一种孩子般的狡黠。尽管她是不折不扣的领导，但别的工作人员在她面前似乎并没有什么拘束，甚至包括初次与她打交道的所有人。她的笑容很慈祥，一下子就拉近了两个人的距离。她还很善于以礼交人。我感冒了，她把自己的茶拿出来给我喝，从家里带来有助于缓解咳嗽的枇杷叶膏，送我苹果吃，还说周四上午从家里给我带粥喝，像母亲一样关心年轻人。不仅对我如此，下午她与一位来访者聊天，走的时候也硬塞给了他一点小东西，这让人对她的热情只会感动和感激。这正是《面子》一书中所讲的“人情”逻辑。

今天仍然是孙老师家政服务这边最忙。小钱经常在接待处用电脑，李阿姨偶尔到前台看看信箱、查查资料，小吴和小郑都跑出去了一趟。小郑去的是她原来待过一段时间的 LS 居委，小吴不知去了哪里，我还接了一个找她的英文电话，原来她的英文名是 lily。周老师很慢地用汉字书写的程序把文字材料输入电脑，我还帮他处理了一点小问题。李阿姨在自己的位子上坐的时间最长，近乎一个下午我们都在断断续续地聊天。小 G 没有事做，也陪着我访谈。李阿姨一直负责计划生育和卫生工作，她讲在这样的小区里开展计生工作实在是困难。计划生育是国家政策，是带有强制性的，但这种强制性的政令在这类高档小区中却遇到了高度分化、原子化、独立性很强的经济精英们的无形抵制。这种情况下，居委会怎样开展工作，恰恰可以反映出国家与社会之间的一种关系。详见李阿姨访谈。

赵书记下午骑车出去检查了一番，她回来后已经快到下班时间了。她到大办公室里，跟大家随便聊天，我们互相留下了联系方式。下班后我跟小钱、小郑一起出门，直同行到 DY 二村。小钱沿途与许多居民打招呼，看到小洋娃娃，还过去亲一亲。过马路时，一对外籍居民母女正在小摊上买水果，她们同样招呼了一下。外国母亲很友好，看我们在一起，也对我微笑示意。居委会的成员借助各种机会增进与居民的熟悉，这也是一种工作方法吧。

2006 年 3 月 2 日　　星期四　　多云 有风

上午走进小区大门，恰与一位家政服务员阿姨同行。我问她是否认识赵书记，她说当然认识，她是里弄的书记嘛。阿姨也是梅园人，并很以此为荣。她也知道梅园居委介绍家政服务，不过她并没有经他们介绍。她自 1998 年开始做家政至今已经 8 年，说也曾在接到参与培训。据说在这边的家政服务员都必须要参加培训，否则不能提供服务的。她在其他地方也做过，后来到了梅园，说这里的工资，钟点工是 10 元/小时，比其他地方的每小时要高一两块。我总觉得打扫卫生不需要多长时间，她说打扫房间要很仔细，还要洗熨衣服，甚至可能做饭，这一套做下来，至少也要三四小时的。

进入居委会迟到了5分钟，大家都已经到了。赵书记直接去开会，当然也就无法给我带粥了。这一点她昨天就提到过。其余人各安其位，似乎暂时无事，一片宁静。进来一个30岁上下的女老外，一身休闲运动装备，斜背着一个球拍，讲一口流利的英语。小钱与她聊着，小吴后跑过去，跟她聊得不亦乐乎。原来她是来邀请居委会人员参加她儿子的生日party的，但似乎她也只跟这二张认识。小吴把很多话抢了过去，小钱后来干脆闭口不言，自己翻看着接待台前的宣传材料。

接着来了一位身着红色外套、约四五十岁年纪的阿姨。她是家政服务员，来找孙老师。我站在旁边，她也对我打招呼，说自己做家政都是为了孩子，大约我跟她孩子年纪相仿。她这次来是要跟房主夫妇见一下面。她似乎是第1次来，她对孙老师介绍自己的经历。她说以前做过好几家，都比较尽责，也没跟房东产生过什么矛盾，相反，关系都很好。有的房主几乎跟自己成了亲戚，过年她还来看自己。有的需要在路上花几个小时，但她也不在乎。后来当兵的儿子回来，她自然要照顾儿子，那边就不做了。房主又找了一位四川的姑娘，感觉不好，就打电话再让她去，但她只好说抱歉，实在是儿子回来，分不开身。这次与房主见面约在9点一刻，房主略略迟到了一点。是一对三十几岁的夫妻，都是运动休闲装打扮。孙老师请双方到客厅去坐。他手拿登记册，先简单介绍了服务员阿姨的情况，然后就请房主太太介绍自己的要求。谈开后双方的直接交流就多了起来，孙老师也基本上没有插话。交流很坦诚，双方似乎都还满意，最后阿姨要跟着他们去看一下房间的位置。起身离开时，孙老师说，“祝你们合作愉快!”他们也都向孙老师表示感谢。房主先生有些沉默寡言，走的时候他跟我打招呼，还问孙老师我是谁。似乎他对居委会里的成员还是比较熟悉的，以至于来了陌生面孔都能发觉。

李阿姨、小郑、GY在办公室闲聊着什么，小钱和小吴也在热烈地讨论着什么，周老师则去了菊园取信。

我开始访谈孙老师，但中间两次被来访者打断。第1次是两个年轻的家政服务员。一个是完成服务之后到这里来汇报一下老外的反应，她说老外直说OK。她同时介绍另一个服务员，她的朋友也在这里登记。她朋友说以前在宾馆做过服务员，但孙老师说宾馆服务员跟梅园的家政服务还是有差别的。他和声细语地解释，并一一检查证件。需要的证件真是很多，包括结婚证、户口本、身份证、暂住证、担保人（其丈夫）户口本和身份证、健康证、居委介绍信（证明二人是住在一起的夫妻），还有两张照片。年轻服务员没有健康证，需要补办。孙老师建议她到闸北区去办，那边只要50元一张，可保一年，而浦东这边则需要80块。孙老师帮她登记上，让她下次带齐了材料再交登记费。并且提醒她，第1次在这边做，可以先熟悉一下，可以找人带一下。第2次是一位居民L女士来找李阿姨，临走的时候找孙老师问了一下，说自己170多平方米的房子正在粉刷，需要多长时间才能搞完清洁？孙老师说如果有3个人，那需要3个小时。她又问需要多长时间这边能找到服务员？孙老师说只需半天，只要她能提前半天通知，就可以协调好。

街道党政办公室的一位女士找小钱，两人在客厅长聊。周老师他们在帮小郑出主意，3月8号下午，街道《老年法》宣传活动要在梅园举行，这事要由分管老龄的小郑负责。他们在考虑如何打印会标，如何召集群众，等等。随后几个人一起就开始在公共电脑上打字。李阿姨的声音传了过来，“小郑的事我是一定要做的”。又有人找孙老师，是一位年轻的女居民。她向孙老师抱怨说，前面在她那里做的服务员被宠坏了。自己很多东西都给了她，她把附近几家的孩子也都带熟了，就今天在这家吃，明天在那家吃，搞得很不好。她想换一个。等她走了，孙老师纳闷，好像给她已经换过了呀。一位50多岁的服务员也来找孙老师安排事情做。孙老师说暂时没有，她还是坐了很久，说自己只做过一个。

赵书记匆忙地从外面赶回来，是小钱打的电话。但在会场中她也没有听得很清楚，以为需要马上回来接待，回来才知道原来又是下午4点北京某街道的访问团才会过来。赵书记看起来是经过了精心打扮，从头到脚都修饰过，显得年轻了许多。她打的直打到居委门口，却原来是误解。心里多少有点气，但也没讲，只是嚷嚷着，“算我瞎起劲了”。

下午一点半，我和小G又去小吴的中文班上去充当志愿者。这次班里只到了4个老外，两个是上次见过的印度女孩，两个是欧洲人，其中一位的中文说得已经非常好了。中文班现在是名声在外。上次就有《Shanghai Daily》的记者摄影采访，我看到自己也被放到了报纸的照片中。这次又是《东方早报》的记者来摄影采访。摄影的拍完先走了，女记者留下直到下课，她还要采访一下小吴老师。她一直跟到居委会，与小吴聊天。

断断续续地我也听到一些，原来这其实不能简单地叫作中文班，应该是太太中文俱乐部，成员都是梅园在家的洋太太。这些洋太太的丈夫也许会在中国住几年，孩子也送去了幼儿园，她们就闲在了家里。太太中文俱乐部是书记首创的，目的在于为居民提供全方位的服务。

李阿姨与某妇女聊天，手里拿着几本流动人口的什么证件。她坐在了公共电脑前，占住了电脑。周老师想用电脑打字，出黑板报，但又不好赶她走，于是就在附近转悠。孙老师在接待台前用那台可以上网的电脑打字，兼接听电话。书记在与人谈话，却没有见到小钱。小郑在用小G桌上的电脑，小G就没有坐的地方了。3点半与书记聊天的人离去，后来小郑、小吴就一起去跟书记商量3月8号《老人法》宣传的具体细节。

补录音资料：孙老师是安徽人，原来在安徽做党务工作者，后来到过浙江，又到了上海。他妻子是上海人。2004年6月进入居委工作。当年他先是负责老龄和治保工作，2005年的时候专门负责党务，就从今年开始负责起了家政服务兼党务工作。孙老师讲到也有对服务员不尊重的房主，这类房主有中国人，也有外国人。有一次房主寒冬腊月里，让服务员出去在走廊上洗菜吹风，实在不太像话。孙老师说对这样的人也无法提供服务，因为家政服务员都不愿去为他服务了。尽管家政服务的宗旨是要尽量满足居民的需要，但也要看居民的要求是否完全合理。

4点多钟，北京街道一行5人在梅园街道一些领导的陪同下到梅园居委访问。大家围坐在客厅的大会议桌上，一会儿，物业年轻的王经理也赶过来参加会见了。赵书记先介绍一下居委的情况，有这样几点值得注意：（1）街道书记在赵书记来梅园之前，曾与她谈天，讲到能否有外籍委员加入居委会？赵书记从此就把这句话记在了心里，一开始就注意社区中的老外热心人，于是发现了杰克。（2）当时居委会的选举为差额选举。书记曾到杰克家中访问，遇到了杰克的岳母，她曾是北京民政部门的干部，她答应劝劝杰克。后来在小区的中秋活动中，杰克就主动提出来说愿意参与居委的工作。（3）北京街道的一位干部提出一个很尖锐的问题，外籍居民能否合法加入中国的居委会。这确实还是一个没有定论的问题。外籍居民明显没有中国国籍，按理说是没有权利参加中国基层社区的选举的，他们也没有被选举权。这一点似乎赵书记没有很多考虑，且待澄清……

2006 年 3 月 7 日　　星期二　　晴 多云

赶到居委会的时候，已经到了 8 点半上班时间，但只有孙老师和小 G 在。赵书记到街道组织科有事，小郑也开始发烧，今天她的父亲打来电话说无法上班。我很担心且内疚，怀疑是不是自己传染了她。别人还没到。孙老师说今天上午又有北京某区街道的代表团前来参观，赵书记电话指示打扫一下卫生。于是孙老师开始动手，我帮他擦桌子。李阿姨、小吴一起进来，并没有帮着做什么，也许知道居委的清洁工具不够用。周老师到了，小钱也到了，几乎已经快 9 点了。我坐在小郑的桌子上写字，李阿姨隔着窗户向外打招呼。我看到一个花白头发的老保洁员正在打扫卫生。李阿姨介绍说，他叫 GXG，是老党员，自然也是梅园党支部成员。他一直在物业公司做保洁员。曾经有一次，一个挪威房主要求换一个男的服务员帮他擦窗玻璃。据说挪威的风俗，女性是不能擦玻璃的。于是顾师傅前去，那时是休息日，他坚持不要报酬。挪威人硬塞给他，他就把这些钱交了党费。李阿姨说他的家庭情况也并不好，他太太是这里的家政服务员。

9 点 8 分，赵书记从街道回来。据说这次来参观的人 9 点半左右到，于是回来准备接待。之前小钱就说书记是一定会回来的，果然如此。每个人都问候我的身体，我一一致谢。赵书记也不例外，问我好了没有，说，“你让我们担心了”。上周日我曾打电话给赵书记，说周一不过来。她就问过我的病情，说大家都很担心。还说曾打算电话问我一下，但一时没找到电话号码。人情功夫可谓足矣，让我很是感动。赵书记进门的时候，小钱大喊了一声“书记”，赵书记开玩笑地说吓了她一跳。感觉小钱在书记面前，有时会有撒娇的表现，可能是两人比较熟悉了吧。

小 G 统计了一上午的台胞。她 2004 年毕业后，原来在一家外企工作。后来考取了公安系统文职人员，在参加完军训后才知道待遇很少，只有 1000 多元。她就逃了出来，直说那是骗人的。后来就应聘到了居委。现在她还是处于实习阶段，可能再过一段时间就要到 LS 居委去了。赵书记从街道组织科带回一个消息，她对小 G 说，街道问起了她的情况。她回答说，小 G 蛮不错的。

小郑桌上有些资料，我抽空翻了一本，记录一些东西如下（不过我向书记问起里面的一些内容，书记说这些都不准确了，没有什么的，只是应付一下上面的检查罢了）。资料的时间是2002年12月。

7位居委委员的部分情况：书记的学历是大专在读；杰克和WY是宣教主任，都是本科，周是民建党员；褚阿姨是社区服务主任，学历高中，为中共党员；ZD为综合治理主任，女，学历大专；LLL也是综合治理主任，学历大专；陈阿姨是卫生主任，学历大专。

2002年12月，居委的工作人员包括赵书记、小钱（当时是本科在读，负责民政、青保、治保、调解）、李老师（群众，负责卫生、档案、妇代、计生）、YRF（负责就业援助和社区服务），另有4位干事，分别是ZYH（大专，2004年2月25日进入居委）、ZYJ（高中，2004年3月入居委）、ZCY（中专，2004年2月入居委）、孙老师（大专，2004年6月入居委）。

居委会的4个委员会成员情况：宣传教育委员会主任杰克（1970）、WY（1963）、JJ（1979）；社区服务委员会主任褚阿姨（1959，就住在居委会所在地上面的201室）、SY（1978）、小钱（1975）；综合治理办公室主任ZD（1963），副主任LLL（1970），副主任小钱，委员RJD（1961）、E（女）、F（男）、L（1964）、CWJ、QZM、HJP（1931）；人口环境卫生委员会主任陈阿姨（1946），委员SY、李阿姨（1956）。

上午居委委员陈阿姨恰好到居委会来串门，与几位老师打过招呼，主要是与李阿姨在聊天。她还带来了一些好吃的，说是丈夫从福建带回来的，把东西放在了李阿姨这里。她原来是数学老师，李阿姨说，她人很好的，对居委会的工作也很支持，“但这种人就是太少了”。从她身上，李阿姨讲到了一个很重要的情况。她说居委委员其实并不发挥作用的，这里每幢楼的楼组长也是不发挥作用的，因为这里的居民几乎是“老死不相往来”。居委能依靠的只有一个以老年人为主的小圈子。这些老年人自身就是一个趣缘群体，比如一起打打太极拳了。他们来自老的小区，依靠子女搬到了这一小区里。他们还是习惯以前的生活方式，愿意经常在一块聚聚，也熟悉居委会的活动，对居委会的活动还是比较支持的。李阿姨说，他们被我们“使用的频率是很高的”，经常是这些活动找他们，那些活动还是找他们（小钱刚好进来，李阿姨征询她的意见，她也表示同意）。其他人就不太好发动了。同样是老年人，有一对老夫妇，学历都是大学，是知识分子。居委组织的活动他们只挑着参加，旅游活动他们参加，其他活动过来得就很少。居委派不动他们，外籍居民更是如此。

10 点多钟，地产的一位女士带了 3 位重庆某公司的年轻人过来到居委会参观，赵书记负责接待。在大厅中，我也旁听到了一些新的故事。1998 年，第一批入住梅园的居民几乎全是外国人，当时号称“小联合国”。这种新的高档小区与老的社区不同，居委开展工作“不能串门”，于是就组织活动，把居民引出家门。基本上每月一次大型活动，物业公司、业委会、居委会“三驾马车”一起开展工作。地产的女士这样讲，“如果缺少居委会支撑的话，右臂就没有了”。她还说，居委会很不容易的。或许指的是居委会刚开始在还不被物业认可的情况下开展工作时的处境。张老师讲了一个故事。一位姓 L 的来自香港的女英语老师，……她在参加居委组织的太极拳活动时，经常莫名其妙地挤掉别人的位置，自己却还不知怎么回事。她很孤独，受到别人的孤立。居委会就决定让她给居民上英文课。她果然像变了一个人，抹上口红，打扮得漂漂亮亮，再不是往常邋遢的样子，在课上也显示出自己的水平。她的症状就大大缓解了。但她又是基督徒，她还有传教的喜好。但国家的政策是“不允许传教”的，于是她的活动仍然受到一定程度的抑制。可参考录音。年轻人发表自己的感想说，政府正在朝“服务型”政府的方向转化，梅园这边的基层社区提供了一个范例，他听完赵书记的介绍，由衷地想说一声，“共产党真好”。来访者离开的时候向书记表示感谢，赵书记拍着地产那位女士的肩膀说，“你还跟我客气什么?”之后赵书记讲，其实她是希望居委年轻的工作人员多出去走走的，深入到居民之中去，而不是总坐在办公室里面。她也不太希望居委会中的人老换来换去，因为可能他们刚刚熟悉了情况就走了，新来的人又要从头开始。

上午等待北京访问团的到来直到 11 点半。等待的时间似乎比较难熬。……我早饭吃得少，肚子很早就开始咕咕叫，李阿姨拿出自己的一个鸡蛋给我吃。她还分了陈阿姨拿来的鼓浪屿糕点，每人一块，当然少不了我的。……她把我擦过的会议桌再擦了一遍，又拿出几张折叠椅擦干净放到会议桌旁，准备了杯子，烧好了开水，就等着访问团来了。可我 11 点半要回去吃饭的时候，他们还没到。

我回到 YG，恰好碰到访问团出来，就发了个消息给赵书记，也许发晚了。

下午不到 1 点，我回到居委会，李阿姨和小钱正躺在客厅沙发上小憩。一位 40 岁左右的陌生阿姨正在和周老师、小 G 调试电视机。原来她是《梅园家园》的编辑，叫作 DY。她似乎对同性恋比较感兴趣，打算看的电影正是李安导演的反映同性恋的《断背山》。她兴致勃勃地与我和小 G 讨论同性恋的生理基础和后天影响，讲起来竟头头是道。

一点一刻，小吴、GY 和我 3 个人一起到街道文化中心参加庆祝三八国际劳动妇女节的活动。我还有一个特殊任务，就是代替梅园小区的魏老先生领取浦东新区“绿色家庭”的奖项。魏先生已经 80 多岁了，他太太是日本人。两人都非常有环保意识，家里的家具都是节能型的。活动分两部分，先是会议，后是演出。主持人是文化中心的主任 XY，她看起来只有二三十岁的样子。街道主任 LBL、党工委副书记 LMK、街道副主任 JH、街道妇联主任 M 以及新区妇联主席出席了会议。S 书记也专门送来了贺信，转达对妇女工作的支持。文艺节目除了两个独唱之外，主要是梅园舞蹈队和时装队在表演。梅园舞蹈队已经达到了一个比较高的水平，她们表演的海派秧歌《春到梅园》曾经在全国获奖。海派秧歌早闻其名，今天才算一睹风采，果然精彩。

节目结束时已经 3 点半钟，又与 GY 到街道组织人事科找 W 部长领工资。本打算见一见 M 科长的，但他恰好不在。4 点多，回到居委会，只有孙老师一个人在。原来赵书记去跳舞了，这也是安排好了的三八节活动之一。小钱和周老师下午一起与地产、民警到 SD 去了一趟，周老师去之前还安排了两个家政服务。我们回来没多久，他也回来了。4 点一刻，他还在电脑上打完了一点东西，完成了一件任务，一副志得意满的样子。我就跟他随便聊了起来，并做了录音。他说梅园小区共有 46 幢住宅楼。其中 1 号到 23 号是一期，25 号到 33 号的高层，35、36、37、38 号别墅都算作二期。一期和二期都是 PM 路的号码，而三期则是 PC 路 X 弄 1 号到 12 号。所有的号码都不带数字“4”，以示吉祥。高层住宅是 32 层，每层可能有两户（一期每层都是两户），也可能是三四户。最大的面积就有 300 多平方米。他还饶有兴致地带我转了一下居委会附近，介绍了一下浦南医院设在梅园的诊所，业委会的办公地点原来就是居委会的办公室，现在基本上没有人在那里。会所中有银行取款机、飞机订票处，楼上是图书馆和健身房。会所前广场比较大，而幼儿园旁边的小鸟广场也经常开展活动。周老师提到了一个很重要的现象。原来居委委员可能会对居委会有物质上的支持。而会所是可以免费提供某些场所给居委会开展活动的，如中文班。

很多活动仅仅靠居委会的力量是无法组织起来的，只是资金就很难筹措。比如今年的元宵节游艺灯会。主办方是业主委员会、居民委员会和物业管理有限公司，承办方是会所和上海电影艺术学院。其节目包括民俗文化游艺，元宵灯制作、小车制作、粘泥人、脸谱制作、汤圆制作、金属书法、香袋制作和猜灯谜（2 月 12 日下午 1 点至 5 点），元宵美宴、港式点心、印度飞饼、潮州卤水、炸元宵、酒酿圆子、龙须糖、棉花糖。自 2 点半到 5 点的表演节目包括舞龙舞狮、秧歌舞、杂技魔术、舞蹈、独唱等。赞助单位包括荷兰银行、国泰人寿、生物三光、凯尔齿科、御峰理财、美（虢加食）餐饮、花苑诊所、美和学校、童美摄影、温迪特酒行、自然美。如此规模、如此高规格的节目……

部分资料：小区主要单位包括会所（外资）、联华（快客）超市、浦南医院诊所、邮局（皆为国营），梅园幼儿园（外资）。

居民代表名单：NWX，1971，群众，自由职业；LM，女，1960，党员，自由职业；I，女，1969，自由职业；LF，女，1943，群众，退休；LYS，1963，党员；CJY，1956，群众；SH，女，1971，党员；MYX，女，1964，群众，居家；PXL，女，1962，群众，自由职业；ZM，女，1955，党员，居家；J，1970，外资单位；LMQ，女，1976，群众，自由职业；YLH，1964，自由职业；XQQ，女，1970，居家；XDH，1960，自由职业；LJ，女，1966，自由职业；SZ，女 1956，自由职业；LZN，1931；HP，1955，自由职业；MY，女，1964，自由职业；JQ，女，1965，自由职业；L，女，1965，群众，自由职业；LC，女，1966，群众，自由职业；ZGJ，自由职业；ZXH，1949，自由职业；YX，1969，自由职业；WW，1961；DTF，1930，自由职业；MZF，女，自由职业；TGY，女，1940，自由职业。

周老师言，许多人所谓的“自由职业”其实是不愿透露自己的职业。

下午还有一个老外跑到居委会来寻求帮助。原来她买了一瓶调味品，却看不懂中文，不知道怎么用，就请翻译们解释一下。书记和李阿姨去跳舞了，也是庆祝三八妇女节的活动之一。小钱去了盛大金磐，小吴在文化站还没回来，于是 GY 出面给她大致解释了一番。

2006 年 3 月 8 日　　　星期三　　　多云转晴又转小雨 三级风

整理部分摘录资料：

社区服务领导（协调）小组成员：组长赵书记、副组长小钱、HCB（物管中心）、NLQ（会所）、褚阿姨（居委委员，居家）。社区服务专业人员包括保安、保洁及 26 名卫生清洁员。

社区服务分中心包括居委的家政服务介绍，浦南医院诊所（25 号楼下，业委会办公室旁边，与居委会、会所、物管中心很近），联华快客超市，梅园幼儿园（就在物管中心旁边），物管中心工程维修，设在会所的小区邮局和飞机售票处等。

2004 年共有 1936 户居民，人数为 3120 人，其中男性 1962 人，女性 1158 人。60 周岁以上的居民人数 65 人，其中男性 34 人，女性 31 人（这些数字并非十分准确）。老年活动室在 PM 路 X 弄 20 号 1 楼，即居委会所在地，负责人赵书记，设有阅览室、棋牌室和谈心室，每周三下午有老年合唱队活动（但今天未见活动）。

社区服务志愿服务队包括诊所、联华超市、幼儿园、修理部、邮局和飞机售票处。另有英文歌曲班（负责人 LQF……）、英文学习班（负责人杰克，现在他已经回国）、小报制作班（负责人 C 老师）、欧盛齿科（负责人 W 老师）。

2003 年志愿服务队活动情况：

| 时间 | 参加者 | 参加人数 | 活动内容 | 地点 | 受益人数 |
| --- | --- | --- | --- | --- | --- |
| 1 月 19 日 | 爱心助学队 | 28 | 募捐 | 会所前广场 | |
| 3 月 5 日 | 学雷锋医疗咨询队 | 13 | 医疗咨询 | | 34 |
| 4 月 12 日 | 助游队 | 40 | 老年居民旅游 | 松江影视城 | 48 |
| 5 月 5 日 | 发放樱桃队 | 23 | 采摘樱桃发放给居民 | 会所 | 127 |
| 6 月 21 日 | 助老游玩队 | 5 | 老年人游玩 | 上海科技馆 | 12 |
| 6 月 23 日 | 欢乐聚餐队 | 5 | 小区烧烤亭 | 社区中的团队 | 40 |

**续表**

| 时间 | 参加者 | 参加人数 | 活动内容 | 地点 | 受益人数 |
|---|---|---|---|---|---|
| 7月5日 | 书法班 | 2 | 学生暑期练习书法 | | 10 |
| 7月11日 | 外出参观 | 5 | | 潍坊街道科普中心，梅园海螺馆 | 15 |
| 8月12日 | 科普讲座 | 2 | 老年人 | | 20 |
| 8月12日 | 中秋活动 | 15 | | 会所前广场 | 500 |
| 8月22日 | 纳凉晚会 | | | 会所前广场 | 200 |
| 9月29日 | 老年活动 | 6 | | 老年活动室 | 68 |
| 9月30日 | 募捐衣物打包队 | 8 | 上交街道 | | |
| 10月7日 | 募捐 | 5 | 物业员工之子，患白血病 | | 1 |
| 10月18日 | 好客在浦东 | 12 | 外籍友人在浦东居民家中吃晚餐 | | 18 |
| 10月19日 | 助游队 | 4 | | 乌镇 | 93 |
| 11月20日 | | 3 | | 东方明珠 | 8 |
| 12月29日 | 功夫扇队 | 2 | 为学习功夫扇的居民服务 | | 12 |

群众团队包括：

| 团队名 | 人数 | 负责人 | 成立时间 |
|---|---|---|---|
| 太极拳操队 | 9男10女 | 魏老人 | 2002年5月 |
| 英文歌曲班 | 8男7女 | LQF | 2003年3月 |
| 英文学习班 | 3男3女 | 杰克 | 2003年1月 |
| 暑期书画班 | 6男8女 | JJ | 2003年7月 |
| 小报制作班 | 5男8女 | C老师 | 2003年7月 |
| 老年合唱队 | 12男15女 | 小钱 | 2003年8月 |
| 秧歌舞 | 10女 | JJ | 2003年5月 |
| 扇子舞 | 12女 | JJ | 2003年8月 |
| 功夫扇 | 15女 | 李老师 | 2003年11月 |

2004 年居委接受的各项任务：

| 时间 | 任务 | 上级部门 | 负责人 |
|---|---|---|---|
| 4 月 1 日 | 召开建立业主委员会业主大会 | 街道房产办 | 书记 |
| 4 月 8 日 | 侨情调查 | 街道侨情办 | 书记 |
| 5 月 18 日 | 新区首届中外家庭文化节 | 街道宣传科 | 书记 |
| 5 月 28 日 | 健康情况调查问答表 | 爱卫办 | 李阿姨 |
| 5 月 28 日 | 社区服务需求调查表 | 社区服务中心 | ZCY |
| 6 月 2 日 | 涉外小区外籍人士基本情况调查表 | 街道侨情办 | 孙老师 |
| 6 月 17 日 | 红色经典歌咏比赛 | 街道党群 | 书记 |
| 6 月 18 日 | “七一”演讲 | 街道党群 | 书记 |
| 6 月 23 日 | 梅园歌咏队演讲者参加“七一”表演 | 街道党建办 | 书记 |
| 7 月 5 日 | 《科学在我身边》征文两篇 | 街道文化站 | 小钱 |
| 7 月 6 日 | 交《双拥计划与总结》 | 街道武装部 | ZCY |
| 8 月 3 日 | 《梅园小区业主代表推荐表》 | 梅园物业 | 书记 |
| 8 月 10 日 | 《个人健康状况》 | 街道市政科 | 李阿姨 |
| 8 月 12 日 | 浦东新区第八届家庭文化节 | 新区妇联 | 书记 |
| 8 月 18 日 | 《浦东新区资讯服务状况调查表》 | 新区新闻办公室 | |
| 8 月 23 日 | 上海地区中老年人群用药调查表 | 街道市政科 | 李阿姨 |
| 8 月 24 日 | 迎国庆合唱 | 街道群文科 | |
| 11 月 28 日 | 第五届京剧票友会 | 街道群文科 | 书记 |

在我摘录这些资料的过程中，李阿姨提到，这些资料并不准确。她说“虚虚实实、实实虚虚，反正街道只要求个结果”。活动是肯定组织过的，但参加的人数就不一定有这么多了。她讲到一次元旦活动，在会所，请到了一些演出人员。但来观看演出的实在比较少，演员都坐到了台下，凑凑人数。她讲到了活动参与者比较少的原因。小区有 1944 户居民，但有户口的只有 198 户。外籍居民没有户口，很多人属于人户分离。年轻人、中年人都要上班或有自己的事业，只有老年人有空，但老年人也并不多。经常来参加活动的还是那几张老面孔，她说看照片是能看出来的。统计数据也不准确，这是根据“一户一表”来的，但这里的居民流动性太大。比

如老年人，有的搬走了，有的根本没有统计进来。所以65位老年人的数字不足为信。

一整天赵书记都没来上班，她是去参加别的庆祝妇女节的活动去了。小郑来上班了，但还是有些咳嗽。小吴做的出游名单竟然漏掉了自己的师傅李阿姨。李阿姨有些生气，说下午的出游不去了。10点半左右，看小钱有空，就跟她聊了一会儿，听她讲与外籍居民打交道的故事。小吴派给我一件任务，写一份有关学习型楼组或学习型家庭的材料，但是既没有确定是哪个楼组和家庭，也没有什么实际的相关材料。我不知道怎么写，她说就编一编好了，可以参考往年别人的材料甚至其他居委写的东西。她还找出一些相关资料给我和小G。也许许多材料都是这样“编造”出来的。我有点摸不着头脑，小G倒领会得很快，看来她比较适合做居委工作。

顺便看到了魏老人的材料。他今年已经86岁了，现在还担任居民楼组长。他1999年从日本回国后入住小区，一直比较活跃，热心参与许多活动。他是日本友人亲睦会的会长，是太极拳兴趣组的队长，同时还是义务调解员。他也曾踊跃捐款，2004年被评为梅园社区“精神文明十佳好市民”。昨天我从街道领回来的“绿色家庭奖”也是他的。居委很多活动会找他，奖励自然也会更多地给了他。他肯定是李阿姨所谓的“小圈子”中的一员了。巧的是，下午4点多，老先生到居委来找家政服务员，顺便领奖。他个子不高，很瘦弱的样子。头发都白了，眉毛长长的，很有些长寿的模样。他从外面进来，戴一个口罩。他把自己的要求讲给了孙老师，孙老师说尽量第2天就给他找好。我想与他聊聊，孙老师在介绍的时候，特意用了“德高望重”4个字。可惜的是，周老先生的太太现在生病住院，他要照顾她，最近也没有时间聊天，他已经几天没去打太极拳了。不过他说可以再联系。他说自己爱好广泛，喜欢参加各类活动。早晨打太极拳，下午打乒乓球，还经常唱唱卡拉OK。他说有空的话，可以请我到他家里去唱歌。看得出，老先生的生活过得很有滋味，是一个热爱生活的人。

下午一点，居委所有的女性都不在。今天是三八国际劳动妇女节，原则上她们是可以放半天假的。下午也安排了一个参观活动，小钱、小吴、李阿姨、小郑和GY都去参观古钱币去了。居委会就只剩下孙老师、周老师两位男性留守。但反倒有更多的家政服务员来找孙老师。一位二十几岁的服务员就坐在居委会里，她上班是下午 5 点，她就这样一直等到 5 点钟。其他的服务员都等着想找工作，孙老师说，有活儿的话会给你们打电话的，现在待在这里也没用的。几位家政服务员做得久了，跟孙老师和也曾经做过家政工作的周老师都比较熟悉了，随便闲聊着。她们看起来也是外地人，孙老师对她们讲，“上海人对我还有意见了，好的活儿都给外地人去做了。”孙老师这样总结自己的分配工作的原则，“有饭大家吃，这是我的总体原则。一点活儿都没有的，特别是老服务员，我肯定要帮她找的。”在一些家政服务员看来，居委会的家政服务资源就掌握在孙老师或周老师手中。靠近资源分配者，与他拉拉近乎，总会对自己有好处。但据周老师说，安排家政服务，首先要看业主的要求。有的业主只用上海阿姨，有的要求年轻，有的要求做得要好。还要看服务员的要求，有的服务员只能做钟点工的，比如四点半要回去接小孩什么的。买菜做饭、洗熨衣物，这是最基本的工作。但就是这些，也要求要有烹饪证书、洗熨衣服的证书等。家政服务不是那么好做的。

下午我在梅园小区转了一圈。这里有两个地下停车库，有两个露天泳池，当然现在已经关闭，物业的保洁员正在打扫泳池。有两个烧烤亭，贴了一些使用须知，看起来还有点麻烦。有两处儿童乐园，其中一处有两三个孩子在大人的陪伴下玩耍。有一处健身馆，可以打打乒乓球，还包括两个网球场。看到两个六十多岁的阿姨打乒乓，4 个年轻人在同一块场地里打网球。一期每幢住宅有 10 层，三期的高层则有三十几层。园内少有居民走动，随处可见物业人员在工作。小区的绿化很好，绿化率达到 100%，草坪、花树、小桥、流水，都经过了精心设计，但似乎享受这些自然之趣的人比较少。小区内到处有干净的桌椅，可以坐下休息，但也许是天气不太好，只有我休息过两次。物管中心总经理、物业管理公司的副总经理 QZM，同时也是居委会综合治理办公室的委员。物管中心旁边的宏名阁餐厅，是中西餐厅，下午一点半左右，看到只有两桌人坐在里面。居委会开展活动经常是在物管中心旁边的小鸟广场或会所（clubhouse）前广场。下午三四点钟，快到了接小孩子下学的时间，洋太太们出门就比较频繁了，会所前也显得热闹了些。

周老师到 J 居委会领回来了一份有关新的养老金发放办法的材料。他说 J 小区离这里比较近，街道知道梅园没有专门的就业援助员，所以很多本该由就业援助员负责的事情就由J居委给捎了回来。这件事情暂时归周老师负责，梅园只有一位领取养老金的人。他很快就填好表格，本打算亲自上门做家访的，但电话打下来，没有人接，只好作罢。周老师是老党员，他总是闲不住。做完一件事情之后也总有种志得意满的感觉，下午1点他还亲自陪一位家政服务员到SD那边去见一位房主，他是个做事积极的人。

在小区转的时候就在住宅楼下的公告栏中看到了小郑贴的健美操开班的通知，还看到物管中心贴的一个通知。他们的通知印制更加精美，彩印，而且加了一些图案。同样是中英文双语，但语气比较活泼生动。开首是“温馨提示”，内容大致是将于3月20日左右会同居委会一起对每幢楼的公共楼道进行清查，不准在公共空间内堆放私人物品。称呼语“亲爱的梅园小区业主/住户”，最后是“谢谢你们的理解与合作”。物管中心早就提前给居委会送来了通知，下午4点钟左右又亲自派人来找书记商量这事，但书记不在，于是说周五再过来。小吴送他出门，双方客气一番，小吴说“我们都是一家人”。

两位家政阿姨带着两个小洋娃娃到居委串门，两个小家伙都会说汉语。小吴逗他们玩，非要其中一个叫她妈妈，才把手里的糖给他吃。小家伙最终还是禁不住诱惑，歪着脑袋叫了妈妈。小吴和GY回来的时候已经不早了，别人都直接回了家。她们获赠了两件小礼品，类似旗袍式的挂件。书记在快下班的时候打电话给孙老师，询问了一下有关情况。尽管她不在，但也要了解情况。

2006年3月9日　　星期四　　小雨转多云

早上上班的路上恰好遇到小钱，于是一起去居委。门口GY在等着开门，她作为实习生暂时还没有钥匙。孙老师来晚了约半小时，但已经有人等着找他了。一位房主和一位家政服务员一块走进居委，女房主打算替服务员在这里登记一下，看来服务员做得不错，房主想再让她找第二份工作。女房主看起来比较精明强干的样子，家政服务员则很老实，普通话说得还不太标准。服务员曾经来过这里，知道在这里登记的话，需要担保人的户口本和身份证。女房主愿意做服务员的担保人，先过来找孙老师。她知道必须要看这些材料后，就冒雨回家拿证件。她说自己9点上班，公司在浦西，已经快来不及了。赵书记这时也来上班了，挨了雨淋。于是房主找她讲明情况，书记让她马上写一份担保书，说“我们这里一般是不给外地人介绍工作的”。房主写担保书的过程中，小钱找到了她的“一户一表”，就让她作一核对。果然有资料不符，女房主填好了新的电话号码。赵书记又问她和她丈夫是否党员，女房主回答不是。如果是党员的话，居委也许就又多了一份可依靠的力量了。女房主离去，家政服务员还需要去办暂住证，小钱告诉她需要带齐哪些证件。孙老师也到了，赵书记顺便告诉他，让他设计一种正式的担保书，可以打印出来，只需要担保人签字，这样会更为方便。从这件事里面，可以看到居委利用一切机会、一点一滴开展工作的情况，也能看到怎样积累经验，使自己的服务更为周到。

小钱替我打电话给居委委员褚阿姨和陈阿姨，问她们是否有时间下来接受我的访问。她打电话给两个人的态度和语气非常不同。她称呼褚阿姨为“花”或“花姐”，一直是一种对非常熟悉的人才会有的开玩笑的口气，对她的推托这样说，“人家就看上你了”，“你就当帮我的忙”，“你不想我吗？等会儿下来看看我”。称呼陈阿姨就是“陈老师”，态度就比较尊重，对她的支持和配合表示感谢。陈阿姨感冒了，自己的外孙女好像也有些感冒，小钱说可以带她的小外孙女一块下来玩。最终两人都答应上午过来。

向赵书记汇报，书记说“花”这个人表面上非常外向，老是说自己大大咧咧，没有头脑，其实是很有头脑的一个人。她丈夫是贵州 M 公司的总经理，她要与业委会、物业、居民搞好关系。书记说她跟地产的关系也非常好的。她就像是很多人的一枚开心果，她能与各类人搞好关系，即使这个人与大多数人都存在矛盾。赵书记说她可以算是编外的居委会人员，是居委会跟其他部门协调关系的很重要的一个人物。但赵书记也提到，她自己是不会跟我讲这些的。她是全职太太，经常外出到其他地方居住游玩。陈老师退休前是数学老师，也是经常参加居委会的活动，包括募捐。

10 点多钟，先是褚阿姨下来到居委会，她走进 4 人办公室，与所有人热情地打招呼。她不想到外面客厅去接受我的访问，而且一再表示没什么好说的。她比较敏感，自己丈夫的情况一点不露，而且还提醒我在论文写作中不要提到她的名字。她更多的是在讲居委会的好话，还不断地把身边的居委工作人员扯进自己的话题中。她说自己其实没做什么。陈老师到了以后，她便开始闭口，只是插插话，或者扯进许多与我想了解的问题不相干的东西。她打扮得很年轻，长得也不难看，脸上抹的油彩在灯下闪闪发亮。她老家是贵州人，喜欢参加热闹些的活动，也热心公益事业。她们家已经在别的小区买了新房，打算明年年底就搬过去了。陈老师年纪要比她大一些，戴一副眼镜，很文静的样子。她们说另外两位委员 WY 和 ZD 要更忙一些，因为都有自己的事业。今年居委会就要换届，但她们是不打算再参加竞选的了。她们承认居委委员其实并没有发挥多大的作用，其实只要能了解居民情况，反映居民意愿，起到居委会与居民之间沟通的作用，已经足矣。陈老师强调这个小区的特殊性，很难与其他居民沟通交流。褚阿姨认识的人很多，今天还在讲在桑拿房里认识了一个日本女人，对方还缠住她不放了。她说昨天下午本来打算与十几个人约好去看梅花的，其中就包括 WY，还有几个洋太太。但居委通知说去参观，她就辞掉了那边的约定，改到了其他时间。她说，居委会是基层领导嘛，领导的话还是要听的。

李阿姨、小钱、小吴，还有赵书记都到这边来跟她们打招呼，尤其是跟“花”插科打诨。她们走了之后，赵书记选了几幅昨天活动的照片，说这可以发给街道。她不忘跟工商银行那边打电话表示感谢。她说那边的行长都亲自出面担任讲解，而且准备得也很充分，算是给足了这边面子，不能不表示一下。小吴向自己中文班上认识的某老外借了一本书，赵书记借机向年轻人介绍经验。她说“万事开头难”，最难的就是迈出第一步，只要她们开始了第一步，以后就好办了。只要开始打交道，就可以交到朋友，交了朋友活动就好开展了。赵书记同时对小郑的身体表示关心，让她多注意。

下午一点半又是中文班上课的时间，我没有再去做志愿者，后来据小吴讲，这次人更少，只有 3 个。我在书记开了空调的办公室里与她聊天。书记关心我的身体，进而讲到如何让年轻人尽快地熟悉工作，怎样对她们恩威并施。她说自己现在也不会太顾及什么面子了，她们有做得不好的地方，会直接给她们提出来，有一个奖惩机制。她提到了街道的任务必须完成，但居委也要做一些创新性的工作。她说不能老让居委干部老待在房子里，必须要有事情做，要会自己找事情做。她说像这样的小区，如果你不主动，那么可能一天天地没有事情。这样既对街道无法交代，对自己的成长也不利。她讲到像中文班，也是拖了好久。书记不断催促小吴，同时也鼓励她，说这事肯定是一个亮点，只要做出来就是自己的工作成绩。最后这事情算是做成了。又像健美班，也是这样。年轻人需要逼一逼的，人都有惰性的。你让她把通知贴出去，人家报了名，你就不得不马上筹备这事了。健美班开班之前，需要小郑去跟会所联系地点，确定时间。她还建议之前先开个预备会议，了解一下报名者的情况，看什么时候有空方便参加训练等等。许多事赵书记只是出主意，并尽可能地帮年轻人考虑周全，但事情还是要她们去做。这样才能锻炼她们的能力，这样书记不在的时候她们也能把事情做好。赵书记说，我不可能事事都亲自过问、亲自去做的。领导也要讲究技巧。她说，希望每个条线的每个工作人员都能有一批自己的依靠力量，要能通过一些活动与他们交朋友，这样有什么活动的时候就可以抓住他们。也就是每个工作人员都建立一个自己工作的小圈子。书记讲，其实筹划一个活动，并不是随便拍拍脑袋就决定的，也是要有长远打算的。像健美班的活动，其实就是为四五月份街道的秧歌舞比赛做准备。秧歌总要有人跳的，要找到能跳愿跳的人不得不借助这些活动。

赵书记还讲到了与居民打交道的工作方式。这里的居民都并不太主动的，这就需要工作人员主动出击。如果双方都不主动，那事情肯定做不好。如果有人不配合，那就先放着好了。以后他们需要居委会，有事来找居委会的时候，再对他们提要求也不迟。像最早的登记工作，有很多人并不支持。当时也吃了不少白眼，赵书记说，就要做好这种吃闭门羹的心理准备，你只要心理承受能力强一些就可以了。有的台湾人就说，台湾不会登记这些隐私性的资料。那你就不登记。后来曾经把居委人员往门外推的一家台湾人，他们的台胞证丢了，找到居委会来。于是对他们提出要求，“一户一表”全都填好了（讲究方法，等待时机）。

下午两点多，上港新村街道的某居委会一行 8 人到居委会来访问。赵书记接待了他们，给他们介绍情况。我坐在一边做些记录，不知道录音效果如何。赵书记说自己是 2002 年 5 月到梅园小区来的，5 月 30 日梅园党支部、居委会同时揭牌。当时只有 3 个支部党员，现在则有 25 位。小区的在职党员有八十多位，但关系并不在居委支部。她提到某业主党员，热心扶贫帮困，每年向街道捐款两万元。她提到刚开始开展工作的困难。当时物业并不理解居委会的工作，更谈不上支持。当时她带着两个大学生，物业总共只发了1张入门卡。没有入门卡是无法进入居民住宅的，而且随便进入居民住宅也不符合物业管理的规定。赵书记说我们可以在遵守物业规定的前提下开展自己的工作。于是两个大学生只能在公共场所与居民打交道。例如在儿童乐园，与孩子们一块玩耍，进而逐渐与部分居民熟识。物业不理解，更谈不上支持居委会的工作。他们有一些居民的资料，但不可能与居委会共享。当然现在每个居委会的工作人员都有1张入门卡了，而且资源也实现了共享。最早居委会要建立基本的档案资料，而警署也需要居民登记资料，物业的资料也比较老化，很不准确。于是三方达成共识，一起遵照相关法律条例开展居民登记工作。自觉前来登记的只有1/3的居民，还有1/3上门登记掉了，但还有很多不配合登记。当时的“一户一表”上，有这样3项内容，居民有何需要，居民是否愿意或有何特长可以为社区服务，对居委会的工作有何建议。居民提出了大量的要求，总结了39项，并逐项解决。包括洗衣房的问题、地下车库洗车的问题、医务室（浦南医院的院长恰好是小区的居民）、超市的问题等。物业看到居委会确实是在真心为小区居民服务，逐渐开始协助居委会一起提供服务。居委会也找到了自己最主要的立身点，即家政服务。现在的局面，现在居委会能有这样好的办公条件，其实都是4年的付出换来的。现在物业有什么活动，会派人来请赵书记一起商量。大型活动基本上都是物业、业委会和居委会一起做。有些活动如“三八妇女节”的活动就由居委来做，也不需要花太多的钱。居委会不是以营利为目的的，居委会的活动基本上也是不收费的。当然一些培训，需要请教练，那他们的劳务费还是要学员出钱的。赵书记讲，“与物业关系搞好了，我就胜利了。”居委会的许多活动都是由《梅园家园》报加以报道，书记说他们的稿费很高，其发行应该不是免费。不知其发行量有多少？影响程度如何？

我还有一些任务需要完成：昨天小吴派给我的学习型家庭的稿件；今天李阿姨派给我的有关植树节的黑板报。下午其余时间就是在查资料，考虑黑板报的问题。赵书记上午就给每个人派发了两块糕点，或许这也是一种管理方式的体现。孙老师的家政服务依然很忙，又有年轻保姆带着孩子到居委会串门。几个面孔熟悉的家政服务员隔三岔五地就会来居委会看看。

2006年3月10日　　星期五　　晴

除了耳朵有点问题，今天感觉身体状态不错，早起还锻炼了一会儿，兴致也高。

到了居委会，一切似乎依旧。昨晚想到几个问题，包括活动经费、“一户一表”、《梅园家园》、物业、业委会、会所的情况，以及完成街道任务、工作人员待遇及居民访谈方面。上午就先到接待处查了两本《一户一表》。每一户居民一张表格，表格的内容包括业主情况、居住人员情况和3个问题。业主情况又包括姓名、性别、出生年月、工作单位、国籍、文化程度、党派、职称、本人特长、配偶、电话。居住人员的情况则包括工作单位、国籍、文化程度、党派、职称、本人特长、配偶、电话，需要每个居住人员的资料。另外，还需要说明居住人员之间的关系（称谓）和与业主的关系。3个问题则分别是：对社区有何需求，对各类社区活动的态度，愿意为社区提供的服务项目。梅园小区共分三期住房，PM路X弄1—21号（无4号与14号）的19幢中高层住宅是一期，25—33号的9幢高层是二期。三期则是PC路X弄1—12号（无4）的11幢高层住宅。我随便翻看了二期的32号与33号楼的“一户一表”。32号一共有128户居民，其中登记了“一户一表”的是74户，另外54户没有登记（登记比例为57.8%）。74户居民中，包括39户外籍居民，10户港台地区居民，23户中国居民和两户未知国籍的居民。登记居民的职务多为外资或合资公司经理，律师其次。资料填的很不完备，如工作单位一栏就经常是空白。提出需求的只有两户，分别是“家政服务”和“2002年11月7日开居住此地的证明”。33号楼共31层93户，其中53户未填表格（登记比例为43.0%）。40户居民中，除了9户是中国公民外，其余都是国外居民。提出的需求包括如下3项：a shuttle to the MRT station at certain intervals，买菜、花店和办理狗证，超市蔬果供应。近中午的时候看到新的“一户一表”，内容略有改变。增添了身份证号码，最后设计的3个问题改为两个：“对文体活动和社区服务的需求”及“愿意为社区提供的服务项目”。原来“一户一表”都是各个居委自己设计的，街道并没有统一规定。

周老师和李阿姨提醒我把黑板报出好，于是抱着昨天查到的资料和一本黑板报插画就到客厅旁边的过道中去画画写字了。过道也像个小房间，里面有张桌子，黑板放在上面有些颤颤悠悠。桌子对面一排木橱，放着杯子、茶叶、粉笔、油彩等招待或办公用品。每个去卫生间的人都会经过这里。而一旦来了参观访问团，小钱、李阿姨、小郑、小吴、小 G 等几个女性工作人员就会忙碌起来，在这里烧水、沏茶，再一杯杯地端给客人。赵书记自然是要陪同客人的，而孙老师和周老师一般会照旧忙自己的事情。9 点多钟，我开始在这里作画。几位工作人员经过这里都会评价一番，夸奖居多，但也有以关心的语气悄悄对我这样说的：这个东西，马马虎虎就行了，你不用太认真了，等等（居委会工作有应付的成分，书记、书记助理都曾表示过这样的意思）。周老师和小 G 过来的次数最多，周老师不时指点一番，他也确实看出一些问题。小 G 主要是参观一下，给我鼓鼓劲，也许是那边也没什么事做。我先作画，把植树节的会标做好，然后再把一幅风景画画好。接着写标题的大字，“植树造林，绿化祖国”，对照着参考书描了两种字体。计划是把这几个大字描完之后，再把主体内容写好，黑板报就算大功告成。

但大字还没描完的时候，10 点刚过，赵书记召集所有的工作人员在客厅开会。赵书记曾讲过，差不多一周开一次会，譬如在周五，但这次差不多有两周没开会了。主要是各位工作人员把自己一周内做的事情汇报一下，书记作点评，该表扬的表扬，该批评的批评，再提出下一步的要求。我先放下粉笔，回去抓起笔记本，也坐过去旁听他们开会。

赵书记主持会议，她坐在中间，其余的工作人员在两边分别坐下。她左手边依次是李阿姨、小钱、小 G，右手边依次是小吴、我、孙老师和周老师。我占了小吴的位子，本来她也没打算与书记坐在同一个沙发上的。孙老师过来得最晚，而且只坐了十几分钟的样子就又赶回去工作了，因为有人在找他。赵书记点名，小钱先来汇报工作情况。小钱重点讲了以后要由她来负责的 SD 居委会的筹备情况。赵书记几次插话指点工作，如可以借助社区民警开展登记工作，他们是可以 24 小时登记的；如居委办公用房的面积至少要保证两个办公室和一个会议室，还要考虑到出入是否方便、办公设施能否配齐等。她说这方面的进展还是需要与街道沟通，“领导满意是最重要的”。她说，SD 那边的人员还没有配齐，这应由街道作决定，配齐后她会重新调整这边工作人员各自负责的条线工作。同时讲到了纪律和考核的问题。她说每个人的工作日记还是要记录。要“自己给自己施加工作压力”、“不留混日子的人，每天不能只来荡一荡”。像小郑生病请假，但她不属于公休，以后还要再还回来（“给我再还回来”）。赵书记说，小郑刚来没多久，大家要互相帮助，但纪律、制度还是要强调的。

会议的效果还是不错的。一个人讲话的时候，别人都很认真地在听在记。接下来是李阿姨的汇报（赵书记称她“李姐”）。李阿姨说，环境方面没有什么大的问题。计划生育方面，主要是在建健康卡和孕检。她说到 HMG（即物业管理中心旁边的餐厅）里面的外来务工人员，尚需婚育证明。而孕检方面由于人户分离（物业也不知道其去向），也进展不大。赵书记的指示是，一定要抓紧。赵书记的话有些严肃，脸上不挂笑容，似乎是变相对李阿姨提出了批评。李阿姨的脸色也不是十分好看。

小吴汇报了自己的中文沙龙和三八妇女节的活动开展情况，以及街道“好少年”、“好邻里”、“学习型家庭和楼组”等材料的上报情况。她提到，去银行博物馆参观的时候，还有老外提议以茶话会的形式组织中文沙龙活动。赵书记对她提出了表扬，说工作很出色，工作责任心也有所加强。她说要借助中文沙龙的机会，巩固与外籍居民的关系。同时指示每个条线的基础工作都要做好，兼及特色活动。她告诉小吴，“抓住契机，把蛋糕做大”，甚至可以借以开展其所负责的妇代方面的工作。但她又提醒小吴，对中文沙龙，也不能投入太长的时间和太多的精力，毕竟居委会的基础工作不在这上面（这些特色活动仅是手段，是为更好地完成上级任务和开展必要的活动而做的铺垫）。沙龙的形式可以多样化，可以把喝咖啡或俱乐部式的活动穿插在中文班里面，可以把授课内容发散到中国的传统文化或者编织等方面去。

周老师的汇报也比较简单，但赵书记对“老周”的评价很高。说他“任劳任怨”，“对各种工作都很主动”，并且希望他能继续坚持。SD 那边的筹备工作，目前主要由小钱和周老师两人负责。小钱毕竟年轻，而周老师做家政服务方面的经验很丰富，可以对小钱多加指导。周老师兼顾的就业援助员工作（梅园居委没有专门的就业援助员）可以分散到各位块长那里，让块长协助去做。孙老师没有时间做汇报，赵书记也点评了几句。

说昨天下午曾与“老孙”谈过，他所负责的家政这一部分工作最是忙碌，但党务方面却花的时间和精力并不多。似乎孙老师还有些疙瘩未解开，赵书记为他耐心开导。

每人汇报过之后，赵书记分派任务。她说从今天下午开始就去走访台胞，可以先试一下，下周可能先要花大量时间在这上面，说不定要晚上加班。她指定了3个组，书记、小郑、小G一组，小钱和周老师一组，李阿姨和小吴这对“师徒”一组。这样分组她也是有自己考虑的，事实上这样分组也最为合理。我也申请加入，赵书记表示同意。

小G一直在很认真地听，这时赵书记也让她讲一讲。小G似早有准备，说可以谈一谈自己对居委会各位工作人员的印象和看法。对于书记，她觉得印象最深的一句话就是“实干加巧干”，把这理解成态度认真，同时又要有灵活的方式方法。赵书记觉得很开心，同时开玩笑，说这句话其实另有含义，在这里工作时间比较长的人都了解其含义，都很会意地微笑。或者“巧干”两字中还有“投机取巧”、“敷衍了事”之类的含义。小G认为周老师做事很主动，从不拖拉；李阿姨做事有方法，针对涉外小区能总结新的工作方式；孙老师是最忙的；小郑做事也比较认真负责，她现在正为健美操班开班而做准备，重新温习健身操和专业英语；小吴做事也很认真，为沙龙备课一丝不苟；小钱的工作风格是干练、敢作敢当，进入角色很快，能够独当一面。

小G对每个人的一番夸奖缓和了会议的严肃气氛，李阿姨的脸色好了许多。赵书记一直微笑着，似乎对小G刮目相看。她又让我也来讲几句。我只补充了一点，即居委工作人员的非常人性化的开展工作的方式。这是从自身得病受到热心关怀的切身经历出发而谈的，就说居委工作者都有一种热情、一种服务的态度、一种与所有需要打交道的人友好交往的倾向。我提出一个问题：是否与居民打交道的时候同样是类似的工作态度和方式？赵书记做了肯定。她说开展工作需要对别人表示一种很人性化的关心。就以魏老先生为例，说他人非常好，为居委做了很多事情，居委会的感觉就是对他无以回报。现在他太太生病，她与小钱商量着正打算去看望一下他们。似乎只有“人性化”地开展工作，才能把工作做好。

赵书记最后作了些总结，说道，其实各个条线的工作怎样开展，都在各条线负责人的心里存着，表面上或许看不出来，但这都是他们多年工作经验的积累。她觉得梅园居委会成立 4 年来，各个条线的工作都理得比较顺了，工作算是步入正轨。虽然经常有别的小区来参观取经，但这很难学到。

开完会已经 11 点多了，我还有一点时间继续描黑板报上的大字。其他几位女性就开始整理街道送来的要赠给台胞的小礼物：价值 5 元到 10 元左右的中国结之类的东西。11 点 35 分，回到 YG 吃午饭，随后 12 点多就又回去继续未完成的工作。因为周老师曾开玩笑似的讲，黑板报出不完，下午就不许去走访台胞。一点半居委会正式上班之前，总算结束。8 个大字分为两种字体，分别用不同的颜色涂好。粉笔字也写得极其认真，差不多对每个字都比较满意。再加上一些花边儿，看起来还不错，算是我所出过的最好的黑板报。

赵书记出去复印了一些半页 A4 纸大小的告知台湾同胞的话，类似于调查问卷开头的封面信。其实一些材料中是有街道所设计的一份问卷的，内容是咨询台胞对在上海生活的看法。每组的台胞名单是在“一户一表”上找出的，同时还参考了物业所提供的入境单中的资料。按照书记的指示，如果住户已经换掉，就请他们填一份“一户一表”，同时问一下住户中是否有台湾人；如果台胞还在，就请他们填一份登记表和问卷。我抽空与小吴聊天，做了大约四十分钟的访谈。她讲到了单位中较为复杂的同事关系。她说工作人员的工资与工龄是有关的，与自己同一批到居委工作的年轻人中，工资也有差异，月薪从 1600 元到 2500 元不等（这是扣除了养老金、医疗保险金、失业保险金和住房公积金“四金”之后的收入）。

赵书记回来后，大约三点，各个组就开始行动。本想加入书记一组，但赵书记让我与李阿姨她们一块，也很爽快地答应了。出门前，一位四十岁上下的女性居民到居委会询问助学结对的事情，说随时可以再过来。书记很亲热地表示感谢，说会尽快与街道联系，取得资助名单。资助对象是云南的小学生，每年只需要两百多块钱。李阿姨说可以让她随意挑一个自己希望资助的对象。同时她也为小郑做那个健身操班的宣传，邀请其参加，说自己也会参加。这正是抓住一切机会开展工作的表现。

于是我们 3 人带着台胞名单、空白的“一户一表”、台胞登记表、问卷和礼物开始跑路。至下午四点半之前，我们走遍了一期 7、18、19、21 等几幢楼的 8 家台胞和二期 27 号的 11 家台胞。结果，根据“一户一表”

登记的名单，非常不准确，我们敲开了大约五六家的房门，多数早已换了人。只有一家与名单相符，确实是台胞。碰到了一户印度人、一户马来西亚人和一户印尼人。请马来西亚的家庭填了“一户一表”，太太还曾邀请进门坐一坐。印尼女人的丈夫是德国人，她与孩子在家，这对母子与小吴比较熟悉，很热情地打招呼。那家台胞是老太太和家政服务员在家，男女主人都不在。她并没有邀请我们进门休息，但配合填了登记表与问卷，然后细心地挑了一份礼物。李阿姨有一张进门卡，可以自由出入各幢居民楼（据说这也是在经过居委会的努力之后，得到了物业的信任，才为每个工作人员配备的。年轻的工作人员如小吴还没有）。我们到了每户人家的门口，先按门铃。如果一段时间内无人开门，李阿姨可能听一听门里的动静，确认没有人在之后离去。李阿姨不懂英语，如果房客是外籍人员，只能由小吴出面。房客更多是陌生人，需要先亮明自己的身份：居委会的。但对方多数仍会以陌生人的态度对待来访者。居委会工作人员似乎总与居民存在隔膜，只能站在门外等着他们的配合。即使他们邀请你进门，也只是客套，我们也不会进去。

李阿姨走在小区里随意地与认识或熟悉的居民打着招呼。今天天气好，小区的居民出来活动的很多。儿童乐园、网球场、会所前广场以及各个角落的石凳上，都有些居民。有一对母子在晒太阳，李阿姨说母亲是北京人，其丈夫是香港人，这是他们的第 3 个孩子了。她对他们是通过计生工作才有所了解的。一位老太太，看起来身体不好，双手撑着一个类似椅子的东西在会所前广场散步，李阿姨向她表示问候。一家中国人，丈夫是安徽的，妻子是四川人，生了两个女儿，同样是通过计生工作认识的。还遇到了陈阿姨和她的外孙女。李阿姨和小吴非常热情地与她们打招呼，过去逗小女孩儿开心，夸她是“小美女”。陈阿姨的外孙女不过两岁，她周岁时拍的照片还特意做成了台历送到了居委会，我看到每张办公桌上都有这样一本。临走的时候，小姑娘还对着我们来个飞吻。两个外国的小女孩，六七岁的样子，很淘气地跑来跑去。李阿姨认识她们，因为她们也说中国话（小吴则遇到几位洋太太，也许正是中文沙龙认识的，简单地打个招呼）。李阿姨说，她自己做居委工作以来，是变了很多。她说这里的事情就是杂七杂八的，你必须要俯下身子与所有人热情交往，遇到谁也要打招呼，不可能保持什么清高。

李阿姨还认识不少家政服务员，与几个人也不忘打个招呼。一位服务员与居委会很熟，说自己要回老家了，说走之前一定要到居委会去看望各位工作人员，买点东西表示感谢。李阿姨提醒她，别忘了尽早与房主讲，不要太顾忌什么，不要对人家的事情造成什么耽搁或不方便。遇到一位不认识的清洁工，李阿姨让她帮忙注意，看楼里有没有“大肚子”。如果有的话，跟她讲一声。

4点半，各路人马陆续回返。快要下班了，大家也不强求再做什么。倒是书记这组访问到的台胞更多一些。我找到些有关《梅园家园》的资料：其为内部刊物，原来是小报，现在改为期刊。无定价，也没有发行量。那天中午遇到的DY是常务编辑。其办公地点并不在梅园小区内，是在世纪大道上，似乎与梅园物业有限公司同一地址。

2006年3月20日　　星期一　　晴，约四级风

养病一周之后重新回到YG和梅园居委会。晚上睡得很香，早起锻炼良久。8点半，准时来到调查地点。

小钱、小郑和孙老师已经到了，小G来迟了些，她忙着分发食品，一人一块。赵书记和李阿姨因周末值班，今天未到。小G讲起上周台胞走访的事，说后来又走访了3次，有时是在晚上，但许多人还是找不到。有人不配合，竟以侵犯了他的个人自由为理由威胁上诉。最终没有办法，只好自填表格。许多问卷填得很少，只能自行补上。我说这就是赵书记所说的“巧干”了，她一笑，说不要把这些讲出去。

小钱同样承认了自填的现象。我请她帮我约一下物业和一些居民如魏老先生。她说物业方面的可能不太好约，推荐了一位W姓的年轻主管。她打电话给魏老先生，先是征询其太太的病情，很亲切地表示关怀，并说其实太太的病根本没什么，都是东方医院大张旗鼓地让检察这个、检察那个把人给搞慌的。然后才说起我，那个大学生叫什么名字，一个小家伙，曾跟他见过面的，想与他约见一下。魏老先生答应明天找时间再说，还要再打电话约见。

除了孙老师，大家似乎一时无所事事。小吴迟到了，跟别人讨论着自己的衣服。周老师也晚了些，他先是看孙老师与家政服务员谈话，又到门口看周六的活动。9点多，物管中心的两位工作人员过来，请居委会派人

一块与他们去检查居民楼的杂物堆放情况。周老师要去，小钱还分派 GY 和我一块也去。出门之前，中文班那位胖胖的洋太太过来找小吴，请她帮忙，给一位朋友打一个中文电话，讲一讲下午约见的事情。吴很热情地接待了她，马上为她打了电话。

一行 5 人出门到居民楼，他们用上海话随意交流着什么，我却听不明白。物业的两位工作人员西装革履，周老师则最为朴素。先是检查二期的七八户人家，发现居民都还比较自觉，已经把放在门外楼道上可能妨碍别人的东西收了回去。物业人员讲，这次检查之前，他们已经挨家挨户地敲门做过工作了。随意问了一下，物业管理中心有一两位专门的翻译人才，对员工也是希望能掌握基本的英语口语。后来小钱和业主委员会的冯副主任也加入到检查的队伍中。冯主任是专程从家里打车过来到这边参加这一行动的。他在梅园有房子，曾在这里住过一年多，但现在住在其他小区。每次过来都是打的，也从没计较过这些。小钱和小 G 看检查的队伍比较雄壮，就先回居委了。随后检查一期的十几户人家，共有 4 户存在问题。一户在门口停放着上锁的自行车，车座上灰尘很多，已经有段时间不骑了。房主不在，物业人员拍照，在门上贴了通知，给自行车上封条后抬到了楼下。收走的东西登记在一张表上，业委会和居委会的两位老师分别签名。一户在门前放了一个鞋柜，明显是定做的。物业人员敲门没有应答，同样处理。据说这是一户上海人，是某位领导，但却曾因鞋柜的事与对门的邻居吵架。鞋柜抬到楼下，叫来人打算送回物管中心，恰好遇到这家人家的保姆。保姆做了口头担保之后，鞋柜又被送还回去了。一户门口有 4 辆不上锁的童车，角落里也扔着鞋子。敲了很久的门，一位装修工才开门，保姆也在家里。他们把自行车搬进居室，这才作罢。另一户也是在门口停放了自行车。一位小姑娘开门，答应把车子收进。冯主任充分展示了作为高校教师的风采，一番逻辑清晰的言论让小姑娘连连点头。冯主任讲了 3 点。一是安全问题，东西放在门口还是可能丢失，以前就曾经有过几次丢鞋事件。二是影响邻里关系，一家占据了公共空间，妨碍了别人，容易引发矛盾。三是美观问题，胡乱堆放东西影响到了小区的美观和形象。冯主任说，不能只管自己住进美丽的环境中，却不注意维持这份美丽。说即使在比梅园的档次差得多的小区中，也很少有这种胡乱堆放东西的现象。他们一致认为是居民素质的问题，我说有可能正是因为邻里之间的相对陌生，才导致了这种现象的发生。如果是熟人，有一定的交往，自然会为对方多考虑一些的。物业人员说，这种现象既非限于国内居民，也不限于外籍居民。徐老师补充说，自己的住房现在是租给了一个新西兰人，从"牧羊人"的国度到中国来，素质不怎么样。衣服堆一大堆不洗，全放在地板上，徐老师担心自己的地板会被他损坏。

与徐老师约好在检查结束后聊一聊业委会的情况。从业委会的成立说起，一直到11点半吃午饭的时候，有些问题还没有问完。徐老师很是健谈，我也不怎么打断他。他很坦诚，很多自己的个人情况也都很随意地讲了出来。中午借用赵书记和小钱的卡一块到地下餐厅去吃饭，他又讲了许多有关自己的经历和观念的内容。冯主任个子不高。戴着一顶HP公司赠送的帽子，着装很朴素，皮鞋似乎也蒙了层灰。他今年55岁，但看起来比较年轻。戴一副眼镜，比较像知识分子。他是1977年考上浙江大学的，当时在学校表现很好，是浙江省准备送到中央党校学习的4位重点培养对象之一。……他随后去了日本，读完日本古典文学的硕士和博士学位。曾有上海的高校想让他回来任教，但他感觉待遇实在不好，于是就进入一家日本公司。自称当时年薪上百万，他工作8年之后，感觉还是身体健康和享受生活更重要，于是回国，进入SHLG大学担任日本文学课程的教职，直到现在。他说自己是一个追求"自由、健康、快乐"的人。他一生做事坦坦荡荡，毫无愧疚，不依赖别人，也不比别人差，所以敢说敢做，让别人头痛，却也让他们没有办法。他说自己与许多浙江的高官们熟悉，但不会依赖其关系。说自己对于钱真是看得很淡了，更为注意的是洁身自好，物业提供的38元的标准餐，他一次也没有去吃过。说对于官商勾结、官官相护的内幕十分了解，还曾经有人找他洗钱，但坚决地拒绝了。说中国有3大问题，外国反华势力的日渐猖獗，如"法轮功"、恐怖分子等；腐败问题，官民之间的矛盾甚至更重于"文革"时期；贫富差距问题，早已超过警戒线。他还讲到一件事情，说这不能写进论文，他以前就没有跟陌生人讲过。……业委会主任在他的影响下也算强硬了起来。我总结他的为人，"尽力帮助别人，尽量不麻烦别人"。他表示赞同，说人真的是要像保尔所说的那样：不要到老了回首往事时而羞愧。我们互留联系方式，说以后有机会再联系。

中午没有回YG吃饭，一点多，物业又来与业委会、居委会工作人员会齐一块检查楼道。但业委会的 W 女士竟然没有接到通知，无法赶来；居委会的周老师要去街道开会，小吴也到街道开会，小钱、小郑、小 G 和我都要赶到第一八佰伴旁边东方路上的某广场去参加服务活动，也抽不出人来。物业人员只能自己前往检查。

2 点之前，与小 G 赶到广场。据说这是街道每月一次的服务活动，似乎由社区服务中心主办。两排摊位，包括优惠盆景、配钥匙、修表、家电维修、理发、测量血压、五官科咨询、消防咨询、东方书城书展、推拿等等。量血压的最多，约有十个志愿者。我咨询了一下牙齿、买了一盆文竹、被推拿了一把，又翻了两本书。这次活动本来有梅园居委的服务项目，小钱介绍说，本来是一位医生，但他太忙没空，周老师本可理发，但又去开会。所以这次梅园的人马只是拍了几张别人服务的照片而已。她们 3 位女性又跑到旁边的商场中逛了几家衣服店，半小时后，就回返居委。

3 点多，我先回 YG 放下文竹，同时与各位老师打个招呼。又回到梅园居委，物业的门卫第 2 次拦住我盘问，我以街道任务为名解脱。居委似乎还是没有什么事情，小吴和周老师开会没有回来。孙老师仍在与接连不断的家政服务员打着交道。有几位家政服务员与居委比较熟了，还带饭过来用这里的微波炉加热。4 点左右，陈阿姨到居委来咨询一下周六的“义卖”活动。小钱与她聊了很久，更多的是私人信息，包括其外孙女的病情、可爱程度等。两人像朋友般聊天，谈些各自的私事，顺便讲一些正事。小钱告诉她，陆家嘴功能区要在小区设 3 位联络员，她推荐了陈阿姨。说他们可能会直接打电话找她，但不会太多，而且不可能在晚上打扰。一件正事，背后依托着大量的更多的非正式的事情。

另：居委会工作人员一般都是自己带饭，物业那边每人每月提供了 10 次盒饭，给书记和书记助理提供了 20 次。饭菜是一荤三素，米饭管饱，汤也是免费。一般都是物业公司的工作人员在这里吃工作餐。冯主任在地下餐厅不怎么好的环境中照样吃得津津有味，但我却有点于心不安。

2006 年 3 月 21 日　　星期二　　多云转阴，风大

上午刚一进居委会的门，就见孙老师在拿拖把拖地。地面湿湿的，怕踩脏，于是先在门旁的踏板上站了一会儿，自嘲为罚站。正好再看一下这周物业、业委会和居委会一块组织的“友爱·有生活”活动的通知。自

今天到25号星期六，每天将有两场讲座。周六更有大量的活动。小钱还邀请我那天过来参加，我想可能没空过来了。

赵书记也在用脚踩着拖布在擦地。小G坐在接待台旁，她所在的办公室还没有开门。于是我也参与到清洁队伍中，练了一番“扫堂腿”。小郑也到了，一会儿李阿姨也来上班，看到我很关心地打招呼。一时还没有事情，只有孙老师在与家政服务员聊着。不到9点，我跑到书记的房间。赵书记很亲切地问候我的身体，竟以“小家伙”称呼。坐下与书记聊天，讲自己昨天过来后所做的事情。讲到了冯副主任，赵书记说，我们与他认识也是很偶然的。那时候他已经不住在这里了，但来参加我们的活动。而且很积极，几次活动都是一叫就来。于是就逐渐对他了解，感觉还不错。后来业委会选举，就“想方设法”把他选为副主任了。但赵书记也很坦诚，说他不适合做主任。说居委会和自己所选的主任是最佳人选，这个主任是选对了。说自己作为书记是要把握大局的。小G进来给书记送糖吃，书记也邀她坐下聊天。就讲到自己的领导之道，说对于选择居委会的工作人员，自己是有标准的。首先是人品，如果人品有问题，那不能要。然后是能力，要能想办法把事情做好。又举小郑为例，说怎样把她的舞蹈班的事情一步步推动起来。是自己推小钱，小钱又来推她。评价小钱是很不错的助手，有什么事情，她就麻利地抢着去做了。说她马上又到SD那边工作，自己这边又需要重新培养助手。如果街道再补充进新的工作人员，会重新调整条线工作。说自己看好的工作人员，一般都会被街道要走，所以现在自己反倒低调处理，并不对所看好的人做过高的评价。还讲到了街道的考核问题。说街道会有考核，各个条线的工作一年之内都要有结果。每个工作人员的考核，首先是书记的考核，然后是其他人的考核，然后是街道条线的考核。3项考核都“优秀”的人才有望成为少数的“优秀”。她希望她和其他人对工作人员的考核都是优秀，但必须要有成绩摆在那里。她说一般是推荐年轻人为优秀的，这是对他们努力工作的一种肯定。而年纪大的工作人员，更多只是把居委工作作为一种职业而已，没有更多的期望。这种激励方式也是管理的一种方法吧。赵书记拿出一些表格给我们看，是她所设想的由物管员和居委工作人员分别负责几幢楼约245户居民，但楼组长和居民代表空缺，这需要物管员和工作人员一块去找出来。她说任何工作都要长远安排，她这是在为以后的居委会改选做准备。另外，她说自己的统筹规划也有问题，以后应该对各位工作人员该做的事情有一个一年内的规划，并且催促他们完成。

物业工作人员来找书记继续去查楼道。小钱帮我联系了一下魏老先生，他答应接受我的访问。于是我准备过去，跟书记打过招呼，得小钱指点方向，就去了其房间。上午 9 点多的天气还算不错，不少居民在广场各处锻炼、散步或遛狗。到了魏先生家门前，很有一种崇敬之情。两位老人刚刚吃过早饭，桌子还没有收拾。稍稍等了一下，魏先生过来，从他自身的经历开始谈起。服务阿姨也到了，她给沏上咖啡，然后端茶过来。魏老太太还是咳嗽，她收拾一番后还是过来与先生坐在了一起。她是很典型的日本太太，按照魏先生的说法，她是一辈子只为别人着想的那种人。我问了一些有关居委会活动的情况，后来就开始随意攀谈。魏老先生很以居委会给他的奖励为荣，自豪地指示给我看。他似乎对自己的一生很是满意。说自己没有任何证书，但却经过自己不甘居人后的努力，而赢得了所有人的尊重。他已经 86 岁，但身体仍很健壮，还可以骑自行车上街，还能打打太极和乒乓球。他说与我有种相见恨晚的感觉，邀请我以后来打球。我们互相留下了联系方式。这是一次友好的访问。多次致谢后，我于 11 点多离开。

我告诉赵书记，明天我就将暂时离开梅园居委会了。赵书记考虑了一下，决定今天中午工作人员聚一下，同时为我送行。孙老师与人约好面试，无法参加。小吴休班，也不在。小郑说要等个电话，也不能去。于是我们一行六人步行约十分钟后到某个居委比较熟悉的酒家去吃饭。书记与李阿姨、周老师走在一起，小钱和小 G 走在一起，我则两边掺和。饭菜不错，谈的也都是私人话题。赵书记对我很是照顾，她笑谈别人都要说自己偏心只喜欢男孩子了……

回去的路上，与赵书记同行……

下午，书记还要去检查楼道。我说还需要与物业的负责人谈一谈，赵书记领我到了物管中心。许多人跟她打招呼，她本想找一位 W 姓女负责人，恰好王总在。于是过去。王总很年轻，三十多岁的样子。赵书记去了之后，他以及对面谈话的物业工作人员都站起来表示欢迎。赵书记把我介绍一番，王总答应接受我的访问。于是那位工作人员也退去，我就开始询问王总一些有关物业公司与居委会、业委会关系的问题。其中几次电话打断我们的谈话，他还接待了两位来自中信银行的客人，洽谈合作事宜。两点40分，拿了他一张名片后，告辞离去。在门口发现物业的费用和开支都很明白地贴在墙上。去年的总收入是2188多万元，总支出也是2170多万，盈余似乎只有十多万。物业管理费用是4元/平方米/月，停车费是83元/月（据业委会冯主任讲，停车费是比较低的），维修费则是按照12元/小时的标准收取。

随后3点钟不到，书记已经回来，正与李阿姨聊天。等了一会儿，终于决定到会所参加一个讲座活动。去的人包括小郑、GY、一位家政服务员和我，后来书记和李阿姨也过来了。另有两位太太在，分别是美籍华人和日籍华人，老家分别是厦门和东北。开始比较拘谨，似乎书记认识那位胖胖的日籍太太，但并未做更多交流。来自某SPA公司的小姐做报告结束之后，大家开始问问题，气氛才开始活跃了起来。交流更多，书记、李阿姨与两位太太就买菜、融入中国、植物香精等话题谈了许多，也熟悉了许多。书记邀请她们参加四月下旬赴吴江近思园的旅游活动，胖太太愉快地答应了。同时与SPA的小姐也提出邀请，说可以让她们到旅游车上去讲，这样听众会非常多。最终分别留下联系方式，SPA小姐允诺开在金茂大厦下面的店开张之后，再邀请大家前去感受。随后大家一块出门，书记、李阿姨与那位胖太太俨然很熟悉的样子，在居委会门口分手作别（又一个借助活动开展基础工作的例子；同时可以看到物业公司与居委会之间的配合，物业公司拉不到居民，只能请居委会出面，居委会工作人员会充作居民，为其凑数）。

时间已经不早，书记与李阿姨继续聊有关SPA和沐浴的话题，小郑在查资料，小钱先是接待了一位韩国人，又在修改一篇给老外的英文信件。周老师陪在接待台旁边，大家开着玩笑。我随后先行撤退。

2006年3月22日　　星期三　　晴

……我买了一些果冻，带过去分发给各位老师。我的行为逻辑同样与他们很像：礼物的交换、回报、以朋友的方式开展正式工作（把正式工作非正式化，把公共领域私人化）、人情等。各位老师纷纷表示感谢，喜笑颜开。

赵书记到了以后，说要开一个碰头会。这次比起上次的会议来是随意了很多。她其实只是把昨天给我和小G看过的那个楼道分工表格发给每个工作人员，同时挨个讲清楚应该怎样做。GY还不能确定会不会最终留在梅园，但赵书记也分给她一块。对几个年轻人，她很详细地指导着她们：哪位原来的楼组长可能还愿意继续做；哪位居民平时很热心的，可能愿做居委委员；这个楼道情况不熟悉，可以与物管员一起开展工作；等等。对于李阿姨、孙老师他们，她就不多做指导了……

……赵书记、小钱和小G出去过一次，带着本子，但很快就回来了。小郑出门到会所去了一下，有人打电话问她跳秧歌舞的事情。她很奇怪，没有人提什么秧歌舞呀，自己要开的是健身操班。不知道是不是已经有明眼的居民看到了健身操班背后的玄机：为秧歌舞作准备。物业的几位年轻的工作人员又到居委会来等着周老师一起再去检查楼道。据那位理着平头的主管讲，今天差不多可以结束了。周一到周三，每天走访五十家左右。而在这之前，物业差不多做了一个月的准备工作，他们走遍了每幢大厦的每一层楼道，进行摸底工作。

四月二十号左右，居委会将组织居民到江苏吴江的静思园游玩。据赵书记说，每年居委会都会组织两次旅游活动，春秋各一次。她说，这些活动的参与率是蛮高的，像这次的规模计划在100人左右，需要包两辆客车。赵书记让小G查询一下静思园的门票价格、午饭及交通情况，同时联系一下旅行社。小G半个上午的工作就是在接待台上那台能上网的电脑旁查询着资料，同时与旅行社打着电话。她的动作还算麻利。赵书记一度也过来看她做事，向我介绍着静思园以及上次到那里旅行的情况。我和小G开玩笑说，去那里旅游的时候，我们都不在这里了，是去不了了。赵书记想了想，还这样说：你们要是想去，那我就问问，看能否给你们留两个名额（搭便车，熟悉的人可以开特例）。

9点多钟，我一时无事可做，就开始翻看起“一户一表”。总共查了一期的1、2、3、5、6、7、8，7幢住宅楼和二期的20、21两幢大厦。一期的房子共9层，但有几幢房子的一楼没有住人，所以总户数是16户或18户（每层两户；1—5号总户数是16户，6—13号总户数18户）。二期的房子有29层，总户数是58户。

1号楼：登记了12户，其中8户居民是外籍或中外联姻型；3户租赁，业主为中国人。填表日期从2002年9月（第1次登记）到2006年3

月。共有 8 户 14 人登记了文化程度，分别是：两大学，分别出生于 1967 年、1971 年；1 高中，1959 年；两中专，1969 年、1969 年；1 大学、1 初中，1929 年、1930 年；1 初中，1939 年；两大学，1958 年、1956 年；1 大学、1 硕士，1972 年、1967 年；两大学，1971 年、1980 年。登记了工作的居民都是在公司工作，如公司顾问、跨国公司驻上海代表等。

2 号楼：登记了 16 户，其中 9 户为外籍；10 户租赁，业主为中国人。5 户 7 人的文化程度及工作：1 中专，1957 年，公司；两高中，1958 年、1959 年，公司；1 研究生、1 本科，1960 年、1958 年，公司高级经济师；1 大学，1968 年，工程师；1 初中，1975，公司职员。（职业：5 位在公司工作，含 1 位高级经济师，1 位是工程师）

3 号楼：登记了 14 户，其中 11 户外籍；9 户租赁，含一位外籍业主。只有 1 户两人登记了文化程度：1 高中、1 大学，1974 年、1966 年，公司。（职业：两公司）

5 号楼：登记了 13 户，其中 5 户为外籍居民，7 户是台湾居民；4 户是租赁的，业主均为中国人。填表日期 2003 年、2004 年、2005 年都有，看出来是一个长期的工作。有 8 户 12 位居民提供了文化程度及工作方面的信息：1 高中、1 硕士，1959 年、1961 年，公司董事长；1 大学，1958 年，公司董事长；1 大学、1 高中，1961 年，公司财务；1 硕士，1962 年，自由职业；1 大学，1968 年，公司董事；两大学，1963 年，公司财务总监；1 大学，1950 年，公司总经理；两大学，1968 年、1964 年，公司。这些居民对社区服务方面提出的要求更多，愿意提供的服务也更多。（职业：8 公司，含两位董事长，1 位董事，1 位总经理，1 位财务，1 位财务总监，另 1 人自由职业）

6 号楼：登记了 11 户，其中 5 户外籍；5 户租赁。6 户 11 人提供了较多信息：1 硕士、1 本科，1968 年、1971 年，公司；两大学，1965 年、1973 年，外企；两初中，1972 年，公司；1 大学，1959 年，证券公司；1 大学、1 大专，1970 年，公司总经理；两大专，1974 年、1972 年，上海银行。（职业：9 公司，含 1 位总经理）

7 号楼：登记了 11 户，其中 3 外籍，1 台湾人；两户租赁。5 户 8 人有文化程度：1 大学、1973 年；两硕士，1965 年、1963 年，交大老师/ABB；1 大专，1955 年，浦东公安分局；1 硕士、1 大学，1964 年、1965

年，公司；两大学，1968 年，一网络公司、一经济师。（职业：4 公司，1 教师，1 公安局，1 经济师）

8 号楼：登记了 12 户，两外籍。两户 3 人有文化程度：1 硕士，1966 年，公司副总裁；两大专，1959 年、1963 年，公司总经理、会计。（3 公司，含 1 总经理，1 副总裁，1 会计）

另外，9 号楼登记 14 户，其中 9 外籍，两香港；10 号楼登记 17 户，其中 9 外籍，1 台湾；11 号楼登记 17 户，其中 5 外籍，两香港；12 号楼登记 12 户，其中两外籍；13 号楼登记 15 户，其中 3 外籍，1 香港。

二期 20 号楼：登记 40 户，含 18 外籍、5 台胞、17 中国人。17 户 21 人提供了文化程度及就业方面的信息：1 大学，1960 年，大厦工作；1 硕士，1969 年；1 硕士，1964 年，会计（丈夫是律师）；1 本科，1971 年，公司；1 中专，1976 年，董事长；1 硕士，1963 年，银行经理；1 本科，1970 年，电脑公司；1 硕士，1961 年，外企；两大学，1968 年，公司；1 博士，1959 年，外企；1 硕士，1954 年，公司董事长；1943 年、1963 年，教授、律师；1 硕士，1967 年；两大学，1943 年、1919 年，退休；1 硕士（MSC），1964 年，外企驻上海首席代表；两硕士；1 大学，1957 年，公司董事长。（职业：12 公司，含 3 董事长，1 经理，1 会计，另两律师，1 教授，两退休）

21 号楼：登记 44 户，含 15 外籍，6 港台；13 户为租赁。28 户 41 人有文化程度方面的信息：1 高中，1968 年，公司经理；1 本科、1 专科，1966 年、1967 年，公司；1 大专，公司；1 大学、1 博士，1954 年、1959 年，副总经理、总经理；1 大学，1955 年，高级工程师；1 大学，1958 年，总经理；1 硕士、1 本科，1973 年、1971 年，副总裁、法律顾问；1 中专，1961 年，公司；两博士，1954 年、1953 年，总裁、会计；1 博士、1 硕士，1960 年，公司；1 博士、1 本科，1966 年、1968 年，公司；1 大学，1962 年，公司经理；1 博士，1963 年，杜邦资深法律顾问；两高中，1955 年、1964 年，总经理、经理；1 大专，1956 年，董事长；1 高中，1964 年，公司；1 大学，1963 年，会计师；1 大专，1971 年；1 博士、1 硕士，1949 年、1968 年；1 高中，1969 年，公司经理；两大专，1962 年、1963 年，经理、副经理；两高中，1957 年、1958 年，证券公司经理、职员；1 中专，1964 年；两大学，1965 年、1968 年，公司总经理、银行；两硕士，1967年、1968年，总经理、总监；1硕士、1大专，1963年、1975年，公司；1大学，1970年，经理；1大学，1966年，外企；1本科，1962年，公司；1大专，1972年，经理。（职业：37公司，含8经理，1副经理，5总经理，1副总经理，1总裁，1副总裁，1董事长，1总监，两法律顾问，1会计，1会计师，另1高级工程师）

略作总结：首先，“一户一表”里的信息不是非常精确，也可能已经与当前的实际情况不相符合，但其登记的信息比较真实，应该能够体现出这一小区居民的特点。信息之所以不全，主要是居民的防范意识比较强，不太想把自己的个人信息透露太多（独立性，个人主义）。居民的流动性很大，尤其是那些租赁业主住房的住户，很多外籍居民因公司业务开展的需要而来到中国，但在一两年后就又回国，住户变动很大，很难随时把握最新的信息。事实上，居委会已经做过大量的努力了。从2002年9月到2006年3月，不同的填表日期显示他们在随时利用各种机会开展基础工作。其次，一期居民的情况与二期、三期居民的情况或许有所差异，但调查中并未发现。最后，这里的数据只是部分居民的情况，具有一定的代表性，但因为不是严格的随机抽样，所以不能说代表全体，只能说反映了全体的一些特征。

一期1—13号，总190户（其中1—8号户数为118户）。二期20号、21号总户数116户，32号、33号总户数221户。其登记户数分别是164户、84户、114户，登记率分别是86.3%、72.4%、51.6%。总户数、总登记户数和总登记率分别是527户、362户、68.7%。

登记户中，外籍居民在3类住宅中的户数分别是71户、33户、72户，所占比例分别为43.3%、39.3%、63.2%。港台居民在3类住宅中的户数分别是14户、11户、10户，比例分别为3.5%、13.1%、8.8%。租赁数据主要来自“住户与业主的关系”一项，填写不全。所以租赁户数及比例低于实际户数和比例。1—7号6幢楼的租赁户数为33户，21号楼13户租赁，占登记户数的比例分别是42.9%、29.5%。

一期的1—8号楼和二期的20号、21号楼的部分居民提供了略为详细的个人信息。提供了“文化程度”信息的人占登记户的比例在一期和二期的两类住宅中分别是39.3%（35户/89户）和53.6%（45户/84户）。总的户数是80户，占登记户的比例是46.2%，占总户数的比例是

34.2%（80户/234户）。提供“年龄”信息的比例要更高一些。提供“工作”信息的比例要少得多。

80户家庭中，提供了相关信息的居民总数是120人（一期57人，二期62人）。一家内提供两人信息的均为夫妻。家庭规模较小，租户多单身，也有核心家庭（2—5人），3人家庭居多，极少数是空巢老人。

80户120人中，博士8人（均为二期），硕士学历24人，（一期9人，二期15人），大学本科学历人数49人（一期28人，二期21人），大专学历14人（一期6人，二期8人），高中13人，中专6人，初中5人。各自比例是6.7%、20.2%、41.2%、11.8%、10.9%、5.0%、4.2%。

80户120人中，年龄分布及工作情况，可参见SPSS统计表。（待补）

在80户120人中，35岁及以下的占16.8%，36—59岁的比例是77.9%，60岁以上的老年人只占5.3%①。

32号楼一共有128户居民，其中登记了一户一表的是74户，另外54户没有登记（登记比例为57.8%）。74户居民中，包括39户外籍居民，10户港台居民，23户中国居民和两户未知国籍的居民。登记居民的职务多为外资或合资公司经理，律师其次。资料填得很不完备，如工作单位一栏就经常是空白。提出需求的只有两户，分别是“家政服务”和“2002年11月7日开居住此地的证明”。33号楼共31层93户，其中53户未填表格（登记比例为43.0%）。40户居民中，除了9户是中国公民外，其余都是国外居民。提出的需求包括如下3项：a shuttle to the MRT station at certain intervals，买菜、花店和办理狗证，超市蔬果供应。

2006年4月21日　　星期五　　中午

11点左右，赶去梅园居委会。赵书记不在，与D书记一样，参加培训去了。别人还是老样子。孙老师站在他的办公桌旁，李阿姨正在用他桌上的电话。与两人打过招呼，与孙老师握手，他似乎很不适应的样子。李阿姨说：美女都在里边呢，你进去看吧。我进去，周老师正坐在客厅里的沙发上看报纸，他没有自己的办公桌的。大办公室里，小钱坐在小吴的椅子上，在讲着什么；小吴坐在原来GY的位子上，在打电脑游戏；新来的

① 此数据不包括未成年人和未登记“文化程度”的居民。

个子高高的大学生坐在小郑的位子上，沉默寡言。与大家打过招呼，她们问我的近况。……李阿姨一会儿也进来，问我献不献血，说梅园要完成不到10人的献血名额，高档小区没有人愿意献血的，只能找家政服务员这样的人。献200毫升1000块，这是对他们最大的吸引。李阿姨是照顾我的意思，也算是拉我进来献血。我答应了，告诉她们学校献血的事情。在献血表上填写好自己的情况，我还是对自己是否有资格献血有些疑问。还吃了一个梅园居委委员陈阿姨送来的茶鸡蛋，才离去……

2006年4月26日　　　星期三　　　下午

4点三刻，我从J小区出来，打算到梅园居委会去看一看。上次是中午的时候去的，没有见到赵书记，这次主要是想去看看她。进到居委会，接待室和小钱他们的办公室都没人，再一看，8个人原来都在大厅里。赵书记坐在中间的沙发上，李阿姨，即张口中的“吴姐”坐在她右手边。李阿姨的右边是孙老师和周老师，赵书记的左边则依次是年轻大学生、小钱、小吴和小郑。他们的座次恰好是符合中国人传统的排位规则的，以内为上，以右为尊。

他们看到我，都笑着打招呼。我则有些尴尬，没想到正赶上他们开会。他们欢迎我过来，似乎是小钱要我坐在李阿姨和赵书记中间，我开始想坐在另一边的会议桌凳子上，后来还是选择了卢和王之间的位置。略略寒暄了几句，李阿姨提醒我5月9号别忘了过来献血。我说你们继续开会，我就是过来玩玩。于是赵书记继续主持开会。

她原来是在讲自己在参加街道组织的5天培训期间所学来的一些东西。既有讲座报告的精神，如党员教育方面的严峻形势；又有知识技能方面的内容，如Photoshop图片编辑软件。她说自己要学些东西了，像这个图片编辑，学会了就很好用（谦虚的一面），还建议青年人都学一学。赵书记会依次盯着每个人的眼睛，她的讲话很会调动别人的积极性，能与别人形成互动。她讲得很随意，大家听得也很放松，不是那种一本正经的样子，各人的姿态各异。几个人都懒洋洋地斜靠在沙发上，孙老师也许是太舒服，也许是太劳累，竟然打起了盹儿，惹来年轻人的取笑。她表扬了大家，说自己这一周不在居委会，但各项任务都完成得很顺利，包括小钱她们组织的旅游活动，包括李阿姨负责的献血工作以及计生工作等。她说这就是要达到的目的，即不管书记在不在，工作都能照常开展，都不会耽误。她布置下一阶段的任务，主要是筹备即将开展的选举工作。以前她已经分配了每个人所负责的楼道，要求他们把自己负责范围内的居民代表、居委委员候选人等报上来。现在各人都已经报上了名单。接下来她就要带着实习的学生走访名单上的居民了，并最终确定一个居委会主任的人选。

开会期间，一位居民来居委会还轮椅，似乎不是很熟悉，还好就走了。一位家政阿姨也到居委会，有些事要说。她刚买菜回来，手里提着菜，身上还挂着围裙。她坐到了书记和李阿姨的中间，向她们讲了些有关咖啡馆的事情。似乎是她违规开了一家咖啡馆，最终书记说，关掉，关掉。她待了约 5 分钟离去。小钱一直在不停地笑她的衣着，她也没有动怒。看起来与居委会的人都很熟悉。

散会后，其他人陆陆续续下班回家，与书记和我道声再见。赵书记和我又谈了一会儿。她的一些想法还是与以前相同。她希望各条线的工作人员能更主动一些。与其在办公室里晃来晃去，不如把“一户一表”输入电脑，了解自己这块的居民情况。她说高档小区又没有很多的居民来找，自己再不主动，这工作就没法开展了。她希望工作人员能结合自身的特点开展工作，特点包括自身的优势和兴趣等。例如前面小吴的中文沙龙、小郑的健身班。现在她正鼓动小郑筹备宠物俱乐部，说小郑那么爱狗，自己又养狗，对养狗又很了解，这样开展工作正对她的口味。正是在这样的活动中认识、了解和团结居民。她说“各条线都要团结一批人”，每个人都有一个“光环”，这个光环越大越好。所团结的这批人正是开展活动的基础，而开展活动又是完成任务的基础（活动：吸引，认识，了解，熟悉；群众基础；完成任务。有了一批熟悉的朋友，就方便开展工作了）。

不便打扰太久，我告辞后，赵书记一直送到门口。